Werner Abriß, Sibylle Huber, Alfred Sitzmann, Dieter Theisinger

Wirtschafts-
und Sozialkunde
für Realschulen

in Rheinland-Pfalz und dem Saarland

4. Auflage

Stam 1015

Bildungsverlag EINS – Stam

www.bildungsverlag1.de

Gehlen, Kieser und Stam sind unter dem Dach des Bildungsverlages EINS zusammengeführt

Bildungsverlag EINS
Sieglarer Straße 2 · 53842 Troisdorf

ISBN 3-8237-**1015**-X

Inhaltsverzeichnis

I. Privater Haushalt 7

II. Betrieb und Unternehmen 47

III. Geld und Wirtschaftskreislauf 101

IV. Markt und Preisbildung 149

Wieso „WiSo"? Einführung in das Unterrichtsfach

Liebe Schülerinnen, liebe Schüler,

ihr habt das Wahlpflichtfach **Wirtschafts- und Sozialkunde** gewählt. Das war eine gute Entscheidung! Denn was ihr in diesem Unterrichtsfach lernen werdet, kann euch in der Schule, bei der Berufsausbildung und im späteren Leben auf vielfältige Weise von Nutzen sein.

Wir, die Verfasser des Buches, haben den Titel **„WiSo"** gewählt, weil diese Kurzform für „Wirtschafts- und Sozialkunde" an vielen Realschulen gebräuchlich ist.

◆ „Wi" soll **Wirtschaft** oder **Wirtschaften** bedeuten. Darunter versteht man alles, was der Versorgung der Menschen mit Gütern und Dienstleistungen dient.

◆ „So" steht für **Soziales** oder **sozial**. Das Wort hat verschiedene Bedeutungen: die Gemeinschaft, die menschliche Gesellschaft betreffend; aber auch: gemeinnützig, menschlich, wohltätig, hilfsbereit.

Das Unterrichtsfach Wirtschafts- und Sozialkunde soll euch demnach Kenntnisse und Einsichten in **wirtschaftliche** Sachverhalte und Zusammenhänge vermitteln und euch die Auswirkungen wirtschaftspolitischer Entscheidungen im **sozialen** Bereich – also für den einzelnen Menschen und die Gesellschaft – verständlich machen.

Darüber hinaus soll der Unterricht euch zu selbstverantwortlichem **Handeln** in der Wirtschafts- und Arbeitswelt befähigen. Dieses Buch möchte dazu einen Beitrag leisten.

Und noch eins: Die Autoren haben beim Verfassen der Texte aus Vereinfachungsgründen im Allgemeinen die männliche Form gewählt (z.B. Lehrer), was selbstverständlich auch die weibliche Form (z.B. Lehrerin) einschließt.

Autoren und Verlag wünschen euch Freude und Erfolg bei der Arbeit und sind für Kritik und Anregungen dankbar.

Arbeitsvorbereitungen für einen handlungs- und problemorientierten Unterricht

Mithilfe dieses Buches sollt ihr nicht nur einfach „lernen", sondern ihr sollt auch – allein und in Gruppen – selbstständig etwas **erarbeiten** („learning by doing" = Lernen durch **Handeln**). Dabei werdet ihr erkennen, dass es im wirtschaftlichen und sozialen Leben viele **unterschiedliche Interessen und Probleme** gibt.

Der Unterricht sollte daher nicht nur **handlungsorientiert**, sondern auch **problemorientiert** sein. Um einen solchen Unterricht erfolgreich gestalten zu können, müssen Schüler und Lehrer eng zusammenarbeiten. Dabei müsst ihr Folgendes beachten:

◆ Informiert euch zunächst, welche der **acht Themenkreise** in eurem Schuljahr behandelt werden.

◆ Legt dann gemeinsam die **Einzelthemen** fest, die ihr erarbeiten wollt, und die **Methode**, wie ihr eure Arbeit gestalten möchtet:

Einzelarbeit (z.B. Referate, „wirtschaftspolitische Wochenberichte"), Partnerarbeit, Gruppenarbeit, Rollenspiele, Pro-Contra-Diskussionen, Ausstellungen, Wandzeitungen, Beiträge für die Schülerzeitung, Internet-Recherche, PowerPoint-Präsentation, Videovorführungen, fächerübergreifende Projekte (hierzu findet ihr Vorschläge im Anhang, Seite 352 ff.) u.a.m.

◆ Vereinbart rechtzeitig **Termine** (z.B. für Arbeitsplatz- und Betriebserkundungen, Betriebspraktika, Vorträge schulfremder Personen, Podiumsdiskussionen, Interviews, Befragungen usw.).

◆ Beginnt sofort damit, **Arbeitsmaterialien** (Texte, Fotos, Karikaturen, Schaubilder o.Ä.) in einer Mappe oder einem Ordner übersichtlich zu sammeln.

Lasst euch weitere Arbeitsmaterialien schicken. Hinweise findet ihr im Anhang, Seite 346 ff. Einige Anregungen hierzu:

– Bittet die Bezugsquelle (Dienststelle, Verlag) zunächst um die Zusendung eines **Verzeichnisses der Veröffentlichungen** (Publikationen). Fragt gleichzeitig nach den Preisen und den Zahlungsbedingungen.

– Bestellt **rechtzeitig**. Auslieferungen können auch mehrere Wochen dauern! Gebt für Rückfragen bei Bestellungen eure E-Mail-Adresse, eine Telefon- oder Faxnummer an.

– Bestellt möglichst nicht allein, sondern gebt eine **Sammelbestellung** für eine Arbeitsgruppe oder die gesamte Klasse auf. Falls das Material nicht kostenlos ist, kann ein „Klassensatz" billiger sein. Bei der Bestellung Schulstempel nicht vergessen.

Zu diesem Buch gibt es auch ein

Arbeitsheft

Zusammengestellt von W. Abriß, S. Gans, W. Gewehr und A. Sitzmann.

Format DIN A4, 96 Seiten, perforiert und gelocht.

Es kann beim Verlag unter der Bestellnummer Stam 1016 bestellt werden.

Privater
Haushalt

1 Notwendigkeit des Wirtschaftens

> Papa, ich brauche unbedingt ein Mofa!

> Hast du eigentlich den Urlaub schon gebucht?

> Nächste Woche müsste auch das Geld für die Klassenfahrt überwiesen werden.

> Diesen Monat wird es verdammt knapp mit dem Geld!

> Ich sollte mich eventuell um einen Nebenjob bemühen, um unser Haushaltsgeld aufzubessern?!

Wie auskommen mit dem Einkommen?

◆ *Wie können in einer Familie die Wünsche und Ansprüche aller* **Familienmitglieder** *sinnvoll befriedigt werden?*

◆ *Welche Möglichkeiten haben die Eltern, wenn das monatliche Einkommen für die Familie kaum noch ausreicht? (Diskutiert mögliche Lösungen.)*

◆ *Erkundige dich bei deinen Eltern über die Größe eurer Wohnung bzw. eures Hauses und vergleiche dies mit dem Haushalt deiner Großeltern. Versuche mögliche Unterschiede zu ergründen.*

◆ *Vergleiche die Lebensgewohnheiten (Einkauf, Arbeitsplatz, Freizeitverhalten usw.) deiner Familie mit den Gewohnheiten deiner Großeltern. Erläutere Gemeinsamkeiten und Unterschiede von damals und heute.*

Jugendliche haben viele Wünsche – doch meist kostet die Befriedigung dieser Bedürfnisse auch Geld.

Essen, Trinken, Kleidung und Wohnung gehören zu den **Existenzbedürfnissen** des Menschen (Existenz = Leben, Lebensunterhalt, Lebensgrundlage). Er hat aber noch weiter gehende Wünsche wie Musik hören, Bücher lesen, Kino und Theater besuchen, sich weiterbilden usw. Diese nennt man **Kulturbedürfnisse**.

Wer sich darüber hinaus schön und modern kleiden möchte, sich nach Schmuck, Kosmetika (Parfüm, Lippenstift), Genussmitteln (Zigaretten, Alkohol) und nach Urlaubsreisen sehnt, hat **Luxusbedürfnisse**.

Luxusbedürfnisse   z.B. Modeartikel, Schmuck, Genussmittel

Kulturbedürfnisse   z.B. Bildung, Musik, Bücher, Theater

Existenzbedürfnisse   z.B. Nahrung, Kleidung, Wohnung

Jeder hat weit mehr Bedürfnisse, als er mit Geld befriedigen kann. Mit anderen Worten: Die menschlichen Wünsche sind stets größer als das Einkommen. Bedürfnisse, die man mit seinem Geld bezahlen kann, werden als **Bedarf** bezeichnet. D.h., wer genügend **Kaufkraft** (Geld) besitzt, kann sich dadurch auch genügend Wünsche erfüllen.

Gefühl des Mangels ▷ Bedürfnisse ▷ Kaufkraft ▷ Bedarf

- ◆ **Bedürfnis** ist das Gefühl des Mangels, verbunden mit dem Bestreben, ihm abzuhelfen.
- ◆ Bedürfnisse, die mit dem vorhandenen Geld befriedigt werden können, bezeichnet man als **Bedarf**.

1.2   Deckung des Bedarfs durch Wirtschaften

Den unbegrenzten menschlichen Bedürfnissen auf der einen Seite stehen nur knapp vorhandene Güter auf der anderen gegenüber. Um ihre Bedürfnisse zu befriedigen bzw. den Bedarf zu decken, müssen daher die Menschen körperlich und geistig arbeiten. Da das so genannte Schlaraffenland nur im Märchen vorkommt, müssen die erforderlichen **Güter erzeugt und Dienstleistungen verrichtet** werden.

Beispiele

- ◆ **Güter** (Sachgüter) sind Nahrungsmittel, Kleidung, Wohnung, Möbel, Maschinen, Autos.
- ◆ **Dienstleistungen** werden verrichtet vom Handel, von den Banken, den Versicherungen, der Post, der Bahn, der Gesundheits- und Rechtspflege, der Verwaltung, den Schulen usw.

Die Tätigkeit des Menschen zur Deckung des Bedarfs an Sachgütern und Dienstleistungen bezeichnet man als **Wirtschaften**.

Unter **Wirtschaft** und **Wirtschaften** versteht man alles, was der Versorgung der Menschen mit **Sachgütern und Dienstleistungen** dient.

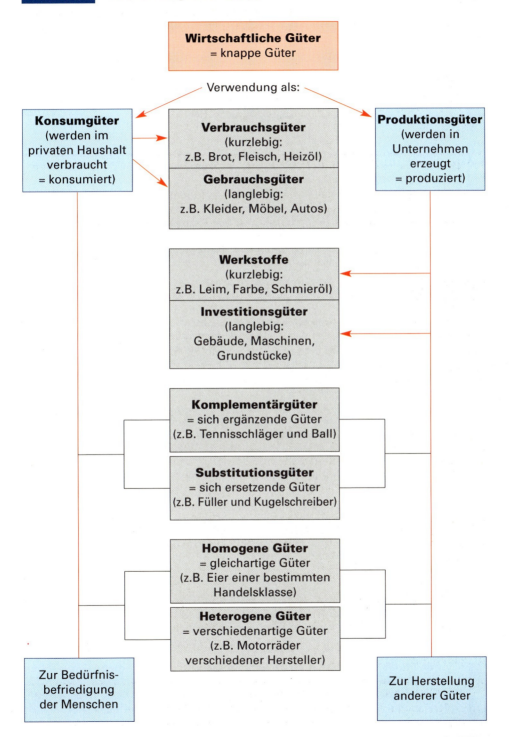

Wirtschaftliche Güter
= knappe Güter

Verwendung als:

Konsumgüter
(werden im
privaten Haushalt
verbraucht
= konsumiert)

Produktionsgüter
(werden in
Unternehmen
erzeugt
= produziert)

Verbrauchsgüter
(kurzlebig:
z.B. Brot, Fleisch, Heizöl)

Gebrauchsgüter
(langlebig:
z.B. Kleider, Möbel, Autos)

Werkstoffe
(kurzlebig:
z.B. Leim, Farbe, Schmieröl)

Investitionsgüter
(langlebig:
Gebäude, Maschinen,
Grundstücke)

Komplementärgüter
= sich ergänzende Güter
(z.B. Tennisschläger und Ball)

Substitutionsgüter
= sich ersetzende Güter
(z.B. Füller und Kugelschreiber)

Homogene Güter
= gleichartige Güter
(z.B. Eier einer bestimmten
Handelsklasse)

Heterogene Güter
= verschiedenartige Güter
(z.B. Motorräder
verschiedener Hersteller)

Zur Bedürfnis-
befriedigung
der Menschen

Zur Herstellung
anderer Güter

1 Stelle eine Liste deiner Bedürfnisse zusammen, die du an einem Tage (vom Aufstehen bis zum Schlafengehen) hast: bei der Morgenwäsche, beim Ankleiden, Frühstücken, auf dem Schulweg usw.

2 Führe ein Interview mit deinen Eltern/Großeltern/Nachbarn/anderen Jugendlichen über deren Bedürfnisse und Konsumverhalten durch. (Der Fragenkatalog hierzu kann gemeinsam in der Klasse aufgestellt werden.)

3 *„Der Mensch lebt nicht vom Brot allein."*

Wie könnte man dieses Bibelzitat verstehen?

4 Stellt in Partnerarbeit eine Übersicht auf, in der ihr darlegt, dass unterschiedliche Einflussfaktoren unsere Bedürfnisse bestimmen (welche Wirtschafts- und Umfeldeinflüsse rufen welche Bedürfnisse hervor?) und vergleicht eure Bedürfnisse mit den Bedürfnissen anderer Jugendlicher aus der Dritten Welt (= Entwicklungsländer).

5 Nenne 10 kollektive Bedürfnisse.

6 Welche Dienstleistungen müssen erbracht werden?
a) du bist krank,
b) Mutter holt Geld von der Bank,
c) dein Moped ist gestohlen worden,
d) du schreibst der Tante einen Brief,
e) das Fernsehgerät muss repariert werden,
f) deine Familie will in Urlaub fahren.

7 Liste jeweils fünf Verbrauchsgüter, Gebrauchsgüter, Werkstoffe, Investitionsgüter, Komplementär- und Substitutionsgüter auf.

8 Führt in eurer Klasse eine Pro-Contra-Diskussion über die Anschaffung von teuren Investitionsgütern (z.B. computergesteuerten Maschinen) durch, welche auch einige Arbeitsplätze im Unternehmen einsparen hilft.

9 Lies im Wirtschaftslexikon unter dem Stichwort „Haushalt" nach. Gib den Inhalt mit eigenen Worten wieder.

10 Lege dar, wie die Güter vom Erzeuger zum Verbraucher gelangen. Denke dabei nicht nur an Lebensmittel, sondern auch an andere Gebrauchsgüter/Geräte in eurem Haushalt. Versuche deine Beschreibung auch zeichnerisch auszudrücken. Alle Zeichnungen in der Klasse könnten zu einer interessanten Collage (= Gesamtbild, welches aus vielen Einzelbildern besteht) zusammengefasst werden.

„Das ewige Problem – die Taschengeldfrage."

11 Wie viel kann/soll/darf ein Privathaushalt an seine Kinder für den persönlichen Bedarf auszahlen? Einen gesetzlichen Anspruch auf Taschengeld gibt es nicht, aber einen menschlichen!
Haltet ihr den folgenden Vorschlag für angemessen?
Für 14- bis 15-Jährige rund 25 Euro im Monat.
Für 16- bis 17-Jährige rund 40 Euro im Monat.
Diskutiert in der Klasse; ihr könnt auch eine anonyme Umfrage (= ohne Namensnennung) in der Klasse/Gruppe durchführen und anschließend ein Schaubild darüber anfertigen.

Um meiner Familie mehr bieten zu können, muss ich mein Einkommen erhöhen!?

Wenn ich mein Einkommen mit dem einiger Fußballstars vergleiche??!...

Die Unterschiede sind manchmal schon gravierend!?

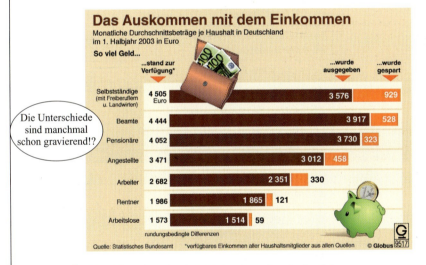

Das Auskommen mit dem Einkommen

Monatliche Durchschnittsbeträge je Haushalt in Deutschland
im 1. Halbjahr 2003 in Euro

So viel Geld...

	...stand zur Verfügung*	...wurde ausgegeben	...wurde gespart
Selbstständige (mit Freiberuflern u. Landwirten)	4 505 Euro	3 576	929
Beamte	4 444	3 917	528
Pensionäre	4 052	3 730	323
Angestellte	3 471	3 012	458
Arbeiter	2 682	2 351	330
Rentner	1 986	1 865	121
Arbeitslose	1 573	1 514	59

rundungsbedingte Differenzen

Quelle: Statistisches Bundesamt   *verfügbares Einkommen aller Haushaltsmitglieder aus allen Quellen   © Globus 9517

◆ *Zum Glück hat Peter die Lehre beendet, dadurch konnte er in seinem Beruf später aufsteigen. Was kann ein Abbruch der Ausbildung alles mit sich bringen?*

◆ *Willi M. ist arbeitslos, nicht nur finanziell geht es ihm schlecht. Wie hängen Einkommen, Arbeitslosigkeit, Selbstwertgefühl[1] und Lebensstandard miteinander zusammen?*

◆ *Mit der Auszubildenden-Stelle als Näherin ist Sybille am Ende der Einkommensskala. Welche Rolle spielt das Geld im Beruf?*

---

[1]Selbstwertgefühl = Selbsteinschätzung, eigener Stellenwert in der Gesellschaft

Petra hat als Schülerin – außer ihrem Taschengeld und den Zinsen, die ihrem Sparbuch (Geldmarktkonto) jährlich gutgeschrieben werden – noch keine Einkünfte.
Ihr Vater ist Beamter. Er bezieht ein Gehalt. Für ein verpachtetes Gartengrundstück erhält er außerdem eine Pacht, für seine Aktien jeweils eine Dividende (Gutschrift).
Petras Mutter arbeitet halbtags. Sie erhält einen Lohn, entsprechend den gearbeiteten Stunden. Als Soldat bekommt ihr Bruder Wehrsold. Petras Großmutter lebt von ihrer Rente.

Entsprechend dem obigen Beispiel lassen sich die Einkommen wie folgt gliedern:
◆ **Erwerbseinkommen**   ◆ **Sozialeinkommen**   ◆ **Vermögenseinkommen**

Erwerbseinkommen (auch Arbeitseinkommen)	
Ausbildungsvergütung	Auszubildende
Lohn	Arbeiter, Facharbeiter, Handwerker (siehe Seite 190 ff.)
Gehalt	Angestellte, Beamte, Richter
Gewinn	Unternehmer (siehe Seite 54) (Manchmal wird der Gewinn auch als Unternehmerlohn bezeichnet.)
Honorar	Ärzte, Rechtsanwälte, Architekten, Schriftsteller
Provision	Handelsvertreter, Makler (z.B. für Vermittlung von Häusern, Grundstücken)
Gage	Schauspieler, Musiker, Sänger
Sold	Wehrpflichtige Soldaten (früher: Söldner)
Diäten	Abgeordnete (Bundestag, Landtag)

Sozialeinkommen	
Rente	Arbeiter, Angestellte
Pension	Beamte, Richter
Arbeitslosengeld	Arbeitslose (Dauer ist begrenzt, siehe Seite 309)
Sozialhilfe	Menschen, die in Not geraten sind
Kindergeld	Erziehungsberechtigte für ihre minderjährigen Kinder
Wohngeld	Mieter mit niedrigem Einkommen

Vermögenseinkommen (auch Besitzeinkommen)	
Miete	Hausbesitzer, Wohnungseigentümer
Pacht	Besitzer von Grundstücken (Manchmal wird die Pacht auch als Grund- und Bodenrente bezeichnet.)
Zinsen	Sparer (siehe Seite 129 ff.)
Dividende	Besitzer von Aktien (siehe Seite 133)

Gliederung nach dem Einkommensteuergesetz

Das **Finanzamt** geht von einer anderen Gliederung der Einkommen aus:

◆ Einkünfte aus **nicht selbstständiger Arbeit** (alle Arbeitnehmer)
◆ Einkünfte aus **Land- und Forstwirtschaft** (Land- und Forstwirte, Winzer)
◆ Einkünfte aus **Gewerbebetrieb** und aus **selbstständiger Arbeit** (Gewerbetreibende und Freiberufler wie z.B. Rechtsanwälte, Steuerberater, Autoren)
◆ Einkünfte aus **Kapitalvermögen** und **sonstige Einkünfte** (Sparer und Rentner)
◆ Einkünfte aus **Vermietung und Verpachtung** (z.B. Haus- und Wohnungseigentümer)

Viele Haushalte beziehen verschiedene Arten von Einkommen.

Beispiele

Gehalt des Vaters, Lohn der Mutter, Pacht, Zinsen, Dividende u.a.m.

2.2   Das Einkommen – näher betrachtet

Das Einkommen eines Arbeitnehmers, auch als Arbeitseinkommen bezeichnet, besteht nicht nur aus dem **Entgelt für die geleistete Arbeit** (Stundenlohn, Monatslohn usw., siehe Seite 192 f.). Hinzu kommt noch ein „zweites Einkommen" in Form von gesetzlich, tariflich oder auch innerbetrieblich vereinbarten **Personalzusatzkosten** (Lohnnebenkosten), welche der Arbeitnehmer nicht ausbezahlt bekommt, die aber der Arbeitgeber zu entrichten hat (siehe auch Seite 193).

Die Personalzusatzkosten sind in den letzten Jahren und Jahrzehnten stetig angestiegen und tragen mit zur Verteuerung der Produkte bei.

Diese Zusatzkosten sind in den Branchen (= Wirtschaftszweigen) unterschiedlich.

Der zweite Lohn
Auf je 100 Euro Entgelt für geleistete Arbeit in der Industrie kommen diese Zusatzkosten

| WEST | 78,20 Euro | insgesamt | 66,90 Euro | OST |

davon

		Sozialversicherungs-beiträge*		
Urlaub	28,10 / 13,50		28,60 / 12,90	Urlaub
bezahlte Feiertage		Vergütung arbeitsfreier Tage		bezahlte Feiertage
Lohnfortzahlung bei Krankheit	5,40 / 3,80		4,50 / 3,70	Lohnfortzahlung bei Krankheit
Gratifikationen, 13. Gehalt	8,60	Sonder-zahlungen	4,90	Gratifikationen, 13. Gehalt
Urlaubsgeld	4,10		2,10	Urlaubsgeld
Vermögensbildung	1,00		0,60	Vermögensbildung
	7,50	betriebl. Altersversorgung	2,60	
	6,20	sonstige	7,00	

Quelle: iw   *Arbeitgeberanteil   Stand 2003   © Globus 9383

Zu diesem „Lohn neben dem Lohn" gehören:

◆ **Gesetzliche Personalzusatzkosten**
Sozialversicherungsbeiträge der Arbeitgeber
Bezahlte Feiertage
Lohnfortzahlung im Krankheitsfall
Sonstige Kosten (z.B. Mutterschutzgesetz)

◆ **Tarifliche und betriebliche Personalzusatzkosten**
Urlaub, einschließlich Urlaubsgeld
Sonderzahlungen (z.B. 13. Monatsgehalt)
Betriebliche Altersversorgung
Vermögensbildung (470 und/oder 400 EUR/Jahr, siehe Seite 130)
Sonstige Kosten (z.B. Berufsausbildung)

Arbeitsaufgaben und Anregungen zum Handeln

1 *Von welchem Einkommen lebt deine Familie (keine Zahlenangaben)?*

2 *Wieso kann man als Arbeitnehmer die Personalzusatzkosten als „zweites Einkommen" oder als „Lohn neben dem Lohn" bezeichnen?*

3 *Bildet in der Klasse zwei Gruppen: Gewerkschaftsvertreter und Arbeitgeber. Diskutiert das Thema „Weitere Entwicklung der Personalkosten", wobei die Wettbewerbsfähigkeit unserer Industrie und die Arbeitslosigkeit eine wichtige Rolle spielen sollten.*

4 *Befrage deine Eltern/Großeltern, welche Beiträge von ihrem Bruttolohn abgezogen werden. Wofür?*

5 *Diskutiert in der Klasse/Gruppe folgende Aussagen:*

> *A: „Es muss ein Anreiz bestehen selbstständig zu sein, Verantwortung und Risiken zu tragen. Das rechtfertigt auch hohe Gewinne."*
>
> *B: „Eine lange, gute Ausbildung sollte auch zu einem besseren Verdienst führen."*
>
> *C: „Leistung im Beruf lässt sich am besten durch finanzielle Anreize fördern."*
>
> *D: „Die Bezahlung sollte mehr nach den Bedürfnissen erfolgen."*
>
> *E: „Die Einkommen der Unternehmer sind zu hoch. Die Gewerkschaften sollten für höhere Löhne kämpfen oder der Staat sollte die Steuern für Unternehmer erhöhen."*

6 *Betrachtet das Schaubild auf Seite 13 (Einkommensgruppen) und diskutiert die Verteilung der Einkommen. Berücksichtigt dabei aber, dass Selbstständige für Alter, Krankheit und „Erwerbslosigkeit" selbst vorsorgen müssen.*

7 *Versuche zum gleichen Schaubild (Seite 13) eine Karikatur zu entwerfen. Die besten Zeichnungen könnten im Klassenzimmer ausgestellt werden.*

Dienstagabend, 18 Uhr, bei Frau Glück klingelt das Telefon. Ein Herr von der Lottozentrale fragt nach, ob sie am Donnerstag den Lottoschein abgegeben hat. Für Frau Glück ist dies selbstverständlich, da sie öfter tippt. „Wir sollten einmal ihre Zahlen mit den Gewinnzahlen vergleichen", so der freundliche Herr am anderen Ende der Leitung. Sie hat fünf Richtige und die Zusatzzahl angekreuzt. „Ich kann es gar nicht fassen", gesteht sie dem Angestellten der Lottozentrale. Dieser bestätigt den Gewinn. „Bei solchen Glücksrittern wie Ihnen kommen wir persönlich vorbei und überbringen den Scheck! Sie dürfen sich jetzt schon mit Ihrer Familie Gedanken machen, was Sie mit diesen 200.000 EUR, die ich Ihnen übermorgen bringe, anfangen wollen. Aber keine Angst vor dem vielen Geld, wir unterbreiten Ihnen bei der Gewinnauszahlung gleichzeitig einige Geldanlagemöglichkeiten." Nach dem Telefonat ruft Frau Glück den „Familienrat" zusammen, der in einer nächtlichen Sitzung eine Reihe von Vorschlägen über die Verwendung des angekündigten Geldes diskutiert. Diese Vorschläge reichen vom Kauf einer Eigentumswohnung, einer neuen Wohnzimmereinrichtung, der Anlage eines Sparbuchs, dem Kauf von Aktien usw. bis hin zur Weltreise in den Sommerferien …!

◆ *Stelle dir vor, du bist ein Kind dieser glücklichen Familie. Welche Vorschläge würdest du deinen Eltern unterbreiten?*

◆ *Gibt es noch andere Möglichkeiten, mit dem Geld etwas Sinnvolles anzufangen, es eventuell noch zu vermehren?*

◆ *Wie dürfen sich die Konsumgewohnheiten[1] der Familie Glück von nun an möglicherweise ändern, da sie monatlich bisher nur ca. 1.800 EUR zur Verfügung hatten?*

---

[1] Unter Konsum versteht man den Verbrauch von Waren oder auch den Gebrauch von Dienstleistungen.

Für die meisten Erwerbstätigen ist das Arbeitseinkommen (Lohn, Gehalt) die Haupteinnahmequelle. Hiervon müssen sie sich ernähren, kleiden, Miete für die Wohnung entrichten, vielleicht auch Kredite[1] abzahlen, d.h. ihre Bedürfnisse befriedigen.

Das Schaubild mit den Daten des Statistischen Bundesamtes in Wiesbaden zeigt, wie typische Durchschnittsfamilien ihre Einkommen ausgeben.

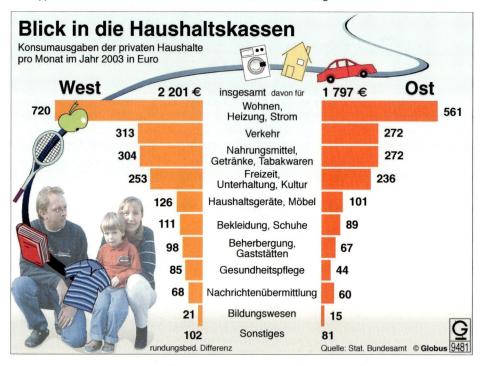

Vom monatlichen Einkommen müssen unbedingt die lebensnotwendigen Güter gekauft werden (Nahrung, Kleidung, Wohnung), damit wird der **Zwangsbedarf** gedeckt.

Kultur- und Luxusgüter sind weniger dringlich, daher spricht man hier vom **Wahlbedarf**.

Bezieher geringer Einkommen, z.B. Arbeitslose und Rentner, benötigen einen größeren Anteil ihres Einkommens für lebensnotwendige Güter als besser Verdienende. Sie können nur dann einen „Notgroschen" erübrigen, wenn sie ihren Verbrauch (Konsum) einschränken.

> Sparen heißt, einen Teil seines Einkommens nicht zu verbrauchen, um später darüber verfügen zu können.
>
> **Sparen = Konsumverzicht**

---

[1] Kredite sind fremde Geldmittel, die man sich (z.B. von einer Bank) leiht und später wieder zurückzahlt. Für die Ausleihe muss man Kreditzinsen bezahlen, siehe Seite 138 ff.

3.2 Planung im Haushalt

Um nicht mit leeren Taschen – wie in der Karikatur – dazustehen, ist es sinnvoll, Einnahmen und Ausgaben zu planen.

Da jeder Haushalt eine ganz spezifische (kennzeichnende) Zusammensetzung seines Bedarfs (so genannte Bedarfsstruktur) hat, sollten dem monatlichen Nettoeinkommen die möglichen Ausgaben der Familie gegenübergestellt werden. Hierzu kann man – gleich, ob es ein Single-Haushalt[1] oder ein Mehrpersonenhaushalt ist – von einem Kaufmann lernen. Er muss rentabel[2] wirtschaften und dies kann er aus seiner Buchführung erkennen.

In der Familie sollen bei den Geldausgaben die Interessen und das Wohl aller Haushaltsmitglieder gleichermaßen bedacht werden, daher erscheint die wöchentliche/monatliche oder auch jährliche Aufstellung eines **Haushaltsplanes** in gemeinsamer Familienbesprechung sinnvoll. Beim Führen eines Haushaltsbuches – auch bereits als Auszubildender – können finanzielle Fehler leichter entdeckt werden. Wenn z.B. das Hobby oder das Auto usw. im Verhältnis zu anderen Ausgaben zu teuer sind, kann entgegengesteuert werden.

Insbesondere Haushalte mit geringem Einkommen tun gut daran, eine **Ausgabenstrategie** (langfristige Planung der Geldausgaben) zu entwerfen, da ihnen für Luxusgüter nur wenig Geld zur Verfügung steht und größere Anschaffungen u. U. sogar nur mit Hilfe eines Kredits möglich sind. Mit einer durchdachten Planung kann man dann die Höhe der Ersparnisse, die Höhe der Schulden, die monatliche Rückzahlung (Schuldentilgung) und ggf. auch die zeitliche Dauer der Belastung erkennen und seinen persönlichen Lebensstil darauf einrichten.

---

[1] Person, die allein lebt und einen eigenen (Wohn-)Haushalt bewirtschaftet
[2] rentabel = gewinnbringend, lohnend

Muster eines Haushaltsplanes

Ausgaben				
	Monat		Monat	
	Plan	tatsächlich	Plan	tatsächlich
A. Wohnungsausgaben 　1. Miete				
2. Strom/Gas/Wasser usw.				
3. Telefon, Handy, Internet				
4. Sonstiges				
B. Ernährung 　5. Lebensmittel				
6. Genussmittel				
7. Sonstiges				
C. Kleidung/Schuhe 　8. Neuanschaffung				
9. Reparatur/Reinigung usw.				
D. Persönliche Ausgaben 　10. Gesundheit				
11. Taschengeld				
12. Sonstiges				
E. Auto 　13. Unterhalt 　　(Kraftstoff, Steuer usw.)				
14. Rücklagen für 　　Neuanschaffung				
F. Besondere Ausgaben 　15. Möbel				
16. Urlaub/Freizeit usw.				
17. Kredittilgung				
18. Sparen/Altersvorsorge				
19. Versicherungen				
20. Sonstiges				
Summe:				

Einnahmen				
	Monat		Monat	
	Plan	tatsächlich	Plan	tatsächlich
1. Gehalt/Lohn				
2. Sonstiges				
Summe:				

Arbeitsaufgaben und Anregungen zum Handeln

1 Interpretiere die folgenden Sprichwörter zum Sparen und suche weitere Sprüche zu diesem Thema:

> a) „Wer viel spart, der kann viel Gutes tun!"
>
> b) „Wer den Pfennig nicht ehrt, ist des Talers nicht wert."
>
> c) „Junges Blut – spar dein Gut,
>   Armut im Alter wehe tut."
>
> d) „Froh schlägt das Herz im Reisekittel, vorausgesetzt, man hat die Mittel."
>   (Wilhelm Busch, 1832–1908)

2 Berechne die Ausgaben eines Durchschnittshaushaltes mit einem Nettoeinkommen von 2 500,00 EUR in Prozenten, entnimm die Zahlen dem Schaubild auf Seite 18.

3 Du möchtest deinen nächsten Geburtstag mit 12 Freundinnen und Freunden zünftig feiern und erhältst für diese Party zur Finanzierung deiner Einkäufe von deinen Eltern 150,00 Euro zur Verfügung gestellt. Fertige mit deinen Mitschülern/-innen einen realistischen (echten) Einkaufszettel an, wobei ihr euch im Supermarkt/Geschäft nach den Preisen erkundigen könnt und dann auch gemeinsam festlegt, was und wie viel ihr an Essen und Getränken kauft. Vergleicht dann später in der Klasse die jeweiligen Einkaufszettel.

4 In den Haushalten werden ständig **Kaufentscheidungen** getroffen. Liste mindestens fünf Entscheidungsfaktoren für den Kauf einer Stereoanlage auf.

5 Aus welchen Gründen sollten junge Familien ein Haushaltsbuch führen?

6 Führe in den nächsten drei Monaten ein Haushaltsbuch über deine persönlichen Einnahmen und Ausgaben. Vielleicht könntest du auch eine solche Haushaltsplanung für eure Familie zu Hause durchführen. Sprich mit deinen Eltern hierüber.

7 Erstelle zum gesamten Kapitel 3 (Verwendung des Einkommens – Haushaltsplanung) ein Kreuzworträtsel, welches dein(e) Nachbar(in) in der nächsten Wirtschaftskunde-Stunde lösen soll.

Die Brüder Tim und Philipp möchten gerne das Skifahren erlernen und planen deshalb einen Skiurlaub im Allgäu. Hierzu erhält jeder vom skibegeisterten Vater einen Zuschuss in Höhe von 500,00 Euro für die Bahnfahrt und die Ausrüstung. Beide setzen das Geld folgendermaßen ein:

Tim:		**Philipp:**	
Bahnfahrt	*100,00 Euro*	*Bahnfahrt*	*100,00 Euro*
1 Paar Ski	*275,00 Euro*	*1 Paar Ski*	*125,00 Euro*
1 Paar Skischuhe	*125,00 Euro*	*1 Paar Skischuhe*	*85,00 Euro*
	500,00 Euro	*Skianfängerkurs*	*85,00 Euro*
		Skianzug	*90,00 Euro*
		Skibrille	*15,00 Euro*
			500,00 Euro

◆ *Wieso hat Philipp bei der Planung des Skiurlaubs wirtschaftlicher, d.h. ökonomischer gehandelt als sein Bruder Tim?*

◆ *Welche Vorteile ergeben sich durch sinnvolles und kluges Wirtschaften gegenüber anderen? Begründe!*

◆ *Wir leben leider nicht im märchenhaften Schlaraffenland, Geld und Rohstoffe[1] sind knapp; welche Konsequenzen ergeben sich daraus für dich als jugendlicher Verbraucher/als Arbeitnehmer in einigen Jahren oder evtl. später einmal als Selbstständiger (Unternehmer)?*

◆ *Wie kannst du in der Schule ökonomisch sinnvoll handeln? Denke dabei an Klassenarbeiten, Benotung, an den angestrebten Abschluss usw.*

---

[1] Rohstoffe, wie z.B. Kohle, Erdgas, Uran, Silber, Kupfer usw., die gewonnen werden müssen, bezeichnet man auch als Ressourcen.

4.1   Rangordnung der Bedürfnisbefriedigung

Durch planvolles Handeln und Wählen müssen die Menschen versuchen ihre wirtschaftlichen Bedürfnisse zu befriedigen. Wegen der knappen Güter muss daher im Privathaushalt, im Betrieb usw. eine Rangordnung aufgestellt werden, in welcher Reihenfolge die Bedürfnisse befriedigt werden sollten. Entscheidend hierbei ist die Dringlichkeit, d.h.: Was erscheint besonders wichtig, was weniger wichtig, welche Anschaffung kann evtl. noch aufgeschoben werden usw.?

Beispiele

◆ Jeder muss entscheiden, was für ihn am dringlichsten/wichtigsten ist: ein CD-Player, ein Computer, ein neues Handy, ein Mofa, für den Urlaub sparen u.v.a.m. (= und vieles andere mehr).

◆ Die Firmenleitung entscheidet, was mit dem erwirtschafteten Gewinn gemacht wird: eine weitere Werkhalle bauen, neue Maschinen kaufen, dem Unternehmer für dessen Zwecke zur Verfügung stellen, den Mitarbeitern auszahlen (z.B. durch Lohnerhöhung), zurücklegen für schwierige Zeiten u.v.a.m.

◆ Die Gemeinde/Stadt, das Land und auch der Bund entscheiden, wofür die knappen Mittel verwendet werden sollen: für die Erneuerung von Schulen/Krankenhäusern, für den Straßenbau, für Umwelteinrichtungen, für die Landesverteidigung, für höhere Sozialausgaben usw.

> Für die Verwendung unserer knappen Güter sollte eine Rangordnung festgelegt werden, die sich nach der Dringlichkeit richtet.

4.2   Das ökonomische Prinzip als Maximal- und Minimalprinzip

„Im Urlaub kann man sich mal etwas mehr gönnen." Eine solche Aussage haben die meisten schon gehört. In dieser Situation spielt dann die augenblickliche Stimmung beim Kauf eine wichtige Rolle. Auch das Geltungsbedürfnis („größeres Auto als der Nachbar"), Neid, Überredungskunst bei Haustürgeschäften / Kaffeefahrten, Reklame und weitere Einflussmöglichkeiten bestim-

men unser Handeln. Die Vernunft ist bei vielen wirtschaftlichen Entscheidungen nicht immer ausschlaggebend, da man sich von der Mode oder Werbung beeinflussen (manipulieren) lässt. Es werden dann Konsumartikel gekauft, die nicht erforderlich und schon gar nicht dringend nötig sind.

Bei kluger und sinnvoller Handlungsweise sollten die umseitig angeführten Faktoren außer Acht gelassen werden, d.h., wer **wirtschaftlich vernünftig** handelt, richtet sich nach dem **ökonomischen Prinzip** (ökonomisch, lat.: wirtschaftlich, sparsam).

A (Maximalprinzip)

Herr Maier will ein Fertighaus erwerben und hat dazu 200.000,00 Euro (eigenes und geliehenes Geld) zur Verfügung. Den Keller und die Garage will er mit drei Kollegen selbst erstellen. Dazu hat er im Sommer abends und an einigen Wochenenden Zeit. Wie groß darf das Haus für eine 4-köpfige Familie sein und wie komfortabel kann es danach ausgestattet werden?

Herr Maier möchte mit einem gegebenen Aufwand einen möglichst großen Nutzen erzielen. Er möchte mit seinen vorhandenen Mitteln (Geld, Arbeitskraft und Zeit) ein **Maximum** (lat.: das Größte, das Höchste) erreichen.

A. Maximalprinzip:

| Geld | + | Kraft | + | Zeit | = | Ertrag |

Mit gegebenen Mitteln …   … einen möglichst großen Nutzen erzielen.

Bei unserem Beispiel auf Seite 22 hat sich Philipp im Gegensatz zu seinem Bruder Tim ebenfalls am Maximalprinzip orientiert.

Beispiel

B (Minimalprinzip)

Familie Müller betreibt seit Generationen ein Hotel und möchte trotz stark gestiegener Kosten den Hotelbetrieb weiterführen und später vererben. Dazu wurde jetzt ein Frühstücksbüffet eingerichtet, um Personalkosten zu sparen. Zwei Zimmermädchen wurden entlassen, da moderne Reinigungsgeräte, ein Schuhputzautomat, pflegeleichte und einfach zu wechselnde Bettwäsche angeschafft wurden. Eine Aushilfskraft in der Küche arbeitet jetzt nur noch stundenweise und ist nicht mehr festangestellt.

B. Minimalprinzip:

| Ertrag | = | Geld | + | Kraft | + | Zeit |

Ein bestimmtes Ziel …   … mit möglichst geringem Aufwand erreichen.

Ähnlich wie Familie Müller sollte man vorgehen, wenn man beispielsweise ein bestimmtes Fahrrad mit gewünschter Ausstattung kaufen möchte. Wer möglichst wenig Geld dafür aufwenden will, wird dieses Fahrrad – nach ausgiebigem Vergleich, auch unter Berücksichtigung der Qualität – in dem Geschäft mit dem günstigsten Angebot kaufen.

Da die Menge unserer Güter begrenzt ist (die Rohstoffvorräte neigen sich in absehbarer Zeit dem Ende zu) und die Bedürfnisse der stark zunehmenden Erdbevölkerung wachsen, muss in der Familie, im Unternehmen[1] und auch beim Staat noch stärker als bisher nach dem ökonomischen Prinzip gehandelt werden. Hinzu kommt noch, dass in den Industriestaaten oftmals Rohstoffe und Energie verschwendet werden („Überfluss- und Wegwerfgesellschaft"). Daher sollten wir als Verbraucher auch ökologisch[2] sinnvoll handeln und bei unserem Konsum die Auswirkungen auf die Umwelt beachten.

Im Haushalt

Ziel:
Den Bedarf der Haushaltsmitglieder decken!

Hier herrscht das **Maximalprinzip** vor, da mit dem vorgegebenen monatlichen Einkommen der Bedarf der Familienmitglieder bestmöglich gedeckt werden soll, d.h., jeder sollte einen möglichst großen Nutzen hierbei erzielen.

Im Unternehmen

In einem Unternehmen überwiegt das **Minimal- oder auch Sparprinzip:** Das gesetzte Produktionsziel, z.B. pro Arbeitstag 200 Lkws herzustellen, muss mit möglichst geringem Mittelaufwand erreicht werden.

Beim Einkauf von Rohstoffen, Maschinen, Ersatzteilen usw. wendet der Unternehmer gleichzeitig das Maximalprinzip an, da er sich evtl. innerhalb eines bestimmten Finanzrahmens bewegen möchte und mit den eingekauften Gütern einen größtmöglichen Nutzen erzielen und dann viel verkaufen bzw. verdienen will.

---

[1] Unter einem Unternehmen versteht man den Ort, an dem Güter hergestellt (Produktionsstätte) und Dienstleistungen verrichtet werden.

[2] ökologisch = umweltbewusst (siehe Seite 95)

Pressemeldungen

Sowohl die Gemeinde (Kommune) als auch Land und Bund müssen mit unseren Steuergeldern möglichst wirtschaftlich umgehen. Je nach Situation sollen sie entweder das Minimal- oder das Maximalprinzip anwenden.

Beispiel

Wenn die Stadt Neunkirchen die Sanierung (= Instandsetzung) einer Schulsporthalle ausschreibt und sich verschiedene Firmen um diesen öffentlichen Großauftrag bewerben, dann ist der Stadtrat gehalten, das Angebot des günstigsten Bieters anzunehmen. Hier hat dann die Kommune (Stadt) nach dem Minimalprinzip gehandelt und ein bestimmtes Ziel (Sanierung) mit dem geringstmöglichen Aufwand (preisgünstig) erreicht.

Arbeitsaufgaben und Anregungen zum Handeln

1 Erkläre das Missverhältnis zwischen den Bedürfnissen der Menschen und den vorhandenen Gütern anhand von Beispielen.

2 Wir leben in einer Wegwerfgesellschaft, in der oftmals Rohstoffe vergeudet werden.

a) Zähle Einsparmöglichkeiten für Rohstoffe (Ressourcen) auf.

b) In vielen Schulen gibt es ein Mülltrennsystem. Wie funktioniert es?

Quelle: „Wir mögen Mehrweg", Abfallwirtschaftsbroschüre der Kreisverwaltung Südliche Weinstraße

c) Verfasse einen Bericht für eure Schülerzeitung mit dem Ziel, die Mülltrennung und das Recycling an deiner Schule zu verbessern.

3 Richtest du dich bei deinen Einkäufen immer nach dem ökonomischen Prinzip?
Belege deine Aussage mit Beispielen.

4 Nenne Beispiele dafür, dass auch beim Sport das ökonomische Prinzip angewandt wird.

5 Das ökonomische Prinzip wird oftmals auch als allgemeines Vernunftprinzip (Rational-
prinzip) bezeichnet.
Lege deinem Nachbarn drei Beispiele für die Anwendung des ökonomischen Prinzips
im schulischen Bereich dar.

6 Erläutere die Karikatur und gib die Situation in deinem Schulort/Wohnort wieder.

„Früher hatten wir nur Ärger mit der Taubenplage – aber jetzt ...!"

7 Die Geldknappheit in den öffentlichen Kassen zwingt zu einem Umdenken sowohl bei
den Parlamentariern als auch bei den Bürgerinnen und Bürgern.
Führt vor diesem Hintergrund in eurer Klasse eine Stadtratsitzung durch:
Rund um die Fußgängerzone nimmt in letzter Zeit das illegale (ungesetzliche) Parken
stark zu. Beschwerden der Anwohner häufen sich wegen der fehlenden Parkplätze.
a) Welche Möglichkeiten seht ihr im Stadtrat?
  Beachtet allerdings, dass die Stadt sehr stark verschuldet ist, das Hallenbad dringend
  saniert werden müsste, die Gewerbesteuereinnahmen sinken, in der Lokalpresse
  bereits ein Parkhaus nahe der Fußgängerzone gefordert wurde.
b) Wie würdet ihr als Ratsmitglied/Bürgermeister entscheiden?

8 Lege dar, wie deine Heimatgemeinde/Stadt versucht, das Maximalprinzip anzuwenden.
Beachte dabei, dass jede Kommune nur einen bestimmten Betrag in ihrem Haushalt
veranschlagt hat, welcher ausgegeben werden kann.

Werbung und Verbraucherverhalten

„Spiel mit mir den Charming Bär", so oder ähnlich klingt es schon aus manchem Kleinkindermund. Werbung und auch Cliquenzwang[1], der oft auf gezielte Reklame zurückzuführen ist, machen Kinder und Jugendliche zu den „Kaufmotoren der Familie", ganz im Sinne der Werbemittelstrategen.[2]

◆ *Warum geben große Unternehmen jährlich Millionen für Werbezwecke aus?*

◆ *Verteuert oder verbilligt die Werbung die Ware?*

◆ *Unter welchen Voraussetzungen kann die Werbung für uns Verbraucher (Konsumenten) von Vorteil sein?*

---

[1] Cliquenzwang = Zwang, den der Freundeskreis direkt oder auch indirekt ausübt, z.B. eine bestimmte modische Jacke zu tragen

[2] Werbemittelstrategen = Fachleute für Werbung, die Werbemittel erarbeiten und den nachfragenden Firmen zur Verfügung stellen

5.1 Aufgaben der Wirtschaftswerbung

Hauptaufgabe der Werbung ist die **Steigerung des Umsatzes und Gewinns.**

Reklame oder **Werbung** will

◆ alte Kunden erhalten (Festigung der Marktposition) und neue hinzugewinnen (Steigerung des Umsatzes/Gewinnmaximierung);

◆ neue Waren und Dienstleistungen an den Kunden bringen, d.h. durch informative und sachliche Werbung den Konsumenten unterrichten bzw. aufklären; damit trägt sie zur Markttransparenz (transparent = durchsichtig, klar) bei;

◆ neue Bedürfnisse wecken. Insbesondere Bezieher hoher Einkommen werden hier angesprochen, damit sie Waren und Dienstleistungen des Luxusbedarfs kaufen;

◆ für bestimmte Waren ein so genanntes Markenimage aufbauen, d.h., der Kunde/die Kundin verbindet mit dem Produkt etwas Besonderes, z.B. Qualität, günstiger Preis.

Sich Durchblick zu verschaffen kostet Mühe!

Die Werbung wirkt sich beim Hersteller in steigenden Produktionszahlen, höherem Umsatz und damit (in der Regel) höherem Gewinn aus. Für den Groß- und Einzelhandel bedeutet sie Umsatzsteigerung. Der Verbraucher wird informiert und bekommt Vergleichsmöglichkeiten. Der Beitrag der Werbung für die gesamte Volkswirtschaft besteht darin, bereits bestehende Arbeitsplätze zu erhalten und neue Arbeitsplätze zu schaffen. Von Bedeutung ist auch, dass eine Kosten und damit preissenkende Massenproduktion oft erst durch ständige Werbung erreicht werden kann. Andererseits können hohe Kosten für die Werbung die Ware verteuern. Schädlich ist die Werbung auch dann, wenn sie den Bereich der sachlichen Information verlässt und zum **„geheimen Verführer"** wird. Der Werbespruch „jetzt kaufen, später bezahlen" hat schon viele Verbraucher verführt, über ihre Einkommensverhältnisse zu leben (siehe S. 142 f.). Die Werbung gehört jedoch zu unserer Marktwirtschaft wie der Wettbewerb und die freie Preisbildung.

5.2 Werbemethoden

Die Werbesprüche (engl.: slogans) setzen sich bei vielen möglichen Kunden/Kundinnen auch im Unterbewusstsein fest. Sie sollen psychologische Anreize vermitteln, ein bestimmtes Produkt bekannt zu machen und schließlich zu kaufen.

Nach der Zahl der umworbenen Kunden unterscheidet man zwischen **direkter und indirekter Werbung**:

◆ **Direkte (persönliche) Werbung:** Der einzelne Kunde wird auf diesem direkten Weg (z.B. durch einen Vertreterbesuch, einen Werbebrief, einen Telefonanruf, ein persönliches Verkaufsgespräch im Einzelhandelsgeschäft) umworben. Allerdings erzielt man mit direkter Werbung keine allzu große Breitenwirkung.

◆ **Indirekte (unpersönliche) Werbung:** Sie wendet sich nicht an den einzelnen Kunden, sondern an die Allgemeinheit. Durch den indirekten Werbeweg (z.B. Zeitungsanzeige, Text bzw. Bild im Internet, Hörfunk- und Fernsehwerbung) wird eine große Zahl anonymer (= unbekannter) Verbraucher angesprochen. Diese Art der Werbung ist Zeit sparend und von großer Breitenwirkung. Sie ist allerdings auch teuer.

Beispiele

Für eine Sekunde Hörfunkwerbung muss, abhängig von Sender und Sendezeit, zwischen 10 EUR und 115 EUR und für eine Minute Fernsehwerbung (z.B. ARD, ZDF), ebenfalls abhängig von Sendezeit und nachfolgender Sendung, zwischen 11.000 EUR und 55.000 EUR bezahlt werden. Eine ganzseitige Zeitungsanzeige in einer Regionalzeitung kostet rund 30.000 EUR. In einer überregionalen Zeitung muss diese ganzseitige, farbige Anzeige mit über 50.000 EUR bezahlt werden. In der Tageszeitung mit der weitaus höchsten Auflage in Deutschland kostet eine ganzseitige Anzeige etwa 160.000 EUR (schwarz-weiß) bzw. mehr als 200.000 EUR (farbig).
Ganzseitige, farbige Anzeigen in Illustrierten kosten je nach Auflagenhöhe der betreffenden Zeitschrift zwischen rund 45.000 EUR und 95.000 EUR (Stand 2005).

Werbemittel sind z.B. Verkaufsgespräche, Schaufenster, Anzeigen, Prospekte, Kataloge, Plakate, Onlineangebote, Flyer, Werbebriefe (persönlich oder als Schemabrief), Hörfunk-, Film- und Fernsehwerbung. Eine gezielte Ansprache von Verbrauchern bezeichnen Werbefachleute auch als „Direktmarketing". Die Werbemittel werden von den Unternehmen je nach ihrer Finanzkraft einzeln, nacheinander oder gleichzeitig eingesetzt. Ein Kleinbetrieb setzt erfahrungsgemäß als Hauptwerbemittel das Verkaufsgespräch, das Schaufenster und die Zeitungsanzeige ein. Großbetriebe mit hohem Werbeetat (franz.: état = Staat, Staatshaushalt) bevorzugen die Zeitungs-, Zeitschriften- und Illustriertenanzeige bzw. -beilage sowie die Hörfunk- und Fernsehwerbung.

Als weitere Werbemittel, die wiederum oftmals das Unterbewusstsein der potentiellen (möglichen) Käufer ansprechen sollen, kommen noch hinzu:

◆ die Ausstattung von Geschäfts- und Ausstellungsräumen (geschmackvolle Dekoration, Farbabstimmungen, leise Hintergrundmusik usw.);

◆ die Form und grafische Gestaltung der Verkaufspackung;

◆ „Product-Placement" – hier werden Produkte in Filmen, Videos usw. bewusst so platziert, dass sie der Zuschauer sieht, sie als offensichtliche Werbung aber nicht wahrnimmt. Z.B. wenn der Hauptdarsteller eine bestimmte, gesponserte Automarke fährt.

Werbeverkaufshilfen sind z.B. Kundendienst incl. bestimmter Wartungsverträge, Werbegeschenke, so genannte Geschäftsessen zur Kundschaftspflege, Aktionen wie Preisausschreiben, Autogrammstunden usw.

> **„AIDA" Zauberformel amerikanischer Werbepsychologen:**
> **A** – wie Attention (Aufmerksamkeit erregen)
> **I** – wie Interest (Interesse erwecken)
> **D** – wie Desire (Wünsche auslösen)
> **A** – wie Action (Handlung veranlassen: kaufen!)

5.3   Information oder Manipulation durch Werbung?

„Blödsinnig, diese Werbung!"

Befürworter der Werbung betonen:	Kritiker der Werbung halten dem entgegen:
◆ Werbung mache neue Produkte bekannt, ◆ Werbung biete dem Verbraucher unentbehrliche Informationen über das Angebot an Waren und Dienstleistungen auf dem Markt, ◆ Werbung zeige dem Verbraucher, wie er seine Bedürfnisse bestens befriedigen könne, ◆ Werbung sei der Motor des wirtschaftlichen Lebens.	◆ Werbung informiere den Verbraucher nicht vollständig, da sie negative Seiten der Ware verschweige, ◆ Werbung sei häufig suggestiv[1] und manipuliere, das heißt, sie wecke verborgene Wünsche, verkaufe Träume und schränke dadurch das kritische Abwägen des Verbrauchers ein, ◆ Werbung verführe den Verbraucher dazu zu kaufen, was er nicht braucht, mit Geld, das er nicht hat, um denen zu imponieren, die er nicht mag, ◆ Werbung koste viel Geld, sie verteuere die Waren.

Quelle: „Wegweiser für Verbraucher", Presse- und Informationsamt der Bundesregierung, Berlin

Jede Werbung, insbesonders auch vergleichende Werbung, wie sie mittlerweile zugelassen ist, enthält **Informationen** für den Verbraucher. Das liegt auch im Interesse des werbenden Unternehmens. Sein Ziel ist die Umsatzsteigerung und damit in der Regel auch die Gewinnsteigerung. In der Information über das eigene Produkt liegt gleichzeitig ein Kaufanreiz für den Verbraucher. Allerdings kann diese Information sowohl **sachlich** als auch völlig **unsachlich** sein.

---

[1] suggestiv = (stark) beeinflussend, eine starke emotionale, psychische Wirkung erzielend

Beispiele **für sachliche Werbung:**

◆ Autoreklame mit Preisangabe, Motorstärke (Hubraum und kW- bzw. PS-Zahl), Durchschnittsbenzinverbrauch, detaillierten Angaben zur Ausstattung usw.

◆ Urlaubsreklame mit klarer Angabe der Preisgruppen, ausführlicher Hotelbeschreibung (auch negative Seiten wie Straßenlärm usw. sind aufgeführt), Verpflegung, Reiserücktrittsmöglichkeiten usw.

Beispiele **für unsachliche Werbung:**

◆ Begriffe wie „Aprilfrische", das „junge Konto" usw.

◆ „Milch von glücklichen Kühen"

◆ „Der Geschmack von Freiheit und Abenteuer" usw.

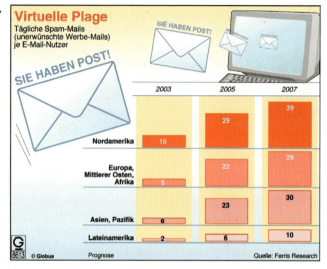

Virtuelle Plage
Tägliche Spam-Mails (unerwünschte Werbe-Mails) je E-Mail-Nutzer

SIE HABEN POST!

	2003	2005	2007
Nordamerika	10	29	39
Europa, Mittlerer Osten, Afrika	5	22	29
Asien, Pazifik	6	23	30
Lateinamerika	2	6	10

© Globus 8613 Prognose Quelle: Ferris Research

Die Werbung unterliegt leicht der Gefahr, den Verbraucher im Sinne einer bestimmten Ware, im Sinne eines bestimmten Unternehmens, zu **beeinflussen**. Der Medienkonsument[1] wird in einer ganz bestimmten Richtung **manipuliert**.

> Unter **Manipulation** (= Kunstgriff, geschickter Handgriff) im weitesten Sinne versteht man die **bewusste oder unbewusste Beeinflussung eines Menschen** durch gleichzeitige Ausschaltung seiner erwarteten Gegenwehr. Manipulation ist demnach „Handhabung des Menschen".

Unbewusste Manipulation innerhalb der Werbung ist nie ganz auszuschließen. Kein Unternehmen kann die gesamte Fülle des vom Kunden gewünschten Informationsstandes bringen. Vollständigkeit der Unterrichtung ist nicht möglich.

Ernste Gefahren entstehen jedoch, wenn die Unternehmen zur **bewussten Manipulation** greifen. Dies ist immer dann der Fall, wenn Mitteilungen bewusst verfälscht oder verkürzt bzw. notwendige Aussagen verschwiegen werden.

Suggestiv wirkende, d.h. das Gefühl beeinflussende **Werbung** ist deswegen sehr erfolgreich, weil das Werbeprodukt gleichzeitig die Vorstellungskraft des Käufers anspricht.

Beispiele

Schuhe werden mit hübschen Beinen, Pelze mit gesellschaftlichem Ansehen, Motorräder mit der „totalen Kraft" in Verbindung gebracht. Hierdurch wird das Unterbewusstsein angesprochen.

---

[1] Medien konsumiert man, wenn man Zeitung liest, Radio hört, Fernsehen schaut, Computerprogramme benutzt usw.

> ❞ Wir sollen eben [...] dazu gebracht werden, Geld, das wir nicht besitzen, für Dinge auszugeben, die wir nicht brauchen, um damit Leuten zu imponieren, die wir nicht leiden können. ❞

(Wolfgang Menge, „Der verkaufte Verkäufer", Frankfurt/M.)

Der Verbraucher hat in der heutigen Konsumgesellschaft einen schweren Stand. Viele Reize (Werbung, Informationen, Umwelteinflüsse ...) strömen auf ihn ein, so dass Unwissenheit und Unsicherheit leicht zu Fehlentscheidungen führen. Ein schlecht informierter Konsument wird häufig von anderen Wirtschaftspartnern übervorteilt.

Als Verbraucher treffen wir ständig Entscheidungen, hierbei sind wir den vielfältigsten Einflüssen, insbesondere denen der Verkaufspsychologen („geheime Verführer"), ausgesetzt.

Einflüsse auf das Verbraucherverhalten

Persönlichkeit
Beruf
Einkommen
Hobby
Alter
Gesundheit
Lebensstil
Gewohnheiten ...

Umwelt
Wohnort
wirtschaftliche Situation
Klima
Kulturkreis
Freundeskreis
soziale Schicht

Supermarkt
Lage
Preisgefüge
Sortiment
freundliches Personal
Sonderangebote
Werbung
psychologische Fallen

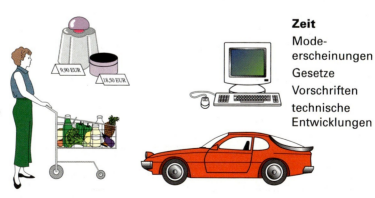

Zeit
Modeerscheinungen
Gesetze
Vorschriften
technische Entwicklungen

Psychofallen im Supermarkt:

◆ Da nach wissenschaftlichen Ermittlungen 80 Prozent aller Menschen einen Rechtsdrall haben, ist jede Regalseite auf der **rechten** Seite mit den teureren oder leicht verderblichen Waren angefüllt. So genannte „Muss-Artikel" des täglichen Bedarfs werden dagegen in den **linken unteren** Regalreihen gestapelt: Brot ebenso wie Toilettenpapier.

◆ Die bequem erreichbaren Regalbretter sind mit verführerischen Luxusgegenständen gefüllt. Auch dies hat seinen psychologischen Grund. So haben Fachleute errechnet, dass ein und derselbe Gegenstand, in **Augenhöhe** angeboten, 100-mal, in Hüfthöhe 70-mal und in Kniehöhe nur 30-mal verkauft wird. Dies gilt jedoch nicht für Brot und Butter, nach denen sich der Kunde immer bücken muss, wenn beides ihm zu Hause ausgegangen ist.

◆ Die Fleisch- und Wurstabteilung liegt **ganz hinten** am Ladenende des Supermarktes. Der Weg dorthin ist häufig nur im Zickzackkurs um die berühmten **„Kundenbremsen"** zu durchwandern, also Kartonsockel, Flaschen, Dosen- und Waschmittelpyramiden. Offenbar werden Kunden von Stapelware besonders angelockt, weil sie hier Sonderangebote vermuten.

◆ Organisierte **Unordnung**, wie sie sich oft auch in Körben eilends zusammengeschütteten Inhalts darbieten, soll dem Kunden den Eindruck vermitteln, an diesen Waren werde so wenig verdient, dass sich ein sorgfältiger Aufbau nicht lohnt.

◆ Auch **flüchtig** mit einem Filzstift ausgezeichnete Ware wird von den meisten Kunden für preiswerter gehalten als Artikel, die mit gedruckten Etiketten angeboten werden.

◆ **Kombinationsangebote** und **Probierstände** sollen zum Kauf verführen.

◆ Angebrachte **Spiegel** vermitteln den optischen Eindruck der Warenfülle.

◆ **Süßigkeiten** werden in Höhe der Kinderhände gelagert.

◆ Der große (leere) **Verkaufswagen** lädt zum Füllen ein.

◆ **Musik** soll den Kunden in kauffreudige Stimmung versetzen.

◆ Ein besonderer Gefahrenbereich für unüberlegte Käufe ist die **Kasse**. Verkaufspsychologen nennen diesen Bereich die „goldene Zone". Wer lässt nicht beim Warten in der Schlange seine Blicke zu den am Kassentisch angehängten Verkaufsgondeln oder den davor stehenden Schütten mit Sonderangeboten schweifen? Nicht zuletzt sind hier vom Schokoladenriegel bis zum Kaugummi auch die kleinen Leckereien für den ebenfalls wartenden Nachwuchs platziert … So kommt im Supermarkt eine Summe zur anderen.

Quelle: Werbung geht uns alle an, Unterrichtsmodell für Arbeitslehre, Pädagogisches Zentrum, Bad Kreuznach

Empfehlungen, um die Werbemethoden zu durchschauen:

◆ **Kritisches Lesen** von Werbeanzeigen, kritisches Zuhören und Zuschauen

◆ **Preisvergleiche** anstellen, wobei Einkaufsweg und Fahrkosten mitkalkuliert (mitberechnet) werden sollten. Mehrere Informationsquellen miteinander vergleichen

◆ Objektive Information durch die **Verbraucherzentralen** mit ihren Beratungsstellen in vielen größeren Städten (siehe Seite 39 f.)

◆ Aufmerksames Lesen verschiedener **Warentests**. Diese werden sowohl von der Stiftung Warentest als auch von privaten Zeitschriften durchgeführt (siehe Seite 39).

◆ Klären, ob man die **Ware** überhaupt **benötigt**

◆ Nicht wahllos kaufen, sondern mit dem **Einkaufszettel**

◆ Waren in zu großer Verpackung ablehnen (**Mogelpackung**)

◆ Auf **Sonderangebote** achten und möglichst in größeren Mengen kaufen (Umweltgesichtspunkte beachten)

◆ Fehlerhafte Ware bzw. Ware, die nicht hält, was die Werbung verspricht, unter Umständen **reklamieren** (beanstanden)

◆ Preisnachlässe (**Skonto/Rabatte**) erfragen

Arbeitsaufgaben und Anregungen zum Handeln

1 Sammelt aus Zeitungen/Illustrierten/dem Internet Werbeanzeigen, die nach eurer Ansicht die größte Werbewirkung haben, und stellt eine Collage (= Klebebild aus verschiedenen Einzelteilen) zusammen. Diese Collage könntet ihr im Klassenzimmer aufhängen.

2

„Die Werbung ist die große Verführerin des Verbrauchers!"

„Ohne Werbung wäre unser Lebensstandard wesentlich niedriger und unser Warenangebot um ein Vielfaches geringer!"

Nimm kritisch Stellung zu diesen widersprüchlichen Meinungen über die Werbung.

3

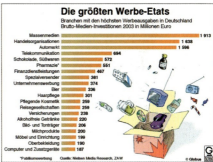

Vergleiche beide Schaubilder. Welche gemeinsamen Interessen dürfte es zwischen den Medien und den Anzeigekunden geben?

4 Stellt ein Werbeplakat, einen Hörfunkspot und einen kurzen Videofilm zu Werbezwecken für eure Schule her.

5 Sammle von unterschiedlichen Herstellern Werbeanzeigen, z.B. von Autos, Waschpulver, Kosmetika. Vergleiche anschließend diese Informationen auf Vollständigkeit, Objektivität und Informationsgehalt. Wo lassen sich Ansätze zur Manipulation erkennen?

6 Handelt es sich bei den folgenden Werbesprüchen (Slogans) um Einzelwerbung oder um eine Gemeinschaftswerbung von beispielsweise Unternehmen des gleichen Wirtschaftszweiges? Begründe deine Meinung.

„Aus Liebe zum Essen. Pfanni"

„Hollandstund hat Gold im Mund ... Echter Käse aus Holland"

„Zeit, mal was anderes zu hören"

„Essen aus Deutschland. Qualität, die von der Frische kommt"

„Die privaten Krankenversicherungen. Sie nutzen auch Ihnen"

„Es gibt viel zu tun. Packen wir's an. Esso"

„Wenn's um Geld geht – Sparkasse"

7 Nehmt eine Werbesendung des Hörfunks mit dem Kassettenrekorder auf und analysiert sie in der Gruppe. Welche besondere Rolle spielen in dieser Radiowerbung die verschiedenen Geräusche, die Musik und die Stimmen der Sprecher/-innen?

Verbraucherinformation – Verbraucherschutz

- Wieso sind in unserer heutigen Konsumgesellschaft [1] Verbraucherinformation und insbesondere Verbraucherschutz sehr wichtig? Begründe deine Sichtweise.
- Wie kann der Verbraucher seine Macht („Der Kunde ist König!") nutzen?
- Überlege, wie du ein kritischer Verbraucher werden kannst.

6.1   Notwendigkeit der Information

Auf den verschiedenen Märkten werden Produkte in einer Vielzahl angeboten, die es dem Konsumenten schwer machen, den Überblick zu behalten. Im Laufe der Jahre wurden viele Güter technisch komplizierter und Dienstleistungen aufwändiger, so dass der Laie (Nichtfachmann) oftmals überfordert ist.

---

[1] Konsumgesellschaft = Gesellschaft (Staat), in der sehr viele Güter des täglichen Bedarfs verbraucht werden, in der vieles auch wahllos verbraucht wird

Um aber beim notwendigen Kauf eine vernünftige Wahl zu treffen, sollte man einiges über Preis, Qualität, Kennzeichnung und andere Eigenschaften der Ware oder Dienstleistung kennen. Das heißt:

> Vor einem Kauf oder einem Vertragsabschluss sollte man sich **informieren**, denn nur wer ausreichend informiert ist, **spart Geld**.

Am einfachsten ist es sich eine Ware vor dem Kauf anzusehen und – wenn nötig – sich vom Verkaufspersonal beraten zu lassen. Handelt es sich jedoch um teurere Waren oder Dienstleistungen, sollte man sich **Zusatzinformationen** verschaffen. Hierzu sollen im Folgenden einige Beispiele gegeben werden.

6.2 Verbraucherinformation durch Warenkennzeichnung

Eine wichtige Orientierungshilfe für den Verbraucher ist die **Kennzeichnung der Waren**. Sie ist entweder gesetzlich vorgeschrieben oder erfolgt freiwillig durch den Hersteller oder eine so genannte Gütegemeinschaft.

Beispiele für die Kennzeichnung von Lebensmitteln:

- ◆ Geflügelfleisch (Huhn, Gans, Pute usw.), Handelsklasse A (= beste Qualität), B oder C.
- ◆ Hühnereier, Güteklasse A, B oder C

Beispiele für die Kennzeichnung/Deklaration von Textilien:

- ◆ 100% Baumwolle (Cotton)
- ◆ 65 % Baumwolle, 35 % Polyester
- ◆ 55 % Schurwolle, 45 % Polyacryl
- ◆ 100 % Polyamid

Beispiele für andere Kennzeichnungen:

- ◆ Wollsiegel für reine Schurwolle
- ◆ GS-Zeichen für „Geprüfte Sicherheit" bei Elektrogeräten
- ◆ VDE-Zeichen des Verbandes Deutscher Elektrotechniker
- ◆ CE-Zeichen für die Konformität mit den europäischen Richtlinien
- ◆ „Blauer Umweltengel" für umweltfreundliche Produkte

Warenkennzeichen für reine Schurwolle, geprüfte Elektrogeräte, technische Sicherheit, Konformität mit den EU-Richtlinien und umweltfreundliche Produkte

Verbraucherinformation durch Warentest

Umax Astra 4500 · HP Scanjet 5470c · HP Scanjet 4470c · Microtek Scanmaker 5600 · Mustek Bearpaw 2400TA · Canon Canoscan D 1250 U2F · Epson Perfection 1650 Photo · Epson Perfection 1250 Photo · Microtek Scanmaker4800 · Plustek Opticpro S6

Flachbettscanner	mit Durchlichteinheit	Umax Astra 4500 mit TPU-4500	Hewlett-Packard Scanjet 5470c	Canon Canoscan D1250 U2F	Epson Perfection 1650 Photo	Hewlett-Packard Scanjet 4470c	Microtek Scanmaker 5600 mit MTMA	Epson Perfection 1250 Photo	Microtek Scanmaker 4800 mit Light Lid 35
Preisspanne in Euro ca.		169 bis 189	269 bis 310	248 bis 275	249 bis 289	178 bis 199		149 bis 174	
Mittlerer Preis in Euro ca.		178	292	260	267	189	270	160	168
test-QUALITÄTSURTEIL		GUT (2,1)	GUT (2,2)	GUT (2,3)	GUT (2,4)	GUT (2,5)	BEFRIEDIGEND (2,6)	BEFRIEDIGEND (2,8)	BEFRIEDIGEND (2,9)
test-Kommentar		Schnellster Scanner im Testfeld, sehr gute Farbwiedergabe, Auflösung 1200 x 2400 dpi, Apple-Treiber mitgeliefert.	Teuerster Flachbettscanner im Test mit sehr gutem Kontrast, beste Werte beim Filmscan, Auflösung 2400 x 2400 dpi, USB und parallel, Apple-Treiber mitgeliefert.	Recht teuer Scanner mit sehr guten Ergebnissen bei 3D-Vorlagen, Scan von Farbnegativen blastichig, Auflösung 1200 x 3200 dpi, schnelle Datenübertragung auch über USB 2.0-Schnittstelle möglich.	Recht teuer Flachbettscanner mit deutlichen Schwächen in der Handhabung, kaum hörbare Arbeitsgeräusche, Auflösung 1600 x 3200 dpi, Apple-Treiber mitgeliefert.	Scanner mit sehr guter Farbwiedergabe und sehr guter Schärfentiefe bei 3D-Vorlagen, Scan von Farbnegativen blastichig, Auflösung 1200 x 2400 dpi, USB und parallel, Apple-Treiber mitgeliefert.	Recht teuer Scanner mit sehr guten Kontrasten, höchste Auflösung im Test mit 2400 x 4800 dpi, Scannen von Dias umständlich, laute Betriebsgeräusche, Apple-Treiber mitgeliefert, Scannt auch große Dias.	Recht teuer Scanner mit sehr guter Farbwiedergabe, langsam beim Vorschauscan, umständliche Inbetriebnahme, Auflösung 1200 x 2400 dpi, Apple-Treiber mitgeliefert.	Sehr schnell arbeitender Scanner, Scan von Farbnegativen stark blastichig, Einlesen von Dias sehr umständlich, sehr laut, Auflösung 1200 x 2400 dpi, Apple-Treiber mitgeliefert.
BILDQUALITÄT	25 % gut (1,8)	gut (1,7)	gut (2,0)	gut (1,9)	gut (1,7)	gut (2,1)	gut (2,0)	gut (2,3)	
Farbwiedergabe		++	++	+	+	++	○	++	+
Auflösung, Kontrast		+	++	+	+	+	++	+	+

Quelle: test Nr. 8/2002

Wer heute ein Mountainbike kaufen möchte, sieht sich sehr vielen Anbietern gegenüber. Die Preisspanne reicht von einigen 100 EUR bis zu mehreren 1.000 EUR!

Daher ist es sinnvoll, sich bei unabhängigen Fachleuten zu informieren.

Die Bundesregierung schuf aus diesem Grund die **Stiftung Warentest** als eine **unabhängige** „Stiftung des bürgerlichen Rechts".

Sie will dem Verbraucher eine objektive Unterstützung bieten.

Den Schwerpunkt ihrer Arbeit bilden die **vergleichenden Warentests**. Hierbei werden mehrere vergleichbare Produkte geprüft und bewertet. Auch die Umweltbelastung, der Energieverbrauch und die Recyclingfreundlichkeit (Wiederverwertbarkeit des gebrauchten Erzeugnisses) werden bei der Bewertung berücksichtigt.

Beispiele für vergleichende Warentests:
- Haushaltsgeräte
- Energie
- Auto/Motorrad/Fahrrad
- Unterhaltungselektronik
- Heimwerken/Garten
- Körperpflege/Arzneimittel
- Foto/Optik/Uhren
- Informationstechnik

Neben den vergleichenden Tests werden **Neuheitentests, Preisvergleiche** und **Dienstleistungstests** durchgeführt.

Beispiele für Dienstleistungstests:
- Banken/Versicherungen
- Freizeit/Urlaub/Reisen
- Bahn/Post/Telekommunikation
- Gaststätten- und Beherbergungsgewerbe

Die Testergebnisse werden in den monatlich erscheinenden **Zeitschriften „test"** und **„FINANZtest"** sowie im Internet unter www.test.de veröffentlicht. Viele Informationen in **Presse, Internet, Hörfunk und Fernsehen** beruhen auf den Prüfungsergebnissen und den Qualitätsurteilen der Stiftung Warentest.

Stiftung Warentest
– Herausgeber und Verlag –

Lützowplatz 11–13, 10785 Berlin
Tel. (0 30) 2631-0, Fax (0 30) 26 31 27 27
Internet: *www.stiftung-warentest.de*

Hier finden interessierte Verbraucher Rat und Hilfe. Bei größeren Käufen ist es empfehlenswert, die Ratschläge der Stiftung einzuholen.

> Die **Stiftung Warentest** wurde von der Bundesregierung als Stiftung des bürgerlichen Rechts gegründet, ist gemeinnützig und darf keinen Gewinn erzielen.

Im Sinne der Konsumenten arbeitet die Stiftung Warentest besonders eng mit dem Verbraucherzentrale Bundesverband zusammen. Dieser ist die größte deutsche Verbraucherorganisation, der u.a. die 16 Verbraucherzentralen der Bundesländer angehören.

Verbraucherzentrale Bundesverband e.V.
Markgrafenstraße 66
10969 Berlin
Telefon (030) 25 800-0, Fax (030) 25 800-2 18
Internet: *www.vzbv.de*

Verbraucherzentralen in den Bundesländern

Baden-Württemberg: Stuttgart	Niedersachsen: Hannover
Bayern: München	Nordrhein-Westfalen: Düsseldorf
Berlin: 10787 Berlin	Rheinland-Pfalz: Mainz [1]
Brandenburg: Potsdam	Saarland: Saarbrücken [2]
Bremen: 28195 Bremen	Sachsen: Leipzig
Hamburg: 20099 Hamburg	Sachsen-Anhalt: Halle/Saale
Hessen: Frankfurt/Main	Schleswig-Holstein: Kiel
Mecklenburg-Vorpommern: Rostock	Thüringen: Erfurt

Der Verbraucherzentrale Bundesverband ist die Dachorganisation sowohl dieser 16 Verbraucherzentralen als auch von weiteren 22 verbraucherpolitisch organisierten Verbänden in Deutschland.

Die Verbraucherzentralen sind eingetragene Vereine (e.V.), die ausschließlich gemeinnützigen Zwecken dienen. Sie unterhalten in vielen Orten Beratungsstellen und Stützpunkte. Die Arbeit der Verbraucherzentralen wird überwiegend vom Bund und den Bundesländern finanziert.

Auch **telefonische Beratungen** sind in Rheinland-Pfalz möglich. Verbraucher-Telefon: 01 90/7 78 08-1 für Verbraucherfragen und Reklamationen, Endziffer -2 Versicherungen, -3 Banken, Baufinanzierung, Geldanlage, -5 Energie, -8100 Faxabruf (Inhaltsverzeichnis). Broschürenbestellservice: 0 61 31/28 48 44, Expertentelefon für überschuldete Haushalte: 01 80/2 00 07 66, E-Mail: luk@verbraucherzentrale-rlp.de. Für alle Beratungen wird eine Gebühr erhoben.

---

[1] Adresse: Ludwigstr. 6, 55116 Mainz, Tel.: 06131/2848-0, Fax: 284866,
   Mail: info@verbraucherzentrale-rlp.de
[2] Adresse: Hohenzollernstr. 11, 66117 Saarbrücken, Tel.: 0681/500890, Fax: 58809-22,
   Mail: vz-saar@vz-saar.de

"AHA!"

Verbraucher-beratung

Ver-braucher

Einzelberatungen (persönliche Gespräche), Beantwortung telefonischer und schriftlicher Anfragen, Gruppenkontakte (z.B. Diskussionen in der Schule), Ausstellungen, Vorträge, Presse- und Öffentlichkeitsarbeit (z.B. Informationsschriften, Hörfunk/Fernsehen).

Beispiele für **Beratungsangebote einer Verbraucherzentrale**:

◆ **Rechtsberatung** (Ratenzahlung, Mängelrügen, Umtausch, Zusendung unbestellter Waren, Reisereklamationen, Buchclubwerbung, Handwerkerleistungen, Versicherungen u.a.)

◆ **Ernährungsberatung** (gesunde Ernährung, Gewichtsabnahme, Zusatzstoffe in Lebensmitteln, Schadstoffe in Lebensmitteln, Reklamationen beim Lebensmitteleinkauf, Kosmetik u.a.)

◆ **Energieberatung** (Wärmedämmung, Zentralheizung, Heizkostenabrechnung, Strommarkt, Altbaumodernisierung u.a.)

◆ **Produktberatung** (Hausbau, Computer, Telefon, Handytarife u.a.)

◆ **Umweltberatung** (umweltfreundliche Wasch-, Putz- und Reinigungsmittel, Verringerung der Gewässerbelastung, Müllvermeidung, Recycling, schadstoffarme Farben, Lacke und Holzschutzmittel, alternative Streumittel u.a.)

Die Medien, z.B. ARD („Ratgeber"...), beschäftigen sich mit interessanten Testergebnissen, Zeitungen veröffentlichen Test-Kurzfassungen (testkompass) und es gibt sogar eine Internet-Kommunikationsplattform (www.dooyoo.de), auf der Erfahrungsberichte mit Produkten als „Testberichte von Verbrauchern" abgerufen werden können, so dass man sich als kritischer Verbraucher gegenüber unseriösen oder überteuerten Angeboten besser schützen kann.

6.5 Verbraucherschutz

Unseriöse Vertreter/Verkäufer wenden häufig **Tricks** an:

◆ **Sie setzen ein falsches Datum ein**. Sie datieren den Vertrag zurück, damit die Widerrufsfrist früher zu Ende ist. Also aufpassen!

◆ **Sie lassen die Durchschrift, die für den Kunden bestimmt ist, verschwinden**. Dann weiß man hinterher nicht, wie und wo man das Geschäft widerrufen kann.

◆ **Sie lassen sich Unterschriften** als „Besuchs-Bestätigung" oder Ähnliches geben und auf einmal war's ein Kaufvertrag.

◆ **Sie bieten die Ware bei Barzahlung** sehr viel billiger an und sagen, man könne ja hinterher immer noch auf Ratenzahlung umsteigen. Rechtlich sind solche mündlichen Absprachen völlig unverbindlich.

Quelle: „frag mal" – Tipps für junge Leute, Presse- und Informationsamt der Bundesregierung, Berlin

In Deutschland gibt es kein einheitliches Verbraucherschutzgesetz, sondern viele Einzelgesetze und Verordnungen. Auf europäischer Ebene wurden verschiedene Bestimmungen wie die Verbrauchsgüterkaufrichtlinie (bei mangelhafter Lieferung), Zahlungsverzugsrichtlinie, E-Commerce-Richtlinie usw. erlassen, die in nationales (deutsches) Recht umgesetzt wurden. Dadurch sollen die Konsumenten vor Täuschung, Übervorteilung und gesundheitlicher Schädigung geschützt werden.

Übersicht über wichtige gesetzliche Regelungen

Haftung

◆ Der Ausschluss der Haftung für eine verkaufte Ware ist verboten. Wurde etwa beim Aufstellen einer Waschmaschine der Wasseranschluss durch die Firma unsachgemäß installiert und es kommt zu einer Überschwemmung, so haftet der Verkäufer für den Schaden. Für die ordnungsgemäße Funktion eines neuen Produkts muss der Hersteller eine **zweijährige Haftung** übernehmen (Produkthaftung und Garantiefrist).

Genaue Angabe der **Füllmenge**, des Haltbarkeitsdatums, handelsübliche Inhaltsbezeichnung, Zutaten usw. bei Fertigpackungen, z.B.:

Rechtsschutz

Gesetz gegen unlauteren Wettbewerb (UWG)

Bürgerliches Gesetzbuch (BGB) mit den Verbraucherkreditregeln, Haustürwiderrufregeln, Fernabsatzregeln, allgemeine Geschäftsbedingungen (§§ 305)

Regeln zum elektronischen Rechtsverkehr

Warenkennzeichnung

Lebensmittelkennzeichnungsverordnung
Eichgesetz
Textilkennzeichnung

Wettbewerbsordnung

Kartellgesetz
Preisangaben
Handelsklassen

Genaue Angaben in Textilien, z.B.:
70 % Baumwolle
20 % Viskose
10 % Polyamid

Abzahlungsgeschäfte (Raten)

Ein Ratenzahlungsvertrag ist nur korrekt, wenn im Vertrag vier ganz wichtige Angaben stehen:

◆ Barpreis, Ratenplan und effektiver (= tatsächlicher) Jahreszins

◆ Adresse der Firma

◆ Datum des Vertragsabschlusses

◆ Belehrung über das Widerrufsrecht

Preisauszeichnungspflicht

für alle Waren und Dienstleistungen, z.B.:

498.– EUR

In der EU müssen alle gentechnisch veränderten **Lebensmittel** gekennzeichnet sein.

Arbeitsaufgaben und Anregungen zum Handeln

1. Wieso ist die Verbraucherinformation der richtige Schritt auf dem Weg, ein kritischer Verbraucher zu werden?

2. Überprüfe zu Hause einige gekaufte Waren in Bezug auf deren richtige und vollständige Kennzeichnung. Welche Möglichkeiten nimmst du wahr, falls einige Waren falsch gekennzeichnet sind?

3. Besorge dir Informationen über bestrahlte oder gentechnisch veränderte Pflanzen/Lebensmittel. Welche gesetzlichen Vorschriften gibt es hierüber in Deutschland/in Europa? Berichte dazu vor der Klasse. Hilfreiche Adressen hierfür sind www.vzbv.de, www.verbraucherministerium.de oder die Landeszentrale für Umweltaufklärung Rheinland-Pfalz in Mainz.

4. Was gehört außer dem Preisvergleich noch zum Kauf von Fertigpackungen wie Schokolade, Parfüm, Konserven, Joghurt usw.?

5. Kaufe dir die neueste Ausgabe des „test"-Heftes der Stiftung Warentest und berichte über einen interessanten Testvergleich.

6. Trage die Adresse der nächsten Verbraucherberatungsstelle mit Telefon und E-Mail-Adresse farbig in dein Wirtschaftskundeheft ein.

7. Führt in eurer Klasse einen „Wettbewerb" durch. Wer ist in der Lage, im Umkreis von 20 km den günstigsten Preis eines bestimmten CD-Players innerhalb einer Woche zu ermitteln? (Marke des CD-Players vereinbaren und Ergebnisse nach einer Woche der Klasse vorstellen.)

Umweltbewusstes Verbraucherverhalten

> **Einweg ist Irrweg !!!**
> **Sei kein Prasser mit dem Wasser !!!**
> **Mit Energie haushalten !!!**

Diese Slogans kennen heute die meisten Bürgerinnen und Bürger. Trotzdem macht uns die steigende Umweltbelastung in Deutschland schwer zu schaffen. Woran liegt das? Was kann ich als Konsument, als „kleines Rädchen im großen Räderwerk" unserer Gesellschaft zu einer lebenswerten Umwelt beitragen? Diese Fragen sollen auf den folgenden Seiten – zumindest ansatzweise – beantwortet werden. Vorher solltest du dich fragen:

◆ Welche Eigenschaften hat eigentlich ein umweltbewusster Verbraucher?
  Gehörst du auch dazu? Warum?

◆ Was kannst du zu Hause und in der Schule dazu beitragen, mehr Umweltschutz in die Tat umzusetzen?

◆ Lege das Müllkonzept deiner Heimatstadt/deines Landkreises in Bezug auf Recycling und Mülltrennung dar.

Jeder von uns kann einiges zur Verringerung der Umweltbelastung beitragen. Man muss sich als „König Kunde" nur seiner Macht als Verbraucher bewusst sein. Handel und Wirtschaft reagieren in einer Marktwirtschaft verhältnismäßig schnell auf Wünsche und Einstellungen der Verbraucher. So werden umweltschädlichere Produkte vom Markt genommen, wenn sich viele Konsumenten für umweltverträglichere Alternativen entscheiden. Dies gilt z.B. auch für gentechnisch veränderte Lebensmittel, die sich bei uns wegen der Verbraucherzurückhaltung nur schwer verkaufen.

Der Kunde ist König!

Genauso wichtig wie der Kauf von ökologisch verträglicheren Waren ist der Umgang mit diesen Produkten. Der unsachgemäße Gebrauch kann nämlich u.U. die Umwelt erheblich belasten.

Ziel eines **verantwortungsbewussten Verbrauchers** ist die Schonung der Umwelt. Das heißt, er trägt mit seinem Verhalten dazu bei,

◆ **die Luft rein zu halten**, z.B. durch den Kauf eines Pkws mit Katalysator, indem er umweltschädigende[1] Produkte meidet usw.,

◆ **die Natur, Landschaft, Tiere und Pflanzen zu schützen**, z.B. indem er darauf achtet, keine Abfälle sinnlos wegzuwerfen, evtl. Lebensmittel aus ökologischem Landbau kauft, den Fleischkonsum beschränkt usw.,

◆ **die Gewässer zu schützen**, z.B. durch sparsamen Umgang mit Wasser, mit Waschmitteln, evtl. durch Nutzung von Regenwasser usw.,

◆ **Müll zu vermeiden bzw. zu reduzieren**, z.B. durch den Kauf von Waren ohne Verpackung bzw. Mehrwegverpackung, Teilnahme am Mülltrennungssystem, insbesondere zum Kompostieren und Wiederverwerten (recyceln) von Lebensmittelresten bzw. Materialien usw., wobei die Reparatur von Geräten dem Neukauf vorgezogen werden sollte ...,

◆ **den Lärm zu bekämpfen**, z.B. indem er mit dem Mofa/Moped usw. keinen unnötigen Lärm verursacht, lärmarme Geräte/Maschinen nutzt usw.,

◆ **Energie zu sparen**, z.B. durch die Verwendung von Energiesparlampen, durch intensive Wärmedämmung, durch die Optimierung (= Verbesserung) der Heizungsanlage, durch Nutzung energiesparender (Solar-)Technologien[2] oder durch nachwachsende Rohstoffe wie Holz usw.,

◆ **die Gesundheit erhalten**, z.B. durch die Meidung bestrahlter Lebensmittel, Reduzierung von Alkohol und Nikotin, durch sorgsamen Umgang mit Arzneien usw.

---

[1] z.B. FCKW = Fluorchlorkohlenwasserstoff; chemische Verbindung, welche die Ozonschicht um die Erde zerstört (Vergrößerung des sog. Ozonlochs), bereits seit 1996 in Deutschland verboten

[2] Solartechnik = Mittels Sonnenstrahlen wird Energie gewonnen, z.B. Wasser erwärmt und genutzt, die Sonnenenergie (Wärme) wird verwendet und damit werden andere Energieträger (Kohle, Gas...) gespart.

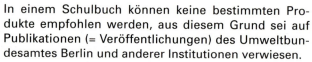

In einem Schulbuch können keine bestimmten Produkte empfohlen werden, aus diesem Grund sei auf Publikationen (= Veröffentlichungen) des Umweltbundesamtes Berlin und anderer Institutionen verwiesen.

Allgemein kann gesagt werden: Alle Produkte mit dem so genannten blauen Umweltengel (siehe Seite 97), dem Umweltgütezeichen der EU und dem „Grünen Punkt" sollten anderen Waren vorgezogen werden, da sie umweltverträglicher bzw. als Verpackung wieder verwertbar sind.

Umweltgütezeichen der EU:

Inhalt ist biologisch abbaubar, bei der Produktion dürfen keine gefährlichen Abwässer, Abgase oder Abfälle entstehen und nicht zu viel Energie verbraucht werden.

Das Zeichen **Der Grüne Punkt** bezieht sich nur auf die Verpackung der Ware. Es zeigt an, dass ein Verpackungsmaterial als Wertstoff gilt und recycelbar (wieder verwertbar) ist. Damit sollen Rohstoffe eingespart und der Müll reduziert werden.

Diese und ähnliche Broschüren gibt es kostenlos beim Umweltbundesamt, Zentraler Antwortdienst (ZAD), Postfach 33 00 22, in 14191 Berlin (www.umweltbundesamt.de).

Weitere Informationen zum Thema Umweltschutz im Haushalt erhält man beim Bundesministerium für Verbraucherschutz, Ernährung und Landwirtschaft, Rochusstr. 1, in 53123 Bonn; beim Umweltministerium, Alexanderplatz 6, in 10178 Berlin; beim Wirtschaftsministerium, Scharnhorststr. 34–37, in 10115 Berlin.

Ebenso bei der Arbeitsgemeinschaft Hauswirtschaft, Poppelsdorfer Allee 15, in 53115 Bonn; beim RAL – Dt. Institut für Gütesicherung und Kennzeichnung, Siegburger Str. 39, 53757 Sankt Augustin (www.ral.de); Europäisches Verbraucherzentrum, Willestraße 4–6, 24103 Kiel (www. evz.de) und beim Bund für Umwelt und Naturschutz Deutschland, Am Köllnischen Park 1, 10179 Berlin.

7.2 Umweltschutz in der Schule

Ökologisches Denken und Handeln fängt bei uns selbst an.

Das bedeutet: Jeder Mensch ist für sich und seinen Bereich verantwortlich. Diese Verantwortung sollte er nicht auf andere, z.B. den Staat, Eltern, Lehrerschaft usw., schieben. Schülerinnen und Schüler können zum Umweltschutz in der Schule sehr viel beitragen.

Der Beitrag des Einzelnen beginnt beim Einkauf und Gebrauch umweltverträglicher **Materialien für den Schulalltag**. Dazu wurde allgemein im Abschnitt 7.1 bereits einiges dargelegt, bei der Schule kommt noch Verschiedenes hinzu. So sollte bei

Heften, Büchern, Kopiergeräten usw. auf Recyclingpapier geachtet werden. Bei Büromaterialien ist es sinnvoll, langlebige, reparaturfreundliche Produkte zu kaufen und beispielsweise nachfüllbare Kugelschreiber bzw. Füller zu verwenden, wobei blaue und schwarze Tinte keine problematischen Substanzen enthalten.

Lösemittelhaltige Faser- oder Filzschreiber können durch solche auf Wasserbasis ersetzt werden. Textmarker gibt es auch als Trockentextmarker (Holzstifte mit Leuchtfarbenmine). Malstifte sollten mit dem DIN EN71-Zeichen oder mit dem CE-Zeichen versehen sein.

Ordnungsmittel wie Schnellhefter brauchen nicht aus Kunststoff zu sein, sondern aus Recyclingkarton. Auch die Materialien zu Hause vom Korrekturlack und Klebstoff auf Wasserbasis bis zum Computer – mit geringer Strahlungsintensität und Rücknahmegarantie durch den Hersteller – sollten unter ökologischen Gesichtspunkten ausgewählt werden.

Jeder von uns kann zur Energieeinsparung im Schulhaus beitragen; geschlossene Fenster (Stoßlüftung genügt), Klassen- und Außentüren im Winter sparen Heizkosten.

Damit wird gleichzeitig der angespannte Finanzhaushalt des Schulträgers (Kreis oder Stadt) entlastet. Dies wirkt sich positiv auf unsere Steuern und Abgaben aus.

Ähnlich wie in den meisten Gemeinden sollte auch in den Schulen ein **Mülltrennsystem** existieren. Hierbei werden Abfälle (Papier, Kunststoff, Kompostierbares und Restmüll) getrennt gesammelt und verwertet. Dass auch Kleinstabfälle nicht sinnlos weggeworfen werden und damit die Landschaft bzw. den Schulhof verschandeln, versteht sich von allein. Dies fängt bereits beim Kaugummi einschließlich Aluminiumpapier an ...

Zur gesunden Ernährung, die als landwirtschaftliche Produkte unsere Äcker und Gewässer weniger belasten, wurde im vorigen Abschnitt einiges ausgesagt. Dies kann auch auf den **Schulkiosk** bezogen werden.

Über die Schülervertretung könnte mit dem Betreiber gesprochen werden, welche Produkte aus ökologischem Landbau, aus Naturkostläden usw. zusätzlich angeboten werden. Ebenso sollte nur Obst aus Freilandprodukten aus der Umgebung angeboten werden, um Verpackung und Transportwege zu sparen. Bei Getränken wäre auf Mehrwegverpackungen zu achten.

Arbeitsaufgaben und Anregungen zum Handeln

1 Stellt einige Tipps und Vorschläge für eure Eltern zu Hause zusammen, wie euer Haushalt noch umweltbewusster gestaltet werden könnte.

2 „Unsere Umwelt müssen wir uns auch etwas kosten lassen!" Erläutere diese These.

3 Unter welchen Voraussetzungen wärest du bereit, für umweltschonend erzeugte Lebensmittel mehr zu bezahlen? Begründe deine Ansicht.

4 Besorgt euch Informationen (Verbraucherberatung/Test-Hefte/Stromlieferant/Wirtschaftsministerium ...) über Solaranlagen. Führt anschließend eine Pro-Contra-Diskussion über die Installation einer Solaranlage zu Hause/in der Schule/im Schwimmbad usw. durch. Arbeitet vorher die jeweiligen Argumente schriftlich aus.

Ich bin Energie-sparer

Steter Tropfen höhlt

5 Führt eine Plakataktion in eurer Schule durch, mit der ihr eure Mitschüler/-innen zum Energiesparen aufruft, zur Müllvermeidung, zur Mülltrennung, zu ökologischem Verhalten in der Schule und zu Hause. Das Bild (rechts) hilft euch dabei.

den Geld=beutel!

6 Ihr könnt mit Hilfe der Schülervertretung (SV) und Schulleitung einen Wettbewerb z.B. über ein Jahr zum Thema „die energiesparendste Klasse" durchführen. Die Gewinner können dann einen zusätzlichen Wandertag erhalten.

7 Unterbreitet eurer SV Vorschläge zu Projekttagen/Projektwoche mit dem Thema Umwelt (siehe Seite 352 ff.).
– Wie könnten diese Tage gestaltet werden?
– Welche Inhalte sollten angesprochen werden?
– Welche Aktionen könnte man durchführen?

8 Besprecht mit der Schulleitung die Möglichkeit, an eurer Schule die Aktion „Gesundes Frühstück" in Verbindung mit einer ortsansässigen Krankenkasse durchzuführen.

9 Führt eine Befragung in eurer Schule durch, welche Klasse sich auf dem Schulweg am umweltfreundlichsten verhält (wie viele Kilometer jeweils zu Fuß, mit dem Fahrrad, mit öffentlichen Verkehrsmitteln, dem Pkw der Eltern usw. hierbei täglich/wöchentlich/jährlich zurückgelegt werden). Veröffentlicht dann eure Umfrageergebnisse.

10

Was will diese Karikatur ausdrücken?

Trägst du/trägt deine Familie/dein Freundeskreis mit deinem/ eurem Freizeitverhalten mit zu dieser Situation bei? Begründe.

Betrieb
und Unternehmen

Werkfoto BASF

Arbeitsweise eines Unternehmens

Die Adam Opel AG ist ein Unternehmen der Automobilindustrie. Sitz des Unternehmens ist Rüsselsheim am Main.
Das Unternehmen unterhält aber außer in Rüsselsheim u.a. auch in Bochum, Kaiserslautern und Eisenach Betriebe, in denen Automobile und Automobilteile in Deutschland hergestellt werden.
Das selbstständige Unternehmen besteht also in unserem Beispiel aus mehreren, örtlich getrennten, unselbstständigen Betrieben.

◆ *Lies die obige Kurzdarstellung noch einmal aufmerksam durch.*

◆ *Wodurch unterscheidet sich ein **Betrieb** von einem **Unternehmen**?*

◆ *Welche Rolle spielt außerdem die Bezeichnung **Firma** in diesem Zusammenhang?*

1.1 Betrieb – Unternehmen – Firma

◆ In einem **Betrieb** werden Güter her- oder Dienstleistungen bereitgestellt. Hier wird die Produktion betrieben. Ein Betrieb ist also eine rein technische Einheit, in der Güter produziert (z.B. Kühlschrank- oder Automobilproduktion) oder Dienstleistungen erbracht werden (z.B. Hotel, Friseur-Salon).

Der Betrieb ist eine Produktionsstätte und kann als technischer Bereich innerhalb des Unternehmens angesehen werden.

◆ Das **Unternehmen** dagegen stellt die Rechtsform (z.B. BASF – Aktiengesellschaft, Ludwigshafen/Rhein; Volkswagen Aktiengesellschaft, Wolfsburg) und das **finanzielle Fundament** eines Betriebes dar. Es besitzt eigenes Vermögen, das es einsetzt, eigene Haftung, eigenes Entscheidungsrecht. Das Unternehmen kann vor Gericht klagen und verklagt werden. Es ist eine selbstständige Einheit im Wirtschaftsleben und kann aus einem Betrieb oder aus mehreren Betrieben bestehen (z.B. Zweigbetrieb Wörth der DaimlerChrysler AG, Stuttgart).

Der **Betrieb** dagegen bekommt seine Produktionsanweisungen von dem Unternehmen, d.h. von der Unternehmensleitung. Er ist also immer eine unselbstständige Einheit. Deshalb kann auch ein Unternehmen aus mehreren Betrieben bestehen, ein Betrieb dagegen nicht aus mehreren Unternehmen. Im Gegensatz zum Unternehmen hat der Betrieb keine eigene Rechtspersönlichkeit, d.h., er kann nicht selbstständig handeln, er kann nicht vor Gericht klagen und nicht verklagt werden.

◆ Auch der Begriff **Firma** wird mitunter an Stelle von Betrieb oder Unternehmen benutzt. Nach dem Handelsgesetzbuch (HGB) ist die Firma der Name, unter dem eine „natürliche Person", eine Handelsgesellschaft oder Genossenschaft ihre Handelsgeschäfte betreibt und die Unterschrift abgibt (§ 17 HGB). Jede Firma muss ins Handelsregister eingetragen werden. Der Name der Firma muss sich von anderen am Ort bestehenden Firmen deutlich unterscheiden.

Betrieb	Unternehmen/Unternehmung	Firma

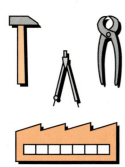  

Kennzeichen:

◆ nur Produktionsstätte

◆ unselbstständige Einheit

◆ keine eigene Rechts-
persönlichkeit

◆ **kann nicht** vor Gericht
klagen und verklagt
werden

Kennzeichen:

◆ Rechtsform und finan-
zielles Fundament

◆ selbstständige Einheit

◆ besitzt eigene
Rechtspersönlichkeit

◆ **kann** vor Gericht klagen
und verklagt werden

Name, unter dem
das Unternehmen

◆ seine Handels-
geschäfte betreibt;

◆ die Unterschrift
abgibt;

◆ vor Gericht klagen und
verklagt werden **kann**.

1.2 Aufbau und Organisation eines Handwerksunternehmens

Das Wort „Handwerk" geht zurück auf die ursprüngliche Bezeichnung „Werk der Hand". Mit geschickter und geübter Hand wurden jahrhundertelang Werkstücke (z.B. vom Schmied) oder Gebrauchsgegenstände angefertigt. In der Regel wird das Handwerksunternehmen von dem/der **Handwerksmeister/in** geleitet, der/die auch die Gesamtverantwortung und das Risiko trägt. Er/sie plant Einkauf, Verkauf und Arbeitsablauf und bildet die **Auszubildenden** aus. Handwerksunternehmen sind häufig Familienunternehmen, in denen der Ehepartner des Meisters/der Meisterin einen Teil des Arbeitsbereiches (z.B. den kaufmännischen) übernimmt. Je nach der Betriebsgröße übernehmen ein **Geselle**/eine **Gesellin** oder mehrere Gesellen/innen die handwerklich-technischen Arbeiten. Dazu kommen dann noch die **Auszubildenden**.

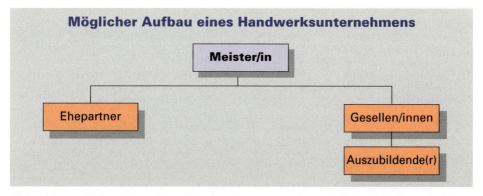

Möglicher Aufbau eines Handwerksunternehmens

Meister/in — Ehepartner — Gesellen/innen — Auszubildende(r)

Siehe hierzu „Erkundung eines Handwerksunternehmens", Seite 349 ff.

1.3 Aufbau und Organisation eines Industrieunternehmens

Der Dreiteilung eines Handwerksunternehmens in Gesamtleitung, kaufmännische Aufgaben und technische Aufgaben entspricht – in größenmäßig abgewandelter Form – der organisatorische Aufbau eines Industrieunternehmens. Wegen des Umfanges der notwendigen Verwaltungsaufgaben haben größere Industrieunternehmen oft auch eine eigene Verwaltungsabteilung.

Möglicher Aufbau eines großen Industrieunternehmens

Gesamtleitung (= Generaldirektion)

Kaufmännische Leitung	Verwaltungsleitung	Technische Leitung
◆ Einkaufsabteilung ◆ Werbeabteilung ◆ Verkaufsabteilung ◆ Finanzabteilung ◆ Buchhaltungsabteilung ◆ Kalkulationsabteilung usw.	◆ Sekretariat ◆ Personalabteilung ◆ ~~Betriebskrankenkasse~~ ◆ Rechtsabteilung ◆ Revisionsabteilung ◆ Registratur usw.	◆ Planungsabteilung ◆ Konstruktionsabteilung ◆ Materialprüfungs- abteilung ◆ Arbeitsvorbereitungs- abteilung ◆ Verschiedene Produk- tionsabteilungen I, II, III usw.

in großen Betrieben (Siemens / VW)

1.4 Wesentliche Unterschiede zwischen Handwerks- und Industrieunternehmen

Da sich im Laufe der Zeit viele Industrieunternehmen aus dem Handwerk entwickelt haben, ist eine genaue Trennung zwischen diesen beiden Unternehmensarten nur schwer möglich. Die wesentlichsten Unterscheidungsmerkmale ergeben sich aus der folgenden Gegenüberstellung:

Handwerksunternehmen	Industrieunternehmen
1. Vorwiegend Kleinunternehmen mit geringer Beschäftigtenzahl	1. Vorwiegend Großunternehmen mit hoher Beschäftigtenzahl
2. Überwiegend Handarbeit mit Maschinen- und Werkzeugunterstützung	2. Überwiegend Maschinen- und Automateneinsatz
3. Herstellungsverfahren meist in Einzelfertigung und auf Kundenbestellung	3. Weitgehende Serien- und Massenfertigung für den unbekannten (anonymen) Markt
4. Geringe Arbeitsteilung und Zerlegung der Arbeitsvorgänge	4. Starke Arbeitsteilung und Arbeitszerlegung
5. Hoher Anteil an Reparaturarbeiten	5. Kaum Reparaturarbeiten
6. Kontakt mit dem Kunden beim Verkauf	6. Fehlender Kundenkontakt; Verkauf häufig über Absatzorganisationen
7. Meist einfache Buchführung und Rechnungslegung; geringe kaufmännische Verwaltung	7. Ausgebautes kaufmännisches Rechnungswesen; hoch entwickelte kaufmännische Verwaltung
8. Mitglied der Handwerkskammer	8. Mitglied der Industrie- u. Handelskammer

In einem Automobilwerk müssen Walzbleche, elektrische Aggregate, Reifen, Sicherheitsglas und vieles andere mehr **beschafft** werden. In den **Fertigungs**abteilungen wie Gesenkschmiede, Presswerk, Motorenbau, Lackiererei und Endmontage wird **produziert**. Die **Verkaufs**abteilung sucht mit den verschiedensten Mitteln, den **Vertrieb** oder **Absatz** der Produkte zu fördern. In der Lohn- und Gehaltsbuchhaltung, in der Finanzabteilung, in der Personalabteilung u.a. wird **verwaltet** und von der engeren Geschäftsleitung wird das gesamte Unternehmen **geleitet**.

Die Vorgänge und Aufgabenbereiche (Funktionen) in einem Unternehmen lassen sich auf zwei Grundströme, auf zwei **Wertströme** zurückführen:

◆ **Leistungsstrom**
◆ **Finanzstrom**

Schematisch lassen sich Leistungs- und Finanzstrom wie folgt darstellen:

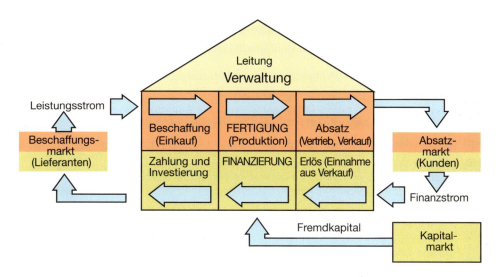

Leistungs- und Finanzstrom eines Unternehmens

Der Leistungsstrom

Jedes Unternehmen tritt in doppelter Beziehung mit der Außenwelt in Verbindung:

◆ Das notwendige **Kapital**, die **Arbeitskräfte** sowie die benötigten Maschinen und das **Material** müssen auf den **Beschaffungsmärkten beschafft** werden.

◆ Nach der im Unternehmen erfolgten Be- und Verarbeitung müssen die produzierten Güter oder bereitgestellten Dienstleistungen auf dem **Absatzmarkt** verkauft werden.

Der Leistungsstrom beginnt also auf dem **Beschaffungsmarkt** mit der Beschaffung der einzelnen Produktionsfaktoren (siehe Seite 57 ff.). Er durchfließt dann das Unternehmen vom Beginn bis zum Ende der Produktion und endet mit dem Verkauf der Fertigerzeugnisse auf dem **Absatzmarkt**.

Der Finanzstrom

Der Finanzstrom fließt in entgegengesetzter Richtung. Der Verkauf der Fertigerzeugnisse auf dem Absatzmarkt führt zu Forderungen an die Kunden. Die anschließende Bezahlung der Forderungen (= Außenstände) führt zu einer Zunahme der Finanzmittel. Den Vorgang der Kapitalbeschaffung bezeichnet man als **Finanzierung**. Die anschließende Verwendung des Kapitals nennt man **Investierung** (= Kapitalanlage). Finanzierung und Investierung sind demnach eng miteinander verknüpft:

> Finanzierung ist die Beschaffung von Kapital zur anschließenden Investierung im Betrieb.

Trotz eindeutiger Definition verwendet der allgemeine Sprachgebrauch die beiden Formulierungen „Betrieb" und „Unternehmen" jedoch als identische (= gleichbedeutende) Begriffe.

Arbeitsaufgaben und Anregungen zum Handeln

1 *Worin unterscheiden sich jeweils Betrieb, Unternehmen und Firma voneinander?*

2 *„Ein Unternehmen kann aus mehreren Betrieben bestehen." Begründe, warum die umgekehrte Aussage „Ein Betrieb kann aus mehreren Unternehmen bestehen" nicht stimmt.*

3 *Begründe, wieso im Haushalt nicht nur verbraucht (konsumiert) wird und wieso im Betrieb nicht nur hergestellt (produziert) wird.*

4 *Vergleiche den Aufbau eines Handwerks- und eines Industrieunternehmens miteinander. Welche Ähnlichkeiten und welche Unterschiede stellst du fest?*

5 *Beschreibe die Hauptaufgabenbereiche (Funktionen) eines Unternehmens. Welche Grundfunktion steht jeweils beim Industrieunternehmen, beim Handwerksunternehmen und beim Dienstleistungsunternehmen im Vordergrund?*

6 *Stelle die Wertströme eines Unternehmens in einem übersichtlichen, selbst erstellten Schema dar.*

7 *Wandle die vier Grundfunktionen eines Betriebes (Beschaffung – Produktion – Vertrieb – Verwaltung) praxisnah auf die innerbetrieblichen Vorgänge in folgenden Unternehmen ab:*
a) Bankinstitut
b) Versicherung
c) Reisebüro
d) Orientteppichgeschäft
e) Deutsche Bahn AG

8 *Erkundet ein Handwerksunternehmen. Anregungen für die Durchführung findet ihr auf Seite 349 ff.*

2 Aufgaben und Ziele eines Unternehmens

> *Dieses Unternehmen macht keinen Gewinn. Das war zwar ursprünglich nicht so geplant, hat sich aber so ergeben.*

> *Wenn man nicht weiß, wohin man geht, landet man irgendwo anders.*

Die beiden scherzhaften Formulierungen sprechen ein entscheidendes Problem der erfolgreichen Unternehmensführung an. Die angestrebten Unternehmensziele sind die Richtung, in die das Unternehmen fahren soll.

Dabei müssen **Aufgaben** erfüllt und **Ziele** verwirklicht werden.

◆ *Welches Hauptziel eines Unternehmens wurde in unserem ersten Beispielfall nicht erreicht? Welche anderen Ziele, nach denen ein Unternehmen strebt, sind deiner Meinung nach denkbar?*

◆ *Versuche herauszufinden, welche Hauptaufgaben ein Unternehmen zu erfüllen hat (z.B. gegenüber der Volkswirtschaft, gegenüber der Gemeinde, gegenüber seinen Mitarbeitern).*

◆ *Eine große Bedeutung für unsere Volkswirtschaft haben auch so genannte „mittelständische" Unternehmen. Versuche den Begriff zu erklären und nenne Beispiele aus deinem Schul-/Wohnort.*

2.1 Die Hauptaufgaben eines Unternehmens

Ein Unternehmen hat – unabhängig von dem Wirtschaftszweig, in dem es tätig ist – mehrere und vielfältige **Aufgaben** gleichzeitig zu erfüllen. **Die wichtigsten dieser Aufgaben sind:**

◆ **Bedarfsdeckung der Verbraucher** durch Herstellung (Produktion) von Gütern oder Bereitstellung von Dienstleistungen.

Beispiel

Ein Automobilwerk ist ein reines Produktionsunternehmen. Dagegen ist eine Bank oder eine Versicherung ein reines Dienstleistungsunternehmen.

◆ **Bereitstellung von Arbeitsplätzen**

Eine der wesentlichsten Aufgaben eines Unternehmens als Teil der Gesamtwirtschaft besteht darin, Arbeitsplätze bereitzustellen. Dadurch beziehen die Arbeitnehmer Lohn und Gehalt, die in Form von Verbrauchsausgaben, z.B. für Lebensmittel, Kleidung, Möbel wieder in die Unternehmen zurückfließen.

◆ **Unternehmen sind Steuerzahler** größeren Umfanges.

Als Steuerzahler trägt jedes Unternehmen zum Steueraufkommen sowohl der Gemeinde als auch des Bundeslandes und des Bundes bei.

Beispiel

Die Gemeindewirtschaftssteuer (= bisher Gewerbesteuer), die von Gewerbebetrieben entrichtet werden muss, ist die mit Abstand größte Einnahmequelle der Gemeinden. Deshalb bemühen sich fast alle Gemeinden um die Ansiedlung wachstumsorientierter Unternehmen.

2.2 Die Unternehmensziele

Jedes Unternehmen verfolgt im Allgemeinen mehrere Ziele gleichzeitig. Deshalb spricht man von einem **Zielgeflecht**.

Als mögliche Unternehmensziele kommen dabei in Betracht:

◆ Gewinnerzielung, Gewinnmaximierung[1]

◆ Kostendeckung

◆ Verlustminimierung[2], d.h. Verluste so gering wie möglich halten

◆ Wirtschaftlichkeit

◆ Produktivität

◆ Rentabilität

◆ soziale Verantwortung gegenüber den Mitarbeitern (z.B. Arbeitsplätze sichern)

◆ Umweltverträglichkeit der Produktion (einschließlich der Regionalverträglichkeit)

In unserer marktwirtschaftlichen Ordnung gilt für die Privatunternehmen das Gewinnziel, auch als **erwerbswirtschaftliches** Prinzip bezeichnet.

Das private Unternehmen handelt im marktwirtschaftlichen Wirtschaftssystem nach dem **Gewinnziel**, d.h. nach dem erwerbswirtschaftlichen Prinzip.

In der Regel ist ein Unternehmen auf **Gewinnmaximierung** (= Erzielung eines höchstmöglichen Gewinnes) ausgerichtet. Deshalb muss es sich bei der Produktion von folgenden Prinzipien (= Grundsätzen) leiten lassen:

Maximale (= höchstmögliche)

◆ Wirtschaftlichkeit

◆ Produktivität

◆ Rentabilität

◆ **Wirtschaftlichkeit** ist ein Ausdruck für den **Grad der Sparsamkeit** im Unternehmen und im Haushalt.

$$\text{Wirtschaftlichkeit} = \frac{\text{Ertrag (Leistung)}}{\text{Aufwand (Kosten)}}$$

Beispiel

Ein Unternehmer will ein Spezialfahrzeug anschaffen. Er lässt sich verschiedene Modelle vorführen und vergleicht die Leistung des Fahrzeugs mit den aufzubringenden Kosten. Das Fahrzeug soll möglichst wirtschaftlich sein.

---

[1] Maximum = das Höchste, das Größte; Gewinnmaximierung = Anstreben eines höchstmöglichen Gewinnes

[2] Minimum = das Kleinste, das Geringste; Verlustminimierung = Anstreben eines geringstmöglichen Verlustes

◆ **Produktivität** ist eine Messgröße für die **Ergiebigkeit** der in der Produktion eingesetzten Produktionsfaktoren (Bodenfläche, Arbeitseinsatz, Sachkapital).

$$\text{Produktivität} = \frac{\text{Produktionsergebnis}}{\text{eingesetzte Produktionsfaktoren}}$$

Beispiel

Ein Unternehmer setzt technisch verbesserte Maschinen ein oder schafft günstigere Arbeitsbedingungen. Die Produktion wird ergiebiger, die Arbeit wird „produktiver".

◆ **Rentabilität** ist eine Messgröße für die **Verzinsung des Kapitals** (in Prozent).

$$\text{Rentabilität} = \frac{\text{Reinertrag (= Gewinn)}}{\text{eingesetztes Kapital}} \cdot 100$$

Beispiel

Ein Unternehmer will eine neue Küchenmaschine herstellen. Er kalkuliert (= berechnet) alle Kosten, die ihm entstehen, und kommt zu dem Ergebnis, dass der voraussichtliche Verkaufspreis höher liegen würde als für eine ähnliche Maschine, welche die Konkurrenz bereits verkauft. Die Produktion der neuen Maschine würde ihm keinen Gewinn einbringen, sie „rentiert" sich nicht für ihn.

Arbeitsaufgaben und Anregungen zum Handeln

1 *Warum haben die Unternehmen wichtige wirtschaftliche und gesellschaftliche Aufgaben zu erfüllen? Diskutiert: Inwieweit werden sie diesen Aufgaben gerecht?*

2 *Im Gesamtsystem Unternehmen können wirtschaftliche Ziele, d.h. Interessen des Unternehmers, und soziale Ziele, d.h. Interessen der Arbeitnehmer, zu Konflikten führen.*

a) Nenne jeweils zwei infrage kommende derartige Ziele.
b) Welche Konflikte kannst du dir vorstellen?

3 *Warum hat das Gewinnziel eine überragende Bedeutung für private Unternehmen?*

Begründe deine Stellungnahme u.a. auch mit den Ansprüchen, welche von den verschiedensten Seiten an das Unternehmen gestellt werden.

4 *Fallbeispiel:*

Ein Unternehmen beschäftigt 320 Arbeitskräfte und stellt im Jahr 400.000 Stück eines Produktes her, das zum Preis von 100 EUR pro Stück verkauft wird.
Die jährlichen Gesamtkosten betragen 16.000.000 EUR.

a) Berechne die Arbeitsproduktivität.
b) Berechne die Wirtschaftlichkeit des Unternehmens.
c) Warum darf in der Reihe der Unternehmensziele der soziale Gesichtspunkt nicht fehlen?
* Gib Beispiele hierzu an.*

Heute Bürgerversammlung

Heute findet im Gasthaus Hirsch die Bürgerversammlung zum Bau des neuen Schlachthofes statt. Namhafte Vertreter aus Politik und Wirtschaft, insbesondere der neue Betreiber, Mitglieder des Bundes Naturschutz und der Bürgerinitiative stehen Ihnen vor Ort Rede und Antwort.

Vorab nochmals die Fakten:

Im Stadtteil Thal soll ein neuer, den Richtlinien der Europäischen Union (EU) entsprechender **Großschlachthof** gebaut werden. Die Meinungen prallen heftig aufeinander.

Hierzu einige Stimmen:

FÜR – PRO

1. Der neue Schlachthof schafft auf Dauer neue Arbeitsplätze.
2. Die einmalige Chance darf nicht vertan werden, schon wegen der zugesagten Zuschüsse.
3. Das Steueraufkommen der Stadt erhöht sich beträchtlich. Viele bisher zurückgestellte Baumaßnahmen wie der Kindergarten „In den Stauden", die Sanierung des Krankenhauses sowie der Bau der zentralen Sportanlagen können dann verwirklicht werden.

   Endlich rückt auch der von unseren Jugendlichen beantragte „Disco-Schuppen" in greifbare Nähe. Kultur wird in Zukunft großgeschrieben!
4. Das Schlachten erfolgt nach den neuesten Gesundheitsvorschriften (Hygienevorschriften) nahezu stressfrei für die Tiere wegen der kurzen Transportwege vom Erzeuger zur Markthalle.

GEGEN – CONTRA

1. Der Bau des Schlachthofes ist ein massiver Eingriff in den Öko-Haushalt der Natur. Ein wertvolles Biotop wird zerstört.
2. Der erforderliche Neubau von Straßen für Zufuhr und Abtransport verschlingt weiteres wertvolles Land.
3. Die Lärmbelästigung für die Bevölkerung steigt. Geruchsbelästigungen sind nicht völlig auszuschließen.
4. Der erforderliche Kanalsammler für das Abwasser geht vermutlich doch nur zu Lasten unserer Bürger. Der Steuerzahler wird wieder einmal zur Kasse gebeten.
5. Für unsere Stadt reicht auch noch auf Jahre der alte Schlachthof.

Kommen Sie! Es geht auch Sie an!
Bürgerinitiative – Bürgerinitiative – Bürgerinitiative

◆ *Lies dir die unterschiedlichen Meinungen nochmals durch. Erstelle in Stichpunkten eine Liste zu folgenden Fragen:*
  - *Was wird neu geschaffen?*
  - *Was soll geschont werden?*
  - *Womit kann/muss gerechnet werden?*
  - *Wer argumentiert jeweils für oder gegen diese Fragen? Unterstreiche die dir wichtig erscheinenden Begriffe. Kannst du diese erklären? Nimm ggf. ein Nachschlagewerk (Lexikon) zu Hilfe.*

◆ *Sicherlich hast du von ähnlichen Diskussionen schon gehört oder gelesen. Worum ging es dabei? Wie wurde entschieden?*

◆ *Deine Familie will keinen Schlachthof errichten, aber ein Einfamilienhaus. Was benötigt sie an Grundsätzlichem dazu, auch wenn sie vieles in Eigenleistung erbringen will?*

3.1 Die Produktionsfaktoren: Natur – Arbeit – Kapital

Nicht jeder Jugendliche muss sich mit dem Bau eines Schlachthofes oder Eigenheimes auseinandersetzen. Aber immer mehr junge Menschen möchten möglichst bald ein Kleinkraftrad oder einen Pkw haben. Als Kraftstoff für diese Fahrzeuge braucht man Benzin. Es wird überwiegend aus Erdöl gewonnen.

Erdöl liefert die Natur. An den Fundstätten wird das Erdöl zu Tage gepumpt. Schiffe bringen es zu den Raffinerien, wo es zu Benzin, Petroleum und Heizöl verarbeitet wird.

Bohrturm, Pumpen und technische Einrichtungen entstehen durch geistige und körperliche Arbeit des Menschen. Um das hierfür notwendige Material, Werkzeuge und Maschinen zu beschaffen, Löhne und Gehälter zu bezahlen, braucht man Geld (Kapital).

Zur Produktion sind also **Natur (Boden), Arbeit und Kapital** erforderlich. Man bezeichnet sie als **Produktionsfaktoren.**[1]

3.2 Der Produktionsfaktor Natur (Boden)

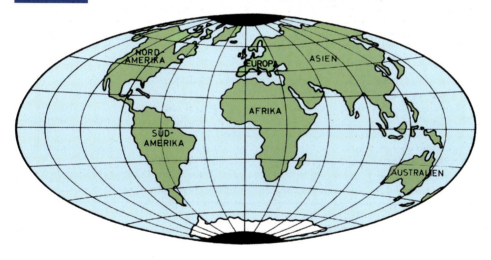

Landfläche:	149,3 Millionen km² ≙	29 %
Wasserfläche:	361,0 Millionen km² ≙	71 %
Erdoberfläche:	510,3 Millionen km² ≙	100 %

Das **Wasser** liefert dem Menschen Fische, es dient als Verkehrsweg für Binnen- und Überseeschifffahrt und ist die Voraussetzung für den Wasserkreislauf.

Das **Land** birgt Bodenschätze und ermöglicht Viehzucht, Ackerbau, Obst-, Wein- und Gartenbau. Es dient dem Menschen zum Bau von Eigenheimen, Mietshäusern, Gemeinschaftsanlagen (Schulen, Hallenbäder, Krankenhäuser, Sportplätze), zur Industrieansiedlung u.a.

---

[1] Faktor = lat.: Wirkkraft

Die Natur bestimmt den Standort der Produktion

◆ Gebundene Standorte

Die **Landwirtschaft** ist an den Standort gebunden. Für die landwirtschaftliche Produktion ist nicht nur die Bodenart (schwere und leichte Böden – von Ton bis Sand) wichtig, sondern auch die Bodengestaltung. In der Ebene gedeihen fast alle Pflanzen, in Hanglagen tritt der Ackerbau zurück.

Auf schweren Böden wachsen am besten Zuckerrüben, Weizen und Gerste. Auf leichten Böden überwiegt der Hafer-, Roggen- und Kartoffelanbau. Bodenart, Bodengestaltung und Klima sind unveränderlich, deshalb ist die Landwirtschaft standortgebunden.

Beispiele aus Rheinland-Pfalz (siehe Wirtschaftskarte):

- ◆ Weinbau in klimatisch begünstigten Lagen: in der Oberrheinebene (Rheinpfalz, Rheinhessen), an der Nahe, am Mittelrhein, an Mosel-Saar-Ruwer und an der Ahr
- ◆ Forstwirtschaft in unfruchtbareren Höhenlagen: Westerwald, Eifel, Hunsrück, Pfälzerwald

Die **Rohstoffgewinnung** ist an den Standort gebunden. Kohle, Erze, Erdöl, Erdgas lassen sich nur an den Fundorten abbauen. Der Meeresboden wird als neuer Rohstofflieferant, nicht nur für Erdöl und Erdgas, sondern für Mangan, Kupfer, Eisen u.a. erforscht. Die Energieknappheit soll u.U. durch den Betrieb von Kernkraftwerken (stark umstritten), durch vermehrte Nutzung natürlicher Energiequellen (Wasser, Sonne, Wind, Erdwärme), regenerative (= erneuerbare, nachwachsende) Rohstoffe, z. B. Holz und durch Energieeinsparungen gemeistert werden.

Beispiele aus Rheinland-Pfalz:

- ◆ Eisen erzeugende und verarbeitende Industrie im Siegerland (früher wurde dort Eisenerz gewonnen und mit Holzkohle geschmolzen)
- ◆ Keramik-, Ton-, Feuerfest- und Schamotte-Industrie im „Kannebäckerland" im Westerwald
- ◆ Größte Bimssteinproduktion Deutschlands im Neuwieder Becken am Rhein (Bimsstein = vulkanisches Gestein, verwendet man als Baumaterial)
- ◆ Edelstein- und Schmuckindustrie im Raum Idar-Oberstein an der Nahe (früher Achatfunde und Achatschleifereien, die mit Wasserkraft betrieben wurden)
- ◆ Getränkeindustrie in Gerolstein in der Eifel (kohlensäurehaltige Quellen = Sprudel)
- ◆ Dreiundzwanzig Mineralheilbäder in Rheinland-Pfalz (Thermalquellen)

◆ Frei wählbare Standorte

Rohstofforientierte Standorte

Seefische werden zweckmäßig in Küstennähe verarbeitet. Strom wird billig im Abbaugebiet der Kohle erzeugt (Wärmekraftwerk Frimmersdorf bei Düsseldorf, Köln-Aachener Braunkohlenrevier. Kohlenkraftwerke erzeugen im Saarland den größten Teil der benötigten Energie).

Zur Roheisengewinnung benötigt man als Rohstoffe hauptsächlich Erz und Koks. Da die Grundstoffe an verschiedenen Fundorten abgebaut werden, ergeben sich folgende Kombinationsmöglichkeiten:

1. Möglichkeit
Hüttenwerk dort erbauen, wo Erz vorhanden ist
Transport der Kohle zum Erz
Ruhrkohle und Saarkohle nach Lothringen (Minette-Erz)

2. Möglichkeit
Hüttenwerk dort erbauen, wo Kohle vorhanden ist. Transport des Erzes zur Kohle
Schwedenerze kommen zur Kohle ins Ruhrgebiet.
Erz wird ins Saarland geliefert.

Wirtschaftskarte von Rheinland-Pfalz und dem Saarland

N

Nordrhein-Westfalen

BONN

BELGIEN

LUXEM-BURG

FRANKREICH

Hessen

Baden-Württemberg

Sieg
Rhein
Lahn
Main
Mosel
Nahe
Neckar
Our
Sauer
Saar
Rhein

Betzdorf
Altenkirchen
Remagen
Bad Neuenahr-Ahrweiler
Andernach
Neuwied
Montabaur
Diez
KOBLENZ
Bad Ems
Adenau
Mayen
Gerolstein
Prüm
Daun
Cochem
Eifel
Westerwald
Wittlich
Bitburg
Simmern
Hahn
Hunsrück
Bingen
Ingelheim
MAINZ
Bad Kreuznach
Alzey
Kirn
Idar-Oberstein
TRIER
Konz
Rheinland-Pfalz
Worms
Frankenthal
Bad Dürkheim
LUDWIGSHAFEN
Kusel
Landstuhl
KAISERSLAUTERN
Neustadt a.d.Weinstr.
Speyer
Saarland
Mettlach
Saarlouis
Neunkirchen
Homburg
Zweibrücken
SAAR-BRÜCKEN
Völklingen
Pirmasens
Pfälzerwald
Germersheim
Landau i.d. Pfalz
Wörth

Legende

Landwirtschaftlich besonders gut geeignete Nutzflächen

Weinbau

Industrieller Schwerpunkt

Chemische/Pharmazeutische Industrie

Kraftfahrzeugindustrie

Schuhindustrie

Schmuckwarenindustrie

Keramikindustrie

Glasindustrie

Optische Industrie

Lederindustrie

Bimssteinindustrie

Wichtiger Hafen

Verkehrsflughafen

Steinkohlenbergwerk

0 10 20 30 40 50 km

59

3. Möglichkeit
Bestehende Hüttenwerke erhalten
Transport der Kohle und des Erzes zum Hüttenwerk
Erz und Kohle werden über den Schienen- oder Wasserweg (Mittellandkanal) nach Salzgitter angeliefert.

Energieorientierte Standorte
Der Energiebedarf (elektrischer Strom) in der Industrie steigt ständig. Wo Wasser reichlich vorhanden ist, können Flusskraftwerke, Staukraftwerke (Stauseen, Talsperren) und Pumpspeicherwerke die strömende Energie des Wassers in elektrische Energie umwandeln.

Beispiele

- Kachlet-Kraftwerk: Flusskraftwerk, Staustufe an der Donau bei Passau
- Hohenwarte-Talsperre: Wasserspeicherbecken an der oberen Saale
- Walchensee-Kraftwerk: Staukraftwerk, Ausnützung des Höhenunterschiedes von 200 m zwischen Walchensee und Kochelsee (Oberbayern)
- Schluchsee-Kraftwerk: Pumpspeicherkraftwerk im Schwarzwald

Die Windenergie und der daraus gewonnene „Ökostrom" nehmen immer mehr an Bedeutung zu, auch wenn dadurch erst ca. 2% der jährlichen Energieerzeugung gedeckt werden. Die meisten Windkraftanlagen gibt es in Niedersachsen, Schleswig-Holstein, Nordrhein-Westfalen, also dort, wo der „Wind fast ständig bläst".

Verkehrsorientierte Standorte
Unternehmen, die auf schnelle und preisgünstige Anlieferung von Rohstoffen sowie auf preisgünstigen Abtransport der Fertigwaren besonderen Wert legen, werden dort ansässig, wo gute Verkehrsverbindungen vorhanden sind. Für Massengüter (Kohle, Steine, Erze, Öl) ist der Schiffstransport wegen der geringen Frachtkosten besonders geeignet.

Beispiele aus Rheinland-Pfalz:

Gründe für die Ansiedlung der BASF in Ludwigshafen
- In der Mitte des vorigen Jahrhunderts suchte die „Badische Anilin- und Soda-Fabrik" in Mannheim Gelände zur Erweiterung ihres chemischen Werkes. Auf dem westlichen Rheinufer gegenüber von Mannheim (in der bayerischen Pfalz) wurde geeignetes Baugelände angeboten. 1865 erfolgte dort der erste Spatenstich.
- Ludwigshafen, das damals weniger als 5000 Einwohner hatte, lag verkehrstechnisch günstig: Der Rhein war in den vorhergehenden Jahrzehnten begradigt und für größere Schiffe befahrbar gemacht worden, die Eisenbahn verkehrte bis Saarbrücken (Kohle). 1867 wurde die Eisenbahnbrücke über den Rhein nach Mannheim fertiggestellt. Sämtliche Rohstoffe und Erzeugnisse der BASF konnten jetzt mit Schiff und Bahn befördert werden.
- Die Bevölkerung der Pfalz vermehrte sich zu Beginn des 19. Jahrhunderts ungewöhnlich rasch. Somit stand eine große Zahl von Arbeitskräften zur Verfügung. Heute besitzt die BASF in Ludwigshafen außer Fluss- und Bahnverbindungen günstige Anschlüsse an Autobahnen, das Stromverbundnetz sowie an Erdöl- und Erdgasleitungen (Pipelines).

Absatzorientierte Standorte
Für eine günstige Standortwahl ist auch die Nähe zum Absatzgebiet von entscheidender Bedeutung. So wählen Unternehmungen der Konsumgüterindustrie ihren Standort gerne in Ballungsgebieten. Solche Ballungszentren sind in der Bundesrepublik Deutschland das Rhein-Ruhr-Gebiet, das Rhein-Main-Gebiet und der Rhein-Neckar-Raum. Die hier anzutreffende dichte Besiedlung soll den ständigen Absatz ohne große Transportkostenbelastung garantieren.

Beispiele

Einkaufszentren, Supermärkte

Arbeitskräfteorientierte Standorte

Für viele Industrien ist es wichtig, den Standort so zu wählen, dass auch eine große Zahl von Arbeitskräften zur Verfügung steht.

Beispiele aus Rheinland-Pfalz (s. Wirtschaftskarte):

◆ Im 18. Jahrhundert entstand im Raum Pirmasens (der „ärmsten Gegend der Pfalz") aus der Not der Bevölkerung heraus das Schuhgewerbe. In Heimarbeit wurden Holzschuhe, „Hausschlappen" und Wollschuhe hergestellt und auf Jahrmärkten verkauft. An Arbeitskräften war unter der verarmten Bevölkerung kein Mangel.
Nach 1870 ging man zur maschinellen Schuhproduktion über. Pirmasens wurde damals zum größten Schuhzentrum der Welt.

◆ Verkehrs- und arbeitskräfteorientierter Standort:
Lastkraftwagenwerk von Daimler-Chrysler (größtes Lkw-Werk Europas) in Wörth am Rhein in der Nähe der deutsch-französischen Grenze (Arbeitskräfte aus Frankreich: ca. 2000 elsässische Pendler)

◆ BASF Ludwigshafen (siehe Beispiel S. 60)

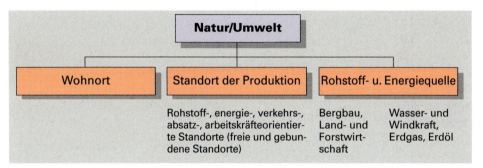

3.3   Der Produktionsfaktor Arbeit

Die Natur ist Stätte der Produktion, sie dient dem Menschen als Wohnort, ist Rohstoff- und Energiequelle.

Neue Rohstoffquellen erschließen, Rohstoffe abbauen, sie verarbeiten, neue Bearbeitungsverfahren ersinnen, ausprobieren, weiterentwickeln — dazu ist menschliche **Arbeit** erforderlich.

> Als **Arbeit** im wirtschaftlichen Sinne bezeichnet man eine Tätigkeit,
> ◆ die auf ein bestimmtes **Ziel** gerichtet ist,
> ◆ die mit **Mühe** verbunden ist,
> ◆ die der **Volkswirtschaft** (z.B. der Wirtschaft Deutschlands) nützt.

Keine Arbeit im wirtschaftlichen Sinne sind demnach Freizeitbeschäftigungen wie Hobby, Spiel und Sport.

Eine Maschine verrichtet zwar Arbeit im physikalischen Sinne (Arbeit = Kraft mal Weg), aber keine Arbeit im wirtschaftlichen Sinne.

> Durch Arbeit verschafft sich der Mensch die Mittel (z.B. Lohn und Gehalt), die er zur Befriedigung seiner Bedürfnisse braucht.

Eine genaue Unterscheidung zwischen geistiger und körperlicher Arbeit ist nicht immer möglich. Oft sind geistige und körperliche Arbeit gleichzeitig nötig.

Beispiel

Ein Handwerksmeister muss nicht nur planen und rechnen, sondern auch handwerkliche Arbeiten ausführen können.

Selbstständige Arbeit verrichten Unternehmer, freie Berufe wie Ärzte, Rechtsanwälte, Architekten, Künstler u.a.

Nicht selbstständige Arbeit leisten mehr oder weniger alle Arbeitnehmer: Arbeiter, Angestellte und Beamte.

Vielfach überträgt der Arbeitgeber leitende Aufgaben auf tüchtige Arbeitnehmer (Angestellte und Arbeiter). Sie werden Betriebsleiter, Abteilungsleiter, Filialleiter, Geschäftsführer, Werkmeister u.a.

Meist sind es Fachkräfte mit abgeschlossener Berufsausbildung. Ungelernten gelingt nur selten der „Sprung nach oben".

Im „öffentlichen Dienst" von Bund, Ländern und Gemeinden sind Arbeiter, Angestellte und Beamte mit ausführenden und leitenden Tätigkeiten beschäftigt.

3.4 Der Produktionsfaktor Kapital

Mit seiner Arbeitskraft allein kann der Mensch nur schwer den Boden bebauen, Kohle, Erze und Salze dem Boden entziehen und die gewonnenen Rohstoffe zu Gütern verarbeiten. Er stellte daher schon sehr früh einfache Werkzeuge (Faustkeil, Steinbeil) und Geräte (Keule, Bogen und Pfeil) zur Arbeitserleichterung her.

Boden und Arbeit sind naturgegeben. Werkzeuge, Geräte und Maschinen müssen erst hergestellt werden, um der Produktion zu dienen. Zu ihrer Beschaffung ist Geld (Kapital) notwendig.

Geld – Geldkapital – Sachkapital

Geld und Kapital sind nicht dasselbe. Wer seine Ersparnisse zu Hause aufbewahrt, besitzt zwar Geld, er hat aber kein Kapital (manchmal wird dieses Geld auch als „totes Kapital" bezeichnet). Wenn das Geld zur Bank gebracht wird und dort **Gewinn** bringt (Zinsen), ist es zu **Kapital** geworden (**Geldkapital**). Wird das Geld **investiert**, d.h., werden Werkzeuge, Maschinen, Betriebsanlagen, Fabrikgebäude gekauft, dann ist aus dem Geld **Sachkapital** geworden. Auch das Sachkapital (z.B. Maschinen, mit denen produziert wird) soll **Gewinn** erzielen.

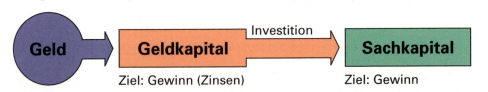

Unter Kapital versteht man Geldbeträge und Sachwerte, die **Gewinn bringend** verwendet werden.

3.5   Der Faktor „Bildung"

Bei der Produktion von Gütern und bei Dienstleistungen spielen nicht nur Natur (Boden), körperliche und geistige Arbeit und das Kapital eine Rolle, sondern auch die **Bildung.** Man versteht darunter die Entfaltung des Menschen im geistig-seelischen Bereich, d.h., sein Wissen und sein soziales Verhalten den Mitmenschen gegenüber. Im Wirtschaftsleben bedeutet **Bildung** in erster Linie **Kenntnisse** (Wissen) technischer, wirtschaftlicher, sozialer, rechtlicher Art und **Fertigkeiten** (handwerkliches Können, Geschick), die durch Ausbildung und Erziehung, aber auch durch eigenes Streben (Fleiß) erworben werden.

> **Bildung = Wissen und Können**
> **= „Gewusst wie",** engl.: **„know how"** (wissen wie)
> Grundgesetz und Landesverfassungen garantieren jedem Bürger unabhängig von seiner Herkunft (Stand der Eltern: Arbeiter bis Akademiker) und der wirtschaftlichen Lage (arm oder reich) eine seinen Fähigkeiten entsprechende Bildung, das Recht auf Arbeit, die „Selbstentfaltung" und „Selbstverwirklichung".

Gut **qualifizierte**, d.h. gut ausgebildete und damit den gestiegenen Anforderungen des jeweiligen Arbeitsplatzes gerecht werdende, vielfältig einsetzbare Mitarbeiter sind nicht nur für den einzelnen Unternehmer von Bedeutung, sondern für die gesamte Volkswirtschaft. Um den stets steigenden Anforderungen gewachsen zu sein, ist ständige **Weiterbildung** unabdingbar (siehe Seite 69, 230 ff.).

3.6   Zusammenwirken und Austauschbarkeit der Produktionsfaktoren

Sinn jeglicher Produktion ist die Bereitstellung von Gütern, um Bedürfnisse zu befriedigen. Hierbei wirken Natur, Arbeit und Kapital zusammen.

> Man verbindet die Produktionsfaktoren so, dass **möglichst geringe Kosten** entstehen.

Die Herstellung ist umso ergiebiger, je größer der Kapitaleinsatz ist. Eine Maschine leistet in gleicher Zeit mehr, als der Mensch mit seinen geringeren Kräften leisten kann. Die menschliche Arbeitskraft wird hierbei durch Kapital ersetzt.

> Die Produktionsfaktoren sind weitgehend untereinander **austauschbar** (substituierbar).

Beispiele für Substitution (vereinfacht):
◆ Die Hausfrau, die sich eine Waschmaschine anschafft, ersetzt den Produktionsfaktor Arbeit weitgehend durch den Produktionsfaktor Kapital (s. Grafik).
◆ Durch ständige Lohnsteigerungen wird der Faktor Arbeit immer teurer. Jetzt ersetzt der nach dem ökonomischen Prinzip handelnde Unternehmer die teure Arbeitskraft durch verstärkten Maschineneinsatz.

Arbeit	Kapital
Kapital	Arbeit

Waschen ohne Waschmaschine | Waschen mit Waschmaschine

Arbeitsaufgaben und Anregungen zum Handeln

1   Welche Faktoren wirken bei der Gütererzeugung zusammen?

2   Das Meer wird als Rohstoffquelle erforscht. Welche Rohstoffe werden gesucht, welche bereits in größerem Umfang gefördert?

3   Projekt „Erdwärme": Bei Landau in der Südpfalz beträgt die Erdtemperatur in 2.500 Metern Tiefe 160 Grad, in anderen Teilen Deutschlands nur 75 Grad. Überlegt, welche Möglichkeiten einer geothermischen Energiegewinnung es geben könnte.

4

Im Regen stehengelassen . . .   Zeichnung: Paulmichl

Was will der Karikaturist mit seiner Zeichnung zum Ausdruck bringen? Kannst du dir erklären, warum die Produktion nach Frankreich „verlagert" wurde? Gib eine Begründung.

5   Welche Betriebe sind standortgebunden? Welche können ihren Standort frei wählen?

6   Nenne anhand der Wirtschaftskarte (S. 59):
     a) die industriellen Schwerpunkte in Rheinland-Pfalz,
     b) die regionalen (= gebietsmäßigen) Besonderheiten, z.B. chemische Industrie, Schuh-
        industrie, Schmuckwarenindustrie usw.

7   Wo liegen die landwirtschaftlich besonders gut geeigneten Nutzflächen?
     Wo wird Weinbau betrieben?

8   Wo gibt es im Saarland vergleichbare Standorte für Bergbau, Landwirtschaft, Handwerk und Industrie?

9   Worin unterscheiden sich selbstständige und nicht selbstständige Arbeit?

10   Unterscheide zwischen Geld, Geldkapital und Sachkapital.

11   Welche Bedeutung hat das Kapital für die Fertigung?

12   Was versteht man im Wirtschaftsleben unter Bildung?

13   In welchen Artikeln des Grundgesetzes und der Landesverfassung finden sich Aussagen zu Arbeit, Bildung, freier Berufswahl? Schlage nach.

14   Unter welchem Gesichtspunkt kombiniert man Produktionsfaktoren?

An der Herstellung eines Buches sind viele beteiligt. Rohstoff für die Herstellung von Papier ist Holz, das die Natur liefert. Um aus dem Holz Papier zu machen, muss es mehrfach be- und verarbeitet werden. Graphiker, Schriftsetzer, Drucker und Buchbinder arbeiten an der Herstellung des Buches mit. Wenn das Buch fertiggestellt ist, liefert es der Verlag an den Buchhändler, der es an den Kunden verkauft. Den Transport der Bücher übernehmen Deutsche Bahn, Deutsche Post (Mail, Express, Logistics) und Speditionen. Bei Transportschäden leisten Versicherungen Ersatz. Sie alle stellen ihre Dienste zur Verfügung, damit der Leser (Verbraucher) sein Bedürfnis nach „Lesestoff" befriedigen kann.

◆ *Lies den Text aufmerksam durch und fertige eine Liste an, in der du den beschriebenen Tätigkeiten bestimmte Berufe und Wirtschaftszweige (Branchen) zuordnest.*

◆ *In der Pause kaufst du dir ein Brötchen, das mit Wurst belegt ist. Wer ist an der Herstellung des Brötchens (der Wurst) beteiligt?*

◆ *In einem Zeitungsbericht ist von „Urproduktion" und „Urprodukt" die Rede.*
Schlage im Lexikon oder Duden nach, um eine Erklärung für diese Begriffe zu finden.

4.1   Wirtschaftsbereiche – Produktionsstufen

Grundlage der Bereitstellung von Gütern und Dienstleistungen zur Deckung des menschlichen Bedarfes ist die Erzeugung – die **Güterproduktion** (lat.: producere = hervorbringen).

Nur die wenigsten Güter sind gebrauchsfertig, d.h. konsumreif, wie z.B. Obst. In der Regel ist nach der **Gewinnung (Urerzeugung)** noch eine **Weiterverarbeitung/Veredelung** notwendig. Mehrere Produktionsstufen müssen aufeinander folgen, um beispielsweise aus Getreide über Mehl das Brot zu erzeugen, bis es über einen **Dienstleistungsbetrieb (Handel)** an den Verbraucher gelangt:

Konsumgut „Brot"   Produktivgut „Profilstahl"

Ordnungs-stufe	Einzelgut	Einzelgut	Produktions-stufen
4	Boden (Natur)	Eisenerz, Kohle, Kalk (Natur)	
3	Getreide	Roheisen (Hochofen)	3
2	Mehl	Stahl (Stahlwerk)	
1	Brot	Profilstahl (Walzwerk)	

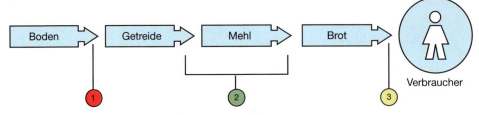

Bei der Produktion unterscheidet man drei Stufen:

❶ Urerzeugung = primärer Bereich
❷ Weiterverarbeitung/Veredelung = sekundärer Bereich und
❸ Dienstleistungen (Verteilung, Handel, Versicherungen u.a.) = tertiärer Bereich
(lat. primus = der erste; secundus = der zweite; tertius = der dritte).

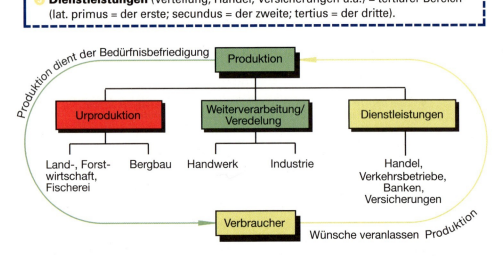

4.2   Urerzeugung – primärer Bereich

Die Gewinnung von Rohstoffen erfolgt in der Landwirtschaft, Forstwirtschaft, durch Fischfang, bei der Jagd und im Bergbau.

Nahrungsmittel (Kartoffeln, Getreide, Obst, Fisch, Fleisch), Holz, Kohle, Erdöl, Erdgas, Erze, Salze und Steine sind die wichtigsten Rohstoffe. Sie sind pflanzlicher, tierischer oder mineralischer Art.

Man kann auch die Energieerzeugung aus Wasserkraft, Dampfkraft, Sonnenenergie, Wind, Biomasse und Atomkraft zur Urerzeugung rechnen.

4.3 Weiterverarbeitung/Veredelung – sekundärer Bereich

Nur wenige Rohstoffe sind unverändert gebrauchsfähig. Die meisten Urprodukte müssen be- und verarbeitet (veredelt) werden. Diese Aufgaben übernehmen das **Handwerk** und die **Industrie**.

Beispiel

Eisenerz wird im Hochofenwerk zu Roheisen, dieses im Stahlwerk zu Stahl veredelt. Im Walzwerk werden Stahlblöcke zu Eisenbahnschienen, Trägern, Blechen u.a. verarbeitet. Die Walzwerkerzeugnisse können durch verschiedene Fertigungsverfahren (Drehen, Hobeln, Bohren) bearbeitet und zu Maschinen, Geräten, Metallwaren verarbeitet werden.

4.4 Dienstleistungen – tertiärer Bereich

◆ Güterverteilung

Die Güter der Urerzeugung, des Handwerks und der Industrie müssen verteilt werden. Das ist die Aufgabe des **Handels**.

Erfolgt diese Tätigkeit im eigenen Land, nennt man sie **Binnenhandel**.

Werden Handelsbeziehungen zum Ausland unterhalten, spricht man vom **Außenhandel**.

Der **Großhandel** beschafft Rohstoffe, führt sie der Fertigung zu oder übernimmt Halb- und Fertigwaren und vermittelt sie an den Einzelhandel.

Der **Einzelhandel** hält die Güter für den Verbraucher bereit.

Das **Fachgeschäft** bietet nur eine Warenart an (Bekleidung oder Schuhe oder Parfümerie oder Süßwaren).

Das **Gemischtwarengeschäft** findet man noch in kleinen Orten. Es hält die verschiedenartigsten Waren zum Verkauf bereit (Lebensmittel, Textilien und Schreibwaren). Der „Tante-Emma-Laden" stirbt allerdings mehr und mehr aus.

Das **Warenhaus** (Einzelhandelsgroßbetrieb) verfügt über ein reichhaltiges Warenangebot.

Der **Versandhandel** beliefert seine Kunden anhand von Katalogen.

◆ Reine Dienstleistungen

Für die Versorgung des Verbrauchers mit Gütern genügen die Erzeugung und Verteilung allein nicht. Vielerlei Dienste sind nötig.

Die **Verkehrsbetriebe** (Deutsche Post AG, Deutsche Bahn AG, Speditionen, Schifffahrt, Flugverkehr) übernehmen die Beförderung von Gütern, Personen und Nachrichten.

Die **Banken und Sparkassen** sorgen für den reibungslosen und schnellen Zahlungsverkehr, gewähren Kredite, besorgen Devisen, vermieten Schließfächer u.a.

Versicherungen schützen den Hersteller vor Verlusten durch Brand, Hochwasser, Explosion, Diebstahl, Transportschäden (Sachversicherungen). Sie helfen dem Verbraucher bei Unfall, Krankheit und Todesfall (Personenversicherungen).

Freie Berufe (Ärzte, Architekten, Rechtsanwälte, Steuerberater u.a.) leisten den Menschen wichtige Dienste.

Behörden des **öffentlichen Dienstes** (Bauamt, Gewerbeaufsichtsamt, Gesundheitsamt, Arbeitsamt, Amtsgericht, Finanzamt) nehmen staatliche Aufgaben (Genehmigung, Überwachung) wahr.

Sonstige Dienstleistungsbetriebe sind z.B. Gaststätten, Pensionen, Hotels und dienstleistende Handwerksunternehmen wie Wäschereien, Heißmangeln, Frisöre, Reparaturhandwerk (Wartungsdienst), Kranken- und Seniorenpflege u.a.

	Stufe	Wirtschaftszweig	Unternehmen	Zweck
Primärer Bereich	1	Urerzeugung	Landwirtschaft Forstwirtschaft Fischfang Jagd Bergbau Energie	Rohstoff- und Energiegewinnung
Sekundärer Bereich	2	Weiterverarbeitung (Be- und Verarbeitung)	Handwerk Industrie	Umformen der Rohstoffe zu Gütern
Tertiärer Bereich	3	Verteilung	Großhandel Einzelhandel	Güterverteilung
	4	Dienstleistungen	Verkehrsbetriebe (Post, Bahn, Speditionen) Banken Versicherungen Freie Berufe Öffentlicher Dienst Dienstleistende Handwerksunternehmen	Verrichtung von Dienstleistungen

4.5 Veränderungen der Wirtschaftsbereiche (Strukturwandel)

Während in Deutschland um 1800 die überwiegende Zahl der Erwerbstätigen (etwa 80 %) in der Land-, Forstwirtschaft, Fischerei und im Bergbau und nur ein kleiner Teil (8 %) im Handwerk sowie mit Dienstleistungen (12 %) beschäftigt waren, haben sich die Anteile im Laufe der Zeit immer mehr zum sekundären und tertiären Bereich hin verschoben. Technischer und wirtschaftlicher Fortschritt (Mechanisierung, Rationalisierung, Automation, Datenverarbeitung, Mikroprozessoren, neue Werkstoffe, neue Produktionsverfahren), Arbeitszeitverkürzung, Erhöhung des Lebensstandards sind dabei als Ursachen zu nennen.

Wandel in den Wirtschaftsbereichen

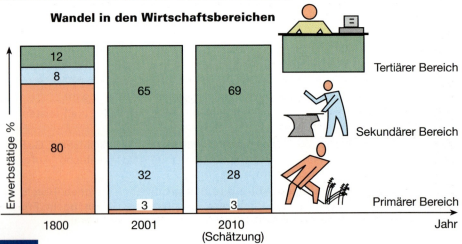

4.6 Veränderung der beruflichen Anforderungen, Qualifikationen – Schlüsselqualifikationen

Die Veränderung der Wirtschaftsstruktur stellte an den arbeitenden Menschen immer höhere Anforderungen. In stets kürzeren Abständen musste er sich auf wechselnde Arbeitsbedingungen einstellen. Handarbeit wurde durch den Einsatz von Maschinen (siehe Rationalisierung/Automation Seite 85 ff.) verdrängt, neue Fertigungsverfahren, neue Werkstoffe wurden eingesetzt, der Computer hielt Einzug. Immer vielfältiger werden die Anwendungsbereiche und immer schneller kommen neue Computer-Generationen mit leistungsfähigeren Chips (schnellere Prozessoren mit größerer Speicherfähigkeit) auf den Markt.

Diesen Entwicklungen muss sich der Mensch anpassen.

Einmal erworbene **Kenntnisse, Fähigkeiten und Fertigkeiten**, die in der Ausbildung erzielten Befähigungen **(Qualifikationen)** reichen für die Zukunft nicht aus. Heute werden Menschen benötigt, die sich den rasch wechselnden Anforderungen im Beruf anpassen können, also überall und jederzeit einsatzfähig und beweglich **(flexibel)** sind.

Um
- ◆ den neuen **Anforderungen** des Berufes gewachsen zu sein,
- ◆ die verschiedensten Aufgaben **(Funktionen)** zu übernehmen,
- ◆ die unterschiedlichen beruflichen Stellungen **(Positionen)** bekleiden zu können,

müssen zusätzliche **Befähigungen** erworben werden. Weil man mit ihnen heutige und voraussichtlich auch zukünftige Tätigkeiten „erschließen" kann, nennt man sie **„Schlüsselqualifikationen"**.

Dabei sind Kenntnisse und Fertigkeiten, Fähigkeiten und Verhaltensweisen des Einzelnen erheblich auszuweiten. Das bedeutet: **„Mehr lernen für die Zukunft** und **ein lebenslanges Lernen wird künftig für alle erforderlich sein!"**

Arbeitsaufgaben und Anregungen zum Handeln

1 Was versteht man unter den Begriffen: primärer, sekundärer, tertiärer Bereich? Ordne die jeweiligen Wirtschaftszweige zu.

2 Welche Betriebe sind an der Herstellung eines Bleistiftes (Pullovers, Schuhes, Autos) beteiligt? Schreibe die Betriebe in Form eines Schaubildes untereinander.

3 Warum kommt der Be- und Verarbeitung besondere Bedeutung zu?

4 Wie kann man sich das immer stärkere Anwachsen der Dienstleistungen erklären?

5 a) Gib das Wesentliche des Schaubildes „Wandel in den Wirtschaftsbereichen" mit deinen Worten wieder.
b) Um wie viel Prozent hat der primäre Bereich von 1800 auf 2001 abgenommen und der tertiäre Bereich zugenommen?

6 a) Was versteht man unter Schlüsselqualifikation? Welche Bereiche gehören dazu?
b) Sind derartige Qualifikationen notwendig? Warum?
c) Welche Qualifikationen kann ein Realschüler im Hinblick auf seine „berufliche Zukunft" schon heute erwerben, evtl. ausbauen oder vervollkommnen?

5 Unternehmensformen

Einzel-, Gesellschaftsunternehmen,
Personen-, Kapitalgesellschaften,
Genossenschaften

Meyer KG

Schneider
GmbH & Co. KG

Schulze OHG

SIEMENS AG

Malerei Hipp

RAIBA eG

In unserem Musterhaus sind viele Firmen unter einem Dach vereint.
Jede hat ihre Eigenart.

◆ *Mache dich mit Hilfe eines Lexikons (Duden) kundig. Schreibe
auf, was die Abkürzungen nach den Firmennamen bedeuten und
welche näheren Erläuterungen ggf. gemacht werden.*

◆ *Suche ebenso nach den Begriffen im Dach des Hauses und deren
Bedeutung.*

◆ *Schneide aus der Tageszeitung Anzeigen verschiedener Unternehmen aus, bringe diese zum Unterricht mit.*

5.1 Unternehmensformen (Übersicht)

Die Unternehmen unterscheiden sich durch:

◆ die Anzahl der beteiligten Personen	◆ die Gewinnverteilung
◆ die Mitarbeit der beteiligten Personen	◆ die Haftung und
◆ die Finanzierung	◆ die Rechtsform

Die Unternehmen können als **Einzel- oder Gesellschaftsunternehmen** geführt
werden. Steht die persönliche Mitarbeit und Haftung im Vordergrund, spricht man
von **Personengesellschaften**. Haften die Gesellschafter dagegen nur mit ihrer Kapitaleinlage und wirken sie bei der Geschäftsführung nur durch gewählte Vertreter, z.B.
Vorstand, Aufsichtsrat u.a. mit, so nennt man die Gesellschaft **Kapitalgesellschaft**.
Ferner unterscheidet man Gesellschaften des **privaten** und des **öffentlichen Rech-
tes**.

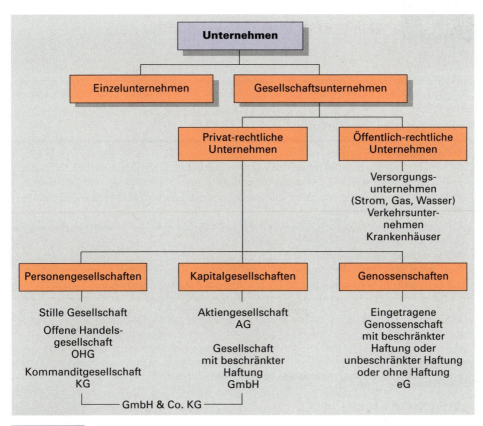

5.2   Einzelunternehmen

Herr Müller ist ein tüchtiger Radio- und Fernsehtechniker. Vor kurzem hat er die Meisterprüfung abgelegt; nun will er sich selbstständig machen. Er kündigt die Eröffnung seines Unternehmens in der Tageszeitung an:

Kein Bild – Kein Ton? Ich komme schon!

NEUERÖFFNUNG
Radio- und Fernsehfachgeschäft
Horst Müller, Meisterbetrieb
Breite Straße 12, Telefon 71 85

Herr Müller
- ist **Einzelunternehmer,**
- **technischer und kaufmännischer Leiter,**
- führt ein **Einzelunternehmen**,
- bringt das **Grundkapital** selbst auf,
- trifft selbstständig **Entscheidungen**,
- trägt dafür die **volle Verantwortung** (Risiko),
- **haftet** mit seinem gesamten Vermögen (Geschäfts- und Privatvermögen),
- kann über den **Gewinn** frei verfügen.

Das **Einzelunternehmen** kann sich gut den wechselnden Bedürfnissen der Wirtschaft anpassen. Oft fehlt jedoch das **notwendige Kapital**, um den Betrieb neuesten wirtschaftlichen und technischen Entwicklungen anzupassen oder ihn zu vergrößern (siehe „Unternehmenszusammenbrüche", Seite 75).

5.3   Vom Einzel- zum Gesellschaftsunternehmen

Herr Müller hat sich in kurzer Zeit zu einem angesehenen Geschäftsmann emporgearbeitet. Schon längst müsste er sein Geschäft vergrößern. Die beste Lösung wäre, einen entsprechenden Teilhaber zu finden und das Einzelunternehmen in ein Gesellschaftsunternehmen umzuwandeln.

Gründe für die Umwandlung:

◆ **Kapitalbedarf**
Soll ein Einzelunternehmen erweitert werden und fehlen die nötigen Gelder, muss ein Teilhaber gesucht werden, der das erforderliche Kapital mitbringt. An die Stelle eines Geldgebers können auch mehrere Teilhaber oder viele Gesellschafter (Aktionäre) treten.
◆ **Bedarf an Fachkräften**
Es fehlt ein geeigneter Fachmann (Kaufmann oder Techniker), der über die erforderlichen Kenntnisse und Fähigkeiten verfügt.
◆ **Verteilung des Risikos**
Das Risiko der Geschäftsführung soll geteilt werden. Die Teilhaber können entweder mit dem ganzen Vermögen haften (Vollhafter) oder nur mit ihrem Anteil (Teilhafter).

5.4   Personengesellschaften

◆ **Stille Gesellschaft**

Geschäftsverbindung	Herr Müller möchte seine Werkstatt modernisieren. Hierzu fehlt ihm derzeit das nötige Geld. Er könnte es von einer Bank als Darlehen aufnehmen, müsste dafür aber Zinsen bezahlen. Er überlegt, ob er einen **stillen Teilhaber** aufnehmen und eine **Stille Gesellschaft** gründen soll.
Stille Einlage ab 10.000,00 EUR bei hoher Verzinsung gesucht, auf Wunsch notarielle Absicherung. Zuschr. u. 5743743 an die AZ	

Bei einer Stillen Gesellschaft leistet der Teilhaber eine **Kapitaleinlage**, mit der er am **Gewinn (Verlust)** beteiligt ist. Er tritt nach außen nicht in Erscheinung, d.h. wird nicht im Firmennamen geführt, arbeitet nicht mit und hat in der Regel kein Mitspracherecht. Der Inhaber kann weiterhin **selbstständig** entscheiden.

◆ **Offene Handelsgesellschaft – OHG**

Herr Müller entschließt sich anders, da er nicht nur das Geschäft und die Werkstatt erweitern will, sondern auch einen tüchtigen Kaufmann benötigt. Er gibt eine Anzeige auf. Auf diese meldet sich Herr Stephan. Er ist bereit in das Unternehmen des Herrn Müller einen Anteil von 22.500,00 EUR einzubringen und selbst im Unternehmen mitzuarbeiten. Herr Müller und Herr Stephan gründen eine **Offene Handelsgesellschaft**.

Die Offene Handelsgesellschaft ist ein Unternehmen mit mindestens zwei Gesellschaftern. Sie führen das Unternehmen unter gemeinsamer Firma (z.B. „Müller & Stephan", „Stephan & Co", „Müller OHG") und haften mit ihrem gesamten Vermögen (Kapitaleinlage und Privatvermögen).

Jeder Gesellschafter ist zur **Mitarbeit** in der Firma verpflichtet. Zur **Finanzierung** erbringt jeder eine **Einlage** und ist am **Gewinn** beteiligt.

Bei der **Gewinnverteilung** ist der Kapitalanteil (Einlage) mit 4 % zu verzinsen, sofern nichts anderes vereinbart wurde. Der verbleibende **Gewinn/Verlust** wird nach Abzug der Unternehmensvergütung gleichmäßig aufgeteilt („nach Köpfen").

Reicht der Gewinn für eine Verzinsung von 4 % nicht aus, muss ein niedrigerer Prozentsatz errechnet werden. Ein **Verlust** wird gleichmäßig aufgeteilt.

◆ Kommanditgesellschaft – KG

> Möchte Herr Müller weiterhin „Herr im Hause" bleiben und in seiner Entscheidungsfreiheit uneingeschränkt sein, so könnte er sich einen Gesellschafter suchen, der nur als Geldgeber eintritt, mit seinem Geld haftet, aber von der Geschäftsführung ausgeschlossen ist. Herr Müller könnte eine **Kommanditgesellschaft** gründen. Der Geldgeber wird Teilhafter, Herr Müller bleibt Vollhafter.

Die Kommanditgesellschaft wird ins Handelsregister[1] eingetragen. Im Firmennamen wird nur der **Vollhafter** (Komplementär) genannt, die **Teilhafter** (Kommanditisten) werden nur mit dem Namen und der Höhe ihres Anteils eingetragen.

> Die Kommanditgesellschaft ist eine Gesellschaft, bei der mindestens ein Gesellschafter voll haftet, ein anderer nur mit seinem Kapitalanteil.

5.5 Kapitalgesellschaften

> Moderne Großunternehmen benötigen viel Geld zur Beschaffung von Maschinen, Geräten, Werkzeugen, Rohstoffen u.a. Für die Beschaffung des vielen Geldes sind Personengesellschaften wenig geeignet. Man wählt die Form der **Kapitalgesellschaften.**

Das Gesellschaftskapital wird in der Regel von vielen Geldgebern aufgebracht. Sie **haften** nicht persönlich. Für sie handeln gewählte Vertreter.

◆ Aktiengesellschaft – AG

> Wird das Grundkapital der Gesellschaft durch Anteilscheine, so genannte **Aktien**, gebildet, nennt man das Unternehmen **Aktiengesellschaft**. Die Verzinsung des Aktienkapitals bezeichnet man als **Dividende**.
> Durch Ausgabe von Aktien kann sich die AG leicht Geld am Kapitalmarkt beschaffen. Die Haftung des Aktionärs ist auf den Nennwert der Aktie beschränkt.

◆ Gesellschaft mit beschränkter Haftung – GmbH

> Bei der **Gesellschaft mit beschränkter Haftung** schließen sich mindestens zwei Personen zusammen. Sie haften nur mit ihrer Einlage.

Die GmbH zeigt damit Ähnlichkeit mit einer Aktiengesellschaft, bei der ebenfalls die Haftung beschränkt ist, und mit der Offenen Handelsgesellschaft, bei der Kapitalbesitz und persönliche Mitarbeit vereinigt sind.

---

[1] Handelsregister = Verzeichnis der Rechtsverhältnisse von Unternehmen beim zuständigen Amtsgericht

	Einzel-unternehmen	Stille Gesellschaft	Offene Handels-gesellschaft OHG	Kommandit-gesellschaft KG
Gründung	Persönliche, sach-liche und rechtliche Voraussetzungen müssen erfüllt sein	Stiller Gesell-schafter wird auf-genommen	Mindestens zwei Gesellschafter	Mindestens zwei Gesellschafter (Ein Voll- und ein Teil-hafter)
Finanzierung	aus eigenen Mit-teln, Fremdmittel in geringem Umfang	Gesellschafter mit Geldeinlage	Durch Gesell-schafter	Durch Gesell-schafter
Mitarbeit	Selbstständiger Unternehmer	Gesellschafter ist von der Mitarbeit ausgeschlossen	Alle Gesell-schafter sind zur Mitarbeit ver-pflichtet	Teilhafter sind von der Mitarbeit aus-geschlossen. Es han-delt der Vollhafter
Haftung	Allein und unbeschränkt (Geschäfts- und Privatvermögen)	Inhaber haftet unbeschränkt, Gesellschafter mit seiner Geldeinlage	Alle Gesell-schafter haften unbeschränkt	Vollhafter (Komple-mentär) haftet un-beschränkt, Teilhaf-ter (Kommanditist) mit dem Geschäfts-anteil
Gewinn-verteilung	Allein	Nach Vertrag	Ohne Vereinbarung - 4% Zins auf den Kapitalanteil, der Rest nach „Köpfen"	Nach Vertrag Berücksichtigung von Einlage und Mitarbeit
Verlust-beteiligung	Allein	Nach Vertrag	Gleichmäßig auf alle Gesellschafter	In angemessenem Verhältnis

	Aktiengesell-schaft AG	Gesellschaft mit beschränkter Haftung GmbH	GmbH & Co. KG	Genossenschaft eG
Gründung	Eine oder mehrere Personen; Grün-dungskapital mindestens 50.000 EUR	Meist zwei Perso-nen, aber auch „Einmann-Gesell-schaft" zulässig, Stammkapital mindestens 25.000 EUR	GmbH und mindes-tens ein weiterer Gesellschafter; Mindeststamm-kapital der GmbH 25.000 EUR	Mindestens sieben Personen
Finanzierung	Durch Aktionäre (Aktienausgabe) Kleinster Nennwert einer Aktie 1 EUR	Durch Gesellschaf-ter (Gesellschafts-anteil)	Durch Einlagen der GmbH und des (der) Komman-ditisten	Durch „Genossen" (Geschäftsanteil bzw. Geschäfts-guthaben)
Mitarbeit	Es handeln verant-wortlich der Vor-stand und Auf-sichtsrat	Gesellschafter ist von der Mitarbeit ausgeschlossen. Es handelt der Geschäftsführer.	Es handelt der Geschäftsführer	Es handelt der Vor-stand
Haftung	Aktionär haftet mit seinem Anteil	Jeder Gesellschaf-ter mit seinem Geschäftsanteil	GmbH ist Vollhafter, Kommanditisten sind Teilhafter. Kei-ne Haftung mit dem Privatvermögen	Mit dem Geschäfts-anteil (= Geschäfts-guthaben) bzw. nach Satzung
Gewinn-verteilung	Dividende	Nach Geschäfts-anteil	Nach Vertrag	Nach Geschäftsan-teil (= in der Regel Geschäftsguthaben)
Verlust-beteiligung	Keine. Bei Konkurs evtl. Verlust des Aktienanteiles	Nach Geschäfts-anteil	Nach Vertrag bzw. Anteilen	Nach Geschäfts-anteil

5.7 Franchise-Unternehmen

Wer als Existenzgründer unabhängig sein möchte, trotzdem aber nicht auf einen starken Partner, dessen Erfahrung und vor allem dessen **Markennamen** verzichten möchte, kann die Form des **Franchising** (engl.: Nutzungsrecht, Lizenz) wählen und damit den Kapitaleinsatz und das eigene unternehmerische Risiko klein halten.

> **Franchise** ist eine Vertriebsform, bei der ein Unternehmen (= der Franchise-Geber) gegen Entgelt einem anderen (= dem Franchise-Nehmer) das Recht einräumt, Waren und Dienste unter einem bestimmten **Markennamen** (z.B. Coca-Cola, McDonald's, Foto Quelle) anzubieten.

Der Franchise-Nehmer ist als eigener Unternehmer sebstständig, jedoch durch Vertrag zur Abnahme der – meist verbilligten – Produkte des Franchise-Gebers verpflichtet.

5.8 Auflösung eines Unternehmens

Freiwillige Unternehmensauflösung

Ein Unternehmen kann aus **persönlichen** Gründen (z.B. wegen Umzugs, Krankheit, hohem Alter, Tod) aufgelöst werden.

Unternehmenszusammenbrüche („Pleiten") – Insolvenzverfahren

Seit 1999 gilt eine neue **Insolvenzordnung**, kurz „Inso" genannt, die das bisherige Konkurs- und Vergleichsrecht bei **Insolvenz** (= Zahlungsunfähigkeit) eines Unternehmens ablöste.

◆ **Ziel des Insolvenzverfahrens.** Nach dem heutigen Recht stehen zwei Ziele im Vordergrund: mögliche **Sanierung** des Unternehmens und bestmögliche Befriedigung der **Gläubiger** (= derjenigen, die vom Unternehmen Geld zu fordern haben). Mithilfe des Grundsatzes **„Sanieren statt Liquidieren"** (= wirtschaftlich „gesund" machen statt auflösen) soll der Erhalt von Arbeitsplätzen angestrebt werden. Bei hoffnungsloser Zahlungsunfähigkeit wird das Unternehmen nach einem Gerichtsverfahren aufgelöst.

◆ **Ablauf des Insolvenzverfahrens.** Wenn ein außergerichtlicher **Vergleich** zwischen dem Unternehmen (als Schuldner) und den Gläubigern gescheitert ist, wird das Verfahren wegen **drohender Zahlungsunfähigkeit, Zahlungsunfähigkeit** oder **Überschuldung** vom zuständigen Gericht eröffnet. Der Antrag kann vom Schuldner selbst oder von den Gläubigern gestellt werden. Aufgrund eines **Insolvenzplanes**, der vom **Insolvenzverwalter** oder dem Schuldner vorgelegt wird, entscheidet die Gläubigerversammlung innerhalb von drei Monaten, ob das Unternehmen saniert oder liquidiert werden soll.

Bei einer Unternehmensauflösung werden noch vorhandene Güter, Grundstücke, Wertsachen usw. gemäß dem Insolvenzplan auf die Gläubiger aufgeteilt. Die Arbeitnehmer bleiben durch das **Insolvenzgeld** („Konkursausfallgeld") geschützt, welches Lohnausfälle von drei Monaten abdeckt. Bei größeren Betriebsstilllegungen wird ein **Sozialplan** aufgestellt, der Abfindungsleistungen für die Arbeitnehmer vorsieht.

1 Welche Vorteile (Nachteile) hat das Einzelunternehmen? Fertige eine Übersicht nach Muster.

Einzelunternehmen	
Vorteile	**Nachteile**

2 Nenne Ursachen, die bei Einzelunternehmen vielfach zum Zusammenbruch des Unternehmens („Pleite") führen.

3 Aus welchen Gründen werden Einzelunternehmen in Gesellschaftsunternehmen umgewandelt?

4 Nenne die wesentlichen Unterschiede zwischen einer AG und GmbH. Hebe insbesondere die Art der Finanzierung hervor.

5 *Rollenspiel* zu den Unternehmensformen:

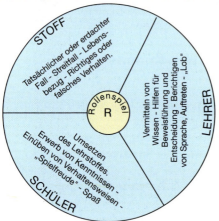

Beim Rollenspiel wird in erdachter (simulierter) Form Alltagsgeschehen (eine Situation) dargestellt. Als Schüler kannst du dich selbst oder andere „spielen", deine Erfahrungen einbringen und lernen, wie man sich bei verschiedenen Gelegenheiten verhält, Meinungen austauscht usw.

Vom Unterrichtsstoff vorgegebene „Lerninhalte" kannst du mithilfe deines Lehrers „spielend" erarbeiten und vertiefen.

a) Informiere dich über die Merkmale eines Rollenspieles.

b) Führt dieses nach den folgenden Angaben durch. Bildet vorher drei Arbeitsgruppen, die sich mit dem „Stoff" befassen. Wählt dann eine(n) Mitschülerin/Mitschüler, die/der die Rolle übernimmt.

Information:	**Ina** will eine Ausbildung zur Frisörin im Salon Gertrud beginnen.
Personen	**Jochen** sucht eine Ausbildungsstelle bei der Schreinerei Weber OHG.
	Michael ist zu einem Einstellungsgespräch bei der Maschinenfabrik Heuberger AG bestellt. Er will Industriemechaniker, Fachrichtung Maschinen- und Systemtechnik, werden.
Spiel:	Warum suche ich gerade in dieser Firma eine Ausbildungsstelle?
Durchführung	Welche Unternehmensform hat die zukünftige Ausbildungsfirma? Zum Gespräch muss man sich darauf vorbereiten und ggf. vorher Erkundigungen einholen.
	Handelt es sich bei der Firma um ein Einzel- oder Gesellschaftsunternehmen? Wer wird für die Ausbildung zuständig sein? Wie sicher ist die künftige Ausbildungsvergütung und bei Übernahme nach der „Lehre" Lohn oder Gehalt?
Auswertung:	Haltet die Ergebnisse in einem vorbereiteten Arbeitsblatt fest. Beurteilt das Auftreten der Spieler, ihre Sprache, Haltung, Sachkenntnis, Argumentation. Diskutiert darüber (positive Kritik), tauscht die Rollen, wechselt die Unternehmensformen. Gründet z.B. eine Aktiengesellschaft mit Vorstand, Aufsichtsrat und Hauptversammlung usw.

6 Nenne Firmen an deinem Wohnort (Schulort), von denen du annimmst, dass es sich um Franchise-Unternehmen handelt.

Zeitungsleser wissen mehr

Konzern Trust

Autozulieferer ZF darf Sachs schlucken

Brüssel (dpa). Der Autozulieferer ZF Friedrichshafen AG darf die Siemens-Tochter Mannesmann Sachs übernehmen. Für den Zusammenschluss gab die EU-Kommission am Montag grünes Licht. Die Fusion werde den Wettbewerb in Europa nicht verzerren, weil auch zukünftig mehrere starke Wettbewerber mit ZF am Markt konkurrierten, begründete die Kartellbehörde ihre Entscheidung. Der drittgrößte deutsche Automobilzulieferer mit Sitz in Friedrichshafen am Bodensee wird mit dem Kauf seinen Umsatz von derzeit 6,5 Mrd. auff 8,6 Mrd. Euro erhöhen.

„Hochzeitsfieber" bei Ölkonzernen

Großfusionen bei Tankstellen

Bonn/Brüssel (ap).
Auf dem deutschen Benzinmarkt werden die Karten neu gemischt: Die Kartellbehörden genehmigten die milliardenschweren Großfusionen der Ölkonzerne Shell und Dea sowie BP und Aral. Als Auflage müssen die Multis aber 1500 ihrer 6500 Tankstellen verkaufen. Damit könnten völlig neue Anbieter von Benzin und Diesel auf den deutschen Markt drängen und für Wettbewerb sorgen. Klar ist schon jetzt, dass die grün-gelbe Marke BP aus dem Straßenbild verschwindet. Alle Tankstellen des neuen Konzerns sollen unter dem Aral-Zeichen geführt werden.

Konzentration nimmt zu Multis

Kartell Holding

WIRTSCHAFT

Rekordstrafe gegen das „Vitaminkartell"

EU verlangt 855 Millionen Euro

Brüssel (dpa). Die EU-Kommission hat gestern gegen acht Unternehmen des so genannten „Vitaminkartells" ein Rekordbußgeld von 855,22 Mill. Euro wegen verbotener Preisabsprachen bei Vitaminpräparaten verhängt. Auf den Ludwigshafener Chemiekonzern BASF entfallen 296,16 Mill. Euro, entschied die Kommission. Auf die deutsche Merck KGaG entfallen 9,24 Mill. Euro. Die größte Summe muss

der Schweizer Konzern Hoffmann-La Roche mit 462 Mill. Euro zahlen. Es handelt sich nach den Worten von EU-Wettbewerbskommissar Mario Monti um „die schlimmsten Kartelle, gegen die die Kommission jemals ermittelt hat". Durch die geheimen Absprachen hätten die Hersteller zum Schaden der Verbraucher und zum eigenen illegalen Gewinn höhere Preise verlangen können, als dies bei echtem Wettbewerb möglich gewesen wäre.

Konzentration nimmt zu Fusion

Ulli schaut morgens immer in die Zeitung. Sein Vater meint, dass dies für ihn wichtig sei, wenn er sich im Wirtschaftsleben zurechtfinden will. Heute findet Ulli eine Menge an Begriffen, die er noch nicht kennt. Er will deshalb im Unterricht danach fragen.

◆ *Du willst vorab schon etwas wissen. Schlage deshalb die Begriffe im Lexikon nach. Schreibe das Wichtigste auf.*

◆ *Sammle ähnliche Zeitungsausschnitte und bringe diese zum Unterricht mit.*

◆ *Du sollst ein Kurzreferat über den Inhalt des Zeitungsartikels „Hochzeitsfieber" halten. Denke dich dabei in die Situation eines dort beschäftigten Auszubildenden, eines Familienvaters, einer alleinerziehenden Mutter hinein. Welche Bedeutung hat die Nachricht für sie? Bereite dich schriftlich vor.*

Der Konkurrenzkampf in unserer Wirtschaft zwingt die Unternehmer zu Höchstleistungen. Der Wettbewerb wirkt wie eine „Peitsche", die sie ständig antreibt, Erzeugnisse und Dienstleistungen zu verbessern und möglichst zu verbilligen. Das entspricht den Wünschen der Verbraucher. Manche Erzeuger hingegen möchten den gegenseitigen Wettbewerb durch Absprachen über Produktionsmenge und Preise sowie durch Zusammenschlüsse einschränken.

> Wenn sich Betriebe oder Unternehmen zu größeren Einheiten zusammenschließen, spricht man von einer **Konzentration** der Wirtschaft (franz.: concentrer = zusammenziehen).

6.1 Die wirtschaftliche Selbstständigkeit der Unternehmen bleibt erhalten

◆ Interessengemeinschaft

Verschiedene Unternehmen schließen sich durch Vertrag zusammen. Sie bleiben rechtlich und wirtschaftlich selbstständig. Sie führen gemeinsam Forschungs- und Entwicklungsaufgaben durch, die für eine einzelne Firma zu kostspielig wären. Teilweise werden auch die dabei gefundenen Produktionsverfahren und die erteilten Patente gemeinsam ausgewertet.

Wird allmählich eine einheitliche Leitung und Verwaltung geschaffen, so entsteht ein Konzern.

◆ Arbeitsgemeinschaft (ARGE)

Mehrere Firmen führen gemeinsam größere Aufgaben aus, z.B. Bau von Autobahnen, Staustufen, Kraftwerken u.a. Nach Abschluss des Projektes löst sich die Arbeitsgemeinschaft wieder auf.

◆ Konsortium

Das Konsortium ist typisch für Banken, die sich zu einem Bankenkonsortium vereinigen. Sie übernehmen z.B. die Aktien neu zu gründender Aktiengesellschaften und verkaufen sie an die Interessenten (Wertpapieremission). Es ist ein Zusammenschluss von begrenzter Dauer. Ist die gestellte Aufgabe erfüllt, löst sich das Konsortium wieder auf.

◆ Kartell (franz.: cartel = Block)

Die in einem Kartell zusammengeschlossenen Unternehmen bleiben rechtlich selbstständig und behalten ihren Firmennamen. Sie verzichten jedoch auf einen Teil ihrer wirtschaftlichen Selbstständigkeit, indem z.B. Preise **(Preiskartell)**, Absatzgebiete **(Absatzkartell)**, Konditionen, z.B. Lieferungs- und Zahlungsbedingungen **(Konditionskartell)** oder Rabatte **(Rabattkartell)** vorgeschrieben werden. Das Kartell bezweckt im Allgemeinen die **Beeinflussung des Marktes** und unterliegt deshalb in Deutschland dem **Gesetz gegen Wettbewerbsbeschränkung** (Kartellgesetz – siehe Seite 171).

> Das **Gesetz gegen Wettbewerbsbeschränkung** sieht grundsätzlich ein Verbot aller Kartelle vor, **wenn sie den Wettbewerb einschränken.** Das **Bundeskartellamt** (Sitz in Bonn) prüft – ähnlich wie die EU – die wirtschaftlichen Absprachen, ob sie den gesetzlichen Bestimmungen entsprechen. Unter bestimmten Voraussetzungen kann es Ausnahmen vom Kartellverbot zulassen.

EU genehmigt Ehe von Compaq und HP

Brüssel (dpa). Der Übernahme des US-Computerkonzerns Compaq durch den Konkurrenten Hewlett-Packard werden aus Europa keine Steine in den Weg gelegt. Die EU-Kommission billigte die Transaktion mit einem Wert von 25 Mrd. Dollar (28,3 Mrd. €) ohne Auflagen. Allerdings ist das Geschäft noch nicht sicher. Die Stiftung der Packard-Familie (Kapitalanteil 10,4 Prozent) will gegen die Übernahme stimmen. Auch der Sohn des HP-Mitbegründers David Packard ist dagegen.

Quelle: AZ, 1. Februar 2002

13 Versicherungen unter Kartellverdacht

Bonn (dpa). In einer bundesweiten Razzia hat das Bundeskartellamt insgesamt 13 Versicherungsunternehmen wegen des Verdachts auf verbotene Preisabsprachen durchsucht.

Der Kartellverdacht richtet sich nach Angaben der Behörde auf Absprachen zu Prämienerhöhungen im industriellen Sach- und Haftpflichtgeschäft. Falls der Verdacht zutrifft, drohen den Unternehmen Bußgelder. Unter den zusammen mit Polizei und Staatsanwaltschaft durchsuchten Unternehmen war auch die Allianz in München. In Köln waren die Versicherungskonzerne Gerling, Axa und Gothaer betroffen.

Quelle: AZ, 25. Juli 2002)

Innerhalb der Europäischen Union kann von der EU-Kommission der Zusammenschluss (Fusion) von großen Firmen untersagt werden, wenn die beteiligten Unternehmen innerhalb der EU 250 Millionen EUR umsetzen.

In Deutschland behält das Bundeskartellamt eine **Restkompetenz** (Kompetenz = Zuständigkeit).

6.2 Die wirtschaftliche Selbstständigkeit der Unternehmen geht verloren

◆ **Konzern** (engl.: concern = Geschäftsbeziehung)

Ein Konzern entsteht, wenn **rechtlich selbstständige** Unternehmen zu wirtschaftlichen Zwecken unter **einheitlicher Leitung** zusammengefasst werden. Die Leitung übernimmt das wirtschaftlich führende Konzernunternehmen, meist eine AG oder GmbH (Muttergesellschaft), z.B. DaimlerChrysler-Konzern, Volkswagen-Konzern, Preussag-Konzern, BASF-Konzern.

Beispiel

Durch **Beteiligungen** werden **Tochtergesellschaften** gebildet. Sie bilden durch gegenseitige Beteiligungen wieder **Schwestergesellschaften**. Ein Unternehmen ist nach dem Aktiengesetz an einem anderen beteiligt, wenn der Anteil am Aktienkapital 25% beträgt. Werden gleichartige Betriebe zusammengeschlossen – verflochten –, so spricht man von einem **horizontalen** (= waagerechten) Konzern.

Volkswagen-Konzern
Unter einer gemeinsamen Konzernleitung sind folgende
Unternehmensgruppen zusammengefasst: Volkswagen
AG/Audi AG/Seat (Spanien)/Skoda (Tschechische Republik).

Beim **vertikalen** (= senkrechten) Konzern werden Unternehmen aufeinander
folgender Produktionsstufen zusammengeschlossen.

Salzgitter-Konzern: Verhüttung – Weiterverarbeitung (Walzen, Schweißen) – Logistik – Verkauf – Dienstleistungen.

Der unorganische oder **diagonale** Konzern, auch **Mischkonzern** genannt, entsteht beim Zusammenschluss verschiedenartiger Wirtschaftszweige. Er wird gebildet, um die Risiken möglicher Verluste weit zu streuen.

Dr. Oetker Konzern
Nahrungsmittel, Weinbau, Kellereien, Gaststätten und Hotels,
Banken, chemische Fabriken, Buchverlag, Reedereien

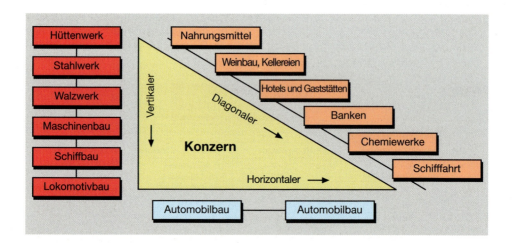

Ziel des Konzerns ist die **Rationalisierung des Fertigungsablaufes** – vom Rohstoff zum Fertigprodukt — und die Erhöhung des Kapitals durch Ausgabe von
Aktien bzw. durch Beteiligungen.

◆ **Holding-Gesellschaft** (engl.: to hold = halten)
Die Leitung eines Konzerns kann einer eigenen Verwaltungsgesellschaft übertra-
gen werden (Holding-Gesellschaft). Sie besitzt die Mehrheit der Wertpapiere
(Aktien) der Konzernunternehmen und kann damit die Gesellschaftspolitik ihrer
Tochtergesellschaften bestimmen.

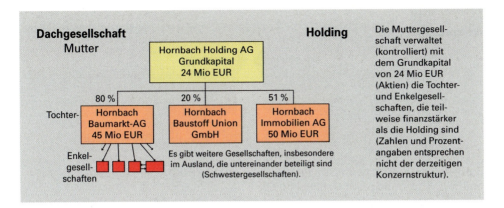

Dachgesellschaft
Mutter

Holding

Die Muttergesellschaft verwaltet (kontrolliert) mit dem Grundkapital von 24 Mio EUR (Aktien) die Tochter- und Enkelgesellschaften, die teilweise finanzstärker als die Holding sind (Zahlen und Prozentangaben entsprechen nicht der derzeitigen Konzernstruktur).

Hornbach Holding AG
Grundkapital
24 Mio EUR

80 %   20 %   51 %

Tochter-

Hornbach Baumarkt-AG 45 Mio EUR

Hornbach Baustoff Union GmbH

Hornbach Immobilien AG 50 Mio EUR

Enkel-gesellschaften

Es gibt weitere Gesellschaften, insbesondere im Ausland, die untereinander beteiligt sind (Schwestergesellschaften).

> Die Holdinggesellschaft kann mit wenig Kapital großen Einfluss ausüben.

6.3 Die wirtschaftliche und rechtliche Selbstständigkeit der Unternehmen geht verloren

◆ **Trust** (engl.: trust = Vertrauen, Treuepflicht)
Kartelle und Konzerne beschränken die wirtschaftliche Selbstständigkeit der zusammengeschlossenen Unternehmen.

Der Trust hebt neben der wirtschaftlichen meist auch die rechtliche Selbstständigkeit auf. Es entsteht ein **neues Unternehmen**, in das die früheren Unternehmen ihre Aktien einbringen und dafür neue erhalten. Der Trust entsteht dadurch, dass er als Dachgesellschaft die Mehrheit der Aktien anderer Unternehmen besitzt. Es können auch mehrere kleine Unternehmen miteinander **verschmolzen** werden (**Fusion** = Verschmelzung).
Ziel ist die Marktbeherrschung (Monopolisierung). Der Trust vereinigt in sich eine starke wirtschaftliche Macht. Er kann u.U. die Preise zu Ungunsten des Verbrauchers verändern. Nach dem Kartellgesetz muss der Trust (Konzern) dem Kartellamt in Berlin gemeldet werden, wenn der Marktanteil der zusammengeschlossenen Unternehmen 20 % des Inlandmarktes überschreitet.

	Vom losen Zusammenschluss	Interessen-gemeinschaft Arbeitsge-meinschaft Konsortium	Kartell i. d. Regel verboten Syndikat[1]	Konzern Holding	Trust	zum engen Zusammenschluss
Art						
Kenn-zeichen		Rechtlich und wirtschaftlich selbstständige Unternehmen		Rechtlich selbstständige, wirtschaftlich abhängige Unternehmen	Fusion von Untern., deren rechtl. und wirtschaftl. Selbstständigkeit verlorengeht	

---
[1] Zentrale, selbstständige Verkaufsorganisation

Unternehmenszusammenschlüsse bringen für den Verbraucher Vorteile, wenn durch den Zusammenschluss eine Erhöhung der Wirtschaftlichkeit der Unternehmen, eine Verbesserung ihrer Produktion und eine Verbilligung der Waren erreicht werden. Das ist teilweise nur möglich, wenn dabei das Kapital erhöht wird. Dann lassen sich entsprechende Forschungs- und Entwicklungsaufgaben durchführen, wobei gleichzeitig das Risiko verteilt wird.

Unternehmenszusammenschlüsse sind für den Verbraucher nachteilig, wenn sie eine Beschränkung des Wettbewerbs und eine Beherrschung des Marktes (Monopol) anstreben. Um Missbrauch wirtschaftlicher Macht zu verhindern, müssen in Deutschland Unternehmenszusammenschlüsse beim Kartellamt angemeldet oder genehmigt werden.

Durch die Genehmigungspflicht soll den Gefahren des Zusammenschlusses der Unternehmen zu einer immer größeren Einheit, der **Konzentration**, vorgebeugt werden.

Trotzdem hat die Konzentration innerhalb der Wirtschaft immer stärker zugenommen und dabei bereits die Ländergrenzen gesprengt. **Multinationale** Unternehmen sind die Folge.

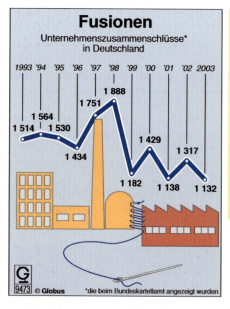

Fusionen
Unternehmenszusammenschlüsse*
in Deutschland

1993 '94 '95 '96 '97 '98 '99 '00 '01 '02 2003

1 514
1 564
1 530
1 434
1 751
1 888
1 182
1 429
1 138
1 317
1 132

9473 © Globus   *die beim Bundeskartellamt angezeigt wurden

„ Global Players

Immer mehr Unternehmen wollen „Global Players" werden, **weltweit agierende Konzerne**, die spielend Ländergrenzen überwinden und Kunden in der ganzen Welt ansprechen. Die deutschen Großunternehmen mischen kräftig mit. Die Fusion von DaimlerChrysler brachte den neuen Konzern auf einen Schlag an die Weltspitze der Autoproduzenten, die Übernahme von Bankers Trust durch die Deutsche Bank ergab das weltweit größte Kreditinstitut. „

Quelle: Globus

Multi- oder supranationale Unternehmen (lat.: multi = viele; supra = über), manchmal auch **Weltunternehmen** genannt, sind Großunternehmen, deren Tochtergesellschaften in verschiedenen Ländern vertreten sind. Sie erzielen einen erheblichen Teil ihres Umsatzes im Ausland und werden zentral von der Muttergesellschaft gesteuert.

Derartige Unternehmenskonzentrationen werden durch die moderne Technik (Nachrichtenverkehr, Transport, Datenverarbeitung) begünstigt. Hinzu kommt vielfach, dass im Ausland wegen der niedrigeren Löhne billiger produziert werden kann. Hierdurch ergeben sich Kostenvorteile, die wiederum zu einer Ausweitung der Produktion führen. Es können neue Arbeitsplätze geschaffen und so die Lebensbedingungen im jeweiligen Land verbessert werden. Das entspricht einer sinnvollen Entwicklungshilfe. Bekannt sind jedoch auch Fälle, in denen die „Multis" in die Politik einzelner Staaten eingegriffen und diese beeinflusst haben. Hierin zeigt sich deutlich, dass die Zusammenballung wirtschaftlicher Macht in den Händen einiger weniger Großunternehmen gefährlich ist, besonders dann, wenn der Wettbewerb ausgeschaltet wird.

Kleine Unternehmen sind meist nicht in der Lage, gegen große zu konkurrieren. Tante-Emma-Läden unterliegen im Wettbewerb den Supermärkten.

Die 30 größten deutschen Industrie- und Handelsunternehmen

Rang 2003	Rang 2002	Unternehmen	Branche	Umsatz Mill. EUR	Beschäftigte
1	1	DaimlerChrysler	Automobil	163.437	362.063
2	2	Volkswagen	Automobil	87.153	336.843
3	3	Siemens	Mischkonzern	74.233	417.000
4	4	Deutsche Telekom	Telekommunikation	55.838	248.519
5	6	Metro	Handel	53.595	242.010
6	10	Eon	Energie	46.364	66.549
7	6	RWE	Energie	43.875	127.028
8	7	BMW	Automobil	41.525	104.342
9	8	Deutsche Post	Logistik	40.017	383.173
10	9	Rewe-Gruppe	Handel	39.180	192.613
11	12	Robert Bosch	Autozulieferer	36.357	229.439
12	11	TyssenKrupp	Mischkonzern	36.137	190.102
13	16	BASF	Chemie	33.361	87.159
14	20	Schwarz (Lidl, Kaufl.)	Handel	32.459	80.000
15	15	Edeka/AVA Gruppe	Handel	31.160	200.000
16	17	Bayer	Chemie, Pharma	28.567	115.400
17	29	Deutsche Bahn	Logistik, Verkehr	28.228	242.759
18	18	Tengelmann-Gruppe	Handel	26.630	183.638
19	19	Aldi-Gruppe	Handel	25.700	200.000
20	21	Franz Haniel & Cie	Mischkonzern	23.038	53.706
21	14	Deutsche BP	Öl	19.392	8.973
22	23	TUI	Touristik	19.215	64.257
23	–	Celesio	Pharmagroßhandel	18.540	24.975
24	24	Bertelsmann	Medien	16.801	73.221
25	30	Phoenix-Gruppe	Pharmagroßhandel	16.165	17.224
26	13	Shell Deutschl. Oil	Öl	16.108	4.826
27	25	Deutsche Lufthansa	Luftverkehr	15.957	93.246
28	28	KarstadtQuelle	Handel	15.270	100.956
29	26	MAN	Maschinenbau	15.021	64.158
30	22	Otto-Konzern	Handel	14.315	55.406

Quelle: SZ vom 29. Juli 2004

1 Bei welchen Unternehmenszusammenschlüssen bleibt die wirtschaftliche und rechtliche Selbstständigkeit erhalten?

2 Was sind Kartelle? Welchen Zweck verfolgen sie? Warum sind sie in Deutschland grundsätzlich verboten?

3 a) Erkläre die Karikatur.

b) Welcher Branche gehören die Unternehmen an? Welcher Art ist der Zusammenschluss?

c) Welche Absprache wird getroffen? Ist diese zulässig oder verstößt sie gegen ein Gesetz? Wie heißt es? Siehe auch Seite 171.

„Da kann ich nichts machen! Sie sagen, das wäre keine unzulässige Absprache, das wäre ihre Art zu grüßen!"

4 Zu welchen Wirtschaftszweigen (Branchen) gehören die 10 (20) größten Unternehmen der Welt? Seht im Internet nach oder fragt bei der Wertpapierabteilung einer Bank oder Sparkasse.

5

Die größten Unternehmen der Welt
Umsatz im Jahr 2003 in Milliarden Dollar

Unternehmen		Umsatz
Wal-Mart Stores	(USA)	263 Mrd. $
BP	(GB)	233
Exxon Mobil	(USA)	223
Royal Dutch/Shell Group	(GB/NL)	202
General Motors	(USA)	195
Ford Motor	(USA)	165
DaimlerChrysler	(D)	157
Toyota Motor	(J)	153
General Electric	(USA)	134
Total	(F)	118
Allianz	(D)	115
ChevronTexaco	(USA)	113
Axa	(F)	112
ConocoPhillips	(USA)	99
Volkswagen	(D)	99
NT&T	(J)	98
ING Group	(NL)	96
Citigroup	(USA)	95
IBM	(USA)	89
American International Group	(USA)	81
Siemens	(D)	81
Carrefour	(F)	80
Hitachi	(J)	76
Hewlett-Packard	(USA)	73
Honda Motor	(J)	72
McKesson	(USA)	70
U.S. Postal Service	(USA)	69
Verizon Communications	(USA)	68
Assicurazioni Generali	(I)	67
Sony	(J)	66

Quelle: Fortune
© Globus 0885

Gruppenarbeit: Ermittelt für die deutschen Unternehmen die Umsatzanteile in EUR je Arbeitnehmer(in). Tragt die Ergebnisse in einer Tabelle nach Muster zusammen und diskutiert diese (höchste, niedrigste Anteile, Zuordnung zu Branchen, Begründung usw.).

Rang	Unternehmen	Branche	Umsatz je Arbeitnehmer(in) in EUR

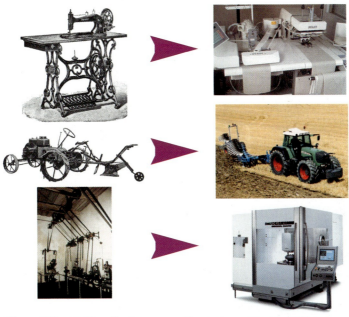

Oben: *Nähmaschine für das Handwerk von 1885;* *Computergesteuerter Nähautomat 1995 (Werkfoto Pfaff)*

Mitte: *Schlepper (Dieselross) Baujahr 1906 4,4 kW (6 PS);* *Moderner Traktor Baujahr 2002 228 kW (310 PS) (Werkfoto AGCO/Fendt)*

Unten: *Maschinen mit Gruppenantrieb (Transmission) um 1920;* *Einzelantrieb – Computergesteuerte Fräs- und Drehmaschine 2002 (Werkfoto Deckel Maho)*

Die Abbildungen zeigen Momentaufnahmen des Wandels unserer Wirtschaft. Vielleicht bist du Musikfan und hast die Entwicklung von der Schallplatte zur Compact Disc (CD) selbst miterlebt. Als Computerfreak ist dir der rasche Wechsel der Prozessoren von 286 zu 486 bis zum Pentium IV oder AMD-Athlon kz ein Begriff. Das internetfähige Handy mit Farbdisplay ist im Kommen.

◆ *Welche Beispiele kannst du selbst aus deinem Erfahrungsbereich nennen?*

◆ *Frage deine Eltern (Großeltern, Verwandte, Bekannte), wie sich ihr Alltag durch die Technik im Lauf der Jahre verändert hat.*

◆ *Welche Maschinen, Geräte u.a. wurden für den Haushalt, Beruf, die Freizeit angeschafft? Haben sie die Arbeit rationeller, leichter gemacht?*
War es immer zum Vorteil? Gab es auch Nachteile? Welche?

◆ *Schreibe dir die Antworten auf. Tauscht eure Ergebnisse im Unterricht aus. Diskutiert darüber.*

◆ *Macht euch kundig, was Rationalisierung (Technisierung, Automation) bedeutet.*

Rationelle Arbeitsgestaltung: Arbeitsteilung – Mechanisierung – Rationalisierung – Automation

◆ Arbeitsteilung

Die Arbeitsteilung begann bereits in den Anfängen der Menschheit. Während die Männer auf die Jagd, zum Fischfang oder zum Pilze- und Beerensammeln gingen, versorgten die Frauen das Hauswesen. Sie fertigten aus den Fellen der erlegten Tiere Kleidungsstücke. Die Männer stellten z.B. aus Tierknochen und Steinen Waffen und Geräte her. Später kam rund um die Wohnstätte Ackerbau und Viehzucht hinzu. Im Laufe der Zeit entwickelten sich die heutigen Berufe wie Handwerker, Landwirt u.a. Sehr bald zeigte sich jedoch, dass es zweckmäßig ist, innerhalb der Berufe die Arbeit wiederum in Teilarbeiten aufzugliedern, um die Produktion zu steigern. Der Schotte Adam Smith (1723–1790) konnte bereits an dem berühmten Beispiel der Stecknadelfertigung zeigen, dass ein Arbeiter bei Ausführen aller Arbeitsgänge (Drahtherstellung, Ablängen, Kopfmachen, Zuspitzen, Härten, Schleifen u.a.) in der gleichen Zeit nur zwei Nadeln fertigt, während bei Übernahme einer einzigen Arbeit (z.B. Kopfmachen) 10 Arbeiter 48 000 Nadeln herstellen. Auf einen Arbeiter entfallen somit 4 800 Stück bei Arbeitsteilung gegenüber zwei Stück ohne Arbeitsteilung.

> Unter Arbeitsteilung versteht man heute das **Zerlegen eines Arbeitsvorganges** in einzelne Teilhandlungen.

◆ Mechanisierung – Technisierung

Der Übergang vom Handwerk zur Automation vollzog sich in verschiedenen Entwicklungsstufen. Mit der Erfindung der ersten Maschinen (1767 Spinnmaschine in England, 1786 mechanischer Webstuhl) und der Dampfmaschine (1769 James Watt) begann die Mechanisierung: Maschinen übernahmen die Arbeit der Menschen. Man spricht von der **Ersten Industriellen Revolution.**

Als Technisierung bezeichnet man die nächste Entwicklungsstufe, die durch Einsatz von Motoren gekennzeichnet ist, die Wind-, Wasser- und Pferdekraft ersetzten.

> Mechanisierung und Technisierung sind Stufen auf dem Wege zur Rationalisierung. Um jedoch rationalisieren zu können, muss eine **Begrenzung von Gegenständen (Typung)** und eine **Vereinheitlichung von Maßen und Formen (Normung)** erfolgen.

◆ Rationalisierung (lat.: ratio = Vernunft, Verstand)

So lange wir zurückdenken können, benutzte der Mensch seinen Verstand, um neue Arbeitsverfahren, Werkzeuge und Maschinen zu entwickeln. Mit ihrer Hilfe war es möglich **schneller, leichter und billiger** zu produzieren. Er arbeitete zweckmäßig (= rationell), er **rationalisierte.**

> Heute versteht man unter Rationalisierung alle Maßnahmen, um die **Arbeit zu erleichtern**, die **Leistung zu steigern** und die **Kosten zu senken.**

Früher mussten Werkstücke von Arbeitsplatz zu Arbeitsplatz transportiert werden, oder der Arbeiter musste zum Werkstück gehen. Heute führt das **Fließband** dem Arbeiter das Werkstück zu.

Einer der ersten Unternehmer, die das Fließband einführten, war der „Automobilkönig" Henry Ford. Brauchte man vorher für den Zusammenbau eines Wagens 12,5 Stunden, so erzielte man mithilfe des Fließbandes einen Zeitgewinn von rund 11 Stunden. Ein Kraftfahrzeug war also in 1,5 Stunden montiert. Henry Ford konnte nun den Wagen statt für 1200 Dollar zu 295 Dollar anbieten.

◆ Automatisierung (Automation)

Automatisierung (gr. automatos = sich selbst bewegend) ist die Fortführung von Rationalisierungsmaßnahmen. Die menschliche Arbeitskraft wird dabei nahezu ganz durch **selbsttätig arbeitende Maschinen (Automaten)** ersetzt.

> Wenn Maschinen Arbeit von Menschen leisten, so ist das Mechanisierung. Wenn sie aber diese Arbeit tun und gleichzeitig ihre eigene Arbeit regeln bzw. kontrollieren, so ist das Automation.

(John Diebold, amerikanischer Wirtschaftswissenschaftler und Unternehmer)

Die Automation ist nur möglich durch Einsatz moderner Steuer- und Regelgeräte. Die Steuerung erfolgt nach einem festgelegten Plan. Sie lässt sich vergleichen mit einer Ampelanlage im Straßenverkehr. Die Ampel schaltet nach „Programm" rot, gelb, grün. Es kann also vorkommen, dass sie für viele Fahrzeuge rot zeigt, obwohl in der freigegebenen Richtung kein Fahrzeug vorhanden ist. Sie kann also nicht von Fall zu Fall entscheiden.

Die Regelung überwacht jeden Steuerbefehl. Vergleichen kann man die Regelung mit einem Polizisten, der den Verkehr „regelt". Er kann seine Anweisungen ständig überprüfen und berichtigen. Kennzeichnend für die Regelung von Arbeitsvorgängen ist die Überwachung der Steuerimpulse. Bei Maßabweichungen stellt z.B. die Maschine das Werkzeug selbstständig nach. Bei Werkzeugbruch schaltet sich die Maschine selbsttätig aus und zeigt den Stillstand durch Lichtsignal oder Ton an. Bei der Regelung spielt die Elektronik (elektronischer Rechner, elektronische Datenverarbeitung, Computer) eine entscheidende Rolle.

Die derzeitige Endstufe der Automation ist erreicht, wenn die Maschinen zu einer **Fertigungskette** und viele Fertigungsketten zu einer automatischen Fabrik zusammengefasst werden. Für die Fertigungskette gilt „vom Rohstoff bis zum Fertigprodukt".

Beispiel

In einer großen deutschen Keksfabrik werden einer Teigknetmaschine die Zutaten (Mehl, Fett, Milch, Gewürze u.a.) zugeführt. Der Teig läuft durch Ausstechwalzen, die Teigreste werden erneut zum Ausstechen ausgerollt. Die Plätzchen wandern durch den Backofen, kühlen anschließend aus, werden entsprechend glasiert (Zuckerguss, Schokolade), in Tüten gefüllt und auf einer Waage wird das Gewicht kontrolliert. Sie kann bei zu geringem Gewicht Plätzchen hinzufügen. Dann werden die Tüten verschlossen und in Kartons gelegt. Diese werden zugeklebt und von einer Maschine mit Aufschrift versehen. Erst dann wird das Gebäck von Menschenhand zum Weitertransport in Empfang genommen.

Der Weg zur Automation

1. Stufe

| Arbeiten mit dem Handschleifstein | Der Mensch ist Kraftquelle und Fachmann. Als Werkzeug dient ein Handschleifstein. |

2. Stufe

| Arbeiten am Schleif-bock – handbetrieben | Der Mensch ist Kraftquelle und Fachmann. Als Werkzeug dient ein Schleifstein. |

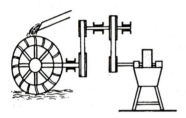

3. Stufe

| Arbeiten am Schleif-bock mit Antrieb durch Wasserkraft | Der Mensch als Fachmann führt das Werkstück. Als Kraftquelle dient Wasserkraft. Werkzeug ist eine Schleif-scheibe. |

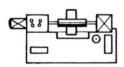

4. Stufe

| Schleifmaschine | Der Mensch bedient die Maschine. Das Werkstück wird von der Maschine geführt. Kraftquelle ist der Elektromotor. |

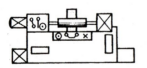

5. Stufe

| Schleifautomat Halbautomat | Der Mensch richtet ein, über-wacht, stellt das Werkzeug (Schleifscheibe) nach, führt Material zu. |

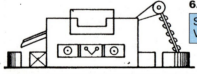

6. Stufe

| Schleifautomat Vollautomat | Die Maschine überwacht sich selbst. Sie misst und stellt die Schleifscheibe selbsttätig nach. |

7. Stufe

| Fertigungsstraße (Transferstraße) *Automation* | Hintereinanderschalten von Maschinen, die durch Bänder miteinander verbunden sind. Der Mensch überwacht von einem Steuerpult aus. |

---

8. Stufe

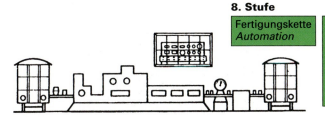

| Fertigungskette *Automation* | Geschlossene Fertigungsstraße. „Vom Rohstoff zum Fertigprodukt." Vollautomatisierte Anlage. Der Mensch überwacht von einem zentralen Steuerpult aus. Er greift nur bei Störungen ein. |

| **7.2** | **Schlanke Unternehmensführung – lean management** |

Immer häufiger liest man in Zeitungen und Zeitschriften von „lean management", „lean production", „schlanker Verwaltung" bis hin zu „schlanker Staat".

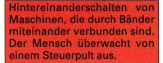
LEAN MANAGEMENT
Unternehmen im Umbruch

> Unter **lean management** versteht man eine **„schlanke"**, d. h. Kosten sparende **Unternehmensführung**.

Sie greift stark in bestehende Führungsstrukturen, Ansehen (Prestige) und Besitzstand (Einkommen) ein und ist daher noch nicht im gleichen Umfang anzutreffen wie die schlanke Produktion – **lean production**.

Bei der **schlanken Unternehmensführung** sollen:

◆ die bestehenden **Rangordnungen** (Hierarchien = „Wasserkopf") abgebaut und die Zahl von Führungskräften (Manager, Abteilungsleiter, Sachgebietsleiter) verringert,

◆ die **Verantwortung** auf eine möglichst niedrige Organisationsebene verlagert, Überschneiden von **Anordnungsbefugnissen** durch klare Zielvorgaben mit Rangfolgen (Präferenzen) vermieden,

◆ mehr **Selbstständigkeit** und damit größere **Anpassungsfähigkeit** an wechselnde Aufgaben (Flexibilität) erreicht,

◆ die **Verständigung** untereinander (Kommunikation), z.B. aus den Arbeitsgruppen (siehe Seite 90) von unten nach oben, wie von oben nach unten vereinfacht und beschleunigt,

◆ **Ergebnisse** aus allen Unternehmensbereichen erfasst (Controlling) und mit den **Zielvorgaben** verglichen und beurteilt,

◆ insgesamt eine **„flache Unternehmensführung",** auch Aufbauorganisation genannt, erreicht werden.

7.3　Lean production – Fabrik der Zukunft

Um im Wettbewerb im Inland, innerhalb der Europäischen Union (EU) und auf den Weltmärkten bestehen zu können, wird in vielen Unternehmen die **„schlanke Produktion"** (lean production) teilweise oder ganz, bis hin zur **„Fabrik der Zukunft"** eingeführt.

Die **schlanke Produktion** wird erreicht durch:

◆ **Umgestaltung** der Werkstätten (kürzere Wege).

◆ Einführung von **Gruppenarbeit:** Selbstständige und eigenverantwortliche (**autonome**[1]) Fertigung eines Bauteiles, einer Maschine u.a., Festlegen der Arbeitsschritte, Anfordern der Werkstoffe und erforderlichen Geräte – z.B. Vorrichtungen zum Bohren –, Kontrolle der Qualität — Besprechung in so genannten **Qualitätszirkeln** –, Reparatur und Wartung von Maschinen und Geräten. Weil trotz der Selbstständigkeit der Gruppe weiterhin eine „Bindung nach oben" zum Meister, Abteilungs-, Betriebsleiter besteht, spricht man auch von **teilautonomen Arbeitsgruppen.**

◆ Anordnen der von der Gruppe benötigten Maschinen, Geräte, Montageplätze in Form von **Fertigungsinseln.**

◆ Ausnutzen aller **Fähigkeiten** des einzelnen Mitarbeiters der Gruppe durch Aneignen von Kenntnissen und Fertigkeiten **am Arbeitsplatz** – „training on the job" –, Einführen neuer Arbeitsorganisationen wie **Aufgabenerweiterung** – „job enlargement", **Aufgabenwechsel** – „job rotation" (siehe Humanisierung der Arbeitswelt Seite 217 ff.).

◆ Lernen, im **Team** zu arbeiten (Teamfähigkeit) – **Fortschritt im Team.**

◆ Stetige **Verbesserung** (japanisch KAIZEN = in kleinen Schritten) der **Arbeitsbedingungen** und der **Güte** (Qualität) des Produktes durch schnellere **Information** und **Kommunikation** untereinander (japanisch KANBAN = Zurufsteuerung = Weitergabe von Mitteilungen auf kürzestem Weg, ggf. mündlich, ohne große Organisation). Z.B. sind Rationalisierungsvorschläge der Gruppe nach oben meist erfolgreicher als von oben verordnete Kosteneinsparungen. Jedoch will dabei niemand seinen eigenen Arbeitsplatz gefährden, d.h. sich selbst „wegrationalisieren".

◆ Entsprechende „**Rückmeldung**" von oben durch Anerkennung (Lob, Prämien für Verbesserungsvorschläge).

◆ **Abbau** von Eingangs- und Zwischen**lagern** (Puffern) durch Anlieferung der Werkstoffe, Hilfsmittel, Halbfabrikate u.a. fertigungsgerecht, d.h. zur richtigen Zeit – **„just in time".**

◆ Interessenweckung (Motivation), innerbetriebliche und überfachliche Bildungsmöglichkeiten (Qualifikation) und beruflicher Aufstieg – **„Anreiz zum Ehrgeiz"** – (siehe Weiterbildung Seite 228 ff.).

◆ Umfassenden **Einsatz** der elektronischen Datenverarbeitung (**EDV**) vom Angebot über Auftragsannahme, Konstruktion, Produktionssteuerung bis zur Endkontrolle, Rechnungsstellung, Versand und Überwachung des Zahlungseinganges.

---

[1] **autonom** von griech.: autos = selbst, nomos = Gesetz; selbstständig, unabhängig

Moderne Automobilfertigung (Karosseriefertigung) mit computergesteuerten Schweißrobotern
Werkfoto: KUKA Roboter GmbH

Fabrik der Zukunft

Die **„Fabrik der Zukunft"** (**FOF**, engl.: factory of future) bedient sich des Computers (**CIM**, engl.: Computer Integrated Manufacturing, computerintegrierte Fertigung) und verknüpft mit ihm alle Vorgänge vom Auftragseingang über Fertigung bis zum Vertrieb. Ein so genanntes **„Netzwerk"** verbindet z.B. die Entwicklung (**CAE**, engl.: Computer Aided Engineering), Konstruktion (**CAD**, engl.: Computer Aided Design), Herstellung (**CAM**, engl.: Computer Aided Manufacturing), steuert den Einsatz von Dreh-, Fräs-, Schleifautomaten (**NC, CNC** – Seite 92), Robotern bis hin zur Qualitätskontrolle (**CAQ**, engl.: Computer Aided Quality Control), erfasst dabei alle anfallenden Betriebs- und Maschinendaten (**BDE/MDE** = Betriebsdaten-, Maschinendatenerfassung) und gibt diese im erforderlichen Umfang an Zulieferer, Lager und Vertrieb (Versand) weiter.

Bei der Organisation wird zwischen technischen und betriebswirtschaftlichen Aufgaben unterschieden.

So dient bespielsweise **CAM** der technischen Ablaufsteuerung, also für Betriebsmittel, Transport und Lagerung. Die **P**roduktions-**P**lanung-**S**teuerung (**PPS**) umfasst die betriebswirtschaftliche Seite. Ausgehend vom Auslieferungstermin werden Zeitvorgaben für Forschung, Entwicklung, Konstruktion, Arbeitsplanung, Arbeitssteuerung, Werkstoff- und Normteilbeschaffung, Einzel- oder Gruppenfertigung, Montage bis Versand als Grobplanung erstellt. Diese Vorgaben müssen später auf die Durchführbarkeit geprüft werden. In der **CIM-Datenbank** laufen alle Eingaben zusammen bzw. aus ihr können alle fertigungsbezogenen und betriebswirtschaftlichen Daten abgerufen werden.

Neben den immer stärker eingesetzten Industrierobotern, die den Menschen von schwerer körperlicher Arbeit, Hitze, Staub u.a. entlasten, sind die Anwendungsbereiche der Mikroelektronik und der Mikroprozessoren fast unbegrenzt:

Anwendungsbereiche	Beispiele
Datenverarbeitung	Taschen- und Tischrechner, Heim- und Personalcomputer, Laptop (Notebook), Textverarbeitungsautomaten (Schreibmaschinen mit Speicher)
Mess- und Regeltechnik	Steuerung von Ablaufprozessoren in der Landwirtschaft (Viehfütterung) und Gartenbau (Pflanzenaufzucht), Industrie (Fertigungsstraßen, Qualitätskontrolle), Verkehr (Stauwarnsysteme), Medizin (Messsystem für Temperatur, Blutdruck und Puls, Computertomographie)
Kraftfahrzeugtechnik	Elektronische Gemischaufbereitung, Antiblockiersystem (ABS), Bordcomputer (Geschwindigkeit, Verbrauch, Reichweite, Glatteiswarnung, Navigationssystem)
Nachrichtentechnik	Fax-Gerät, E-Mail-Dienst, Internet, Verkehrsfunkdecoder, Leit- und Informationssysteme für Kraftfahrzeuge (Telematik), Mobilfunktelefon (Handy)
Unterhaltungs- und Freizeittechnik	Elektronische Gerätesteuerungen, Fernbedienung für optische und akustische Geräte, Fernsehspiele, elektronisch gesteuerte Foto- und Filmapparate
Haushaltstechnik	Elektronische Regelung in Rührgeräten, Küchenmaschinen, Mikrowelle, Staubsaugern, Nähmaschinen, Steuerung von Wasch- und Geschirrspülautomaten, Heizungsregelung

Roboter (siehe Abbildung Seite 91) werden nicht nur in der industriellen Fertigung eingesetzt. Sehr „feinfühlige" und durch Computersteuerung äußerst genau arbeitende Roboter sind im Begriff, in der Medizin (Chirurgie, Radiologie) teilweise die Hand des Arztes zu ersetzen.

7.4 Industrielle Revolution

Die Automation wird vielfach als **Zweite Industrielle Revolution** bezeichnet. Die **Dritte Industrielle Revolution** hat längst begonnen.
Das Zeitalter der **Mikroelektronik (Mikroprozessoren)**[1] ist weit vorangeschritten. Die Mikroelektronik lässt sich überall dort einsetzen, wo logische Entscheidungen zu treffen sind, wo z.B. gerechnet, geregelt, gesteuert, überwacht werden muss. In der modernen Fertigung finden sich immer mehr numerisch gesteuerte und rechnerunterstützte Maschinen (NC = engl.: numerical control = zahlenmäßig gesteuerte Maschinen und CNC = engl.: computerized numerical control = rechnerunterstützte Maschinen).
Bausteine der Mikroprozessoren sind winzige Plättchen oder Scheiben aus Silizium, die **Chips** (engl.: Plättchen). Ihre Fläche beträgt nur wenige Quadratmillimeter bei fast unvorstellbaren Leistungen. Im Laufe der Jahre sind die Chips immer „intelligenter" geworden, d.h., ihre Speicherfähigkeit hat immer mehr zugenommen. Konnte 1968 ein Chip nur 70 bit[2] speichern, so bringt es ein 64-Megabit-Chip[3] auf ein Speichervermögen von über 4000 Schreibmaschinenseiten.

---

[1] griech.: mikros = klein, winzig; Mikroprozessor = elektronisches Kleinbauteil
[2] engl.: bit = binary digit = Informationseinheit
[3] Mega = 1 000 000-fach; 64M(ega)bit = 64 Mio. bit

Immer kleinere und leistungsfähigere Mikroprozessoren haben auch der **Mikro-technik** neue Anwendungsgebiete erschlossen. Die **Miniaturisierung** (Verkleine-rung) ermöglicht den Bau von Fühlern (Sensoren), Schaltern, Ventilen, Pumpen und deren zugehörigen Einzelteilen. Der Einsatz dieser Elemente ist fast unbegrenzt und eröffnet u.a. völlig neue Wege in der Medizin (Herzschrittmacher, Dosier-pumpen u.a.), in der Umwelt- und Kommunikationstechnik.

Die neuen **Mikrosysteme** sind Steuereinheiten, die in der Regel aus Fühler (Sen-sor) und Geber (Aktor) bestehen. Verglichen mit dem menschlichen Körper bedeu-tet das: Gehirn und Sinnesorgane sind die Sensoren, Nerven sind die Steuerleitun-gen, die Gliedmaßen (Arme, Beine, Hände, Füße) sind die Aktoren.

Ein vergleichbares Anwendungsbeispiel der Mikrotechnik ist das Sicherheitssys-tem des Luftkissens (Airbag) in Kraftfahrzeugen. Hier stellen Sensoren die Wucht des Aufpralles fest und leiten die Signale an die Steuereinrichtung weiter. Diese veranlasst die Aktoren zum Aufblasen des Luftkissens (Airbag) auf Fahrer- bzw. Bei-fahrerseite, beim Seitenairbag rechts oder links.

Auch die **Laser**technik[1] eröffnet in Verbindung mit dem Computer neue Anwen-dungsbereiche in Industrie, Medizin, in der Informations-, Druck- und Messtechnik. Mit dem Laserstrahl können Metalle, Kunststoffe, Glas, Keramik mit größtmöglicher Geschwindigkeit und Genauigkeit bearbeitet werden (z.B. Schneiden, Schweißen, Bohren). Im Informationsbereich hat die Anwendung des Lasers bereits Eingang in die Haushalte gefunden (Bildplatte, Compact Disc und zugehörige Wiedergabe-geräte).

7.5   Telekommunikation[2]

Derzeit stehen wir am Anfang des Zeitalters der **Telekommunikation**. Über **Inter-net**, einem **Datennetz**, das derzeit viele tausend einzelne Computernetze in der gesamten Welt verbindet, erfolgt ein Datenaustausch auf allen Gebieten.

In sehr einfacher Form gibt es **Telearbeitsplätze**. Dabei müssen die verschiedensten Arbeiten nicht unbedingt in den Firmen, sondern sie können auch von zu Hause aus mit einem Computer erledigt werden. Die Arbeitszeit lässt sich somit vielfach den persönli-chen Bedürfnissen, z.B. Haushalt, Beaufsichtigung von Kindern u.a. anpassen. Das ermög-licht nicht nur weitere berufliche Tätigkeit und Einkommen. Die Firmen verlieren zudem keine wertvollen Mitarbeiter.

Da die **Datennetze** „rund um die Uhr" geöffnet sind, können weltweit tätige Firmen z.B. Forschungs- und Entwicklungsarbeiten 24 Stunden täglich durchführen, wenn sie die Zeitverschiebung berücksichtigen und durchgehend (3 mal 8 Stunden) an einer Auf-gabe (Projekt) in verschiedenen Ländern arbeiten lassen. Ist in Deutschland Feierabend, kann in Amerika weitergearbeitet werden. Gehen auch dort die Lichter aus, wird ein Team in Asien tätig. Eine Möglichkeit, an die vor Jahren noch niemand gedacht hätte. So kann ggf. ein Wettbewerbsvorsprung erreicht werden, der „bares Geld" wert ist.

---

[1] **Laser,** engl.: light amplification by stimulated emission of radation = Lichtquelle mit stark gebündelter elektromagnetischer Strahlung
[2] **Telekommunikation** (von griech.: tele = fern, weit und lat.: communicatio = Mitteilung, Ver-ständigung) = Fernübertragung, Nachrichtenaustausch über große Strecken in Bild, Text (Schrift), Ton (Sprache, Musik)

1 Erkläre die Begriffe: a) Arbeitsteilung,   b) Mechanisierung,   c) Rationalisierung,   d) Automation.

2 a) Wer führte als einer der Ersten das Fließband ein?
b) Lies in einer Lebensbeschreibung (Biografie) über Leben und Werk des Mannes nach.
c) Welche Vorteile brachte das Fließband?

3 a) Was versteht man unter schlanker Unternehmensführung?
b) Welchen Zweck verfolgt man damit?

4 a) Was bedeutet „lean production"?
b) Welche Überlegungen für deren Verwirklichung findest du besonders interessant?

5 Lies den Artikel durch. Gib das Wesentliche mit deinen Worten wieder.

Das Wirtschaftswunder im Frauenwald
iwis-Ketten macht erstaunliche Fortschritte

Landsberg. Wow! 25 Prozent Produktivitätssteigerung im vergangenen Jahr. Fehlerquote nahe zu Null. Und eine Belegschaft (70), die fast nur aus neuen Mitarbeitern besteht. Geschäftsführer Winklhofer schmunzelt. Doch dann rückt er diese Erfolge ins rechte Licht. Die Produktion sei hier erst vor zwei Jahren angelaufen: „2000 war ein Anlauf- und Anlernjahr." Das erklärt zwar die großen Produktivitätssteigerungen, schmälert aber nicht die exzellente Qualität, und das in einem Bereich, in dem erfahrene Mitarbeiter das A und O seien. Die Erwartungen werden mehr als erfüllt. Der Schlüssel zum Erfolg? „Eine Tausendfüßler-Strategie", so der junge iwis-Chef. Er nennt Stichworte wie Lernen von Besseren, kurze Wege, verkettete Produktion, flache Hierarchien, Gruppenarbeit, Mitarbeiterinformation, Erfolgsprämien und Mitarbeiterselbstkontrolle. „Erst alle Bausteine zusammen bringen den Erfolg."

Und doch fallen ein paar besonders auf. Zum Beispiel die Mitarbeiterselbstkontrolle. Jeder überprüft und überwacht die Qualität seiner Arbeit und gibt nur fehlerfreie Teile weiter. Einsteller Gerhard Rattler: „Dadurch habe ich viel Verantwortung und es wird nie langweilig." Alle zwei Wochen setzen sich die Gruppensprecher zusammen und tauschen sich aus. Das Ergebnis: Die komplette Produktion ist überwacht, jeder lernt aus den Fehlern der anderen und die Fehlerquote liegt trotz 30 Millionen verarbeiteter Einzelteilen pro Tag nahezu bei Null. Seit fünf Monaten sind Winklhofer und Werkleiter Norbert Sendfeld einen Schritt weiter. Produktivität und Qualität wurden mit dem Gehalt gekoppelt. Für jede Gruppe wurden Ziele vereinbart und monatlich abgerechnet. so kann jeder bis zu 200 Euro im Monat zusätzlich verdienen.

Quelle: AKTIV – 6. Juli 2002

6 Erkläre den Begriff „just in time".

7 Diskutiert folgenden Zeitungsartikel

Computer an Schulen

Die Initiative D21 und das Bundesbildungsministerium (BMBF) zogen eine positive Zwischenbilanz zur IT-Ausstattung in Deutschland. „Ich freue mich über die Erfolge bei der Ausstattung der Schulen mit Computern und über die Sponsoringtätigkeit der Wirtschaft. Hier kann jedoch noch mehr getan werden," sagte Staatssekretär Uwe Thomas.
Bundesbildungsministerin Edelgard Bulmahn forderte am Rande der cebit zudem von der Industrie die Produktion preiswerter Laptops für Schüler. „Bringen Sie Laptops auf den Markt, die sich jeder Geldbeutel leisten kann und die damit in alle Ranzen passen", sagte die Ministerin.
Nach dem Anschluss aller Schulen ans Internet müsse nun so schnell wie möglich jeder Schüler mit einem eigenen Computer ausgerüstet werden. „Wichtig ist der Einsatz der neuen Medien in jedem möglichen Unterrichtsfach. Denn unsere Kinder müssen heute lernen, wie man die Chancen der Zukunft nutzt", meint Buhlmann.

Quelle: AZ, 18. Mai 2002

„Mädels, ich befürchte, jetzt könnte es etwas schwierig werden!"

◆ *Was will der Zeichner mit der Karikatur zum Ausdruck bringen?*

◆ *Über Ökologie und Ökonomie wird viel geredet, zum Teil werden dabei die Begriffe verwechselt.*
Schlage im Lexikon (Duden) nach, damit dir nicht Gleiches passiert.

◆ *Ökologie und Umweltschutz werden meist zusammen genannt.*
Was tust du für deine unmittelbare Umwelt?

Der Mensch ist im Wirtschaftskreislauf sowohl Verbraucher (**Konsument**) als auch Erzeuger (**Produzent**). Durch seine Tätigkeit wirkt er auf Natur, Landschaft, Pflanzen und Tiere ein. Energieerzeugung (z.B. Kohleverstromung), Güterproduktion jeder Art und Verkehr bis hin zur Freizeit verändern die **Umwelt** durch Abgase, Abwasser und Abfälle.
Der Mensch lebt in dieser Welt und wird seinerseits von ihr beeinflusst. Er muss mit den ihm zur Verfügung stehenden Mitteln (**Ressourcen** – franz. = Geld-, Hilfs-, Rohstoffquellen) wirtschaftlich, also sparsam, d. h. **ökonomisch** umgehen. Bezieht er dabei den Haushalt der Natur mit ein, berücksichtigt er die Umwelt, so handelt er **ökologisch**.

Ökonomie ist die Lehre vom wirtschaftlichen und sparsamen Einsatz beliebiger Mittel.[1]
Ökologie ist die Lehre von den Beziehungen des Menschen zur Umwelt: die wissenschaftliche Lehre vom Naturhaushalt.[2]

---

[1] Ökonomie von griech.: oikos = Haus, nomos = Gesetz, lat.: oeconomia = Einteilung
[2] Ökologie von griech.: oikos = Haus, logos = Wort, Lehre

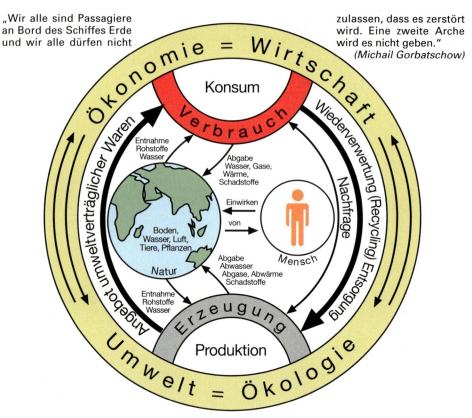

"Wir alle sind Passagiere an Bord des Schiffes Erde und wir alle dürfen nicht zulassen, dass es zerstört wird. Eine zweite Arche wird es nicht geben."
(Michail Gorbatschow)

Ökonomie = Wirtschaft

Konsum

Verbrauch

Angebot umweltverträglicher Waren

Wiederverwertung (Recycling) Entsorgung

Nachfrage

Entnahme Rohstoffe Wasser

Abgabe Wasser, Gase, Wärme, Schadstoffe

Einwirken von

Boden, Wasser, Luft, Tiere, Pflanzen

Mensch

Natur

Abgabe Abwasser Abgase, Abwärme Schadstoffe

Entnahme Rohstoffe Wasser

Erzeugung

Produktion

Umwelt = Ökologie

Wirkungskreis Mensch und Natur (Ökosphäre)

8.1 Umweltverträgliche Produktion

> **Öko-Reifen sparen Sprit**
>
> Umweltfreundliche Pkw-Reifen, die das Umweltzeichen **Blauer Engel** verdienen, sind längst auf dem Markt. Bisher hat zwar erst ein Hersteller das Umweltzeichen beantragt und erhalten. Doch in den Tests mit verschiedenen Reifentypen von 14 Herstellern hielten neun Typen den Umweltkriterien des Blauen Engels stand. Die Reifen mit dem Umweltzeichen erzeugen ca. 50 Prozent weniger Lärm und haben einen 30 Prozent geringeren Rollwiderstand. Das spart bis zu fünf Prozent Kraftstoff.

Quelle: Fonds

Grundlagen der Produktion

Qualitative Produktion muss zukünftig Vorrang vor **quantitativer (mengenmäßiger) Produktion** haben! Steigender Wohlstand, an dem alle interessiert sind, darf nicht mit steigender Umweltbelastung und damit verbundenen Umweltschäden erkauft werden (siehe auch Seite 42 ff.).

Dabei ist es wichtig, dass in den Betrieben nicht nur die gesetzlichen Bestimmungen beachtet werden, sondern darüber hinaus **eigenverantwortlich** Umweltschutz betrieben wird, z.B. in Form freiwilliger Maßnahmen zum Schutze der Belegschaft, der Nachbarn, von Luft, Wasser, Boden usw.

Umweltorientierte Materialbeschaffung

Der betrieblichen Materialwirtschaft, vornehmlich der Beschaffung, kommt hierbei besondere Bedeutung zu. So kann schon vor der Produktion ein Beitrag zum praktischen **Umweltschutz** geleistet werden:

◆ Bei Lieferanten, Herstellern ökologisch verträgliche Produkte fordern.

Beispiele

Lösungsmittelfreie Kleber und Leime, wasserlösliche Farben, blei- und chromfreie Korrosionsschutzmittel, chlorfrei gebleichtes Papier, Recyclingpapier, ohne Chrom gefärbte Textilien, umweltverträgliche Folien, runderneuerte Reifen, einheimische Hölzer (Fichte, Tanne, Kiefer) statt Tropenhölzern (Palisander, Teak), schadstofffreie Tischler- und Furnierplatten, kein Einkauf von Pelzen oder Leder artengeschützter Tiere (sofern nicht aus Tierfarmen – Tierschutz!).

◆ Auf Produkten ohne umweltgefährdende Inhaltsstoffe bestehen.

Beispiel

Kennzeichnung durch den blauen „Umweltengel" (weil aus „100 % Altpapier", weil „Mehrwegflasche", weil emissionsarm und energiesparend).

◆ Unnötige Verpackungen ablehnen und transportsichere, kleine, handliche, gut stapelbare Verpackungen zur Bedingung machen.

Beispiele

Transportpaletten aus Presspappe, faltbare, mehrfach verwendbare Umkartons aus Wellpappe und deren Zurücknahme (Wiederverwendung bzw. Wiederverwertung – „Recycling").

◆ Großabnahme von Roh-, Hilfs- und Betriebsstoffen anstreben.

Beispiele

Ein großer Tanklastzug fährt umweltschonender als zwei oder drei kleine Fahrzeuge mit Aufliegertank.
Großgebinde, z.B. Fässer u.a. bevorzugen, die nach Entleerung wieder zurückgegeben werden können. In Paletten anliefern lassen, möglichst ohne Schrumpffolie, die später entsorgt werden muss.

Das spart Kosten und gibt die Möglichkeit für Mengenrabatte.

◆ Energiesparende Maschinen, Geräte, Leuchtmittel durch Vergleich des Strom- und Wasserverbrauches einsetzen. Energie-Effizienzklasse A anstreben (Effizienz ≙ Wirksamkeit).

Beispiele

Energiesparlampen, Waschmaschine, Kaffeemaschine, Geschirrspüler für die Kantine, Spülkästen für die Toiletten in Zweistufenausführung (6 und 9 Liter), sensorgesteuerte Wasserventile für Duschen.

◆ Fuhrpark mit Kraftstoff sparenden Fahrzeugen ausrüsten.

Beispiele

Personenkraftwagen mit 5-Gang-Getriebe, Tempomat, Lastkraftwagen mit Dieselmotor in schallgedämpfter Ausführung und möglichst mit Rußfilter.

◆ Innerbetrieblichen Transport zur Luftreinhaltung auf gas- oder elektrobetriebene Fahrzeuge (Gabelstapler u.a.) umstellen.

8.2 Umweltorientierte Produktion, Emissionen – Immissionen – Entsorgung

Wegen der Wettbewerbsfähigkeit ist jeder Hersteller daran interessiert, möglichst kostengünstig zu produzieren. Er wird deshalb versuchen mit möglichst wenig Material nach Art und Menge auszukommen und wenig Energie aufzuwenden. In seine Überlegungen wird er bereits eine spätere Wiederverwendung oder Wiederverwertung (Recycling) wegen der zu erwartenden „Rücknahmeverpflichtung" aufnehmen, z.B. das einfache Zerlegen und Trennen nach Werkstoffen durch Schrauben statt Schweißen. Die Fertigung sollte möglichst umweltschonend und für die Belegschaft ohne gesundheitliche Beeinträchtigungen durch Hitze, Lärm, Staub und Chemikalien erfolgen. Außerdem sollten „saubere Technologien"[1] eingesetzt werden, bei denen durch bestmögliche Produktionsverfahren keine Einwirkungen auf die Belegschaft und die Umwelt entstehen.

Der Produzent muss also bei seinen ökonomischen Entscheidungen die ökologische Verträglichkeit des Fertigungsverfahrens oder des Endproduktes im Voraus berücksichtigen.

> Bei Herstellung, Lagerung, Abfüllen, Verpacken und Verladen können Geräusche, Gerüche, Gase, Staub, Wärme, Licht und Strahlen entstehen, die in die Umwelt austreten. Sie heißen **Emissionen**.[2]
>
> Wirken sie auf benachbarte Grundstücke, Personen und Umwelt ein, spricht man von **Immissionen**.[3]

Umwelteinwirkungen liegen nicht erst dann vor, wenn ein Schaden eingetreten oder zu erwarten ist, sondern bereits dann, wenn eine Störung (Belästigung) möglich ist. Solche Störungen können beispielsweise durch Lärm, Geruch oder Staub hervorgerufen werden. Die Bundesregierung und die Länder haben deshalb Gesetze und Verordnungen erlassen, um sowohl die Menschen als auch die Umwelt vor Einwirkungen der Produktion, des Verkehrs u.a. zu schützen.

Entsorgung

Durch Herstellung und Verbrauch von Gütern können negative Einflüsse auf die Umwelt entstehen:

◆ **Flüssige** und **gasförmige Schadstoffe** gefährden Wasser und Luft (Umkippen von Gewässern, Saurer Regen, Ozonloch),

◆ **Haus- und Gewerbemüll** verschandeln die Landschaft und gefährden das Grundwasser,

◆ die **Verbauung der Landschaft** zerstört Biotope und schränkt den Erholungsraum ein,

◆ **Lärm** führt zu geringerer Lebensqualität.

Bereits bei der Entwicklung, Konstruktion, Beschaffung und Fertigung muss an die spätere Entsorgung gedacht werden. Deshalb bemühen sich immer mehr Firmen, solche Fertigungsverfahren einzusetzen und solche Erzeugnisse auf den Markt zu bringen, welche die Umwelt möglichst wenig belasten bzw. sich nach Gebrauch möglichst vollständig wiederaufbereiten oder wiederverwenden lassen.

---

[1] **Technologie**: Lehre von den in der Technik anwendbaren und angewandten Produktionsverfahren
[2] **Emission** von lat.: emittere = herausschicken, freilassen; emissio = **Herauslassen**
[3] **Immission** von lat.: immittere = hineinschicken, einlassen; immissio = **Hineinlassen**

Im Betrieb müssen daher folgende Aufgaben gelöst werden:

◆ **Art der Entsorgung**
Wiederaufbereitung: Aufarbeiten und Wiederverwenden alter, aber noch funktionsfähiger Teile, z.B. Austauschmotoren, Lichtmaschinen, Chassis von Fernsehgeräten, elektronische Bauteile.
Wiederverwertung (Recycling[1]): Einschmelzen von Stahl-schrott, Aluminium, Glas, Rückführen von Altpapier in die Pro-duktion.
Rückgewinnung: Schleudern von Dreh-, Frässpänen, um Altöl, Kühlschmiermittel abzuscheiden.
Unschädlichmachung: Neutralisieren von Säuren und Laugen.
◆ **Durchführen der Entsorgung**
Bereitstellen von Containern zum **Trennen** von Metallen, Pappe, Papier, Kunststoffen, Farben, Lacken, Glas, Hobel- und Sägespänen, Sondermüll.
◆ **Bestellen eines Umweltbeauftragten**
Festlegen der Verantwortung für den Umweltschutz, Erfüllen gesetzlicher Bestimmungen (Immissionsschutzgesetz, Gefahrstoffverordnung, Techni-sche Anleitung zu Reinhaltung der Luft u.a.), Information der Belegschaft. Viele Betriebe lassen sich freiwillig prüfen **(Öko-Audit),** dieses bescheinigen **(Öko-Zertifikat)** und stellen Entnahmen aus der Umwelt **(Input)** und Abga-ben an diese **(Output)** einander gegenüber **(Öko-Bilanz).**

8.3 Staatliche Umweltpolitik

Die staatliche Umweltpolitik ist auf drei Pfeilern aufgebaut:

◆ **Verursacherprinzip**
Es wird der zur Verantwortung und zur Behebung von Schäden herangezogen, der die Umwelt belastet oder schädigt. Schon im eigenen Interesse werden daher viele Unternehmen die auf sie zukommenden Kosten vermeiden und sich am Umwelt-schutz aktiv beteiligen. Wer schädliche Stoffe in die Luft, das Wasser oder den Boden einbringt oder Abfälle verursacht, muss für deren Beseitigung aufkommen.

„Wer Dreck macht, zahlt!"

◆ **Vorsorgeprinzip**
Vorausschauend sollen Gefahren erkannt und Umweltschäden soll damit vorge-beugt werden: Durch das Abschätzen der Folgen von neu einzuführenden Tech-niken (Technikfolgenabschätzung), z.B. Recyceln von Kunststoffen und Prüfung auf Verträglichkeit für die Umwelt (Umweltverträglichkeitsprüfung), z.B. für neue Deponiestandorte (Müllablagerung), Erstellen eines hydrogeologischen Gutach-tens über die Eignung des Bodens, Einfluss auf Grundwasser usw.

„Vorbeugen ist besser als Heilen!"

◆ **Kooperationsprinzip**
Nur durch gemeinsame Anstrengungen von Bürgern, Handwerk, Industrie, Land-wirtschaft, Handel, Wissenschaftlern, Gruppen und Verbänden, Parteien und Staat (z.B. durch Erlass von Verordnungen und Gesetzen) kann Umweltschutz verwirklicht werden.

„Miteinander – füreinander."

---

[1] Recycling von engl.: re = zurück und cycle = Kreislauf; Rückführung in den Kreislauf, Wieder-verwertung

Arbeitsaufgaben und Anregungen zum Handeln

1

Rheinland-Pfalz
Ministerium für Umwelt
und Forsten
Kaiser-Friedrich-Str. 1
55116 Mainz
Tel.: 06131/16-4645
Fax: 06131/16-4646
www.muf.de

Saarland
Ministerium für Umwelt,
Energie und Verkehr
Keplerstraße 18
66117 Saarbrücken
Tel.: 0681/501-00
Fax: 0681/501-4521
www.umweltsaarland.de

Die Landesregierungen versenden auf Anfrage Verzeichnisse über kostenlose Broschüren und Faltblätter zum Umweltschutz („Publikationen" = Veröffentlichungen). Fordert beispielsweise an: „Das Umweltaktionsmobil".

Faltblatt: Ministerium für Umwelt, Saarbrücken, oder „Die lokale Agenda 21" bei Landeszentrale für Umweltaufklärung in Rheinland-Pfalz, Postf. 3160, 55021 Mainz, www.umdenken.de.

Viele Beispiele sind auf den Schulalltag übertragbar. Stellt fest, welche bereits verwirklicht sind und welche ihr noch verwirklichen könnt. Diskutiert darüber und steckt euch ein Ziel.

2 Ihr wollt mehr über die Entstehung des „Sauren Regens" und seine Folgen wissen. Fordert ggf. Unterlagen bei der nächstgelegenen Geschäftsstelle des **BUND** (Bund Umwelt und Naturschutz Deutschland, Internet: www.bund.net) an. Diskutiert darüber.

3 Gib den Sinn der Karikatur wieder.

4 Aus den folgenden Silben sind Begriffe zu bilden. In den Klammern werden jeweils die Buchstaben genannt, die aneinander gesetzt das Lösungswort ergeben. Übertrage die Silben und den Lösungssatz auf ein Arbeitsblatt. Trage den gefundenen Begriff ein.

ber – blau – cyc – en – er – fe – frei – gel – ka – ling – ly – mie – no – öko – queck – re – sa – sil – stof – ta – tor – wert

So sollten Batterien sein (2); Lehre vom wirtschaftlichen und sparsamen Einsatz der Mittel (6); Abfälle enthalten vielfach .. (1); Englisches Wort für Wiederverwertung (2); Ein Umweltzeichen heißt .. – zwei Worte, erstes Wort (2); Einrichtung zum Entgiften von Abgasen (3).

Lösung: „Alle müssen die .... schützen."

„Früher gab es ganze Siedlungen davon, das nannte man Wald." Zeichnung: Kurt Halbritter

5 Wird das Verursacherprinzip in der Umweltpolitik von dir bejaht (verneint)? Begründe deine Meinung.

6 Was versteht man unter alternativen Energien? Warum soll damit ein höherer Anteil an der Energieerzeugung erreicht werden?

7 Werden durch Umweltschutz Arbeitsplätze gefährdet? Wie kann das eine Firma, ein Bundesland, die Bundesrepublik Deutschland abwenden?

Geld und
Wirtschaftskreislauf

Frühere Landesbank Rheinland-Pfalz in Mainz, die 2005 von der
Landesbank Baden-Württemberg (LBBW) übernommen wurde

> „Alle Geschichten über das Geld beginnen mit Robinson Crusoe. Denn der Held auf der einsamen Insel braucht keins. Er treibt keinen Handel, sondern jagt, fischt und sammelt selbst, was er zum Leben braucht. Geld ist erst nötig, wenn man handeln will."

Quelle: Freie Stunde, Magazin für Sparkassenkunden

◆ *Würde es Robinson auf seiner einsamen Insel etwas nützen, wenn er Geld besäße? Begründe deine Meinung.*

◆ *Kläre mithilfe eines Lexikons die Begriffe: Schwarzhandel, schwarzer Markt, Kompensationsgeschäft.*

◆ *Dass wir heute für Geld fast alles kaufen können, erscheint uns selbstverständlich. Das war nicht immer so:*
In den Zeiten des Schwarzhandels besaßen viele Menschen Geld, trotzdem blühte der Tauschhandel. Wann könnte das gewesen sein?
Erkundige dich bei älteren Menschen, wie das war und welche Güter hoch im Kurs standen.

1.1   Entstehung des Geldes

Unmittelbarer Tausch

Ursprünglich versorgten sich die Menschen durch Eigenproduktion. Tausch war noch unbekannt. Erst später erwarb man durch Tausch auch Dinge, die der eigene Haushalt nicht herstellte. Man tauschte z.B. Getreide gegen Wein, Vieh gegen Geräte, Geräte gegen Schmuck. Es war schwierig, den richtigen Tauschpartner zu finden. Wer Getreide gegen Schmuck tauschen wollte, musste jemanden suchen, der Getreide benötigte und bereit war, dafür Schmuck zu geben. War man sich über die Art und die Menge der Tauschgüter einig, so konnte das Gut seinen Eigentümer wechseln. Man tauschte **Ware gegen Ware**:

Getreide (Ware)   gegen   Armreif (Ware)   Ware gegen Ware

Es war die 1. Stufe des Tausches, der **unmittelbare (direkte) Tausch**.

Mittelbarer Tausch

Im Laufe der Zeit vollzog sich in der Familie eine **Arbeitsteilung**. Die Männer waren Bauern, Jäger, Fischer und verrichteten gelegentlich handwerkliche Tätigkeiten. Die Frauen versorgten das Hauswesen. Durch die Arbeitsteilung wurde die Wirtschaft weiterentwickelt. Es wurden mehr Güter begehrt. Die alte Form des Tausches veränderte sich.

Wer Schuhe gegen Brot tauschen wollte, suchte nicht mehr einen Tauschpartner, der ihm sofort Brot gegen Schuhe geben konnte. Er nahm Waren an, die er zwar augenblicklich nicht benötigte, für die er aber später die von ihm gewünschte Ware erhalten konnte.

Es war die 2. Stufe des Tausches, der **mittelbare (indirekte) Tausch**:

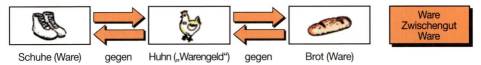

Schuhe (Ware)   gegen   Huhn („Warengeld")   gegen   Brot (Ware)   Ware Zwischengut Ware

Bei den Zwischengütern konnte es sich nur um solche Waren handeln, die allgemein begehrt waren, die etwas „galten" (gelten = wert sein), das spätere Geld. Als Zwischengüter dienten Felle, Muscheln, Glasperlen, Steine und Vieh.

1.2   Geldarten

Warengeld

Das Zwischengut galt als **Warengeld**. Es war teilweise unhandlich für den Transport, schwer teilbar und nicht beständig gegenüber der Witterung (z.B. Felle). Daher wurde das Warengeld durch das Metallgeld verdrängt.

Metallgeld

Metalle sind wertbeständig, gut teilbar und gut zu transportieren. Im Laufe der Zeit wurden nur noch die nicht rostenden Metalle Kupfer, Silber und Gold als Zahlungsmittel verwendet. Zunächst wurden die Metalle abgewogen (Wägegeld), später in Form von Barren oder Plättchen verwendet. Um Missbrauch durch Legieren (= Mischen durch Zusammenschmelzen) zu verhindern, prägte man Münzen mit dem Siegel der Landesherren oder Klöster.

Die **Münzgeldprägung** erfolgte in zwei Arten:

◆ Der aufgeprägte Geldwert entsprach dem Metallwert = **„Kurantmünzen"** (lat.: currere = umlaufen).

◆ Der aufgeprägte Geldwert war nicht gleich dem Metallwert = **„Scheidemünzen"**. Die Münzen der Bundesrepublik Deutschland sind Scheidemünzen.

Papiergeld

> *Ein solch' Papier an Gold und Perlen statt ist so bequem, man weiß doch, was man hat.* (Mephisto in Goethes „Faust")

Da es beschwerlich war, auf langen Reisen Münzen mitzuführen, die zudem häufig umgetauscht werden mussten, hinterlegte man bei der Bank die Münzen. Man erhielt dafür einen Hinterlegungsschein. Für ihn konnte man jederzeit wieder Münzen erhalten. Teilweise wurde gleich der Hinterlegungsschein weitergegeben. Das **Papiergeld** war entstanden. Später gaben Privatbanken und Landesbanken **„Banknoten"** heraus. Ab 1875 stand dieses Recht nur noch der Deutschen Reichsbank zu.

Für das Papiergeld konnte man jederzeit Münzgeld verlangen. Es bestand Einlösepflicht. Mit Beginn des Ersten Weltkrieges wurde die Einlösepflicht aufgehoben. Seither gilt die Banknote ebenso wie die Münze als gleichwertiges **gesetzliches Zahlungsmittel** – so genanntes **Bargeld**.

Buchgeld

Buchgeld entstand in Deutschland erstmals im Jahre 1619 in Hamburg. Kaufleute zahlten bei ihrer Bank Silbergeld ein, über das sie durch Überweisung verfügen konnten. Ihrem Konto wurden in den Büchern Zahlungen zu- oder abgeschrieben. An die Stelle von Bargeld trat das **Buch- oder Überweisungsgeld**.

Da das Buchgeld den heutigen **Giroverkehr** (siehe Seite 114) (ital.: giro = Kreis) der Banken und Sparkassen ermöglicht (Buchungen von Konto zu Konto), spricht man auch vom **Giralgeld**.

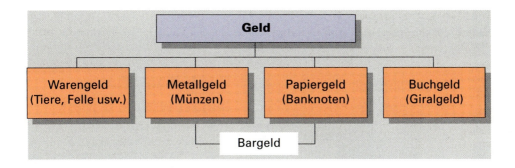

1.3 Aufgaben des Geldes

Beispiel

Roberts Freund Hans ist Auszubildender. Er erhält als monatliche Ausbildungsvergütung 500,00 EUR. Seine Eltern geben ihm davon 80,00 EUR Taschengeld. Hierfür kauft er sich Schreibbedarf, Süßigkeiten, Getränke, Kinokarten usw. Demnach tauscht er Arbeit gegen Geld und dieses gegen Waren.

Geld ist ein **Tauschmittel.**

Dass jedermann sein Geld als Gegenleistung annimmt, erscheint Hans selbstverständlich. Warum?

Geld ist ein **gesetzliches Zahlungsmittel.**

An der Tankstelle hat Hans die Wahl zwischen Normalbenzin und Superkraftstoff. Super ist um 5–10 Cent je Liter teurer als Normalbenzin. Hans muss dafür mehr bezahlen, weil es mehr „wert" ist.

Geld ist ein **Wertmesser.**

Hans zahlt von seiner Ausbildungsvergütung monatlich 50,00 EUR auf sein Sparbuch ein. Er überträgt damit einen Wert – denn Geld ist Wertmesser – und bewahrt diesen auf.

Geld dient zur **Wertübertragung** und **Wertaufbewahrung**.

Arbeitsaufgaben und Anregungen zum Handeln

1 a) Erkläre die Begriffe: Direkter und indirekter Tausch.
b) Unter welchen Voraussetzungen gibt es diese Tauschform noch heute?

2 Welche Aufgaben hat das Geld?

3 Wodurch unterscheiden sich Kurant- und Scheidemünzen?

4 Welche Münzen und Banknoten sind in der Bundesrepublik Deutschland im Umlauf?

5 a) Welche Symbole tragen die Münzen auf der Rückseite?
b) Welche Stilepochen zeigen die Banknoten? Siehe hierzu auch Euro-Währung S. 305.

6 Wie wird eine Banknote gegen Fälschung gesichert?

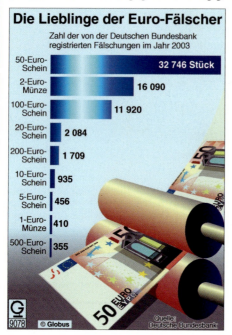

Die Lieblinge der Euro-Fälscher

Zahl der von der Deutschen Bundesbank
registrierten Fälschungen im Jahr 2003

50-Euro-Schein	32 746 Stück
2-Euro-Münze	16 090
100-Euro-Schein	11 920
20-Euro-Schein	2 084
200-Euro-Schein	1 709
10-Euro-Schein	935
5-Euro-Schein	456
1-Euro-Münze	410
500-Euro-Schein	355

9078 © Globus

Quelle: Deutsche Bundesbank

Bundesbank: Euro so haltbar wie die D-Mark

Frankfurt/Main (ap). Die Euro-Banknoten sind nicht weniger haltbar als DM-Scheine, heißt es bei der Deutschen Bundesbank. „Nach unseren bisherigen Erfahrungen entspricht die Haltbarkeit der Euro-Banknoten jener der DM-Banknoten. Das war nicht anders zu erwarten, da die Qualität und die technischen Merkmale von Euro und D-Mark weitgehend identisch sind", heißt es zu Berichten, dass die Scheine weniger lange halten.

Quelle: AZ, 13. August 2002

7 Das GLOBUS-Schaubild zeigt die Fälschungen von Banknoten im Jahr 2003.
a) Errechne den Gesamtwert der gefälschten Banknoten in EUR.
b) Wie viel Prozent waren nach Anzahl und Wert 5-, 50-, 100-Euro-Noten?
c) Diskutiert die Ergebnisse und bildet euch eine Meinung.

8 Du bekommst einen falschen Geldschein angedreht. Bei deinem nächsten Einkauf wird dieser an der Kasse zurückgewiesen.
a) Erkundige dich bei der Bank/Sparkasse, ob diese die Banknote zurücknimmt bzw. umtauscht.
b) Fasse deine Erfahrung in einem Kurzbericht zusammen.

9 Wie viel Bargeld umläuft, kann man jederzeit feststellen. Die Menge des Giralgeldes lässt sich nicht eindeutig bestimmen. Warum nicht? Lege deinem Nachbarn/deiner Nachbarin die Gründe dar.

10 Wenn du dich intensiver mit der Taschengeldhöhe beschäftigen möchtest, kannst du dir über die örtliche Sparkasse beim Deutschen Sparkassenverlag, Am Wallgraben 115, 70565 Stuttgart, www.dsv-gruppe.de, die Informationsbroschüre zur Taschengeldfrage besorgen. Gegebenenfalls könnte hierüber eine Diskussion in eurer Klasse durchgeführt werden.

2 Banken und Sparkassen

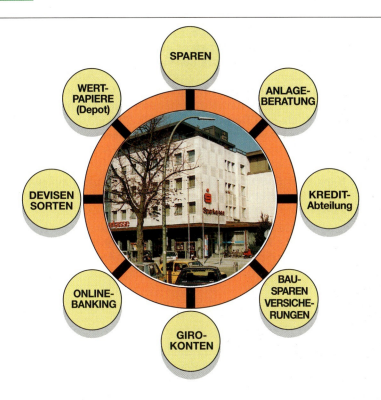

SPAREN

WERT-
PAPIERE
(Depot)

ANLAGE-
BERATUNG

DEVISEN
SORTEN

KREDIT-
Abteilung

ONLINE-
BANKING

BAU-
SPAREN
VERSICHE-
RUNGEN

GIRO-
KONTEN

Banken und Sparkassen erfüllen vielfältige Aufgaben

Hans und Inge unterhalten sich in der Pause. Inge erzählt ganz begeistert von der „Betriebserkundung" bei der Sparkasse. Sie fragt Hans, ob seine Klasse auch schon dort gewesen ist. Hans verneint. Da meint Inge:
„Wenn du nicht ganz dumm dastehen willst, dann mache dich vorher mit einigen Begriffen des Bankwesens vertraut. Sonst siehst du echt alt aus! Schreibe dir Stichpunkte auf zu: Wie kann man sparen, wie Geld anlegen, Geld leihen? In welcher Form kann man Geld auf Reisen mitnehmen? Welche Banken oder Sparkassen gibt es am Ort, in der näheren Umgebung, welche besonderen Aufgaben haben sie?"

◆ *Du willst bei gleicher oder ähnlicher Gelegenheit zwar nicht glänzen, aber immerhin gut vorbereitet sein und dich auskennen. Kläre die von Inge aufgezählten Begriffe. Halte sie in Stichpunkten fest.*

◆ *Was würde dich bei einem Besuch der Bank oder Sparkasse besonders interessieren, welche Fragen möchtest du beantwortet haben, z.B. Geldanlage, Blick in den Tresor, wozu dienen Schließfächer, was ist ein Depot?*
Fertige dir eine Wunschliste. Triff eine Entscheidung nach Wichtigkeit und gib den einzelnen Punkten entsprechende Nummern.

2.1 Die Aufgaben der Banken und Sparkassen sind vielfältig

Die Entstehung der Banken geht auf die Tätigkeit der Münzwechsler zurück. Sie wechselten nicht nur Geld, sie bewahrten es auch auf. Erst später trieben die Geldwechsler Handel mit den ihnen anvertrauten Geldern. Sie stellten fest, dass ein Teil ihrer Kunden die Geldeinlagen nicht sofort in Anspruch nahm. Sie liehen daher Geld aus. Bald befanden sich mehr Anweisungen auf Geld (die späteren Banknoten) im Umlauf, als tatsächlich Bargeld vorhanden war. Dies machte einen regelrechten Geschäftsbetrieb – die **Bank** – erforderlich. Banken, die vor allem das Sparen fördern und Spargelder verwalten, heißen **Sparkassen**. Sie sind jedoch längst nicht mehr nur Verwalter von Spargeldern des „kleinen Mannes". Sie führen heute fast alle Dienste wie die Banken aus.

Verwaltet die Bank oder Sparkasse die Gelder, die der Kunde auf ein **Spar-** oder **Girokonto** einzahlt, so bleibt der Kunde weiterhin Eigentümer (**Gläubiger**[1]). Die Bank oder Sparkasse wird **Schuldner** (**Passivgeschäft**).

Gewährt dagegen die Bank oder Sparkasse dem Kunden einen Kredit oder ein Darlehen (siehe S. 138 ff.), kauft sie Wechsel[2] an (diskontieren), so wird der Kunde **Schuldner**. Die Bank oder Sparkasse wird **Gläubiger** (**Aktivgeschäft**).

Art des Bankgeschäftes	Kennzeichen		Beispiel
	Banken oder Sparkassen sind	Kunden sind	
Passivgeschäft	**Schuldner**	**Gläubiger**	Sparen
Aktivgeschäft	**Gläubiger**	**Schuldner**	Kredit

Weitere **Aufgaben** der Banken und Sparkassen:

◆ Sie führen vor allem Überweisungen und Daueraufträge aus und ziehen Gelder ein (Abbuchungsaufträge, Schecks, Wechsel).

◆ Sie verkaufen Wertpapiere (Aktien, Investmentpapiere, Pfandbriefe), Münzen und Goldbarren.

◆ Sie besorgen ausländische Zahlungsmittel (Sorten, Devisen).

◆ Sie stellen Reiseschecks aus und lösen sie ein.

◆ Sie verwahren Wertpapiere und Schmuck in Schließfächern (Tresor).

◆ Sie vermitteln den Abschluss von Bausparverträgen und Versicherungen.

◆ Sie beraten in allen Geld- und Vermögensangelegenheiten.

---

[1] **Gläubiger ist** derjenige, der darauf vertraut, daran „glaubt", dass der Schuldner z.B. seiner Zahlungsverpflichtung nachkommt, d.h. die bestehende Forderung erfüllt.
[2] Der **Wechsel** ist eine Urkunde, durch die sich der Schuldner verpflichtet, zu einem vereinbarten Zeitpunkt eine bestimmte Geldsumme zu zahlen.

2.2 Arbeitsteilung der Banken

Wie in allen Wirtschaftsbereichen gibt es auch bei den Banken nach der Art des Bankgeschäftes und dem damit verbundenen Risiko (Gefahr, Wagnis) eine Arbeitsteilung.

◆ **Deutsche Bundesbank**

Die Deutsche Bundesbank ist mit Einführung des **Euro** seit 1. Januar 1999 **Nationale Zentralbank** (NZB) im **Europäisches System der Zentralbanken** und erfüllt damit Aufgaben der **Europäischen Zentralbank** (EZB, siehe Seite 303). Sie sorgt für die Abwicklung des Zahlungsverkehrs im Inland und mit dem Ausland. Sie gewährt Bund und Ländern Kredite, ist aber von Weisungen der Bundesregierung unabhängig.

Die Hauptverwaltungen (früher: Landeszentralbanken) sind rechtlich unselbstständige Untergliederungen.

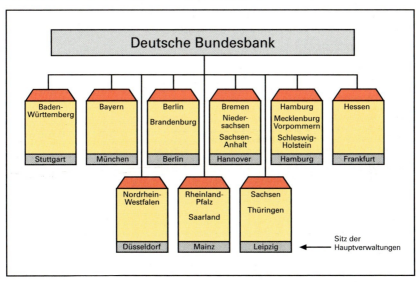

◆ **Geschäftsbanken**

Sie nehmen Einlagen (Spargelder) an und leihen sie wieder aus. Es sind Industrie-, Handels-, Gewerbe- und Kundenkreditbanken. Werden die Geschäfte im großen Umfang durchgeführt und haben die Banken viele Zweigstellen (Filialen), nennt man sie Großbanken, z.B. Deutsche Bank, Dresdner Bank, Commerzbank, Postbank. Sie werden meist in der Form einer Aktiengesellschaft geführt und wollen mit **Gewinn** arbeiten (Gewinnmaximierung).

◆ Hypothekenbanken (Banken des langfristigen Kredites)

Sie sind auf langfristiges Ausleihen von Geldern in Form der Hypotheken (hypo, griech.: = unter, Unterpfand) spezialisiert. Die dazu erforderlichen Gelder erhalten sie durch Ausgabe von Pfandbriefen.

◆ Sparkassen

Die Vorläufer der heutigen Sparkassen waren die von den Kirchen zur Armen-, Waisen- und Wohlfahrtspflege errichteten „Waisenkassen". Daneben wurden „Ersparniskassen" gegründet, denen bald „Leihkassen" folgten. Vielfach wurden Ersparnis- und Leihkassen miteinander verbunden.

Heute gehören die meisten Sparkassen den Städten, Kreisen oder dem Land (z.B. Stadtsparkassen, Kreissparkassen). Die Träger der Sparkassen, also Stadt, Kreis oder Land, haften mit ihrem gesamten Vermögen.

Die im Einzugsgebiet eingezahlten Gelder werden auch dort wieder ausgeliehen. Die Vorschriften für die Kreditgewährung sind besonders streng. Wagnisgeschäfte sind untersagt.

◆ Genossenschaftsbanken

Die Genossenschaftsbanken sind Mitte des 19. Jahrhunderts aus der Not entstanden. Nach der Einführung der Gewerbefreiheit (1810 in Preußen) litt das Handwerk unter dem Druck der Industrie.

Besondere Verdienste hat sich Hermann Schulze-Delitzsch mit der Gründung von „Vorschussvereinen" erworben, aus denen die **gewerblichen** Genossenschaftsbanken, die heutigen Volksbanken, entstanden.

Die Not in den **ländlichen** Gebieten veranlasste Friedrich Wilhelm Raiffeisen eine „Kreditgenossenschaft" ins Leben zu rufen. Aus den „Spar- und Darlehenskassen" entstanden im Laufe der Zeit Raiffeisengenossenschaften und die heutigen Raiffeisenbanken.

Die Genossenschaftsbanken arbeiten nach dem Grundsatz der Selbsthilfe, der Selbstverantwortung und Selbstverwaltung. Sie sammeln vorwiegend Spargelder an und gewähren ihren Mitgliedern (Genossen) billige Kredite. Das **Gewinnstreben** steht **nicht** im Vordergrund.

2.3 Bedeutung der Banken und Sparkassen

Banken und Sparkassen sind für Verbraucher und Erzeuger gleichermaßen wichtig.

Sie sammeln Sparbeträge des Verbrauchers. Der Sparer erhält für seine „Einlage" Zinsen. Banken und Sparkassen können diese Gelder wieder ausleihen (Anschaffungsdarlehen, Kleinkredite u.a.). Dadurch kann ein anderer Güter erwerben, die er erst später bezahlen muss.

Eine wesentliche Erleichterung für alle ist die Vermittlung von Zahlungen durch die Bank (Zahlungsverkehr). Als weitere Annehmlichkeiten seien genannt: Besorgen von ausländischen Zahlungsmitteln für den Urlaub, Verwahren von Wertgegenständen (Sparbücher, Schmuck), Ausführen von laufenden Zahlungen (Strom, Gas, Wasser, Versicherungen).

Auch der Unternehmer zahlt nicht benötigte Gelder bei den Banken und Sparkassen ein. Bei Bedarf hebt er diese Gelder wieder von seinem Konto ab und lässt sich zusätzlich noch einen Kredit gewähren. Jetzt kann er den Betrieb erweitern, die Fertigung modernisieren, neue Rohstoffe einkaufen. Für den Unternehmer sind die Dienste der Banken und Sparkassen besonders wichtig (Bezahlen von Löhnen und Gehältern, Rechnungen, Daueraufträge u.a.).

Banken und Sparkassen ermöglichen die Verrechnung von Gütern und Diensten innerhalb der Volkswirtschaft und der gesamten Welt (Weltwirtschaft).

Arbeitsaufgaben und Anregungen zum Handeln

1 *Nenne Aufgaben der Banken und Sparkassen.*

2 *Welche Aufgaben hat die Bundesbank? Warum ist ihre Unabhängigkeit wichtig?*

3 *Unterscheide Banken und Sparkassen.*

4 *Wer haftet bei den Banken, die als Aktiengesellschaft geführt werden, für Verbindlichkeiten (Schulden), wer bei Sparkassen, wer bei Genossenschaftsbanken? Lies ggf. bei Unternehmensformen nach (Seite 74).*

5 *Was versteht man unter Kosten deckender Bankführung?*

6 *Alle Banken und Sparkassen sind zu einem Preisaushang verpflichtet.*

a) Vergleiche bei verschiedenen Instituten bestimmte Leistungen miteinander, z.B. Zinssatz für Spareinlagen (siehe hierzu auch das nachfolgende Kapitel), Führen eines Privat-Girokontos, Kosten für das kleinste Schließfach, An- und Verkauf ausländischer Zahlungsmittel (Sorten von USA, Großbritannien, Schweiz) u.a.

b) Entwirf eine Übersicht (Tabelle), in die du deine Ermittlungen stichpunktartig einträgst. Hebe die Bank oder Sparkasse jeweils farbig hervor, welche die einzelne Leistung am günstigsten anbietet.

7 *Warum sind Banken und Sparkassen für Verbraucher und Erzeuger gleichermaßen von Bedeutung?*

Das *Beste* aus den *Charts* !!

Monatlich neu
Da heißt es zugreifen !!
„Nur gegen Vorauszahlung"

CD – EUR 6,60
Porto EUR 1,44
EUR 8,04

Phono-spezial
28215 Bremen, Hauptstraße 13
Tel.: 0421-122240, Fax -122224, E-Mail: Phono-spezial@t-online.de
Sparkasse Bremen Kto. 9988321-01 • BLZ 29050101

Jessica bringt den abgebildeten Zeitungsausschnitt in die Schule mit. In der Pause zeigt sie diesen ihren Freundinnen und Mitschülern.

„Ich will immer die neuesten CDs haben", sagt sie. „Deshalb will ich es einmal bei der genannten Firma versuchen. Wer von euch kennt sich mit Vorauszahlung u.a. aus und hilft mir?"

◆ Versetze dich in die Lage von Jessica und erkundige dich, welche Möglichkeiten es gibt, Geld an eine bestimmte Anschrift zu übermitteln.

◆ Welche „Zahlungsbedingungen" stellt die Firma Phono-spezial?

◆ Warum werden in der Anzeige Anschrift und Bankverbindung (Kontonummer und Bankleitzahl) angegeben?

◆ Welche Bedeutung haben die Telefon- und Fax-Nummer und die E-Mail-Adresse?

> Kevin hat im Urlaub eine Autopanne gehabt. Ein Freund aus Köln hat ihm mit 200 EUR ausgeholfen.
>
> ◆ Wie kann Kevin seinem Freund das Geld wieder zurückzahlen?
> ◆ Versuche sämtliche in Frage kommenden Zahlungsarten aufzuzählen.

Sowohl im privaten als auch im geschäftlichen Bereich lassen sich die möglichen Zahlungsarten in drei große Gruppen einteilen:

◆ Barzahlung ◆ halbbare Zahlung ◆ unbare Zahlung (= bargeldlose Zahlung)

Bei **Barzahlung von Hand zu Hand** benötigt weder der Zahlende (meist der Käufer) noch der Empfänger (meist der Verkäufer) ein Konto. Der Zahlende hat bei Barzahlung Anspruch auf eine schriftliche Bestätigung der Zahlung (= Quittung, Kassenbeleg). Die Barzahlung von Hand zu Hand spielt auch heute noch im Einzelhandel und im Dienstleistungsgewerbe eine große Rolle, obwohl sie oft Zeit raubend und unbequem ist.

Bei der **halbbaren Zahlung** hat entweder nur der Zahlende oder nur der Empfänger ein Konto. Möglichkeiten dieser halbbaren Zahlung sind

◆ der **Zahlschein** der Banken sowie Sparkassen und

◆ der **Barscheck**.

Die **unbare (= bargeldlose) Zahlung** kommt überall dort infrage, wo sowohl Zahlender als auch Empfänger ein Konto besitzen. In diesem Fall kann der bargeldlose Zahlungsverkehr entweder durch Banküberweisung oder durch Verrechnungsscheck vorgenommen werden.

Die Entwicklung geht heute mehr und mehr zum unbaren (= bargeldlosen) Zahlungsverkehr. Er ist bequemer, billiger und vor allem sicherer als die anderen Zahlungsarten. Quittungen fallen automatisch in Form der Belegabschnitte an. Auch die Lohntüte ist heute in fast allen Betrieben durch die bargeldlose Lohnzahlung abgelöst worden.

Übersicht:

Zahlungsarten	Kontobesitzer	Beispiele
1. Bar	Zahlender und Empfänger brauchen kein Konto zu haben. **Keiner** hat ein Konto!	Reine Barzahlung
2. Halbbar	Nur Zahlender oder Empfänger hat jeweils ein Konto. **Einer** hat ein Konto!	Zahlschein der Banken und Sparkassen Barscheck
3. Unbar (bargeldlos)	Zahlender und Empfänger haben jeweils ein Konto. **Beide** haben ein Konto!	Überweisung Verrechnungsscheck

Der bargeldlose Zahlungsverkehr durch Banken und Sparkassen

Das Girokonto: Zweck – Eröffnung – Bedeutung

Die Mehrzahl aller Arbeitgeber und Ausbildungsfirmen zahlt heute Löhne, Gehälter und Ausbildungsvergütungen bargeldlos. Sie überweisen den entsprechenden Betrag auf ein **Girokonto** (Privatkonto) bei einer Bank, Sparkasse oder bei der Postbank.

Manchmal überweisen Erziehungsberechtigte das monatliche Taschengeld auf ein Girokonto (Prima-, Junior-, Einsteiger-Girokonto), damit ihre Kinder den Umgang mit Geld besser „erlernen" können.

Zweck des Girokontos

Im Gegensatz zum Sparkonto (siehe S. 129 ff.) für die langfristige Anlage von Spargeldern dient das Girokonto dem bargeldlosen Zahlungsverkehr. Über Guthaben kann jederzeit durch **Barabhebung** oder **Überweisung** verfügt werden. Geldbeträge werden von Konto zu Konto gebucht. Die Konten bilden einen geschlossenen Kreis. Man nennt sie deshalb **Girokonto** (giro, ital.: = Kreis).

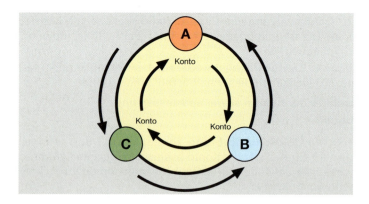

Eröffnung eines Girokontos

Der Kunde stellt **Antrag auf Eröffnung** eines Girokontos. Er muss hierbei seinen Personalausweis vorlegen. Wer noch nicht voll geschäftsfähig ist, benötigt die Einwilligung der gesetzlichen Vertreter. Minderjährige, die in einem Ausbildungs- oder Arbeitsverhältnis stehen, können ohne Mitwirkung ihrer gesetzlichen Vertreter ein Konto einrichten, wenn auf dieses Konto Ausbildungsvergütung, Lohn oder Gehalt gezahlt wird. Auf Wunsch werden die „Allgemeinen Geschäftsbedingungen" ausgehändigt. Ferner erhält der neue Kunde die erforderlichen Vordrucke (Überweisung, Zahlschein, Scheck).

Bei Jugendlichen unter 18 Jahren **(„beschränkt Geschäftsfähige")**, die kein eigenes Einkommen, z.B. Ausbildungsvergütung, haben, legen die Erziehungsberechtigten (Eltern, Vormund) für das Girokonto fest, ob die/der Jugendliche

◆ **allein** über das Konto verfügen darf („Unterschriftsberechtigung") – das ist der Regelfall –,

◆ die Kontoauszüge an sie/ihn (übliche Form) oder an die Erziehungsberechtigten gehen.

Die **Verfügung** über das Konto bezieht sich grundsätzlich **nur** auf **Guthaben**. Eine **„Kreditaufnahme"** und ein **„Überziehen"** ist ohne entsprechende Vereinbarung der Erziehungsberechtigten mit der Bank (Sparkasse) **ausgeschlossen**.

SCHUFA-Auskunft

Wer bei Banken und Sparkassen ein Girokonto eröffnet, Euroschecks beantragt, einen Kredit in Anspruch nimmt, muss damit einverstanden sein, dass seine **„Kreditwürdigkeit"** bei der **SCHUFA** (Schutzgemeinschaft für allgemeine Kreditsicherung)[1] überprüft wird. Lehnt er dies ab, muss er in der Regel ohne die „Dienste" von Bank oder Sparkasse auskommen und sich vielleicht auf dem „freien Markt" nach Geldgebern umsehen.

Bei der SCHUFA werden gemäß Datenschutzgesetz Name, Anschrift, Geburtsdatum, Verbindlichkeiten (Kreditaufnahme), Unregelmäßigkeiten beim Zahlungsverkehr (z.B. Scheckmissbrauch) gespeichert. Bei berechtigtem Interesse erhalten Banken und Sparkassen auf schriftliche Anfrage umfassende Auskunft über alle Eintragungen, z.B. Höhe der Kredite bei anderen Instituten.

So können sie sich vor weiterer Kreditgewährung (Risiko eines Verlustes) und den Kreditnehmer unter Umständen vor **„Überschuldung"** schützen.

Hat ein Kunde seine Einwilligung für die **SCHUFA** erteilt (SCHUFA-Klausel), kann er jedoch jederzeit widersprechen. Er kann damit die Datenübermittlung verhindern oder zurückziehen (mit den geschilderten Folgen) sowie von der SCHUFA eine kostenpflichtige **Mitteilung über die bei ihr gespeicherten Daten**, so genannte **Selbstauskunft,** verlangen (ca. 5,00 bis 10,00 EUR je Auskunft).

Werden unzulässige Daten gespeichert, kann deren Löschung gefordert werden.

Aufgabe der **SCHUFA** ist es, Banken, Sparkassen, Teilzahlungsbanken vor Verlusten im Kreditgeschäft zu schützen. Ggf. kann ein Kreditnehmer vor Überschuldung bewahrt werden.

Preise – Verzinsung – Wertstellung

Bei normalen Girokonten sind die Preise für die Kontoführung unterschiedlich. Je nach Bank oder Sparkasse ist monatlich eine Pauschale zu entrichten. Hierfür sind meist einige Buchungen im Monat ohne Berechnung, ebenso alle Übertragungen vom Girokonto auf Sparkonten beim gleichen Institut. Für jede weitere Buchung ist ein nach der Anzahl der Buchungen gestaffelter zusätzlicher Preis zu bezahlen.

Nur wer die Kosten für sein Konto im Auge behält, kann auf Dauer sparen

---

[1] **SCHUFA**-Geschäftsstellen gibt es in Rheinland-Pfalz in Koblenz, im Saarland in Saarbrücken.

Für bestimmte Personengruppen (Auszubildende, Schüler, Studenten) gibt es auch eine kostenfreie Kontoführung. **Es lohnt sich also der Preisvergleich!**

Guthaben werden nicht oder – soweit sie einen Mindestbetrag übersteigen – mit 3/8 % bis 1/2 % verzinst. Bei Kontoüberschreitung werden hohe Sollzinsen berechnet.

Die **Wertstellung** (Valuta[1], Valutierung) ist der Tag, von dem an eine Gutschrift auf dem Konto verzinst wird, bzw. bei einer Lastschrift die Verzinsung endet. Im Gegensatz zur Wertstellung beim Sparkonto (Sparbuch: Beginn der Verzinsung mit dem Tag der Einzahlung, Ende mit dem Tag der Abhebung), bestehen beim Girokonto keine verbindlichen Vorschriften. Banken und Sparkassen können deshalb die Wertstellung frei regeln. Ausgenommen davon sind durch das Urteil des Bundesgerichtshofes vom 17. Januar 1989 die Bareinzahlungen auf das Girokonto (Einzahlungstag = Buchungstag). Durch die **elektronische Zahlungsüberweisung** (EZÜ) hat sich die Bearbeitung erheblich beschleunigt. Damit haben sich auch die Wertstellungen verändert. Überwiegend werden Ein- und Auszahlungen bereits auf den gleichen Tag valutiert, so genannte **„taggleiche Buchung"**.

Von Bedeutung ist jedoch, ob Auftraggeber und Empfänger ein Konto beim gleichen Institut oder bei verschiedenen Banken oder Sparkassen haben.

Der erhebliche Unterschied zwischen Guthaben- und Sollzinsen und die abweichende Wertstellung zwischen Gut- und Lastschrift ist für den Kunden nachteilig, für Banken und Sparkassen ein Gewinn.

Bedeutung des Girokontos

Das Girokonto ermöglicht die einfache, schnelle und sichere Überweisung von Geldbeträgen. Durch die Benutzung von Schecks kommen weitere Vorteile hinzu. Das Geld ist vor Verlust, Diebstahl, Brand u.a. geschützt. Durch Daueraufträge und Lastschrift-Einzugsverfahren wird der Kontoinhaber von Schreibarbeit befreit und übersieht keine Termine.

3.3 Zahlungsverkehr durch Banken und Sparkassen

Das Girokonto bietet für den Zahlungsverkehr viele Möglichkeiten. Dabei ist es ohne Bedeutung, ob der Empfänger ein Konto bei der gleichen Bank (Sparkasse) oder bei einer anderen Bank (Sparkasse) hat.

Haben **Auftraggeber** und **Empfänger** ein Konto, können

◆ **Banküberweisung,**

◆ **Daueraufträge,**

◆ **Lastschriften**

ausgeführt werden.

Hat nur der **Empfänger** ein Konto, nicht aber der **Auftraggeber,** wird der **Zahlschein** verwendet.

Über die Art der Dienstleistung, den zu verwendenden Vordruck und die Besonderheiten gibt die jeweilige Übersicht Auskunft.

---

[1] valuta, ital.: = Währung

◆ Zahlung durch Banküberweisungen

Manfred überweist von seinem Konto EUR 16,20 EUR für ein Fachbuch.

Überweisung	548 500 10

Sparkasse
Südliche Weinstraße in Landau

Begünstigter: Name, Vorname/Firma (max. 27 Stellen)
BUCHHANDL.SCHULZE, 55120 MAINZ

Konto-Nr. des Begünstigten
34746090

Schreibmaschine: normale Schreibweise!
Handschrift: Blockschrift in GROSSBUCHSTABEN,
bitte je Zeichen ein Kästchen verwenden!

Bankleitzahl
55050120

Kreditinstitut des Begünstigten
SPARKASSE MAINZ

Betrag: Euro, Cent
EUR —16,20——

Kunden-Referenznummer - Verwendungszweck, ggf. Name und Anschrift des Überweisenden - (nur für Begünstigten)
RECHNUNG NR.777 FACHBUCH

noch Verwendungszweck (insgesamt max. 2 Zeilen à 27 Stellen)
—JUNG UND STREBSAM—

Kontoinhaber: Name, Vorname/Firma, Ort (max. 27 Stellen, keine Straßen- oder Postfachangaben)
MANFRED KAISER, TURMSTRASSE 168, 76877 OFFENBACH

Konto-Nr. des Kontoinhabers
8079346   20

– Die Durchschrift ist für Ihre Unterlagen bestimmt.

Sturm! ☎ 06192-20780   111 309 000

Bitte NICHT VERGESSEN:
Datum / Unterschrift

Bitte nicht über dieses Feld hinausschreiben
02.10.20..   *Manfred Kaiser*
Datum   Unterschrift

Blatt 1 ist der Überweisungsauftrag an die Bank oder Sparkasse und verbleibt dort.
Blatt 2 ist die Durchschrift für den Kontoinhaber und dient ihm als Zahlungsbeleg.

Zahlungsverkehr durch Banken und Sparkassen				
Art	Vordruck	Auftraggeber	Empfänger	Besonderheiten
Bank-überweisung	**Überweisung** für Durchschreibe-verfahren	hat ein **Konto**	hat ein **Konto**	Für Zahlungen jeder Art (Forderungen u. a.) in beliebiger Höhe u. zu jedem Termin

◆ Dauerauftrag

Zahlungsverkehr durch Banken und Sparkassen				
Art	Vordruck	Auftraggeber	Empfänger	Besonderheiten
Dauer-auftrag	Antrag bei Bank oder Sparkasse, z.B. für Sparbeiträge, Versicherung, Miete, Steuer	hat ein **Konto** und erteilt Auftrag bis auf Widerruf	hat ein **Konto**	Regelmäßig wieder-kehrende Zahlungen werden in **gleich-bleibender Höhe** zu **festgelegten Terminen** (z.B. jeden 1. des Monats) ausgeführt.

◆ Lastschriftverfahren

Zahlungsverkehr durch Banken und Sparkassen				
Art	**Vordruck**	**Auftraggeber**	**Empfänger**	**Besonderheiten**
Last-schrift-verfahren	Vordrucke von Versicherungen, Energieversorgern (Strom, Gas, Wasser)	hat ein **Konto** und unterschreibt **„Einzugs-ermächtigung"**	hat ein **Konto**	Beträge in ggf. **wechselnder** Höhe werden bei Fälligkeit vom Konto des Auftraggebers abgebucht.

Kontoauszüge

Lohn- und Gehaltskonten werden als Privat-Girokonten geführt. Über alle Gutschriften und Belastungen wird jeden Monat, jede Woche oder bei jeder Buchung ein Kontoauszug erteilt. Der Kunde kann ihn mit den dazugehörigen Belegen abholen oder sich zusenden lassen.

Im Zuge der „Elektronischen Zahlungsüberweisung" (EZÜ) wird heute vielfach „beleglos" gebucht. Der Kunde kann mit einer Bank-/Sparkassen-Card (Seite 121) seinen Kontoauszug am Auszugsdrucker selbst erstellen.

Für Geschäftsleute sind Nachweise über Barabhebungen, eigene Zahlungen, Gutschriften, Kontostand usw. besonders wichtig. Sie wählen deshalb die Form des Service-Girokontos (service, engl.: = Kundendienst). Sie erhalten jeweils einen Tagesauszug. Er gibt Auskunft über die täglichen Kontoveränderungen. Er kann zugeschickt, am Schalter abgeholt oder dem Kundenschließfach (im Vorraum der Bank oder Sparkasse) entnommen werden. Schneller geht es z.B. mit Telefon- oder Internet-Banking (siehe Seite 124). Aktueller Kontostand und alle Kontobewegungen (Umsätze) können abgefragt werden.

Beispiel

Manfred erhält 454,00 EUR Ausbildungsvergütung von der Firma G. Meyer. Mit der Bank hat er Daueraufträge vereinbart. Auf das Konto seines Vaters werden jeden Monat 50,00 EUR überwiesen. Hierfür hat er mit der Bank einen Dauerauftrag vereinbart. Außerdem überträgt er durch Spar-Dauerauftrag monatlich 50,00 EUR auf sein Sparkonto. Für das Fachbuch „jung und strebsam" hat er 16,20 EUR überwiesen; 75,00 EUR hat er abgehoben.

Hier ist der Kontoauszug für Manfred:

Kontoauszug vom 03.10.20..					Sparkasse		
Kontonummer	Auszug	Blatt	Sparkasse/Geschäftsstelle	Währung	Soll	Alter Kontostand	Haben
8079346	1	1	SPARKASSE SUEDLICHE WEINSTRASSE	EUR			000,00
Buchungstag		Wir haben für Sie gebucht		Wert	Belastung	Umsätze	Gutschrift
2809	GUTSCHRIFT - G. MAYER			2809			454,00
	AUSBILDUNGSVERGUETUNG - SEPT.						
0110	DAUERAUFTRAG - H. KAISER			0110	50,00		
0110	SPAR-DAUERAUFTRAG			0110	50,00		
0110	BAR-AUSZAHLUNG			0110	75,00		
0210	UEBERWEISUNG			0210	16,20		
	SUMMEN				191,20		454,00
			Neuer Kontostand				262,80
	MANFRED KAISER		IHR DISPOKREDIT EUR 500.-			Versandart Betriebst.	TKAD 2

Erläuterungen und weitere Bestimmungen zum Kontoauszug sind auf der Rückseite abgedruckt. Hier ist diese:

- Einwendungen gegen diesen Kontoauszug bitten wir **unverzüglich** an unsere Revisionsabteilung zu richten.
- Enthält der Kontoauszug eine als Rechnungsabschluß gekennzeichnete Buchung, so muß die schriftlich zu erhebende Einwendung gegen die Richtigkeit des Abschlußsaldos innerhalb einer **Ausschlußfrist von 4 Wochen** abgesandt werden.
- Gemäß Nr. 7.3 unserer AGB gilt die Unterlassung rechtzeitiger Einwendungen als Genehmigung. Zur Wahrung der Frist genügt die rechtzeitige Absendung.
- Wenn Sie Fragen rund um Ihr Konto haben, wenden Sie sich bitte an unser Service Center, Telefon-Nr. 0 63 41 / 180. Bei Abruf von Auszugsdaten anderer Sparkassen sind Einwendungen an die kontoführende Sparkasse zu richten.
- Zinsen sind einkommensteuerpflichtig.
- Soll-Umsätze und Soll-Salden sind durch „–" gekennzeichnet.
- Haben-Umsätze und Haben-Salden sind durch „+" gekennzeichnet.
- Gutschriften von Einzugswerten und Schecks erfolgen „Eingang vorbehalten".
- Schecks und andere Einzugspapiere sind erst dann eingelöst, wenn sie nicht am zweiten Geschäftstag, der der Vorlage bei der kontoführenden Stelle folgt, und an dem gebucht wird, zurückgebucht werden. Diese Papiere sind auch eingelöst, wenn die Sparkasse ihren Einlösungswillen schon vorher Dritten gegenüber erkennbar bekundet hat (z.B. durch Bezahltmeldung).

Ihre Sparkasse

◆ Bareinzahlung auf fremde Konten
Zahlung mittels Zahlschein

Zahlungsverkehr durch Banken und Sparkassen				
Art	Vordruck	Auftraggeber	Empfänger	Besonderheiten
Zahl-schein	Zweiteiliger **Zahlschein** für Durchschreibeverfahren (wie Überweisung)	hat **kein Konto**	hat ein **Konto**	Bareinzahlung für ein **fremdes** Konto bei allen Banken und Sparkassen, in der Regel gegen ein Entgelt

Beispiel

Manfred ist Klassensprecher und für die Abrechnung der durchgeführten Klassenfahrt verantwortlich. Er zahlt 240,00 EUR für die Rechnung des Omnibusunternehmens Sauerwein in Haßloch bei einer Sparkasse ein.

Blatt 1 ist der Zahlschein-Kassenbeleg für die Sparkasse (Bank).
Blatt 2 ist die Einzahler-Quittung.

3.4 Zahlung durch Scheck, Bankcard und Sparkassencard

Barscheck - Verrechnungsscheck

> Der **Scheck** ist eine Zahlungsanweisung des Kontoinhabers an seine Bank (Sparkasse) von seinem Guthaben eine bestimmte Summe zu zahlen.

Der Scheck kann bei der genannten Bank (Sparkasse) eingelöst oder an Stelle von Bargeld weitergegeben werden.

Das Konto muss mindestens den angegebenen Betrag ausweisen **(Deckung)**, sonst wird der Scheck nicht ausgezahlt (eingelöst). Wer einen Scheck ausstellt, der nicht durch ein entsprechendes Guthaben auf dem Konto gedeckt ist, begeht **Scheckbetrug.**

Beim **Barscheck** wird dem Inhaber der Scheckbetrag ausgezahlt. Die Bank oder Sparkasse ist nicht verpflichtet zu prüfen, ob der Inhaber zum Empfang berechtigt ist. Hierin liegt eine Gefahr, wenn ein Scheck abhanden kommt (Verlust, Diebstahl). Um unbefugte Abhebung zu verhindern, kann man quer über den Scheck „Nur zur Verrechnung" schreiben und den Wortlaut „oder Überbringer" streichen. Aus dem Barscheck wird ein **Verrechnungsscheck.** Er kann nur dem Konto gutgeschrieben werden. Man kann ihn im Briefumschlag versenden.

Neben dem Überbringerscheck (Barscheck) gibt es auch den Briefscheck mit abtrennbarem Anschriftenfeld und Schreibraum für Mitteilungen an den Empfänger (z.B. Rechnungsstellung, Lieferdatum u.a.). Er wird als Brief versandt und ist stets ein Verrechnungsscheck.

Der Verlust eines Schecks ist der Bank (Sparkasse) sofort zu melden. Der Scheck wird gesperrt und nicht ausgezahlt.

Jeder Inhaber eines Girokontos erhält auf Wunsch neben den Überweisungsvordrucken auch Scheckhefte (Barscheck, Briefscheck) ausgehändigt.

Voraussetzung ist die **„Scheckfähigkeit",** d.h., wer sich am Scheckverkehr beteiligen will, muss voll geschäftsfähig (also volljährig) sein.

Beispiel

Manfred erhält von seinem Meister einen Barscheck über 145,00 EUR zur Teilnahme an einem Lehrgang.

Manfred erhält von seinem Paten, der in Landau wohnt, zum Geburtstag einen Verrechnungsscheck über 75,00 EUR.

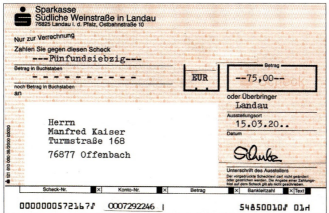

Zahlungsverkehr durch Banken und Sparkassen				
Art	**Vordruck**	**Auftraggeber**	**Empfänger**	**Besonderheiten**
Bar-scheck	Scheck	hat ein **Konto**	hat ein **Konto**	**Bar**auszahlung oder Gutschrift des Scheckbetrages auf ein Konto
Verrech-nungs-scheck	**Briefscheck** oder **Scheck** mit Aufdruck bzw. Vermerk **„Nur zur Verrechnung"**	hat ein **Konto**	hat ein **Konto**	**Keine** Barauszahlung, nur Gutschrift auf einem Konto. **Höhere Sicherheit** gegen unbefugte Verwendung gegen-über Barscheck

Beim Scheck weiß der Empfänger nie, ob das Guthaben des Ausstellers zur Zahlung
ausreicht. **Deshalb wird vielfach der Scheck nur mit Vorbehalt angenommen.**
Schecks erst **beim Ausfüllen** unterschreiben! **„Blankoschecks"** sollte man grundsätzlich nicht ausfertigen. Es sind im Voraus unterschriebene Schecks, bei denen nur
noch der Betrag, Ort und Datum einzusetzen sind.

Bankcard – Sparkassencard

Bankcard und Sparkassencard[1] ermöglichen den weltweiten Zugang zu Geldautomaten und das bargeldlose Bezahlen durch die Geldkartenfunktion oder das
Abbuchen vom Konto (Lastschrift). Durch die Eingabe der persönlichen Geheimzahl (PIN[2]) ist die Nutzung besonders sicher.

Die Bank-/Sparkassencard gilt **vier** Jahre. Sie kostet eine Gebühr[3]. Wer **grob fahr-
lässig** damit umgeht, z. B. die **Geheimzahl** darauf vermerkt und damit Betrüge-
reien ermöglicht, muss den Schaden in **voller** Höhe selbst tragen. Banken (Sparkassen) haften in diesen Fällen nicht.

---

[1] Bank- und Sparkassencard ersetzen die noch bis zum Jahr 2006 gültige Euroscheckkarte.

[2] PIN, engl.: Personal Identification Number = persönliche Kennnummer („Geheimzahl")

[3] Das Wort Gebühr ist immer noch eine gängige Bezeichnung. Nach der „Preisangabenverord-
    nung" heißt es richtig „Preis".

Manfred begleicht die Kosten eines Wochenendurlaubs in der Jugendherberge Monschau mit seiner Sparkassencard (Geldkarte).

Service-Center einer Sparkasse mit Kontoauszugsdrucker und Geldautomat.

Zahlungsverkehr durch Banken und Sparkassen			
Art	**Auftraggeber**	**Empfänger**	**Besonderheiten**
Bankcard, Sparkassencard	hat ein **Konto**	hat ein **Konto**	**Erhöhte Sicherheit** durch **PIN;** ausgenommen Geldkartenfunktion
	Barabhebungen an Geldautomaten mit PIN. Bezahlen von Rechnungen u.a. ohne oder mit PIN innerhalb Deutschlands und weltweit (Maestro, siehe Übersicht S. 123).		

Die Bank-/Sparkassencard hat weitere Vorteile:

- **Bargeld** „rund um die Uhr" am Geldautomaten – bis 1.000 EUR pro Tag[1] bei Banken oder Sparkassen innerhalb Deutschlands,

- Benutzen des **Kontoauszugsdruckers** – damit genaue Übersicht über den jeweiligen Kontostand – einem Überziehen wird vorgebeugt,

- „Tag und Nacht"-Zugang zum **„Service-Center"** mit Geldautomat – Kontoauszugsdrucker – Geldausgabeautomat – Einzahlungstresor (Gegenstück zum Geldausgabeautomat), Ausgabeautomat für Überweisungsvordrucke – Überweisungscomputer (siehe auch Homebanking, Seite 124) – Münzwechsler – Münzrollenausgabe – Sortenwechsler z.B. für Großbritannien, Schweiz, USA – Schließfächer für Kontobelege – Bildschirmnutzung: BTX/Internet und Börsenmeldungen – u.a.

- An ec-Kassen **bargeldloses Bezahlen**

Nr.	Symbol	Bedeutung	PIN oder Unterschrift	Symbol	Bedeutung	PIN oder Unterschrift	Nr.
1		Bargeld an Geldautomaten innerhalb Deutschlands	PIN		Bargeldloses Bezahlen an automatisierten Kassen	Ohne PIN und ohne Unterschrift	4
2	EUFISERV	Bargeld am Geldautomaten bei allen Sparkassen innerhalb Europas	PIN	Maestro	Weltweit Bargeld und bargeldloses Bezahlen	PIN	5
3	electronic cash	Bargeldloses Bezahlen durch Abbuchung vom Girokonto (Lastschrift)	PIN	ec electronic cash	Dieses Zeichen (electronic cash) soll nach 2004 auslaufen.	PIN	6

Verlust der Bank-/Sparkassencard

- Eine verloren gegangene Bank-/Sparkassencard kann unter der einheitlichen Rufnummer **0180 5021021** (künftig 116116) gegen missbräuchliche Benutzung gesperrt werden. Bei einer Sperrung der Karte muss der Kunde **Namen und Anschrift**, die **Bankleitzahl** beziehungsweise die genaue **Bezeichnung seines Kreditinstitutes** sowie seine **Kontonummer**, auf keinen Fall aber seine persönliche Geheimzahl nennen.

- Sobald wie möglich auch die Bank benachrichtigen!

- Bei Diebstahl auch die Polizei verständigen!

Geldkarte

Überall dort, wo das Zeichen **GeldKarte** zu sehen ist, kann mit der Bank-/Sparkassencard mit wieder aufladbarem Chip ohne  Benutzung einer Geheimzahl (PIN) gezahlt werden. Ist der gespeicherte Betrag – höchstens 200 EUR – verbraucht, muss bei der Bank (Sparkasse) (oder einer Servicestelle, z.B. in Geschäften, Parkhäusern u.a.) nachgeladen werden. Jeder, der unbefugt in den Besitz der Karte gelangt, z.B. bei Verlieren oder durch Diebstahl, könnte das Guthaben aufbrauchen. Daher wie bei Bargeld: **Vorsicht!** Maestro ermöglicht den Einsatz der Bank-/Sparkassencard **weltweit**. Täglich können an Geldautomaten im Ausland bis zu 500 EUR abgehoben werden.

---

[1] Je nach Finanzinstitut (Bank, Sparkasse) 500 bis 2000 EUR

Kreditkarte

Neben der Bank-/Sparkassencard gibt es in Deutschland derzeit 150 verschiedene **Kredit- und Servicekarten**. Service- oder Kundenkarten werden von Unternehmen (Warenhäusern, Tankstellen, Autovermietern, Fluggesellschaften) ausgegeben und sind nur dort gültig. Kreditkarten (Eurocard, Visa, American Express u.a.) dagegen sind international. Bei beiden Kartensystemen ist bargeldloser Einkauf, Bezahlung von Rechnungen, teilweise Bargeldbeschaffung u.a. meist in beliebiger Höhe möglich. Kreditkarten kosten zwischen 15 EUR und 60 EUR im Jahr. Nicht jedes Geschäft (Hotel, Tankstelle) akzeptiert (lat.: accipere = annehmen) jede Karte!

3.5 Moderne Bankdienste

Homebanking

Wer über einen Telefonanschluss, einen Personalcomputer (PC) und ein Modem[1] verfügt, kann von zu Hause aus die wichtigsten Bankgeschäfte selbst ausführen, z.B. den Kontostand abfragen, Beträge überweisen, Daueraufträge erteilen, ändern oder aufheben (löschen), Beispielrechnungen zum Sparen und zu Krediten erstellen u.a.

Vorteile:	Nachteile:
Die Leistungen können unabhängig von den Schalteröffnungszeiten der Banken und Sparkassen – **rund um die Uhr** – 24 Stunden täglich und sieben Tage in der Woche in Anspruch genommen werden. Geschäftsleute sparen Zeit und Geld und haben weniger Papierkram. Die erforderlichen Programme erwirbt der Kunde von seiner Bank oder Sparkasse. Um Missbrauch zu vermeiden, wird eine persönliche, fünfstellige Geheimzahl (PIN) zugeteilt.	In der Bundesrepublik Deutschland verfügten Mitte 2002 53 von 100 Haushalten (in Schweden 89 von 100) über einen PC. Außer einem Telefonanschluss, dem ggf. zu kaufenden Modem, sind zudem eine monatliche Grundgebühr und die anfallenden Zeiteinheiten an die Telekom zu zahlen. Trotzdem geht man davon aus, dass diese Art der Bankleistungen noch weiter ausbaufähig ist.

Telefonbanking

Nach Anwahl der Bank (Sparkasse) und Eingabe der Geheimnummer (bei Direktgesprächen mit dem Telefonkontakter ist ein vereinbartes Kennwort zu nennen) können an Werktagen meist von 7 bis 22 Uhr die üblichen Bankgeschäfte (vergl. Homebanking) getätigt werden. Beim Direktgespräch können auch Auskünfte erteilt, Überweisungsvordrucke, Schecks angefordert werden usw.

Arbeitsaufgaben und Anregungen zum Handeln

1 *Begründe stichwortartig, warum die Barzahlung im heutigen Geschäftsverkehr immer mehr an Bedeutung verliert und von der Bezahlung mit Scheck, mit Kreditkarte oder durch Überweisung abgelöst wird.*

2 *Du bekommst von deinem Onkel 500 EUR geschenkt. Welches Konto kommt für eine langfristige, welches für eine kurzfristige Anlage in Betracht?*

3 *a) „Gespartes Geld ist bares Geld." Bildet Arbeitsgruppen und erkundigt euch bei Banken und Sparkassen nach den Preisen für die Kontoführung und die Verzinsung von Guthaben bei Girokonten für Schüler und für Privat-Girokonten (Lohn- und Gehaltskonten).*

---

[1] Bei einem ISDN-Anschluss entfällt das Modem.

3 b) Fertigt eine Übersicht mit den entsprechenden Daten. Hebt das beste Angebot farbig hervor. Diskutiert darüber.

4 Banken und Sparkassen halten Mustervordrucke zum Zahlungsverkehr bereit. Besorgt euch diese und übt u.a. folgenden Geschäftsvorgang:

a) Überweisen von 22,90 EUR an Radio Meier für die Reparatur des CD-Players, laut Rechnung vom 27. Sept. 2004 Der Einzahler hat kein Konto, der Empfänger hat ein Konto.
b) Überweisung – Auftraggeber und Empfänger haben ein Konto
c) Barzahlung mit Scheck
d) Ausstellen eines Verrechnungsschecks

5 Was muss man bei Verlust der Bank-/Sparkassencard tun?

6 Vergleiche die Bank-/Sparkassencard mit einer Kreditkarte (Ausgabe, Gültigkeit, Kosten).

7 Familie Schulz kauft vor der Reise in die Schweiz Banknoten (**Sorten**) im Wert von 2000 CHF (Schweizer Franken) bei ihrer Bank. Diese verrechnet am Schalter eine Wechselgebühr von 3 %. Am Sortenwechsler beträgt diese 2 %.

a) Welcher Betrag wird nach nebenstehender Tabelle jeweils vom Girokonto abgebucht?
b) Familie Schulz sieht ein schönes Reiseandenken (Souvenir). Deshalb benötigt sie nochmals 500 CHF und zahlt hierfür bei einer Schweizer Bank zusätzlich 5 CHF als Pauschalgebühr.
c) Zu Hause fällt ihnen ein, dass sie mit der Bankcard am Geldautomat hätten abheben können. Hierfür wären 3 EUR angefallen.
d) Welche Art der Geldbeschaffung ist die günstigste? Welchen Betrag hätte Familie Schulz gespart, wenn sie statt in die Schweiz nach Österreich gefahren wäre? Warum?

Sorten in Euro 16. Dez. 2004[1]		
Land	Ankauf	Verkauf
Ägypten (100)	7,19	9,51
Australien (1)	1,63	1,84
Brasilien	2,72	4,72
Großbritannien (1)	0,67	0,72
Dänemark	7,10	7,75
Japan	135,80	145,90
Kanada (1)	1,57	1,72
Marokko	9,53	12,83
Mexiko	12,34	18,57
Neuseeland	1,68	2,06
Norwegen	7,83	8,76
Polen	3,58	4,60
Schweden	8,56	9,57
Schweiz	1,50	1,56
Slowakische Rep.	33,78	43,76
Südafrika	6,58	8,83
Thailand	45,02	58,90
Tschechische Rep.	26,84	33,77
Türkei (1000)	1609,00	2236,00
Ungarn	215,20	270,70
USA (1)	1,30	1,38
Zypern	0,53	0,66

8

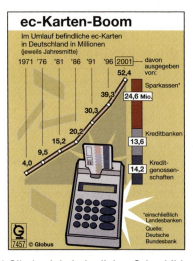

ec-Karten-Boom
Im Umlauf befindliche ec-Karten in Deutschland in Millionen (jeweils Jahresmitte)
1971 '76 '81 '86 '91 '96 2001
davon ausgegeben von:
52,4
39,3 24,6 Mio. Sparkassen*
30,3
20,2
15,2
9,5 13,6 Kreditbanken
4,0 14,2 Kreditgenossenschaften
*einschließlich Landesbanken
Quelle: Deutsche Bundesbank
7457 © Globus

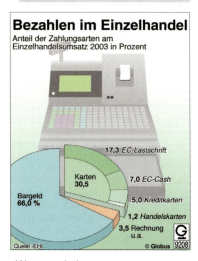

Bezahlen im Einzelhandel
Anteil der Zahlungsarten am Einzelhandelsumsatz 2003 in Prozent
Karten 30,5
17,3 EC-Lastschrift
7,0 EC-Cash
Bargeld 66,0 %
5,0 Kreditkarten
1,2 Handelskarten
3,5 Rechnung u.a.
Quelle: EHI
© Globus 9208

a) Gib den Inhalt des linken Schaubildes mit deinen Worten wieder.
b) Wie viel Prozent der jeweils ausgegebenen ec-Karten entfallen auf Sparkassen, Genossenschafts- und Kreditbanken?
c) Jeder wie vielte Bürger zahlt anhand des rechten Schaubildes mit Karte? Welche Form steht dabei an erster Stelle?

---
[1] Kurse für 1 EUR aus Sicht der Bank.

Ein Strauß voller Wünsche

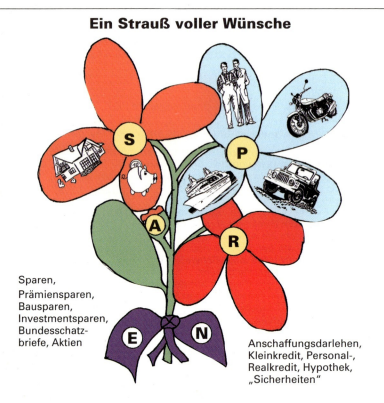

Sparen,
Prämiensparen,
Bausparen,
Investmentsparen,
Bundesschatz-
briefe, Aktien

Anschaffungsdarlehen,
Kleinkredit, Personal-,
Realkredit, Hypothek,
„Sicherheiten"

Wie kann man sich diese erfüllen?

Endlich ist wieder Sommer, die „große Zeit" für Motorradfahrer. Hans-Michael, der schon in Ausbildung ist, verspricht seinem Freund Mike, der noch die Realschule besucht, ihn in den Ferien nach Österreich mitzunehmen. Das Ganze, so gibt er freimütig zu, hat nur einen Haken. Ihm fehlt noch Geld, um die „Traummaschine" zu kaufen.

Von seiner Ausbildungsvergütung kann Hans-Michael nur wenig sparen. Mike bekommt von zu Hause nur Taschengeld. Er kann ihm also nicht helfen. Beide beratschlagen: Ob der Onkel von Hans-Michael etwas „vorschießt", ist eher ungewiss. „Hast du es schon einmal bei einer Bank oder Sparkasse versucht?", meint Mike. Die machen doch immer große Reklame wie: **„Wir machen den Weg frei ...",** **„Wenn's um Geld geht...".** Frag doch mal nach.

◆ *Warum hat Hans-Michael nicht genügend Geld, um sich seinen Wunsch erfüllen zu können?*

◆ *Was muss man nach deiner Meinung tun, um für einen solchen Fall vorzusorgen?*

◆ *Erkundige dich bei einer Bank oder Sparkasse, wie du (jetzt und auch später) Ersparnisse anlegen kannst.*

4.1 Einkommen – Verbrauchen – Sparen

Als **Einkommen** bezeichnet man Geld oder Sachleistungen (z.B. Brot, Kartoffeln, Holz), die eine Person erhält.

Beispiel

Der Vater von Mike ist Angestellter und bekommt **Gehalt**, seine Mutter ist Textilarbeiterin und erhält **Lohn**. Sie beziehen **Arbeitseinkommen**.
Für ihre Ersparnisse erwarten Mikes Eltern **Zinsen**, für das in Aktien angelegte Geld **Dividende**. Sie erhalten **Vermögenseinkommen**.
Mikes Mutter stammt vom Land. Für die ererbten Wiesen und Felder bekommt sie **Pacht**, für das Wohnhaus **Miete**, somit **Bodeneinkommen** oder **Grundrente**.

> **Einkommen** ist Entgelt für die in der Wirtschaft eingesetzten Produktionsfaktoren: Natur (Boden), Arbeit, Kapital, Bildung.

Für die meisten Erwerbstätigen ist das Arbeitseinkommen die Haupteinnahmequelle. Hiervon müssen sie sich ernähren, kleiden, Miete für eine Wohnung bezahlen, d.h. ihre Bedürfnisse befriedigen (siehe Seite 18).
Der **Zwangsbedarf** umfasst den dringlichen Bedarf wie Nahrung, Kleidung, Wohnung (lebensnotwendige Güter).
Zum **Wahlbedarf** oder weniger dringlichen Bedarf gehören die Luxus- und Kulturgüter. Je höher das Einkommen ist, desto größer ist der Anteil des Wahlbedarfes.
Wer nur ein geringes Einkommen bezieht (z.B. als Arbeitsloser oder Rentner), muss einen größeren Teil seines Einkommens für die lebensnotwendigen Güter aufwenden als ein besser Verdienender. Er kann sich nur dann einen Notgroschen vom Munde absparen, wenn er seinen Verbrauch (Konsum) einschränkt.

> Sparen heißt, einen Teil seines Einkommens nicht verbrauchen, um später darüber verfügen zu können.
>
> **Sparen = Konsumverzicht**

Jeder Einkommensbezieher wird einen Teil seines Einkommens (E) verbrauchen (konsumieren; Konsum = C), den anderen Teil sparen (S). Der Anteil, der nicht verbraucht, sondern gespart wird, heißt **Sparquote**. Der für den Konsum verwendete Anteil ist die **Konsumquote**.

Rechnerisch ergeben sich folgende Beziehungen:

Einkommen	= Konsum + Sparen	$E = C + S$
Konsum	= Einkommen – Sparen	$C = E - S$
Sparen	= Einkommen – Konsum	$S = E - C$

$$\text{Konsumquote} = \frac{\text{Konsum}}{\text{Einkommen}}$$

$$\text{Sparquote} = \frac{\text{Ersparnis}}{\text{Einkommen}}$$

> Kleine Einkommen werden fast völlig zur Deckung des **Zwangsbedarfes** benötigt. Die **Konsumquote** steigt, die **Sparquote** nimmt ab.

> Spare in der Zeit, so hast du in der Not.

Für das Sparen gibt es vielfältige Gründe (Motive).

Jugendliche sparen um sich einen Wunsch erfüllen zu können, sei es das Fahrrad, Moped, Motorrad, die Stereoanlage oder eine Ferienreise. Eltern sparen nicht nur für einen Notgroschen, für eine neue Wohnungseinrichtung, für ein Eigenheim, sondern auch, um ihren Kindern eine Berufsausbildung zu ermöglichen. Im Erwerbsleben Stehende sorgen vor. Sie legen für eine Geschäftsgründung, für Zeiten einer eventuellen Arbeitslosigkeit, für das Alter einen Betrag zurück.

Voraussetzung hierzu ist, dass das Einkommen so hoch ist, dass neben dem Konsum Geld für das Sparen erübrigt werden kann, d.h. die **Sparfähigkeit** vorhanden ist. Auch die Jahreszeit spielt hierbei eine Rolle (saisonelle Gründe). Im Frühjahr und Hochsommer wird erfahrungsgemäß weniger gespart als im Spätherbst. Gründe hierfür sind zum Beispiel der Kauf eines neuen Autos im Frühjahr oder die Urlaubsreise im Sommer.

Unabdingbar ist jedoch die **Sparwilligkeit**, d.h., der Bürger muss auch zum Sparen bereit sein. Er ist dies um so eher, je mehr Vertrauen er in die Stabilität des Geldwertes setzt und je höher die Sparzinsen sind. Bei steigenden Preisen und niedrigen Sparzinsen ist der Sparwille geringer. Einen Anreiz bildet auch die staatliche Sparförderung (Sparen mit staatlicher Sparzulage, Bausparen, Investmentsparen; siehe S. 132 f.).

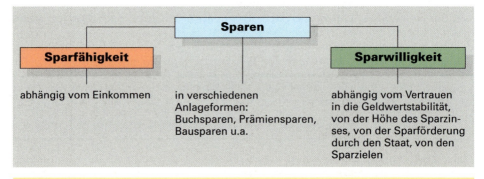

> Wer spart, denkt an sich und hilft anderen. (Theodor Heuss)

Der Sparer denkt zunächst an sich selbst, wenn er etwas „auf die hohe Kante" legt, z.B. an bestimmte Anschaffungen, an die Ausbildung der Kinder, die persönliche Unabhängigkeit, die Altersversorgung. Seine Spargelder bleiben bei den Banken und Sparkassen nicht liegen. Sie bilden die Grundlage für Kredite, die der Produzent benötigt, und für Darlehen zum Wohnungsbau. Aus dem angesammelten Geldkapital wird Sachkapital in Form von Rohstoffen, Maschinen, Häusern u.a. Dadurch können Konsumgüter und Produktionsgüter hergestellt werden, die zur Bedürfnisbefriedigung beitragen. So nützt jeder Sparer der gesamten Volkswirtschaft, denn die Spargelder tragen zum Wohlstand eines Volkes bei.

In der Jahresmitte 2004 betrugen in Deutschland die privaten Sparguthaben 599,7 Mrd. EUR. Das sind bei rund 82,6 Mio. Einwohnern je Person 6.776 EUR.

4.3 Arten des Sparens

Sparen auf dem Sparkonto (Sparbuch/Geldmarktkonto)

Das **Sparkonto** dient zum Sparen von kleinen und kleinsten Beträgen. Jede Einzahlung wird im **Sparbuch** eingetragen. Es lautet auf den Namen des Sparers und ist bei jeder Ein- und Auszahlung vorzulegen. An jeden, der das Sparbuch vorlegt, kann Geld ausgezahlt werden. Es sind also weder Vollmacht noch Ausweis erforderlich. Das ist vorteilhaft, wenn man nicht selbst zur Bank oder Sparkasse kommen kann. Das kann aber auch von Nachteil sein, wenn das Sparbuch abhanden kommt (Verlust, Diebstahl). Deshalb bewahrt man es an einem sicheren Ort auf. Man kann auch ein Kennwort oder die Auszahlung gegen Vorlage eines Ausweises vereinbaren.

Sparkonten oder auch Geldmarktkonten führen alle Geschäftsbanken (Industrie-, Handels-, Gewerbe- und Kundenkreditbanken), Großbanken (Deutsche Bank, Dresdner Bank, Commerzbank u.a.), Genossenschaftsbanken (Volks-, Raiffeisenbanken), die Postbank und die Sparkassen (Stadt-, Kreissparkassen).

◆ **Abhebungen**

Vom Sparbuch kann jederzeit abgehoben werden. Ohne Kündigung jedoch monatlich nur bis 2.000 EUR.

Darüber hinausgehende Beträge sind zu kündigen. Die Kündigungsfrist beträgt drei Monate. Wird das gekündigte Guthaben vorher ausgezahlt, können geringe Vorschusszinsen abgezogen werden.

◆ **Verzinsung**

Spareinlagen werden vom Tag der Einzahlung an verzinst. Die Zinsen werden meist am Jahresende dem Sparguthaben zugeschrieben. Die Verzinsung endet bei der Abhebung mit dem vorhergehenden Tag.

Der Zinssatz richtet sich nach der Kündigungsfrist. Man unterscheidet: Sparbuch mit **dreimonatiger** und mit **vereinbarter Kündigung,** bei der beliebig lange Fristen (ein Jahr und länger) festgelegt werden können. Der Sparer erzielt dabei günstigere Zinssätze.

Zinsen aus Sparguthaben unterliegen der Kapitalertragsteuer (Abgeltungssteuer) von 25 % (siehe S. 134).

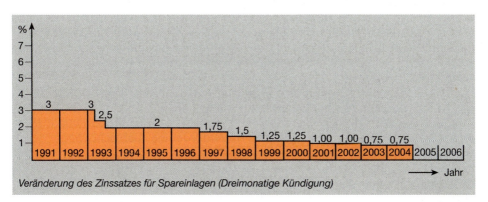

Veränderung des Zinssatzes für Spareinlagen (Dreimonatige Kündigung)

Das **Postbank Sparbuch** gleicht dem anderer Banken und Sparkassen. Monatlich können bis 2.000 EUR abgehoben werden. Höhere Beträge müssen gekündigt werden oder es fallen Vorschusszinsen an. Ein- und Auszahlungen sind bei allen Postfilialen/Postagenturen möglich. Die Zinssätze sind ähnlich wie bei Banken und Sparkassen.

Die **Postbank SparCard 3000 plus** ist eine besondere Form des Postbank Sparkontos 3000 plus. Ein- und Auszahlungen sind wie beim Postsparbuch möglich. Darüber hinaus ist die Postbank SparCard **freizügig**, d.h., man erhält im Inland und im Ausland weltweit an über 400.000 Geldautomaten Bargeld. Im **Inland** sind alle, im Ausland vier Rückzahlungen kostenfrei. Die SparCard ist zudem durch ihre vierstellige Geheimzahl (PIN – siehe Seite 121) besonders sicher.

Gewinnsparen

Der Sparer hat neben dem Sparen die Aussicht auf einen Lotteriegewinn. Er bezahlt bei den Sparkassen für ein Los einen Sparbetrag von 4 EUR und einen Auslosungsbeitrag von 1 EUR. Mit dem Auslosungsbeitrag nimmt er an der monatlichen Verlosung teil. Der Höchstgewinn beträgt 10.000 EUR. Der angesammelte Sparbetrag wird einem Sparkonto gutgeschrieben und verzinst. Über die Sparsumme kann der Sparer jederzeit verfügen.

Das **Kontensparen** ist die einfachste, übersichtlichste und bequemste Art der Geldanlage. Das Spargeld ist vor Verlust und Diebstahl geschützt. Es wird verzinst. Man kann es jederzeit abheben.

Prämiensparen

◆ Vermögenswirksames Sparen mit staatlicher Sparzulage

Legt der Sparer sein Sparguthaben für längere Zeit gemäß dem Vermögensbildungsgesetz fest, so erhält er nicht nur höhere Zinsen, sondern vom Staat aus Steuermitteln noch eine **Arbeitnehmersparzulage**. Ziel des vermögenswirksamen Sparens ist es die staatliche Förderung auf das Sparen in **Kapitalbeteiligungen** (möglichst Betriebskapital, z.B. in Form von Aktien, Investmentanteilen u.a.) und auf Anlageformen für Maßnahmen des **Wohnungsbaus** (Bausparen) zu konzentrieren.

◆ Sparvertrag zur Kapitalbeteiligung (Wertpapiere, Fondssparen u.a.)

Arbeitnehmer – auch Auszubildende – können jährlich bis zu 400 EUR vermögenswirksam anlegen, wenn sie Genossenschafts- oder GmbH-Anteile, Aktien, Investmentanteile, verbriefte oder unverbriefte Vermögensbeteiligungen (z.B. Geschäftsanteile von Genossenschaftsbanken) erwerben oder einen Bausparvertrag abschließen.

Die Beträge können z.B. aufgrund von Tarifverträgen oder Betriebsvereinbarungen aufgebracht werden. Wer beispielsweise nur einen Anspruch auf 300 EUR/Jahr hat, kann weitere 100 EUR jährlich zuzahlen, um den Höchstbetrag von 400 EUR zu erreichen und die sich daraus ergebende Höchstförderung auszuschöpfen.

Die **Arbeitnehmer-Sparzulage** beträgt bei Anlagen im Wohnungsbau 9 %, bei Anlagen in Produktivvermögen wie z.B. Aktien-Investmentfonds sogar 18 %. Wer als Arbeitnehmer beide Vermögensbildungsarten ausnutzt, kann vom Finanzamt ein Maximum als Arbeitnehmersparzulage kassieren.

Die Sparzulage wird auf Antrag (mit der Bescheinigung des Anlageinstituts) jährlich **nachträglich** durch das Finanzamt ausgezahlt.

Eine Sparzulage erhält nur derjenige, dessen zu versteuerndes Einkommen im Kalenderjahr 17.900 EUR bei Ledigen und 35.800 EUR bei Verheirateten nicht übersteigt. Es handelt sich hierbei um das zu versteuernde Einkommen. Das tatsächliche Einkommen ist wegen der Freibeträge, Werbungskosten und Sonderausgaben entsprechend höher. Die Zahl der Kinder hat keinen Einfluss auf die Höhe der Sparzulage.

Grundlegende Bedingung ist, dass das Geld mehrere Jahre festgelegt wird (Festlegungsfrist). Der sechsjährigen **Ansparzeit** folgt eine **Sperrfrist** von einem Jahr. Über das gebildete Geldkapital (Sparbeitrag, Sparzulage, Zinsen) kann somit erst nach sieben Jahren verfügt werden.

Wer vor Ablauf der Festlegungsfrist den Vertrag beendet, weil er nicht mehr sparen kann oder das Geld benötigt, erhält nur sein Sparguthaben und die Zinsen, nicht aber die staatliche Sparzulage ausgezahlt. Es gibt jedoch **Ausnahmen**:

Möchte der Sparer heiraten, so kann er nach der Eheschließung über das Geld verfügen, wenn der Vertrag zwei Jahre bestanden hat. Die Sparzulage gibt der Staat als Hochzeitsgeschenk dazu.

Wer zur **Bundeswehr** einberufen wird, erhält auf Antrag vom Staat monatliche Sparraten. Voraussetzung ist, dass der Sparvertrag vor oder während des Grundwehrdienstes abgeschlossen wurde.

Prämienunschädlich ist ferner, wenn der Sparer nach Vertragsabschluss mindestens ein Jahr lang ununterbrochen arbeitslos war und dies bei der Rückzahlung noch ist, wenn der Sparer erwerbsunfähig (über 90 %) wird.

Besondere staatliche Förderung genießt auch das Investmentsparen (s. Seite 134).

◆ Vermögenswirksames Sparen mit freiwilligen Prämien

Banken, Sparkassen und die Postbank bieten seit Jahren Sparmöglichkeiten unter verschiedenen Namen an, z.B. Raiffeisen-Erfolgssparen, Sparkassen-Prämiensparen, Ratensparen mit Prämie.

Die monatlichen **Sparraten** (Mindestsparbeitrag zwischen 10 und 25 EUR) sind sechs Jahre lang auf ein Konto einzuzahlen. Es folgt eine **Sperrfrist** von einem Jahr. Das Guthaben wird wie eine Spareinlage verzinst. Nach insgesamt sieben Jahren kommt noch eine **Prämie** der Bank oder Sparkasse (z.B. 16 %) zur Sparsumme hinzu.

Beispiel

Ein Arbeitnehmer zahlt monatlich 50 EUR ein. Das ergibt nach 6 Jahren eine Sparsumme von 3.600 EUR. Bei einem Zinssatz von 5 % sammeln sich im Laufe von 7 Jahren ca. 800 EUR an Zins und Zinseszins an. Eine Prämie von 14 % auf die Sparsumme (3.600 EUR) bringt 504 EUR. Somit verfügt der Sparer nach sieben Jahren über fast 5.000 EUR. Der Gewinn beträgt etwa 1.300 EUR.

◆ **Vorteile:** Es gibt keine Einkommensgrenzen wie beim Sparen mit staatlichen Prämien. Die Sparbeiträge sind nach oben hin nicht begrenzt.

◆ **Nachteile:** Der Jahreszinssatz und der Prämiensatz können sich ändern.

Bausparen

Bausparen dient zum Erwerb eines Grundstückes, Bau, Kauf oder Modernisierung eines Hauses, einer Eigentumswohnung sowie der Rückzahlung von Bauschulden. Der Bausparer schließt mit der **Bausparkasse** einen **Bausparvertrag** über eine bestimmte Bausparsumme ab. Er zahlt regelmäßig einen festgelegten Betrag ein. Das Bausparguthaben wird verzinst. Zu den eigenen Sparraten wird vom Staat die **Wohnungsbauprämie** gezahlt. Sie beträgt 8,8 %.

Allein stehende können jährlich 512 EUR, Verheiratete 1.024 EUR prämienbegünstigt bei Bausparkassen einzahlen. Die Einkommensgrenzen betragen für Allein stehende 25.600 EUR, für Verheiratete 51.200 EUR. Jugendliche sind ab dem 16. Lebensjahr prämienberechtigt.

Verbindet man das Bausparen mit dem Vermögensbildungsgesetz, so können 470 EUR vermögenswirksam mit einer Arbeitnehmersparzulage von 9 % angelegt werden. Für einen Ledigen ergibt sich dann folgende Musterrechnung:

Beispiel

Einzahlung . . . . 512,00 EUR
8,8 % Wohnungsbausparprämie auf 512,00 EUR . . . . 45,06 EUR
Vermögenswirksame Leistung[1] . . . . 470,00 EUR
9 % Arbeitnehmer-Sparzulage auf 470,00 EUR . . . . 43,00 EUR
Sparleistung in einem Jahr . . . . 1.070,06 EUR

Die **Festlegungsfrist** beträgt sieben Jahre.
Nach dieser Zeit hat sich mit Zins und Zinseszins ein Kapital von etwa 8.440,00 EUR angesammelt.

Wer innerhalb der Einkommensgrenzen liegt, für den ist Bausparen eine interessante Form der Vermögensbildung, zumal er während der Ansparzeit für die Guthabenzinsen von der Kapitalertragsteuer (Abgeltungssteuer von 30 %) befreit ist, sofern er im laufenden Jahr Arbeitnehmersparzulage oder Wohnungsbauprämien erhält. Der Bausparer erwirbt zudem das Anrecht auf ein zinsgünstiges **Bauspardarlehen**. Seine Höhe wird errechnet aus dem Unterschied zwischen der Vertragssumme und dem Bausparguthaben (z.B. Vertragssumme 100.000 EUR, Bausparguthaben 40.000 EUR, ergibt ein Bauspardarlehen von 60.000 EUR).

Der Staat fördert zudem acht Jahre lang nachhaltig den Erwerb von Wohneigentum durch eine **Eigenheimzulage**.

Durch die Bundesregierung wurde folgende Neuregelung umgesetzt:
Bei der Förderung wird künftig nicht mehr zwischen Alt- und Neubauten unterschieden. Gefördert werden zudem nur noch Familien. Kinderlose können noch bis vier Jahre nach Erwerb einer Immobilie einen Antrag stellen, wenn innerhalb dieser Zeit ein Kind geboren wurde. Gezahlt wird ein **Sockelbetrag** von 1.000 EUR je Familie; für jedes **Kind** 800 EUR. Eine Familie mit zwei Kindern erhält somit eine jährliche Förderung von 2.600 EUR (in acht Jahren 20.800 EUR). Die neuen Einkommensgrenzen betragen für Alleinerziehende 70.000 EUR, für Ehepaare 140.000 EUR. Für jedes Kind gilt ein Freibetrag von 20.000 EUR. Es zählt das zu versteuernde Einkommen des Jahres der Antragstellung und des Vorjahres zusammen.

---

[1] Hierin befindet sich ein Arbeitgeberanteil je nach Tarifvertrag.

Wertpapiersparen

Wertpapiere sind **Urkunden über Forderungen als Gläubiger** (z.B. Bundesschatzbriefe) oder **Anteile an Unternehmen** (z.B. Aktien). Sie bringen Zinsen oder Gewinn und werden an der Börse – das ist der Markt für Wertpapiere – gehandelt. Wertpapiere nennt man auch **Effekten**.

Man unterscheidet **festverzinsliche Wertpapiere** (sie erbringen einen **festen** Zins, z.B. Bundesschatzbriefe) und **veränderlich verzinsliche Wertpapiere** (der Zins **verändert** sich je nach Geschäftsvorgang, z.B. Aktien).

◆ Festverzinsliche Wertpapiere

Zu den festverzinslichen Wertpapieren gehören **öffentliche Anleihen** von Gemeinden, Bund und Ländern, Deutsche Bahn AG und Deutsche Post AG. Sie finanzieren dadurch den Bau von Straßen, Schulen, Krankenhäusern, Elektrizitätswerken sowie Rationalisierungsmaßnahmen u.a. Die Rückzahlung der Anleihen erfolgt nach einer Laufzeit von 10 bis 25 Jahren.

Pfandbriefe und Schuldverschreibungen werden zur langfristigen Finanzierung von Bauvorhaben u.a. ausgegeben. Geschieht dies durch Länder und Gemeinden, spricht man von **Kommunalobligationen** (lat.: obligatio = Verpflichtung), bei Industriefirmen von **Industrieobligationen**.

Sparbriefe, Sparkassenbriefe, Bundesschatzbriefe und Finanzierungsschätze werden nicht an der Börse gehandelt. Der Sparbrief wird von den Volksbanken, der Sparkassenbrief von den Sparkassen, der Bundesschatzbrief und die Finanzierungsschätze werden vom Bund ausgegeben.

◆ Veränderlich verzinsliche Wertpapiere

Das bedeutendste veränderlich verzinsliche Wertpapier ist die **Aktie** (siehe Seite 73). Wer Aktien kauft, trägt zum Kapital der Aktiengesellschaft bei und erhält dafür einen Anteilschein, die Aktie.

> **Die Aktie ist ein Anteilschein am Kapital einer Aktiengesellschaft.**

Der Aktionär ist **Miteigentümer** eines Unternehmens. Er nimmt teil an den Erfolgen und Misserfolgen seiner Aktiengesellschaft. Das drückt sich deutlich in der Verzinsung seines Anteils – der **Dividende** – aus.

Aktien lauten stets auf einen bestimmten Nennwert, mindestens 1 EUR (Stücknotierung). Der Kurswert ist meist höher als der Nennwert. Er ergibt sich aus Angebot und Nachfrage an der Börse und wird beeinflusst durch den zu erwartenden Gewinn oder Verlust eines Unternehmens, seine Zukunftsaussichten und die allgemeine Wirtschaftslage. Den Kurswert entnimmt man dem Kurszettel im Wirtschaftsteil der Tageszeitung, Videotext oder Internet.

Belegschaftsaktien

Aktiengesellschaften können ihren Arbeitnehmern auch Belegschaftsaktien zum Kauf anbieten. Der Preis liegt dann meist unter dem Börsenkurs. Vielfach werden die Aktien auch für langjährige Betriebszugehörigkeit oder als sonstige Zuwendungen (Weihnachten bzw. Erfolgsbeteiligung) kostenlos ausgegeben. Sie müssen dann für längere Zeit festgelegt werden, bevor sie verkauft werden dürfen.

„... und dass ich in Zukunft nicht mehr solche antikapitalistischen Ausdrücke von euch höre!"

Investmentanteile

Um das Sparen in Form von Aktien ohne großes Risiko zu ermöglichen, wurden **Investmentgesellschaften** (Kapitalgesellschaften) gegründet. Die Gesellschaft sammelt das Geld der Investmentsparer und kauft dafür Aktien der verschiedensten in- und ausländischen Unternehmen. Der Sparer erhält **Anteilscheine** (Zertifikate), durch die er am Gewinn beteiligt ist. Die Investmentanteile werden zwischen 10 EUR und 100 EUR von Banken und Sparkassen zum Kauf angeboten. Die Gewinnausschüttungen sind nicht gleichbleibend, sie schwanken je nach Erfolg der angelegten Aktien.

Mit kleinstem Einsatz ist der Sparer an vielen Aktiengesellschaften beteiligt. Verlust und Gewinn gleichen sich besser aus. Das Risiko ist breiter getreut.

Erwirbt der Sparer Investmentanteile, die vermögenswirksam in **„Produktiv-kapital"**[1] angelegt werden, erhält er bis zu einem Höchstbetrag von 400 EUR jährlich eine Prämie von 18 %. Die Einkommensgrenzen sind die gleichen wie beim Sparen mit staatlichen Prämien. Will z.B. ein lediger Arbeitnehmer alle staatlichen Fördermöglichkeiten (Arbeitnehmersparzulage, Wohnungsbauprämie, Prämie auf Investmentanteile) nutzen, so muss er zwar jährlich 1.400 EUR aufwenden, erhält dafür aber als Belohnung für seinen Sparfleiß im Jahr 180,80 EUR. Es ergibt sich eine spürbare Ergänzung der Altersvorsorge, wenn über viele Jahre alle Möglichkeiten ausgeschöpft werden.

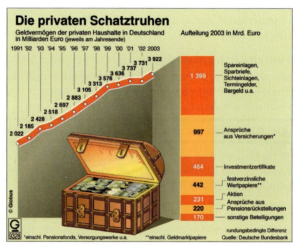

Die **Kapitalertragsteuer** (Abgeltungssteuer) mit 30 Prozent ist auch bei allen vermögenswirksamen Sparformen – ausgenommen Bausparen mit den dort genannten Sonderregelungen – zu entrichten, sofern die Zinseinkünfte bei Ledigen 1.421 EUR, bei Verheirateten 2.842 EUR jährlich übersteigen. Deshalb: Freistellungsauftrag rechtzeitig, d.h. vor der ersten Zinsgutschrift stellen!

Sparen und Inflation (= Geldentwertung – siehe Seite 301 f.) sind eng miteinander verbunden: Bei geringer Inflationsrate bringen Sparguthaben nach Abzug der Preissteigerung einen positiven Zins. Bei beschleunigtem Preisanstieg und geringem Zinssatz ist es schwer den Geldverlust auszugleichen. Deshalb legen viele Bürger ihre Ersparnisse möglichst zinsgünstig an.

---

[1] Produktivkapital = Geldmittel aus Arbeitnehmerhand, die in Unternehmen gegen besondere Absicherung zu Erwerbszwecken und zum Erhalt von Arbeitsplätzen – evt. auch Schaffen neuer Stellen – investiert werden.

1 Was versteht man unter Einkommen? Nenne die verschiedenen Arten.

2 a) Wofür müssen Deutschlands Bürger nach dem Schaubild auf Seite 18 das meiste ausgeben?

b) Wie viel Prozent der Gesamtausgaben sind das in West-, wie viel in Ostdeutschland? Vergleiche!

3 Erkläre die Begriffe: Zwangsbedarf und Wahlbedarf.

4 Welche Beziehungen bestehen zwischen Einkommen, Verbrauch (Konsum) und Sparen?

5 Nenne Gründe (Motive) für das Sparen.

6 Du wirst von einem Mitschüler nach den Begriffen „Sparfähigkeit" und „Sparwille" gefragt. Erläutere ihm diese Begriffe.

7 a) Ist Sparen noch zeitgemäß? (Sparen oder alles verbrauchen).

b) Welche Gründe für das verstärkte Sparen und die im nachfolgenden Artikel genannte geringere Sparquote kannst du nennen?

c) Wofür sparst du und warum?

99 Ein neuer Spar-Rekord 29.10.2004

Die Bundesbürger stehen vor einem neuen Rekord. Trotz niedriger Zinsen und schmerzhafter Reformen (die ans Portemonnaie gehen) werden sie im Jahr 2004 rund 155 Milliarden Euro auf die hohe Kante legen, so viel wie nie zuvor. Viele Verdiener geben wegen der schlechten wirtschaftlichen Stimmung und der unsicheren konjunkturellen Lage weniger Geld für den Konsum aus und erhöhen dafür lieber ihre Rücklagen, insbesondere, um stärker fürs Alter vorzusorgen oder um sich ein Finanzpolster für größere Anschaffungen zuzulegen. Und für das kommende Jahr 2005 ist ein neuerliches Spar-Hoch in Sicht. Die führenden wirtschaftswissenschaftlichen Forschungsinstitute rechnen mit privaten Rücklagen im Umfang von 159 Milliarden Euro. Diese Rekorde verlieren allerdings etwas von ihrem Glanz, wenn man das Ersparte in Relation zum verfügbaren Einkommen sieht: Die so genannte Sparquote wird in den Jahren 2004 und 2005 lediglich 10,8 Prozent erreichen; im Jahr 1991 waren es noch 13 Prozent gewesen. Hätten die Sparer auch im Jahr 2004 diese Quote erreichen wollen, hätten sie fast 184 Milliarden Euro zurücklegen müssen. 66

Quelle: Globus, 29.10.2004

8 a) Frage bei Banken und Sparkassen nach den zurzeit gültigen Zinssätzen für Spareinlagen, Kontokorrent- und Ratenkredit.

b) Sind die Zinssätze gestiegen oder gefallen? Fasse deine Ergebnisse in einem Kurzbericht zusammen.

9 Erkläre den Unterschied zwischen einer Aktie und einem festverzinslichen Wertpapier. Wie heißt das Fremdwort für Wertpapiere?

10 Bei Belegschaftsaktien (Seite 133) ist eine Karikatur abgebildet. Erläutere den Sachverhalt.

11 Nenne Möglichkeiten für das „prämienbegünstigte Sparen".

12 Warum ist das Sparen mit staatlicher Prämie für Arbeitnehmer besonders interessant?

13 Welche Möglichkeit hat der Sparer, bei einer Inflationsrate von 2–3 % den Wert seiner Ersparnisse einigermaßen zu erhalten? Wie würdest du dich entscheiden?

14 Welche Bedeutung hat das Sparen für den Einzelnen und die Volkswirtschaft?

Sparen oder Kredit aufnehmen?

Hans-Michael möchte schon lange ein Motorrad besitzen. Er überprüft seine Geldmittel. Es fehlen ihm 2.000 EUR. In der Zeitung findet er folgende Anzeigen:

Neues Auto? ...Urlaub? ...Haushalt? ...Hobby? ...Probleme?

Sofort Bargeld

Wir kaufen Ihre bestehenden Lebensversicherungen, Bausparverträge, Immobilien und ihre sonstigen Wertsachen (z.B. Goldschmuck, Wertpapiere, etc.)

Tägliche Barauszahlung

Fa. GEKO, Neue Gasse 24

Geldmarkt

Girokonto überzogen?

Sie wollen es diskret ausgleichen? Besorgen Sie sich deshalb Kredit über

AKB   Poststr. 24

Verbraucher Kredit Vermittlung

3.800,00 EUR als Zusatzdarlehen ohne SCHUFA

In wenigen Tagen.

NAGL GmbH Kreditvermittlung
Tel. 2066 o. 2067

Ab EUR 2.000,00, **Bargeld und Zusatzkredite auch ohne Schufa** vermittelt schnell

PT Finanz, Auf dem Kreuz 17

Telefon 1830992

◆ *Hans-Michael hat sein Konto nicht überzogen. 3.800 EUR benötigt er nicht. 2.000 EUR würden ihm genügen, aber mit SCHUFA[1] kennt er sich nicht aus. Er lässt sich deshalb bei seiner Sparkasse beraten.*
Frage nach, welche Auskunft er dort bekommen könnte.

◆ *Warum ist für die Bank oder Sparkasse die Vergabe eines Kredits ein „Aktivgeschäft"?*

5.1 Kredit – Kreditgewährung

Im Wirtschaftsleben bedeutet Kredit die **zeitweise Überlassung von Geld oder Gütern.** Kredit ersetzt fehlendes Geld.

Das Wort Kredit (von lat.: credere) bedeutet so viel wie „glauben, vertrauen": Der **Kreditgeber (Gläubiger)** vertraut dem **Kreditnehmer (Schuldner)**. Die meisten Menschen brauchen irgendwann einmal einen Kredit: Der Landwirt für Saatgut und Düngemittel, der Fabrikant für Rohstoffe, Werkzeuge und Maschinen, der Kaufmann für eine neue Ladeneinrichtung, das junge Ehepaar für die Wohnungseinrichtung, der Bauherr für das Eigenheim, der Junghandwerker für die eigene Werkstatt.

---

[1] SCHUFA – Schutzgemeinschaft für allgemeine Kreditsicherung – siehe Seite 115

Mit Hilfe eines Kredites lassen sich bereits heute Wünsche erfüllen, für die man erst später bezahlen muss. Die Waschmaschine, der Kühlschrank, das Fernsehgerät, der Urlaub und vieles mehr werden vorfinanziert.

Auch Güter (Getreide, Mehl, Holz, Baustoffe) können einem anderen leihweise überlassen werden. Man spricht dann von einem **Darlehen.** Häufig werden die Begriffe Kredit und Darlehen im gleichen Sinne gebraucht.

Voraussetzung für die Kreditgewährung ist die Verpflichtung des Kreditnehmers, den Kredit zurückzuzahlen. Diese rechtliche Verpflichtung kann nur von Vollgeschäftsfähigen eingegangen werden (Kreditfähigkeit).

Bei der Kreditgewährung lässt sich der Kreditgeber nicht nur vom Vertrauen leiten. Er muss wissen, ob der Schuldner die eingegangene Verpflichtung später erfüllen kann (Kreditwürdigkeit). Deshalb fragt er vorher nach den persönlichen und wirtschaftlichen Verhältnissen. Bei Arbeitnehmern wird eine Lohn- und Gehaltsbescheinigung, der Nachweis über eine feste Beschäftigung und Auskunft über Verbindlichkeiten (Schulden) verlangt. Bei Unternehmen werden die Geschäftsbücher eingesehen und entsprechende Auskünfte (Lieferanten, Auskunftei) eingeholt. In vielen Fällen ist eine zusätzliche Sicherheit (Kreditsicherung), z.B. durch einen Bürgen erforderlich.

Grundsätzlich steht es dem Kreditgeber frei, ob er den Kredit zinslos oder mit Zinsen vereinbart. Im Wirtschaftsleben ist die Verzinsung üblich.

5.2 Kreditarten – Kreditkosten – Kreditsicherung

Nach der **Art der Leistung** unterscheidet man **Waren-, Geld- und Leistungskredit**.

Beispiele

Schneidermeisterin Klein kauft Stoffe und Zutaten auf Rechnung. Sie kann die Ware innerhalb von 8 Tagen mit 3 % Skonto[1] oder rein netto innerhalb von 30 Tagen bezahlen.
Sie erhält damit einen Warenkredit (Lieferantenkredit).
Nimmt Herr Kaiser einen Kredit von der Sparkasse, erhält er ihn als Geldkredit.
Hilft Werkzeugmacher Müller seinem Nachbarn Schneider beim Hausbau, damit dieser auch ihm später behilflich ist, so gibt Herr Müller Herrn Schneider einen Leistungskredit.

Nach der **Laufzeit** (Dauer) gibt es **kurzfristige** (bis 6 Monate), **mittelfristige** (6 Monate bis 4 Jahre), **langfristige** Kredite (mehr als 4 Jahre).

Beispiele

Herrn Schulz fehlen 500,00 EUR, um die Rechnung für die Autoreparatur zu bezahlen. Er lässt sich einen Kredit einräumen, den er in vier Monaten zurückzahlen will. Er benötigt den Kredit nur für kurze Zeit.
Frau Groß kauft ein neues Auto. Sie vereinbart mit dem Händler Ratenzahlung für 36 Monate. Der Kredit hat eine mittlere Laufzeit.
Familie Schuster benötigt Kredit für den Bau eines Einfamilienhauses. Jeder weiß, dass sie viele Jahre für die Rückzahlung benötigen wird.

---

[1] Skonto (von ital.: il sconto = Abzug) = Preisnachlass bei sofortiger oder zeitlich festgelegter (terminierter) Bezahlung

Weniger neue Schulden

> Die Deutschen haben im Jahr 2001 weniger neue Schulden gemacht. Die Verbindlichkeiten stiegen gegenüber dem Jahr 2000 nur um 22 Milliarden Euro, während sie in den Vorjahren um 46 und 92 Milliarden angewachsen waren. Insgesamt erreicht der private Schuldenberg eine Höhe von 1.522 Milliarden Euro. Der größte Brocken entfiel auf Kredite für den Wohnungsbau (979 Mill. Euro). Gewerbliche Kredite, die an Einzelunternehmer vergeben wurden, betrugen 338 Mill. Euro; die „klassischen" Ratenkredite (Konsumentenkredite) beliefen sich am Jahresende 2001 auf 193 Milliarden Euro. Wie stark die Verschuldung der privaten Haushalte in den letzten Jahren zugenommen hat, wird besonders deutlich, wenn man die Verbindlichkeiten in Bezug zur Wirtschaftsleistung setzt. Erreichte die Verschuldung 1995 erst 64 Prozent am Bruttoinlandsprodukt, so waren es Ende 2001 schon 74 Prozent.
>
> *Quelle: Globus, 8. Juli 2002*

Nach der **Verwendung** des Kredites wird in **Produktiv- und Konsumtivkredit** unterschieden.

Beispiele

Kauft Fabrikant Müller eine Maschine, die für die Fertigung bestimmt ist, auf Kredit, spricht man von Produktivkredit.

Verwendet dagegen Familie Müller einen Kredit für die Hochzeitsfeier der Tochter, handelt es sich um einen Konsumtivkredit.

Nach der **Kreditsicherung** unterscheidet man **Personal- und Realkredit**.

Beispiele

Bekommt Herr Friedrich aufgrund seines Lohnkontos von der Sparkasse einen Kredit, so vertraut sie auf die Ehrlichkeit und Leistungsfähigkeit ihres Kunden. Die Kreditgewährung erfolgt nach dem Ansehen der Person.

Werden größere Beträge geschuldet, genügt die persönliche Haftung nicht. Der Kredit muss „dinglich" gesichert werden = Realkredit (res, lat.: Sache, Ding). Geeignet sind Sachen (Wertpapiere, Edelmetalle, Schmuck = Pfandrecht an beweglichen Sachen) und Grundstücke (Bestellen einer Hypothek oder Grundschuld = Pfandrecht an unbeweglichen Sachen).

Übersicht über die Kreditarten

Beispiel

Hans-Michael möchte schon lange ein Motorrad besitzen. Zur Erfüllung dieses Wunsches hat er folgende Entscheidungsmöglichkeiten:

Flussdiagramm der Entscheidungsmöglichkeiten

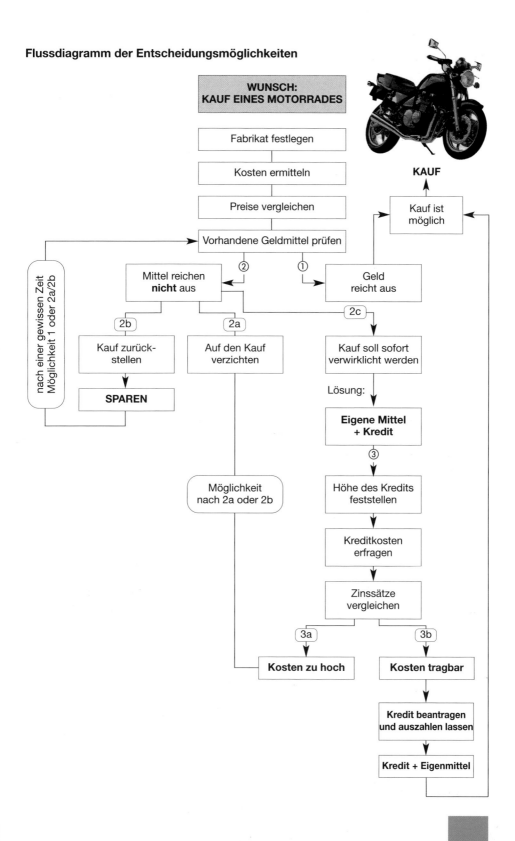

WUNSCH:
KAUF EINES MOTORRADES

Fabrikat festlegen

Kosten ermitteln

KAUF

Preise vergleichen

Kauf ist möglich

Vorhandene Geldmittel prüfen

② ①

nach einer gewissen Zeit
Möglichkeit 1 oder 2a/2b

Mittel reichen **nicht** aus

Geld reicht aus

2c

2b 2a

Kauf zurück-stellen

Auf den Kauf verzichten

Kauf soll sofort verwirklicht werden

SPAREN

Lösung:

Eigene Mittel + Kredit

③

Möglichkeit nach 2a oder 2b

Höhe des Kredits feststellen

Kreditkosten erfragen

Zinssätze vergleichen

3a 3b

Kosten zu hoch

Kosten tragbar

Kredit beantragen und auszahlen lassen

Kredit + Eigenmittel

◆ Kleinkredit und Anschaffungsdarlehen

Hans-Michael überprüft seine Geldmittel. Es fehlen ihm 2.000 EUR. Er will sie als Kleinkredit bei seiner Sparkasse aufnehmen.

Banken und Sparkassen gewähren Kredite zur Erfüllung von kleineren oder größeren Anschaffungen. Je nach Höhe des Kreditbetrages und der Dauer der Rückzahlung spricht man von einem **Kredit** (geringe Summe und kurze Zeit) oder von einem **Darlehen**. Es werden eine einmalige Bearbeitungsgebühr und eine monatliche Verzinsung von der ursprünglichen Kreditsumme berechnet.

◆ Kreditkosten

Die Sparkasse verlangt 0,50 % Zins je Monat und 2 % Bearbeitungsgebühr. Die Rückzahlung erfolgt in 12 Monatsraten.

1. Kreditbetrag: .... 2.000,00 EUR

2. Zinsen:

Zinssatz 0,50 % von der Schuldsumme monatlich

mal Anzahl der Monate (Laufzeit)

$$\frac{0{,}50\%}{\text{Monat}} \cdot 2.000{,}00\ \text{EUR} = \frac{10{,}00\ \text{EUR}}{\text{Monat}} \qquad \frac{10{,}00\ \text{EUR}}{\text{Monat}} \cdot 12\ \text{Monate} \ \text{......................} 120{,}00\ \text{EUR}$$

3. Bearbeitungsgebühr:

einmal 2 % des Kreditbetrages, 2 % von 2.000,00 EUR .... 40,00 EUR

Kreditkosten (2. + 3.) = 160,00 EUR   **Gesamtschuld 2.160,00 EUR**

4. Monatliche Belastung:

$$\frac{\text{Kreditbetrag + Kreditkosten}}{\text{Laufzeit}} = \frac{(2.000{,}00 + 160{,}00)\ \text{EUR}}{12\ \text{Monate}} = \frac{180{,}00\ \text{EUR}}{\text{Monat}}$$

5. Effektiver Jahreszinssatz .... **15,84 %**

Die Preisangabenverordnung schreibt vor, dass bei Krediten mit gleichbleibenden Konditionen (conditio, lat.: = Bedingung) über die gesamte Laufzeit der **„effektive Jahreszins"** anzugeben ist. Es ist der Zinssatz, den ein Kredit hätte, wenn alle Zahlungen immer zum Jahrestag der Auszahlung des Kredites verzinst würden einschließlich aller sonstigen Belastungen, wie z.B. Bearbeitungsgebühr u.a. Die Berechnung erfolgt durch eine finanzmathematische Gleichung mit mehrmaliger Vergleichsrechnung – heute durch den Computer – oder durch Ablesen aus Tabellen.

Monatszinssatz %:	0,35	0,40	0,45	0,50	0,55	0,60	Laufzeit des Kredites in Monaten
Effektivzinssatz	12,08	13,32	14,57	15,84	17,12	18,42	12
mit 2% Bearbei-	10,21	11,42	12,64	13,86	15,09	16,33	24
tungsgebühr (in %)	9,51	10,69	12,87	13,06	14,25	15,44	36

Mit steigendem Monatszinssatz nimmt der effektive Jahreszins zu, mit steigender Laufzeit nimmt er ab. Ohne Bearbeitungsgebühr liegt er entsprechend niedriger, z.B. bei 0,50 % je Monat bei 11,67 %. **Es lohnt sich in jedem Falle der Preisvergleich!**

◆ Schuldscheindarlehen

Hans-Michael versucht den ihm fehlenden Betrag – möglichst zinslos – innerhalb der Verwandtschaft auszuleihen. Er ist bereit dafür einen Schuldschein zu unterschreiben.

Vielfach werden von Privatleuten Darlehen gegen Schuldschein gewährt. Das ist vor allem bei Verwandten, Freunden und Bekannten üblich.

Für die Ausstellung des Schuldscheines bestehen keine gesetzlichen Vorschriften. Alle wichtigen Angaben enthält der abgebildete Schuldschein.

◆ Dispositionskredit – Kontokorrentkredit

Beim Dispositionskredit oder Kontokorrentkredit (conto, ital.: Rechnung; corrente, ital.: laufend) kann der Kunde sein Konto in der vertraglichen Höhe (bei Lohn- und Gehaltsempfängern etwa zwei bis drei Monatseinkommen) überziehen. Er verzinst den Betrag, den er als Kredit in Anspruch nimmt.

Was man vor einer Kreditaufnahme beachten sollte

Es gibt zwei Wege zu einem Kredit: Entweder man geht zu einem **„Kredithai"**, da wird man dann tüchtig ausgenommen, oder man wendet sich an ein seriöses Kreditinstitut.

Kredithaie erkennt man daran, dass sie großmäulig viel versprechen: „Geld per Post", „EUR – EUR – EUR", „Keine Geldsorgen mehr", so locken sie in Anzeigen.

Eins verschweigen sie aber in ihren Anzeigen und das ist das Wichtigste: nämlich was der Kredit **kostet.**

Quelle: „frag mal" – Tipps für junge Leute, Presse- und Informationsamt der Bundesregierung, Berlin.

- ◆ Vorsicht bei der Kreditaufnahme!
- ◆ Unbedingt Zinsvergleiche anstellen!
- ◆ Die monatlichen Raten müssen tragbar sein!
- ◆ Auch an Unvorhergesehenes (Krankheit, Arbeitslosigkeit u.a.) denken!
- ◆ Stets einen Notgroschen zurücklegen!

5.3   Bedeutung des Kredits

Kredit ist in der Wirtschaft dem Kraftstrom vergleichbar, der die Motoren antreibt. Banken und Sparkassen sammeln viele kleine Geldbeträge. Sie wandeln den „Geldstrom" in „Kraftstrom" um.

- ◆ Durch Kredit kann der **Verbraucher** heute schon über das verfügen, was er erst morgen bezahlen muss.
- ◆ Die **Unternehmen** können durch Kredite Rohstoffe, Werkzeuge und Maschinen einkaufen, die Produktion ausweiten, die bestehenden Arbeitsplätze sichern und neue Arbeitsplätze schaffen.
- ◆ Mithilfe von Krediten können sich Handwerker selbstständig machen.
- ◆ Kredite ermöglichen breiten Bevölkerungsschichten den Bau von Eigenheimen oder den Kauf von Eigentumswohnungen und tragen so zur Vermögensbildung bei.
- ◆ Darüber hinaus können dem Ausland Kredite gewährt werden. In Ländern, die heute noch als Entwicklungsländer bezeichnet werden, kann durch langfristige Finanzhilfe die Landwirtschaft modernisiert, die handwerkliche und industrielle Fertigung auf- und ausgebaut werden. Aus den heutigen Schuldnern werden im Lauf der Jahre wirtschaftlich gleichwertige Handelspartner. Der Kredit erleichtert den Warenaustausch in der ganzen Welt.

5.4   Gefahren der Kreditaufnahme (Überschuldung)

Banken und Sparkassen überprüfen meist die Kreditnehmer mithilfe der SCHUFA. Supermärkte, Händler, Versandhäuser sparen sich diese Überprüfung, so sind Käufe auf Pump und Ratenkäufe an der Tagesordnung. Hinzu kommt die intensive Werbung („heute genießen und morgen bezahlen"), die zu übermäßigem Konsum (z.B. teure Handyverträge, zahlreiche Katalogbestellungen usw.) verführt. Wer den Umgang mit Geld und Kreditkarten nicht richtig gelernt hat, gerät dann leicht in Schuldenfallen, d.h., er überschuldet sich und kann die verschiedenen Raten bzw. Kredite nicht mehr zurückzahlen.

Gründe für die Überschuldung der ca. 2,8 Millionen Privathaushalte, die ihren Zahlungsverpflichtungen nicht mehr nachkommen können sind:

- ◆ Arbeitslosigkeit
- ◆ Trennung bzw. Scheidungsfolgen,
- ◆ Wegfall eines Verdienstes,
- ◆ Naivität (= Torheit, Gutgläubigkeit) gegenüber Kredit- und Kaufangeboten usw.

Bei Überschuldung sollten vertrauenswürdige Freunde oder Angehörige bzw. die Bank um Hilfe gebeten werden, auf keinen Fall sollten unseriöse Kreditvermittler („Kredithaie") in Anspruch genommen werden. Diese gewähren nämlich keine Kredite, sondern vermitteln nur und verlangen außer den Zinsen hierbei oft noch horrende (= übermäßige) Bearbeitungsgebühren, Inkassoprämien usw. Dadurch werden die Schulden durch eine solche Kreditvermittlung nur noch höher!

Echte Hilfen bieten die 1300 bundesweiten **Schuldnerberatungsstellen** z.B. der Kirchen (Diakonisches Werk, Caritas), der Arbeiterwohlfahrt usw., welche die Gläubiger beraten und betreuen. Bei hoffnungsloser Überschuldung hilft dann oftmals nur noch der **Privatkonkurs**, früher als Offenbarungseid bezeichnet.

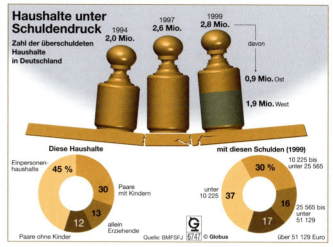

5.5 Verbraucherinsolvenzverfahren (Privatkonkurs)

Circa 7 Prozent der deutschen Privathaushalte befinden sich in der „Schuldenfalle", viele davon so sehr, dass das neue Insolvenzrecht in Anspruch genommen werden muss, d.h., man kann sich, ähnlich wie ein Unternehmen, (s. S. 75) von den Schulden befreien.

Bedingungen für einen privaten Konkurs nach der **Insolvenzordnung** (InSo):

◆ Schuldner muss darlegen, dass er versucht hat (z.B. mithilfe von Stundung der Forderung) sich mit den Gläubigern zu einigen.

◆ Scheitert der außergerichtliche Schuldenregulierungsplan, eröffnet das Amtsgericht ein Insolvenzverfahren und versucht die Parteien zu einem Kompromiss (Vergleich) zu bewegen.

◆ Das Gericht teilt – über einen Treuhänder – das Vermögen auf die Gläubiger auf.

◆ Sechs Jahre (Wohlverhaltensphase) muss der Schuldner alle Einnahmen bis auf das Existenzminimum (900 EUR pro Monat, entspr. dem derzeit gültigen Sozialhilfesatz) seinen Gläubigern zukommen lassen. Hierbei muss jede bezahlte Arbeit angenommen und dem Gericht Arbeits- und Wohnungswechsel angezeigt werden.

◆ Im siebten Jahr gibt es eine so genannte Widerrufsphase, erst danach erteilt das Gericht Restschuldbefreiung, d.h., alle noch verbliebenen Schulden werden erlassen.

Beim privaten Insolvenzverfahren entstehen ca. 1.250 EUR Gerichtskosten, die der Schuldner zu bezahlen hat (Stand: 2002).

Arbeitsaufgaben und Anregungen zum Handeln

1 Was versteht man unter Kredit? Erkläre das Wort Kredit.

2 Welche Kreditarten kennst du?

3 Nenne Möglichkeiten der Kreditsicherung.

4 Ein Bausparer zahlt bei seiner Bausparkasse für das Bauspardarlehen monatlich 200 EUR. Nach einer Vorausberechnung hat er seine Schulden in 20 Jahren „abgetragen". Wie viel EUR hat er in dieser Zeit – bei monatlich gleichbleibenden Raten – bezahlt?
a) Wie viel Miete muss in der gleichen Zeit ein Mieter entrichten, wenn er monatlich 500 EUR zahlt? Wie groß ist die Differenz?
b) Nimm die Berechnung als Grundlage für einen kurzen Werbetext, in dem du deine Meinung zum Ausdruck bringst (Stichpunkte: Bausparen – ja/nein, staatliche Förderung, Miete oder Eigentum, Mietsteigerung, Kündigung u.a.).

5 Wie würdest du vorgehen, wenn du eine größere Anschaffung, z.B. Ledercouchgarnitur, Kleinkraftrad, Stereoanlage u.a. finanzieren müsstest? Welche Entscheidung triffst du? Beziehe das Flussdiagramm (Seite 139) in deine Überlegungen mit ein. Wofür entscheidest du dich: Barkauf, Ratenkauf, Dispositionskredit, Kleinkredit? Begründe deine Wahl.

6 Welche Bedeutung hat der Kredit für den Einzelnen und die gesamte Wirtschaft?

7 Würdest du Güter/Dienstleistungen „auf Pump" kaufen? Wenn ja, welche? Wie hoch bist du persönlich bereit, dich als Azubi, als Arbeitnehmer, als Arbeitgeber zu verschulden? Begründe deine Einstellung!

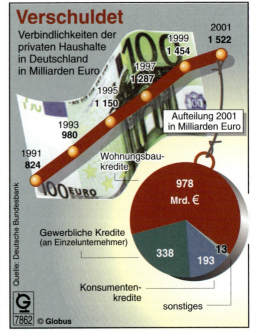

8 Diskutiert in der Gruppe den Unterschied zwischen Leasing und Kreditkauf. Welche der beiden Finanzierungsformen würdet ihr bei der Anschaffung eines Neuwagens a) als Privatkunde und b) als Unternehmer, der das Auto für das Geschäft erwirbt, bevorzugen? Der Gruppensprecher stellt das Diskussionsergebnis dann der Klasse vor.

9 Besorge dir, ggf. mithilfe des Internets, die Adresse der nächstgelegenen Schuldnerberatungsstelle. Die dortigen Mitarbeiter/-innen könnten zum Thema „Privatkonkurs" befragt werden und anschließend die Ergebnisse auf Plakaten zusammengetragen und in der Klasse ausgehängt werden.

10 Unter welchen Umständen wärst du persönlich bereit, den Privatkonkurs („Offenbarungseid") anzumelden/privat „bankrott zu machen"?

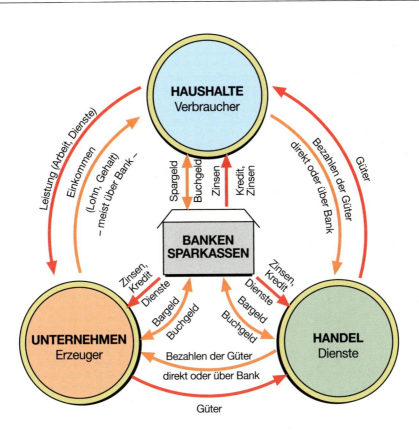

Banken und Sparkassen im Wirtschaftskreislauf

Michaela sieht in der Tageszeitung dieses Schaubild. Es erscheint ihr auf den ersten Blick unverständlich. Dann erinnert sie sich, dass im Unterricht schon verschiedene Begriffe wie Unternehmen, Dienstleistung, Bar- und Buchgeld, Aufgaben der Banken, Kredit u.a. besprochen wurden.
Weil sie das Schaubild interessant findet, will sie es sich in der Schule genau erklären lassen. Bevor sie das tut, schaut sie in ihrem Fachbuch nach, um nicht „hinter dem Mond" zu sein.

◆ *Verfahre ebenso.*

◆ *Nimm ein Lexikon zu Hilfe und lies nach, was dort über Wirtschaftskreislauf steht.*

◆ *In welcher Art und Weise erhältst du dein Taschengeld? Überlege, wozu du es verwendest, ob du dafür die Dienste der Bank oder Sparkasse (eigenes Konto) benötigst. Halte deine Überlegungen in Stichpunkten fest.*

6.1 Einfacher Wirtschaftskreislauf

Um Bedürfnisse zu befriedigen, müssen Güter erzeugt, verteilt und verbraucht werden. Die Güter werden in **Unternehmen** erzeugt und an die **Haushalte** verteilt (unter Einbeziehung des Handels). Diese kaufen die Waren und bezahlen mit Geld; es entstehen ihnen **Ausgaben**.

Andererseits gewähren die Haushalte den Unternehmen **Leistungen** (Arbeit, Dienste) und beziehen dafür **Einkommen** (Lohn, Gehalt, Pacht) in Form von Geld. Es ergibt sich ein Kreislauf (Güterkreislauf, Geldkreislauf), bei dem Güter und Leistungen, Einkommen und Ausgaben einander entgegengesetzt verlaufen.

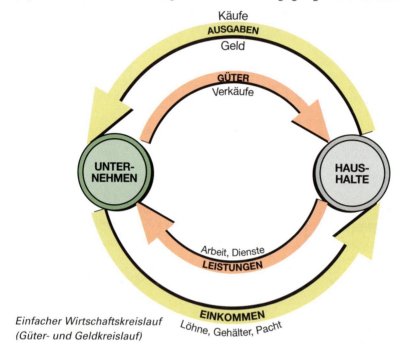

Einfacher Wirtschaftskreislauf
(Güter- und Geldkreislauf)

6.2 Erweiterter Wirtschaftskreislauf

Die erste Betrachtung war rein theoretischer Art. Sie ging von folgenden Voraussetzungen aus:

◆ Das von den Unternehmen für Leistungen gezahlte Geld (Einkommen) wird in den Haushalten verbraucht.
 Es wird nicht gespart.
◆ Die von den Haushalten benötigten Güter werden alle im Inland erzeugt und verbraucht.
 Es findet keine Ein- und Ausfuhr (Import und Export) statt.
 (lat.: importare = hereintragen; exportare = hinaustragen)
◆ Der Staat greift in keiner Weise in den Kreislauf ein.

Die Wirklichkeit sieht jedoch anders aus:

Bereits beim Sparen (siehe Seite 126 ff.) wurden die Gründe für einen Konsumverzicht genannt. Das nicht verbrauchte Einkommen wird bei **Banken** und Sparkassen angelegt. Sie sind Mittler zwischen den Haushalten und Unternehmen. Die angesammelten Geldmittel dienen den Unternehmen zum Erhalt und zur Erweiterung von Produktionsstätten, zur Verbesserung der Fertigung (Rationalisierung, Automation), zur Schaffung neuer Arbeitsplätze, zu **Investitionen**.

Die Einnahmen der Haushalte aus Erwerbstätigkeit, Kapital oder Grundbesitz unterliegen der Besteuerung. Dem **Staat** fließen Steuermittel zu **(Staatseinkommen)**. Andererseits unterstützt er die Haushalte in Form von Kinder- und Wohngeld, Lohn und Gehalt für Arbeiter, Angestellte und Beamte des öffentlichen Dienstes. Es entstehen **Staatsausgaben**.

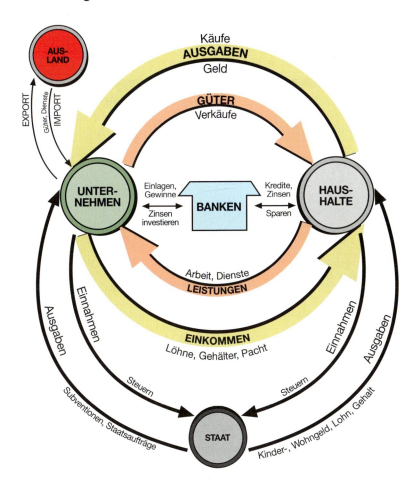

Erweiterter Wirtschaftskreislauf mit Haushalten, Unternehmen, Banken, Staat und Auslandsbeziehungen.[1]

---

[1] Die Bedeutung der **Umwelt** im Wirtschaftskreislauf (Rohstoffausbeutung, Umweltverschmutzung) kann im Modell nicht dargestellt werden.

In gleicher Weise zahlen die Unternehmen Steuern. Der Staat verzeichnet Einnahmen, denen Ausgaben für die Unternehmen, wie Subventionen (Unterstützungszahlungen), öffentliche Aufträge für Straßen-, Brücken-, Krankenhaus-, Schulhausbau und Rüstungsaufträge gegenüberstehen.

Im Inland nicht benötigte Güter und Dienste gehen an das **Ausland**. Es wird exportiert. Benötigte Rohstoffe, Lebensmittel u.a. werden eingeführt (importiert).

Wird mehr ausgeführt **(Exportüberschuss)**, dann verkleinert sich der Güterstrom im Inland. Wird mehr eingeführt **(Importüberschuss)**, so vergrößert sich der Güterstrom. Der Wirtschaftskreislauf kann also wachsen (lat. expandieren = sich ausdehnen) oder auch schrumpfen (lat. kontrahieren = sich zusammenziehen). Er ist also nicht ein ruhendes (statisches), sondern ein sich ständig änderndes (dynamisches) Gebilde, das von allen Beteiligten, den Haushalten, den Unternehmen, dem Staat, den Banken (vgl. Währungspolitik, Seite 300 ff.) beeinflusst werden kann.

Arbeitsaufgaben und Anregungen zum Handeln

1 Erkläre den einfachen Wirtschaftskreislauf.

2 Welche „Ströme" fließen im erweiterten Wirtschaftskreislauf?

3 Wie wirkt sich das Eingreifen des Staates (der Haushalte, der Unternehmen) auf den Wirtschaftskreislauf aus?

4 Zeichne ein vereinfachtes Schaubild des Wirtschaftskreislaufes. Wähle hierzu die Form eines Dreieckes. Ordne in Kreisen an der Basis die Unternehmen (U) und die Haushalte (H), an der Spitze die Banken (B) an. Zeichne die Wechselbeziehungen (Ströme) und deren Richtung farbig ein.
Übertrage hierzu folgendes Muster in dein Arbeitsheft:

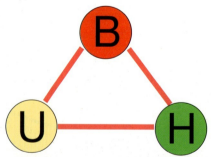

5 Erarbeitet in der Gruppe, welche Auswirkungen auf die anderen Teilnehmer am (erweiterten) Wirtschaftskreislauf die folgenden Gegebenheiten mit sich bringen:
a) der Staat erhöht die Steuern, b) der Staat verringert die Zölle,
c) die privaten Haushalte sparen sehr viel, d) die Banken erhöhen die (Kredit-)Zinsen,
e) viele Unternehmen verlagern ihre Produktion ins Ausland,
f) die Unternehmen exportieren sehr viele Waren nach Übersee.

IV

Markt und
Preisbildung

1   Der Markt als Treffpunkt von Angebot und Nachfrage

„Morgen ist **Jahrmarkt** in unserer Stadt"
„Schon wieder Preiserhöhungen auf dem **Wochenmarkt**"
„Die Wochenendausgabe mit dem großen **Heiratsmarkt**"
„Leicht gestiegene Zinsen auf dem **Kreditmarkt**"
„Spürbare Entspannung auf dem **Arbeitsmarkt**"

Die genannten Beispiele zeigen, dass es in einer Volkswirtschaft die unterschiedlichsten Märkte gibt.

◆ *Schreibe noch fünf weitere **Marktarten** auf, die dir aus der Alltagspraxis bekannt sind.*

◆ *Wie heißen die beiden **Marktparteien**, die sich auf jedem Markt gegenüberstehen?*

◆ *Wie lässt sich ein **Markt** ganz allgemein (d. h. unabhängig von der Art des Marktes) definieren?*

1.1   Kennzeichen des Marktes

Verkäufer der verschiedensten Güter und Dienstleistungen treffen mit Käufern dieser Güter und Dienstleistungen zusammen. Auf dem Wochenmarkt z.B. **bietet** die Marktfrau ihre Güter **an** und die Hausfrauen der Stadt **fragen** diese Waren **nach**. Auf dem Arbeitsmarkt wiederum **bieten** Unternehmen der Bauindustrie oder des Bauhandwerks freie Stellen für Maurer und Bauingenieure **an** und stellungssuchende Maurer und Ingenieure dieser Fachrichtung **fragen** Arbeit **nach**.

In einer Volkswirtschaft gibt es die unterschiedlichsten **Märkte:**

Beispiele

Warenmarkt, Geldmarkt, Arbeitsmarkt, Grundstücksmarkt, Wohnungsmarkt

Werden sich die auf einem solchen Markt auftretenden **Anbieter** und die ihnen gegenüberstehenden **Nachfrager** handelseinig, so bildet sich für das gewünschte Gut ein Preis, der als **Marktpreis** bezeichnet wird (vgl. hierzu nachfolgendes Kapitel „Bildung des Marktpreises").

Wo Angebot und Nachfrage zusammentreffen, entsteht ein Markt:

> Unter einem **Markt** versteht man den Ort des regelmäßigen **Zusammentreffens von Angebot und Nachfrage**.

Der Markt: Treffpunkt von
Angebot und Nachfrage

Güter aus:
Industrie
Handwerk
Land-/Forst-
wirtschaft
Fischerei

Erzeugung
Bereitstellung

**Dienst-
leistungen
von:**
Handel
Banken
Versicherungen
Verkehr
Haushalten

Güterangebot:
Sachgüter
und
Dienstleistungen

MARKT

Güternachfrage:
Bedarf an
Sachgütern und
Dienstleistungen

Haushalte

Kaufkraft
Kaufkraft

Unternehmen

Quelle: iwd-Informationsdienst des Instituts der deutschen Wirtschaft

◆ **Unternehmen** sind die **Anbieter** der Güter oder Dienstleistungen, die **Haushalte** sind die **Nachfrager** nach diesen Sachgütern und Dienstleistungen.

◆ Gleichzeitig jedoch sind die **Unternehmen** auch **Nachfrager**, z.B. nach Arbeitskräften, Rohstoffen etc., und die **Haushalte** werden umgekehrt zu **Anbietern** der Arbeitskraft.

Dabei müssen Anbieter und Nachfrager nicht notwendigerweise auf dem Markt tatsächlich und persönlich in Erscheinung treten. Sie können ihre Nachfrage auch telefonisch, schriftlich oder über Internet entfalten bzw. ihr Angebot vorlegen. Auf dem Markt für Wertpapiere (= Wertpapierbörse) z.B. dürfen Anbieter und Nachfrager gar nicht erscheinen. Trotzdem ist die Börse ein Markt.

Entscheidend für das **Wesen eines Marktes** ist immer nur das **Zusammentreffen von Angebot und Nachfrage**.

Anbieter und Nachfrager sind zur Befriedigung ihrer Bedürfnisse auf die unterschiedlichsten Märkte angewiesen. Die jeweiligen Marktpreise müssen von den Nachfragenden bezahlt werden, wenn sie die gewünschten Güter oder Dienstleistungen erwerben wollen. Da unsere gesamte Wirtschaftsordnung vorwiegend durch freie Marktpreise gelenkt und gesteuert wird, bezeichnet man das Wirtschaftssystem der Bundesrepublik Deutschland als **Marktwirtschaft** oder als **marktwirtschaftliche Ordnung**. In dieser Bezeichnung kommt zum Ausdruck, dass der Markt und die sich auf ihm vollziehende Preisbildung Hauptsteuerungsinstrumente unseres gesamten Wirtschaftssystems sind (vgl. hierzu „Soziale Marktwirtschaft der Bundesrepublik Deutschland", Seite 244 ff.). Erst wenn der Markt versagt oder zu Ungerechtigkeiten, z.B. durch Benachteiligung sozial Schwacher führt, greift der Staat ordnend und lenkend in das Marktgeschehen ein.

Die Märkte lassen sich unterteilen nach:

◆ **sachlichen** Gesichtspunkten
◆ **räumlich-zeitlichen** Gesichtspunkten
◆ **Aufgaben**

Gliederung der Märkte

sachlich	räumlich-zeitlich	Aufgaben

Warenmärkte
Arbeitsmärkte
Kreditmärkte
	Wochenmärkte
	Großmärkte
	Jahrmärkte
	Börsen
	Messen
	Ausstellungen
	Versteigerungen
		Beschaffungsmärkte
		  Binnenmarkt
		  Importmarkt (Import = Einfuhr)
		
		Absatzmärkte
		  Binnenmarkt
		  Exportmarkt (Export = Ausfuhr)

◆ **Warenmärkte** können unterteilt werden in Rohstoffmärkte, Halbfabrikatemärkte und Fertigfabrikatemärkte. Eine andere gebräuchliche Gliederung ist die in Konsumgütermärkte und Investitionsgütermärkte. Im ersten Falle werden zum direkten Gebrauch bestimmte Güter gehandelt, im zweiten Fall werden Produktionsgüter (Maschinen, Werkzeuge) ge- und verkauft.

Arbeitsmärkte sind die Agenturen für Arbeit (früher: Arbeitsämter) und andere Arbeitsvermittler. Auch die Stellenanzeigen in den Tages- und Wochenzeitungen gehören zum Arbeitsmarkt.

Der **Kreditmarkt** wird nach der Laufzeit der hier gehandelten Kredite unterteilt: Der Kapitalmarkt ist der Markt für langfristige Kredite, der Geldmarkt für kurzfristige Kredite.

◆ Regelmäßig abgehaltene **Wochenmärkte** bieten den Haushalten den Vorteil, frisches Obst und Gemüse sowie andere Lebensmittel und Blumen direkt vom Erzeuger kaufen zu können.

Großmärkte sind Märkte vor allem für Wiederverkäufer (z.B. Obstgroßmarkt).

Jahrmärkte werden meist zu feststehenden Terminen im Jahr abgehalten. Der Christkindl- oder Weihnachtsmarkt ist ein typisches Beispiel dafür.

Die **Börse** ist ein Spezialmarkt, an dem Wertpapiere, z.B. Aktien (= Wertpapierbörse), oder Waren (= Warenbörse) gehandelt werden. Zu den bekanntesten Warenbörsen zählen die Kaffee-, Tee-, Baumwoll- und Kupferbörse.

Messen und **Ausstellungen** gehören ebenfalls zu den Spezialmärkten. Sie unterscheiden sich darin, dass sich eine Messe in erster Linie an die Fachleute des betreffenden Wirtschaftszweigs richtet. Eine Ausstellung dagegen wendet sich mehr an das allgemeine Publikum.

Versteigerungen oder **Auktionen** (von lat.: auctio = Versteigerung) sind Märkte, bei denen die Waren dem meistbietenden Nachfrager zugeschlagen werden. Bekannte Beispiele sind die Weinversteigerungen an Rhein und Mosel, Blumenzwiebelversteigerungen in den Niederlanden, Fischauktionen in Norddeutschland.

◆ Auf **Beschaffungsmärkten** werden hauptsächlich Roh-, Hilfs- und Betriebsstoffe eingekauft, auf **Absatzmärkten** vorwiegend Fertigprodukte verkauft.

1 In einer Volkswirtschaft gibt es die unterschiedlichsten Märkte:

1 Arbeitsmarkt (Stellenmarkt):

> ### Kommunikationselektroniker
> sucht neuen Wirkungskreis.
> Angebote unter Nr. 1028 an die Geschäftsstelle.

2

> Suche
> ### 2-Zimmer-Wohnung
> Stadtmitte, mit Garage, eilt!
> Angebote unter Nr. 920 an die
> Geschäftsstelle.

5

> Mercedes
> ### Jahreswagen
> zu verkaufen.
> Telefon (07234) 87 89 90

4

3

> ### Bauplätze
> in Neustadt, Maikam-
> mer und Edenkoben

> Witwer sucht
> ### Zweisamkeit
> Bin 72/170 groß. Sie soll Charakter
> haben, ehrlich und beweglich sein.
> Zuschriften unter Nr. 1051 an die
> Geschäftsstelle.

a) Nenne, wie in Beispiel 1, den jeweiligen Marktnamen.

b) Wer ist jeweils Anbieter und wer ist Nachfrager?
   Gib jeweils eine kurze Erklärung.

2 Worin besteht das Hauptkennzeichen eines Marktes?

3 Wieso sind die Betriebe gleichzeitig Anbieter und Nachfrager?
Begründe deine Ausführungen.

4 Märkte lassen sich nach verschiedenen Gesichtspunkten unterteilen:

1. sachlich   *2.* räumlich-zeitlich   *3.* Aufgaben

Ordne die Kennziffern (1, 2, 3) den angegebenen Marktbezeichnungen zu.
Übertrage das Ergebnis in dein Arbeitsheft.
a) Kreditmarkt
b) Arbeitsmarkt
c) Absatzmarkt
d) Messen
e) Jahrmarkt
f) Ausstellung
g) Großmarkt

Der Online-Marktplatz

5 Begründe, weshalb man die Auktionen/Versteigerungen von einigen Unternehmen im
Internet ebenfalls als Markt bezeichnen kann.

Räder und Zubehör

EILT! Suche günstiges **BMX-Rad.**
☎ 0171/1044283

Herren-Sportrad, 14 Gang, sehr
g. Zustand, € 50,–. Tel. (0170) 292283

LANDRÉ

Collegeblock A4
160 Blatt, liniert
oder kariert.

Vorher ~~3.¹⁵~~

jetzt nur

2.-

Preissturz

Kaufgesuche
Möbel / Hausrat

Verkäufe
Möbel / Hausrat

5-Tage-Reise – Der Knüller der Saison
Schottland zum
Schottenpreis

Frei planen ... Geld sparen! – Riesenauswahl

LiDL ist billig!

Kraftfahrzeugmarkt

Baumarkt

Kunst- und Sammler-
markt / Antiquitäten

Die Tageszeitung – eine Fundgrube
für Angebot – Nachfrage – Preis

◆ *Schau in der Tageszeitung nach, ob du ähnliche Anzeigen findest.*
Schneide sie aus, sortiere sie nach Angebot (Verkäufe), Nachfrage
(Kaufgesuche), Preis, Markt. Klebe sie auf ein Blatt.

◆ *Unter welchen Überschriften (Titeln, Spalten, Rubriken[1]) findet*
man solche Anzeigen (Offerten[2])?

◆ *Vergleiche die Preise verschiedener Anbieter, z.B. für Brot, Milch,*
Butter, Äpfel, Südfrüchte, Kartoffeln ... Benzin, Dieselkraftstoff
über einige Tage (über eine Woche oder länger).
Fertige eine Liste mit Datum, Anbieter, Artikel, Menge, Preis,
Bemerkungen. Trage deine Beobachtungen ein und gib unter
Bemerkungen an, ob die Preise gleichgeblieben sind (=), sich
erhöht (+), oder erniedrigt haben (–). Ziehe Schlüsse aus deiner
Übersicht. Fasse sie in einem Kurzbericht „Preisentwicklung vom
.. bis ..“ zusammen.

◆ *Vergleicht eure Ergebnisse und diskutiert darüber.*

---

[1] Rubrik von lat.: terra rubra = rote Erde. Aus ihr wurde ein roter Farbstoff hergestellt, mit dem
in mittelalterlichen Handschriften Spalten und Überschriften gekennzeichnet wurden.
[2] Offerte von lat.: offere = entgegentragen, entgegenbringen, anbieten = Angebot

2.1   Der Preis: Gegenwert für Güter und Dienstleistungen

Allgemein versteht man unter Preis den **Warenpreis**.

Auch die **Arbeit** hat ihren Preis. Arbeiter erhalten **Lohn**. Angestellte und Beamte beziehen **Gehalt**. Arzt und Rechtsanwalt berechnen für ihre Bemühungen ein **Honorar**. Der Künstler erhält eine **Gage**, der Handelsvertreter eine **Provision** (= Vermittlungsgebühr).

Der Preis für den Gebrauch einer **Wohnung** heißt **Miete**.

Für die Nutzung eines **Grundstückes** wird **Pachtzins** bezahlt.

Der Preis für **Kapital** heißt **Zins** (lat.: census = Abgabe).

> **Preis** ist der Gegenwert für **Güter und Dienstleistungen**.

2.2   Bildung des Marktpreises

Auf dem Wochenmarkt **bieten** die Erzeuger Obst, Gemüse, Eier, Blumen u.a. an. Die Verbraucher **fragen nach** Waren, die sie gerne hätten.

Im Frühjahr kann nicht so viel Salat, Obst oder Gemüse angeboten werden wie im Sommer. Die Nachfrage ist aber besonders groß, weil viele Menschen nach dem langen Winter gern frischen Salat und frisches Gemüse oder Obst essen wollen. Bei geringem Angebot und großer Nachfrage steigt die Ware im Wert und deshalb auch im Preis. Die Ware wird teurer. Im Sommer ist das Angebot größer, die Ware billiger.

> Der **Marktpreis** bildet sich aus dem **Zusammentreffen von Angebot und Nachfrage** auf dem Markt.

◆ Entspricht das Angebot der Nachfrage, bildet sich ein **ausgeglichener Preis.**

PREIS

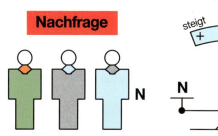
Nachfrage

steigt   fällt

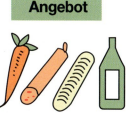
Angebot

Ausgeglichener Preis

◆ Ist das **Angebot größer** als die Nachfrage, **sinkt** der Preis (Obst, Gemüse, Eier in den Sommermonaten, „Schwemme").

◆ Ist die **Nachfrage größer** als das Angebot, **steigt** der Preis (frisches Obst und Gemüse im Winter, Brennstoff in der kalten Jahreszeit).

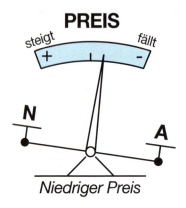

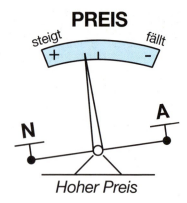

Niedriger Preis

Hoher Preis

Erscheint dem Kunden dieser Preis zu hoch, wird er warten, bis der Preis fällt, um dann zu kaufen. Vielleicht wird er aber auch versuchen, das zu teure Gut durch ein billigeres zu **ersetzen**: Margarine statt Butter, Kunststoff statt Leder, Kunstfasern statt Wolle. Dieses Ausweichen auf billigere Produkte, die den gleichen Zweck erfüllen, bezeichnet man als **Substitution** (= Ersetzbarkeit).

Güter, die gegeneinander ausgetauscht werden können, heißen daher **Substituti-onsgüter**. Ergänzen sich Güter gegenseitig, z.B. Briefpapier und Briefhülle, Kamera und Film, Tabak, Pfeife und Feuerzeug, nennt man sie **Komplementärgü-ter**. In beiden Fällen handelt es sich um **nachfrageverbundene Güter**, die vom Verbraucher begehrt werden. Dagegen kann bei den **produktionsverbundenen Gütern** das eine nicht ohne das andere erzeugt werden, z.B. Daunenfedern und Gänsefleisch, Schafwolle und Schaffleisch, Getreidekorn und Stroh, Roheisen und Gichtgas, Roheisen und Hochofenschlacke u.a.

2.3   Das Preis-Mengen-Diagramm

Den Zusammenhang zwischen Angebot, Nachfrage und Preis kann man grafisch in einem Koordinatensystem mit der Mengenachse (x) und der Preisachse (p) darstel-len (Diagramm = zeichnerische Darstellung von Größenverhältnissen).

Nachfrage		Angebot	
Preis (p)	Menge (x)	Preis (p)	Menge (x)
8	2	8	30
7	9	7	26
6	20	6	20
5	35	5	4
Gleichgewichts-preis (pw)		Angebot entspricht der Nachfrage	

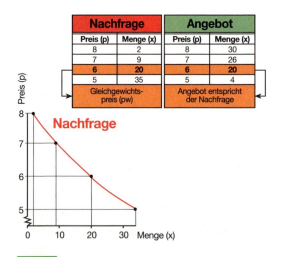

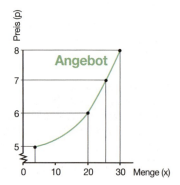

Nachfrage	Angebot
Bei einem hohen Preis (p) **kann** oder **will** der Kunde nicht kaufen. Die nachgefragte Menge (x) ist also sehr klein. Erst wenn der Preis fällt, vergrößert sich die Nachfrage.	Bei einem geringen Preis (p) ist der Unternehmer nicht bereit, eine größere Menge (x) anzubieten. Entweder kommt er nicht auf seine Kosten, oder der Gewinn erscheint ihm zu gering.
Es ergibt sich das **Preis-Mengen-Diagramm der Nachfrage** als eine von links oben nach rechts unten fallende Kurve.	Die angebotene Menge steigt erst, wenn sich der Preis erhöht. Das **Preis-Mengen-Diagramm des Angebotes** zeigt daher eine von links unten nach rechts oben verlaufende Kurve.

Zeichnet man beide Kurven in ein Schaubild, so schneiden sie sich in einem Punkt. Es ergibt sich der **Gleichgewichtspreis** (Wettbewerbspreis, Marktpreis [p_w]), bei dem eine bestimmte Menge (x) zum Preis (p) abgesetzt wird.

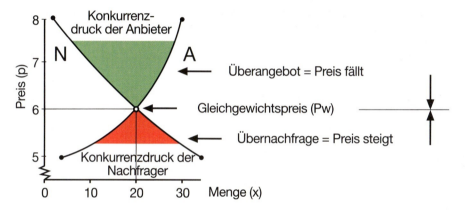

Der Gleichgewichtspreis stellt Anbieter und Nachfrager zufrieden:

◆ Der **Anbieter** kann die vorgesehene Menge **verkaufen**.

◆ Die **Nachfrager** können die gewünschte Menge **erhalten**.

Der Gleichgewichtspreis räumt den Markt.

Liegt der Preis oberhalb des Gleichgewichtspreises, herrscht ein **Überangebot**. Es wirkt drückend auf den Preis, weil die Anbieter untereinander wetteifern (konkurrieren)[1].

Unterhalb des Gleichgewichtspreises ist **Übernachfrage** vorhanden. Sie führt zu Preissteigerungen, bis sich der Preis auf den Gleichgewichtspreis einpendelt. Die Nachfrager machen sich gegenseitig Konkurrenz.

> **Allgemein gilt:**
> Entspricht das Angebot der Nachfrage, bildet sich ein **ausgeglichener Preis.**
> Ist die Nachfrage größer als das Angebot, **steigt** der Preis.
> Ist das Angebot größer als die Nachfrage, **sinkt** der Preis.

---

[1] konkurrieren, Konkurrenz, von lat.: concurrere = zusammenlaufen, zusammentreffen

2.4   Preisarten

Der Preis bildet sich nicht nur durch Angebot und Nachfrage, auch Wettbewerb, Kaufkraft, Kaufwille und allgemeine Wirtschaftslage (Konjunktur) sind wichtig.

- ◆ Der sich bildende Preis wird als **Wettbewerbspreis** bezeichnet.
- ◆ Wird dagegen der Preis von einem einzigen Anbieter bestimmt, spricht man vom **Monopolpreis**, z.B. Preise bei Deutsche Bahn AG und Deutsche Post AG (Monopol, griech.: monos = allein, einzig).
- ◆ **Höchstpreise** werden zum Schutze des Verbrauchers vom Staat festgelegt, z.B. Milchpreis, Brotpreis.
- ◆ **Mindestpreise** können zum Schutze der Erzeuger, besonders in der Landwirtschaft, erlassen werden. Das führt dann teilweise zu Preisen, die über dem tatsächlichen Marktpreis (Wettbewerbspreis) liegen, z.B. der Butterpreis.
- ◆ **Unverbindliche Preisempfehlungen** sind erlaubt. „Mond-Preisempfehlungen", die den Verbraucher täuschen können, sind jedoch verboten. Der Missbrauch wird durch das Bundeskartellamt in Berlin überwacht.

2.5   Preise und Kaufkraft

Die meisten Arbeitnehmer haben ein gleich bleibendes Einkommen. Für sie ist es wichtig, dass die Preise nicht steigen, damit der Verdienst möglichst weit reicht, nach Möglichkeit noch etwas gespart werden kann (siehe Einkommen – Verbrauchen – Sparen – Seite 127). Wenn die Lebensmittel teurer werden, merkt man es sehr rasch am Haushaltsgeld.

Steigen die Preise, so erhält man für sein Geld weniger Ware: Der Geldwert fällt. Fallen die Preise, dann steigt der Geldwert.

Der Geldwert ist die **Kaufkraft** gegenüber Gütern und Dienstleistungen.

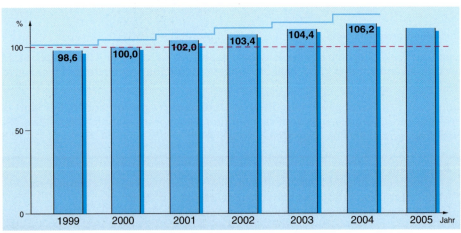

Verbraucherpreisindex aller privaten Haushalte (VPI)
Quelle: Monatsberichte der Deutschen Bundesbank, Frankfurt (Main)

Wie sich innerhalb eines Jahres die Kaufkraft des Geldes und damit der Geldwert ändert, wird mit Vergleichszahlen für die Lebenshaltung ausgedrückt (Index, lat.: Anzeiger der Lebenshaltungskosten; Plural: Indizes).

Die Lebenshaltungskosten werden anhand der Preise von 750 Waren und Dienstleistungen, dem so genannten **„Warenkorb"**, durch das Statistische Bundesamt in Wiesbaden ermittelt. Der Warenkorb wird alle fünf Jahre (zuletzt 1995) den sich ändernden Verbrauchergewohnheiten angepasst, z.B. wurden dabei Plattenspieler gegen CD-Player, Blitzlichtwürfel gegen Elektronenblitz, Kohleherd gegen Mikrowelle, Leuchtstofflampe gegen Energiesparlampe ausgetauscht.

Grundlage der Vergleichszahlen ist der 4-köpfige Durchschnitts-Verbraucher-Haushalt des Jahres 1995 im gesamten Bundesgebiet.

Das Bezugsjahr 2000 wird = 100% gesetzt. Die Lebenshaltungskosten des Jahres 2003 betrugen 104,5%. Das bedeutet, dass die **Lebenshaltung** gegenüber 2000 4,5% **teurer** war, der **Geldwert** also **gesunken** ist. Der Preisanstieg bewegt sich in kleinen Schritten nach oben.

Der deutsche Verbraucherpreisindex zeigt die jeweilige Teuerungsrate z.B. gegenüber dem Vorjahr/Vormonat an.
Auf europäischer Ebene gibt es den harmonisierten Verbraucherpreisindex der EU, welcher in absehbarer Zeit die nationalen Indizes ablösen wird.

2.6 Preis-Lohn-Spirale / Lohn-Preis-Spirale

„Grausam, wie der Hase den armen Fuchs hetzt!"

Wer hetzt wen (siehe Zeichnung)? Treiben gestiegene Löhne die Preise in die Höhe oder umgekehrt erhöhte Preise die Löhne? Wie verhalten sich Preis und Lohn zueinander?

Preis ist der Gegenwert für Güter und Dienstleistungen. Demzufolge müssen die Kosten, also auch die Löhne, über den Preis an das Unternehmen zurückfließen. Wenn **höhere Löhne** nicht dadurch aufgefangen werden können, dass billiger (rationeller) produziert wird, dann müssen die **Preise erhöht** werden.

Die Lebenshaltung wird teurer. Die Folge sind Lohnforderungen. Ob nun die erhöhten Preise die steigenden Löhne oder ob die gestiegenen Löhne die höheren Preise bedingen, ist in der Wirkung gleichbedeutend. Die **Preis-Lohn-Spirale** oder die **Lohn-Preis-Spirale** gerät in Bewegung. Beides ist für den Arbeitnehmer in jedem Falle ungünstig, da stets die Löhne den Preisen nachstehen (siehe Inflation, Seite 301 f.).

1 Was versteht man unter Preis?

2 Wie bildet sich der Marktpreis? Welche Faktoren beeinflussen die Preisbildung?

3 Warum ist der Wettbewerb zwischen den Erzeugern für den Verbraucher günstig?

4 Wie entsteht ein hoher, niedriger und ausgeglichener Preis?

5 Welche Änderungen ergeben sich, wenn man im Preis-Mengen-Diagramm die Angebotskurve (Nachfragekurve) nach links (rechts) verschiebt? Zeichne hierzu jeweils ein beliebiges Preis-Mengen-Diagramm. Hebe die verschobene Kurve (Angebot bzw. Nachfrage) und die Veränderungen von Menge und Preis farbig hervor.

6 Unter welcher Bedingung kann **ein** Produzent den Warenpreis bestimmen?

7

Statistiker kommen dem „Teuro" auf die Schliche
Jetzt ist es offiziell: Neue Währung trieb teilweise Preise hoch

Wiesbaden (scht).
Das Phantom „Teuro" scheint gestellt. In einer Bilanz zum Thema „Sechs Monate Euro" hat das Statistische Bundesamt den landläufigen Eindruck bestätigt, der Euro sei teilweise zu Preiserhöhungen benutzt worden. Diesen – jetzt auch offiziellen – Vorwurf muss sich vor allem die Dienstleistungsbranche gefallen lassen. die viel gescholtenen Einzelhändler dagegen werden eher entlastet.
Zusammen mit der Bundesbank hatten die Statistiker seit etwa einem Jahr 18.000 Preisreihen aus 35 Produktgruppen unter die Lupe genommen. Anders als der standardisierte Warenkorb, der sonst zur Ermittlung der Inflationsrate herangezogen wird, konzentrierten sich die Experten diesmal auf Güter des täglichen Bedarfs. Ergebnis: „Bei Dienstleistungen war die Umstellung nahezu auf einen Schlag erfolgt. Damit einher gingen deutliche Preiserhöhungen. Die aktuellen Zahlen lassen erkennen, dass diese bisher nicht zurückgenommen wurden."

Quelle: AZ, 3. Juli 2002

a) Welche Wirtschaftsbereiche (Branchen) waren nach dem Zeitungsbericht von Preiserhöhungen betroffen?

b) Ist das auch für dich/für deine Eltern von Bedeutung, wenn die Preise weiter steigen sollten? Warum?

8 Welche Schlüsse kann man aus dem Lebenshaltungskostenindex ziehen?

9 Ein Verbraucher hat im Jahr 2000 Waren im Wert von 244,48 DM ≙ 125 EUR gekauft. Wie viel EUR musste er für gleiche Waren 2000, 2001, 2002, 2003 und 2004 bezahlen, wenn man die Prozentangaben des Verbraucherpreisindex (Abbildung Seite 158) zugrunde legt?
Übernimm die Tabelle in dein Arbeitsheft und trage die entsprechenden Werte ein.

Jahr	2000	2001	2002	2003	2004
Warenwert EUR	125,00				
Verteuerung EUR	– –				

Um wie viel EUR (%) haben sich die Waren insgesamt im Lauf der Jahre verteuert?

10 Wäre es zweckmäßig, wenn der Staat Stopp-Preise einführen würde, um so die ständige Verteuerung und Preis-Lohn-Konflikte auszuschalten? Würde sich das mit dem Grundgesetz und einer freiheitlichen Wirtschaftsordnung vereinbaren? Begründe deine Meinung.

11 Erkläre den Zusammenhang zwischen Einkommen, Preisanstieg und Kaufkraft.

3 Marktformen

> **Monopole in der Geschichte: Jakob Fugger, der Reiche**
>
> Jakob Fugger leitete bis zu seinem Tod 1525 das größte Wirtschaftsunternehmen in Mitteleuropa. Ende des Jahres 1488 standen alle Silberminen Tirols unter seiner Aufsicht, alles Erz ging durch seine Hände. Jakob Fugger steckte sich ein noch höheres Ziel: Er wollte die bedeutendsten Kupfervorkommen und damit den Kupferhandel in seine Hände bekommen. Das war möglich, wenn es ihm gelang, im Erzgroßhandel als alleiniger Auf- und Verkäufer aufzutreten. So versuchte er nun, die ungarischen Gruben unter seine Kontrolle zu bringen. Unbemerkt kaufte sich Jakob Fugger über Mittelsmänner in die größten Kupfergruben Ungarns ein oder schloss langfristige Pachtverträge ab. In neu errichteten Hammer- und Hüttenwerken sowie Gießereien konnte das Kupfererz weiterverarbeitet werden. Als wegen einer gewaltig gestiegenen Kupferproduktion die Preise immer mehr sanken, hielt Jakob Fugger für einige Monate eine riesige Menge Kupfer vom Markt fern, um den Kupferpreis wieder hochzutreiben. Fugger hatte sein Ziel erreicht.

◆ Lies obigen Text konzentriert durch und erkläre, wie Jakob Fugger seine Preisvorstellungen verwirklichen konnte.

◆ Warum musste Jakob Fugger Mittelsmänner einschalten?

◆ Um welche **Marktform** handelt es sich im Falle Fugger?

3.1 Begriff und Arten der Marktformen

Im vorangegangenen Kapitel „Bildung des Marktpreises" tauchten als wesentliche Bestandteile das Angebot und die Nachfrage auf. Außerdem beeinflussen sich Angebot, Nachfrage und Preis auch gegenseitig. Die jeweilige Machtfülle, die **Marktmacht**, von Angebot und Nachfrage hängt entscheidend davon ab, wie das innere Gefüge der Nachfrage und des Angebots auf einem Markt beschaffen ist.

> **Marktformen** sind Gliederungen der verschiedenen typischen Arten des Zusammentreffens von Angebot und Nachfrage. Sie geben den **Aufbau** (= Struktur) der **Marktbeziehungen** an.

Die gebräuchlichsten Merkmale bei der Untergliederung der Marktformen sind **Zahl und Größe der Marktteilnehmer** und das jeweilige **Marktverhalten** der Angebots- und Nachfrageseite.

Denn der Preis richtet sich nicht immer nur nach Angebot und Nachfrage. Oft wird er bestimmt von **Monopolen** und **Oligopolen**.

Aufbauend auf der Zahl der Marktteilnehmer lassen sich folgende **drei Hauptmarktformen** auf jeder der beiden Marktseiten unterscheiden:

◆ **Monopol** (griech.: mono = eins)

◆ **Oligopol** (griech.: oligo = wenige)

◆ **vollständige Konkurrenz** (lat.: concurrere = zusammenlaufen)

3.2 Das Monopol

Bei der Marktform des Monopols ist das Angebot oder die gesamte Nachfrage am Markt in einer Hand konzentriert. Es handelt sich also jeweils nur um **einen einzigen Verkäufer** (= Alleinverkäufer) oder **einen einzigen Käufer** (= Alleinkäufer).

Es gibt demnach sowohl **Angebots-** als auch **Nachfragemonopole**. Immer jedoch beherrscht der Monopolist den Markt.

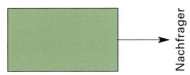

Nur **ein** Anbieter = **Monopol**

Beispiele

◆ Ein **Angebotsmonopol** besitzt z.B. der Staat in Form des Branntweinmonopols.

◆ Die Bundeswehr hat ein **Nachfragemonopol** für Schützenpanzer und Kampfflugzeuge; die Deutsche Bahn AG ein solches für E-Loks.

Der Monopolist bestimmt und diktiert den Preis (= Preisdiktat). Er kann entweder zu einem hohen Preis mengenmäßig wenig oder zu einem niedrigen Preis mengenmäßig viel verkaufen.

Nachteile der Monopole:

◆ Der Monopolist ist in der Lage, durch künstliche Verknappung des Angebots ständig einen weit über seinen Kosten liegenden Preis zu erzielen. Er kann also einen **Monopolgewinn** einstreichen, dessen Ursprung nicht in der Qualität seines Gutes, sondern allein in der Marktform liegt.

◆ Beim Monopol liegt eine gefährliche **Zusammenballung wirtschaftlicher Macht** vor.

◆ Modernisierungs- und Verbesserungsmaßnahmen des Unternehmens unterbleiben oft, da der **Konkurrenzdruck fehlt**.

◆ **Der Kundendienst** (= Service) des Monopolisten ist **oft schlecht**.

In Deutschland sind dem Monopol durch das „Gesetz gegen Wettbewerbsbeschränkungen" (Kartellgesetz, siehe Seite 171) enge Grenzen gesetzt.

3.3 Das Oligopol

> Beim Oligopol, das als Angebots- wie als Nachfrageoligopol auftreten kann, handelt es sich um **einige wenige, in ihrer Anzahl noch überschaubare Marktteilnehmer**.

Der Marktanteil eines jeden Einzelnen reicht zwar aus, den Markt zu beeinflussen, ist jedoch nicht groß genug, ihn auch zu beherrschen.

Bei der Preisbildung stellt der Oligopolist das Verhalten seiner Mitanbieter in Rechnung und auch die Reaktion seiner Abnehmer.

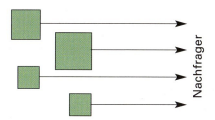

Einige (wenige) Anbieter = **Oligopol**

Beispiele für Angebotsoligopole:
Automobil- und Mineralölindustrie; Zigaretten- und Waschmittelhersteller

Marktverhalten der Oligopole

◆ **Verdrängungswettbewerb:** Die Anbieter versuchen durch Preisunterbietungen sich gegenseitig Marktanteile abzujagen. Wer finanziell den längeren Atem hat, setzt **Kampfpreise** fest, um den Konkurrenten zur Aufgabe zu zwingen.

Beispiele

	A	B
1. Stufe	1,40	1,40
2. Stufe	1,20 🏃	1,40
3. Stufe	1,20 🏃	-,98
4. Stufe	✕	-,98
5. Stufe		1,60

Beispiel eines Preiskampfes (ruinöser Wettbewerb):

A und B verkaufen je ein Produkt von gleicher Qualität zum gleichen Preis (EUR 1,40).

A senkt den Preis.

Folge: Käufer wandern von B zu A.

B senkt den Preis (eventuell unter die Selbstkosten).

Folge: Käufer wandern von A zu B.

A kann weitere Preissenkungen finanziell nicht verkraften und gibt auf.

B ist allein auf dem Markt. Der Preis wird stark angehoben, um die vorhergehenden Einbußen auszugleichen.

◆ **Verlagerung des Wettbewerbs:** Die Konkurrenten beschließen auf einen ruinösen (= zum wirtschaftlichen Zusammenbruch führenden) Preiskampf zu verzichten. Sie verlagern den Wettbewerb auf Qualität, Aufmachung ihrer Produkte, Werbung, Kundendienst u.a.

◆ **Preisführerschaft:** Ein Anbieter übernimmt die Rolle des „Preisführers", wenn er davon ausgehen kann, dass alle Konkurrenten ihm folgen werden.

Beispiel

Eine Mineralölgesellschaft erhöht die Benzinpreise, alle anderen ziehen nach.

◆ **Preisabsprachen:** Die Anbieter verzichten auf jeden Konkurrenzkampf und sprechen die Preise unter sich ab („Gentlemen's Agreement" = Übereinkommen ohne schriftlichen Vertrag; siehe Kartellgesetz, Seite 171).

Fällt die Anzahl der Oligopolisten auf zwei, dann spricht man von der Sonderform des **Duopols** (lat.: duo = zwei). Dabei stehen sich zwei Anbieter oder Nachfrager auf dem Markt gegenüber.

3.4   Die vollständige Konkurrenz

Im täglichen Sprachgebrauch versteht man unter Konkurrenz den Mitanbieter oder Mitnachfrager.

Darüber hinaus ist Konkurrenz auch eine **Marktform**. Sie ist hier gemeint:

Die Marktform der Konkurrenz ist das typische Gegenstück zum Monopol.

> In der Konkurrenz stehen **unendlich viele Anbieter unendlich vielen Nachfragern** gegenüber.

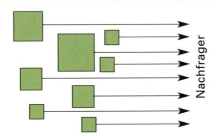

Unendlich viele Anbieter = **Konkurrenz** (Polypol)

Marktmacht und Einfluss eines jeden Einzelnen sind so gering im Verhältnis zum Gesamtmarkt, dass er **keinen Einfluss auf die Preisgestaltung** ausüben kann. Eine Vergrößerung seines Marktanteils kann der Anbietende nur durch bessere Qualität, kostengünstigere Produktion und besseren Kundendienst erreichen. Dies kommt wiederum dem Verbraucher zugute. Der einzelne Anbieter wird hier ständig zur Rationalisierung und zur Verbesserung angespornt.

Dies alles kommt dann automatisch wieder dem Verbraucher zugute.

Zur vollständigen Konkurrenz müssen jedoch einige wichtige **Voraussetzungen** vorliegen, die nicht immer und überall gegeben sind:

◆ Es muss sich um **einheitliche** (homogene) **Güter** handeln.

◆ Der Käufer eines Gutes muss vollständige Marktübersicht, also vollen **Marktüberblick** besitzen. Der Markt muss „durchsichtig" sein, es muss völlige **Transparenz** herrschen (transparent = durchsichtig).

◆ Es darf **keine Bevorzugung** bestimmter Verkäufer (z.B. Freundschaft, Bekanntschaft) durch einzelne Käufer geben.

◆ Zeitliche Verzögerungen müssen ausgeschaltet sein, d.h., der Zeitablauf der Anpassung muss gleich null sein.

◆ Es darf **keine Zugangsbeschränkungen** zum Markt geben, d.h., jeder muss frei anbieten und frei kaufen können.

Eine wirklich reine, **vollständige Konkurrenz** (= vollständiger Wettbewerb) in der Marktform der vollständigen Konkurrenz bringt dem Käufer (Verbraucher) den größten Vorteil. In dieser reinen Ausprägung ist diese Marktform jedoch **nie und nirgends verwirklicht**.

3.5 Die unvollständige Konkurrenz

Bei der Marktform der unvollständigen Konkurrenz stehen auch unendlich viele Anbieter unendlich vielen Nachfragern gegenüber. Die übrigen Voraussetzungen der vollständigen Konkurrenz sind jedoch nicht erfüllt. Man spricht hier von **Polypol** (griech.: poly = viele).

Die Güter sind nicht überall einheitlich. Außerdem bestehen die unterschiedlichsten Bevorzugungen (= Präferenzen) sowohl persönlicher als auch sachlicher Natur (z.B. Freundschaft, günstige Lage). Dadurch wird ein bisher einheitlicher Konkurrenzmarkt in eine Reihe von Einzelmärkten aufgespalten und die „Unterschiedslosigkeit" geht ganz oder teilweise verloren.

Hinsichtlich der Art, Aufmachung, Verpackung und Qualität sind die Güter derart voneinander unterschieden (= heterogene Güter), dass ein Kaufurteil nicht nur aufgrund der Preise gefällt wird, sondern auch entsprechend der vorhandenen (oder nur eingebildeten) Vorzüge. Deshalb spricht man hier von der **Marktform der unvollständigen** oder **unvollkommenen Konkurrenz**.

3.6 Marktformenübersicht

Anbieter \ Nachfrager	viele	wenige	einer
viele	Vollständige Konkurrenz	Nachfrage-oligopol	Nachfrage-monopol
wenige	Angebots-oligopol	Zweiseitiges Oligopol	Beschränktes Nachfragemonopol
einer	Angebots-monopol	Beschränktes Angebotsmonopol	Zweiseitiges Monopol

1 Welche Marktformen ergeben sich hauptsächlich aus der unterschiedlichen Anzahl der Marktteilnehmer auf der Angebots- und Nachfrageseite?

2 Wie vollzieht sich in den einzelnen Marktformen jeweils die Preisbildung?

3 Inwiefern wirken sich Monopole nachteilig für den Verbraucher aus?

4 Begründe, warum der Käufer (Verbraucher) bei vollständiger Konkurrenz am günstigsten abschneidet.

5 Nenne jeweils drei Beispiele für monopolistische und oligopolistische Marktformen sowie für vollständige Konkurrenzmärkte in Deutschland.

6

> 99 Wissenschaft bricht Monopole. 66

Versuche, anhand einiger Beispiele zu beweisen, ob und inwieweit diese Aussage zutrifft. Diskutiert miteinander.

7 Nenne zwei beliebige Merkmale der unvollständigen Konkurrenz.

8 Welche Marktformen scheinen in unserer Volkswirtschaft die Regel, welche die Ausnahme zu sein?

Diskutiert miteinander und begründet eure Aussagen.

9 Löse das Marktformen-Puzzle. Zu jeder Marktform passt nur ein Merkmal. Übertrage das Ergebnis in dein Heft.

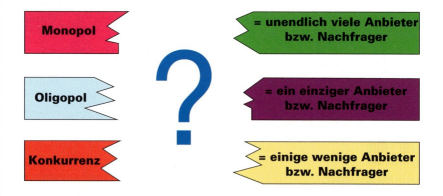

10 Diskutiert in der Gruppe, weshalb sich in unserer sozialen Marktwirtschaft der Preis nicht immer nach Angebot und Nachfrage richtet. Bezieht auch die Interessenlage des Staates in eure Diskussion mit ein. Belegt eure Thesen durch drei Beispiele, die der Gruppensprecher anschließend der Klasse präsentiert.

4 Wettbewerbsrechtliche Regelungen

Ulla auf der Jagd nach Schnäppchen

„Das hatte ich mir so schön vorgestellt", erzählt Ulla ihren Mitschüle-rinnen. „Zu meinen übrigen Klamotten passte die neue Jeans, die ich beim Schlussverkauf[1] sah, einfach super. Der Preis war zudem Spitze für meinen kleinen Geldbeutel. Da musste ich zugreifen, bevor mir jemand das günstige Angebot wegschnappte. Ich ließ mir die Hose schnell einpacken. Anprobieren konnte ich sie ja in Ruhe zu Hause. Doch da kam der große Hammer. Ich hatte mich in der Größe getäuscht. Die Jeans passte nicht und die Farbe gefiel mir bei Tages-licht auch nicht mehr so gut. Also nichts wie wieder hin ins Geschäft und umtauschen oder Geld zurück. Denkste! An der Kasse deutete man nur auf ein Schild, dass der Umtausch ausgeschlossen ist, und Geld gab's auch keines. Statt dessen habe ich einen Gutschein erhal-ten, den ich später einlösen kann."

◆ *Hat ein Käufer keine Rechte? Ist der Händler wirklich im Recht? Unter welchen Bedingungen müsste er umtauschen?*

◆ *Erkundige dich bei der für deinen Wohnort/Schulort nächstgele-genen Verbraucherberatung. Die Anschrift findest du im Telefon-buch, im Internet oder in den „Gelben Seiten".*

◆ *Was kannst du aus diesem Bericht lernen?*

---

[1] Die früheren Sommer- und Winterschlussverkäufe wurden nach fast 100-jähriger Tradition abgeschafft. Der Einzelhandel will jedoch wegen der eingeführten Namen daran festhalten. Gegenüber dem alten Gesetz sind nunmehr Verkäufe mit Rabatten jederzeit und mit erweiter-tem Sortiment möglich.

> Der Wettbewerb wirkt für den Unternehmer wie eine Peitsche. Er spornt ihn zu Höchstleistungen an. Wer Gewinn erzielen will, muss sich ständig anstrengen. Verluste führen auf die Dauer zur Ausschaltung vom Markt, zum Konkurs.

Unlauterer Wettbewerb

Rabattaktion wird teuer
C&A muss für Sonderverkauf 1 Million Euro Strafe zahlen

Düsseldorf/Augsburg
Die Bekleidungskette C&A muss für ihre publikumswirksame Rabattaktion bei Einführung des Euro-Bargelds eine Million Euro Strafe zahlen. Das Düsseldorfer Landgericht stufte die Preisnachlässe des Unternehmens gestern als wettbewerbswidrig ein. C&A hatte in der ersten Januarwoche auf alle Waren 20 Prozent Rabatt für Kartenzahler ausgelobt. Als Wettbewerbshüter dagegen eine einstweilige Verfügung erwirkten, weitete das Unternehmen die Aktion auf alle Kunden aus.

Auch nach dem Fall des Rabattgesetzes sei die Aktion in den bundesweit 184 C&A-Filialen wettbewerbswidrig gewesen, sagte der Vorsitzende Richter Horst Butz. Es habe sich um einen verbotenen Sonderverkauf und somit um unlauteren Wettbewerb gehandelt.

Wenig schuldbewusst hingegen gibt man sich bei C&A. „Wir gehen davon aus, nicht gegen geltendes Wettbewerbsrecht verstoßen zu haben", sagte Pressesprecher Knut Brüggemann gegenüber unserer Zeitung. Außerdem sei die Euro-Einführung ein „Ausnahmefall" gewesen. Man werde Berufung einlegen. Die Rabattaktion habe C&A ein Umsatzplus von 172 Prozent beschert, was, so Brüggemann, auch auf die einstweilige Verfügung und das damit einhergehende intensive Medieninteresse zurückzuführen sei.

In ihrer „Rechtsauffassung bestätigt" sehen sich der Hauptverband des deutschen Einzelhandels und die Zentrale zur Bekämpfung unlauteren Wettbewerbs. Die C&A-Aktion haben eine massive Umsatzverlagerung mit sich gebracht und vor allem dem Mittelstand geschadet. Das Urteil sei auch ein Signal für die Unternehmen, die mit „ähnlichen Gedanken wie C&A gespielt haben", meint Hubertus Pellengahr vom Hauptverband des deutschen Einzelhandels.

Quelle: AZ, 28. März 2002

Rabatte und Freibier diesmal ohne Klagen

Düsseldorf (ap). Der Erfolg der deutschen Fußball-Nationalmannschaft hat das Rabattfieber im Einzelhandel weiter angeheizt. Deutschlands größter Warenhauskonzern Karstadt lockte am Montag trotz der Finalniederlage mit einem „Weltmeister-Rabatt" von 30 Prozent „auf drei Artikel Ihrer Wahl aus den Bereichen Bekleidung, Heimtextilien und Sportbekleidung". Die Bitburger Brauerei lud die Fußballfans unter ihren Kunden zu einem Freibier in einer der 26 000 vom Unternehmen belieferten Gaststätten ein. Grünes Licht bekam Karstadt diesmal auch von der Zentrale zur Bekämpfung unlauteren Wettbewerbs, die in der Vergangenheit häufig gegen ähnliche Rabattaktionen juristisch vorgegangen war.

Quelle: AZ, 2. Juli 2002

Auch ohne SSV müssen Lager leer werden

Bingen/Ingelheim. Der gesetzliche Schlussverkauf ist abgeschafft, doch in der Binger Innenstadt sind seit einer Woche überall die Waren reduziert. Der Sommerschlussverkauf findet weiterhin statt – wenn auch unter anderem Namen. Summer-Sale heißt er in der Boutique „New Yorker", Saison-Stopp-Verkauf bei Schuh Schmidt und der Jeanspalast wirbt mit dem Slogan „30 Prozent statt 30 Grad". Karstadt hat eigens den KSV kreiert: den Karstadt-Schlussverkauf.

„Der Schlussverkauf hat immer noch den Sinn, die Lager zu räumen", sagt der stellvertretende Karstadt-Geschäftsführer Peter Lill. Deshalb sei vor allem Kleidung reduziert. „Aber so große Umsätze wie früher gibt es nicht mehr", stellt er klar. Seit vor drei Jahren das veraltete Rabattgesetz abgeschafft wurde, dürfen die Unternehmen das ganze Jahr über Preisnachlässe gewähren. (...)

Quelle: AZ, 3. August 2004

Während der Wettbewerb einerseits weniger leistungsfähige Unternehmen ausscheidet, steigert er andererseits die Leistungsfähigkeit der Gesamtwirtschaft, z.B. durch Rationalisierung. Das bringt dem Verbraucher Vorteile, z.B. hinsichtlich des Preises, der Qualität oder der Vielfalt der angebotenen Waren.

Hin und wieder werden die geraden Bahnen des Wettbewerbs verlassen und es kommt zum unlauteren Wettbewerb. Dem versuchte der Gesetzgeber durch das **Gesetz gegen den unlauteren Wettbewerb** und andere Gesetze zu begegnen.

Gesetz gegen den unlauteren Wettbewerb

In § 1 dieses Gesetzes heißt es:

> „Wer im geschäftlichen Verkehr zu Zwecken des Wettbewerbs Handlungen vornimmt, die gegen die guten Sitten verstoßen, kann auf Unterlassung und Schadenersatz in Anspruch genommen werden."

Der Wettbewerb ist unlauter, d.h., er verstößt gegen die guten Sitten,

◆ wenn die Werbung nicht dem Grundsatz der Wahrheit und Klarheit entspricht;

Beispiel

Beim Käufer wird der (falsche) Eindruck erweckt, dass es sich um ein besonders günstiges Angebot handelt.

◆ wenn irreführende Angaben gemacht werden über Beschaffenheit, Ursprung, Herstellungsart, Bezugsquellen der Waren;

Beispiel

Stets vorrätige Kunstseide wird als einmaliges Angebot und echte Seide aus Hongkong ausgegeben.

◆ wenn der Besitz von Auszeichnungen vorgetäuscht wird.

Beispiele

DLG-prämiiert, Silberne Preismünze u.a.

Räumungsverkäufe sind nur zulässig, wenn der Grund für den Verkauf angegeben wird:

◆ Aufgabe des gesamten Geschäftsbetriebes
◆ größere Umbauarbeiten
◆ Schäden durch Feuer, Wasser, Sturm usw.

Beispiel

Räumungsverkauf wegen Geschäftsaufgabe, Brand-, Wasserschadens

Der Verkauf eigens herbeigeschaffter Waren anlässlich eines Räumungsverkaufes (Vor- oder Nachschieben von Waren) ist verboten.

Beispiel (verboten):

Zusätzlicher Ankauf von Wollwaren beim „Räumungsverkauf unserer Strickwarenabteilung wegen Erweiterung des Geschäftes".

Das Anschwärzen eines Wettbewerbers oder das Schlechtmachen seiner Waren sind nicht statthaft.

Beispiel ~~(verboten)~~: *erlaubt*

„Von Metzger SCHMIDT den Sonntagsbraten?
Davon ist dringend abzuraten!
Für jeden Tag, zu jeder Feier:
Fleisch kauft man nur bei Metzger MEIER!"

Die Verwendung von Bezeichnungen (Name, Firmenzeichen u.a.), die mit ähnlichen Bezeichnungen verwechselt werden können, ist nicht erlaubt.

Beispiele (verboten):

ROLF – der erfolgreiche Wagen in der unteren Mittelklasse.
Im Falle eines Falles klebt OHO wirklich alles.
4411 – das Wasser aus Köln.

Verboten sind ferner:

Bestechen von Angestellten, um Vorteile zu erlangen, Verrat von Geschäftsgeheimnissen, unbefugte Verwendung von technischen Zeichnungen, Modellen, Rezepten u.a. Erlaubt ist allerdings vergleichende Werbung.

Für den Streitfall gibt es Einigungsstellen bei den Industrie- und Handelskammern. Kann man sich nicht einigen, ist Klage vor Gericht möglich.

Sommer-/Winterschlussverkauf

Ein Bild aus vergangenen Tagen: Nachdem das Sonderveranstaltungsverbot durch die Änderung des UWG aufgehoben ist, ist jede Aktion und Sonderveranstaltung erlaubt. Da der Gesetzgeber davon abgesehen hat, die Begriffe „Saisonschlussverkauf", „Winterschlussverkauf" und „Sommerschlussverkauf" besonders zu schützen, ist die Verwendung dieser Begriffe nicht mehr an bestimmte Zeiträume und Warengattungen gebunden. Sie sind beliebig anwendbar. Eine zeitliche Beschränkung für Schlussverkäufe (früher 12 Werktage) gibt es ebenfalls nicht mehr.

Preisangabenverordnung

Sie schreibt vor, dass der Einzelhändler seine Waren mit einem **Preisschild** zu versehen hat. Handwerksbetriebe wie Fleischer, Bäcker, Dienstleistungsbetriebe wie Friseure, Reinigungen, Gaststätten und Übernachtungsbetriebe (Pensionen, Hotels) haben ein **Preisverzeichnis** an gut sichtbarer Stelle anzubringen. Bei Tankstellen ist die **Preisangabe** so groß auszuführen, dass sie im Vorbeifahren gelesen werden kann.

Die Auszeichnung muss den **Endverkaufspreis** (also einschließlich Mehrwertsteuer), den Preis für eine bestimmte **Einheit** (Kilogramm, Stück, Paar, Meter u.a.) und die **Güte** (Handelsklasse, 1. Wahl, Jahrgang u.a.) enthalten.

Die Preisangabe z.B. im Schaufenster stellt nur eine Aufforderung zum Kauf dar (Kaufantrag). Dem Händler muss ein Preisirrtum zugestanden werden. Verstößt er jedoch laufend gegen die Vorschriften zur Preisangabe oder ändert er auf einen Hinweis das falsche Preisschild nicht, so kann der Kunde das Ordnungsamt oder die nächstgelegene Verbraucherzentrale bzw. deren Beratungsstelle verständigen, z.B. Arbeitsgemeinschaft der Verbraucher, Bonn, Verbraucherzentrale e.V. Rheinland-Pfalz, Mainz, Verbraucherzentrale für das Saarland e.V., Saarbrücken (siehe Seite 39).

Kundenbindung

Zu Beginn des Jahres 2002 sind das bisherige **Rabattgesetz** und die **Zugabeverordnung** ersatzlos aufgehoben worden. Der Kunde kann nunmehr den Preis mit dem Verkäufer frei aushandeln (feilschen). In den großen Warenhäusern und in den Supermärkten sind die meisten Waren jedoch mit Scanner-Etiketten zur raschen elektronischen Preiserfassung versehen. Hier ist also kaum ein Preisnachlass durch Verhandeln möglich. Zur **Kundenbindung** setzt man vielmehr auf **Treuepunkte**, ausgeweitetes **Rückgaberecht** oder **Kundenkarten** (engl.: Payback-Cards). Sie bringen Bonuspunkte, die gegen Prämien (Zeitschriften, Bücher, Reisegutscheine) oder ab einer gewissen Anzahl in Bargeld eingelöst werden können. Für die Werbung neuer Kunden gibt es zusätzliche Punkte. Waren bisher lediglich Zugaben von geringem Wert erlaubt, so kann nun jeder Händler selbst entscheiden, was ihm sein Kunde wert ist. Dieser sollte aber nach wie vor selbst den Markt beobachten (Angebote in der Tageszeitung, in Wurfsendungen), Preisvergleiche ziehen, bei der preiswerteren Konkurrenz einkaufen oder sein Talent zum Handeln erproben.

Gesetz gegen Wettbewerbsbeschränkungen (Kartellgesetz)

"Ja zu Bayer-Zukauf

Leverkusen (dpa). Die Übernahme der Pflanzenschutzsparte Aventis Crop-Science durch den Bayer-Konzern ist perfekt. Nach der Genehmigung durch die EU-Kommission gab jetzt die US-Kartellbehörde FTC grünes Licht für die größte Akquisition in der Geschichte des Unternehmens (7,25 Mrd. €). Einen Tag zuvor hatte der Bayer AG den Verkauf des restlichen Aktienpakets von 30 Prozent an den Bildtechnik-Spezialisten Agfa Gevaert bekannt gegeben. "

Quelle: AZ, 1. Juni 2002

"Eu genehmigt Werftenverbund

Die EU-Kommission hat die Fusion der ThyssenKrupp-Werften mit der Kieler HWD genehmigt. Es gebe keine Wettbewerbsverzerrung, urteilte die Kommission am Freitag in Brüssel. [...] Dabei hatte sie besonders den Bau von U-Booten mit konventionellem Antrieb im Visier. „Das zusammengeschlossene Unternehmen wird auf diesen Märkten zwar eine Führungsposition einnehmen, doch gibt es weiterhin alternative Anbieter", stellte die Kommission fest. [...] Dass die Konkurrenz im U-Boot-Geschäft nicht zum Erliegen kommt, sieht Brüssel auch dadurch gewährleistet, dass die Nachfragen [...] stark genug sind, um Wettbewerbsverzerrungen entgegenzutreten. Im November hatten die Brüsseler Wettbewerbshüter ihre Prüfung der Fusion [...] mit der Bitte um weitere Informationen unterbrochen. Das fusionierte Unternehmen soll von Anfang 2005 an Kurs auf den Weltmarkt nehmen. "

Quelle: ftd, 10. Dezember 2004

Ein einwandfrei wirkender Wettbewerb ist u.a. Voraussetzung für das Zustandekommen des Marktpreises durch Angebot und Nachfrage (siehe Seite 154 ff.). In der sozialen Marktwirtschaft überlässt dies der Staat Anbietern und Nachfragern. Er greift nur dort regulierend ein, wo die Marktwirtschaft und ganze Verbrauchergruppen gefährdet sind, z.B. durch Zusammenschlüsse von Unternehmen, die eine Marktbeeinflussung und evtl. Ausschaltung des Wettbewerbs anstreben. Diesem Zweck dient das Gesetz gegen Wettbewerbsbeschränkungen (GWB).

Bekannter ist dieses Gesetz unter dem Namen *„Kartellgesetz"* (Kartell siehe Seite 78). Das Gesetz war ursprünglich dazu gedacht, Zusammenschlüsse (Kartelle) mehrerer rechtlich selbstständiger Unternehmen zum Durchsetzen bestimmter Ziele (z.B. größerer Marktanteil) und die daraus entstehenden Absprachen über Erzeugnisse, Liefergebiete, Mengen, Rabatte, Preis u.a. zu kontrollieren. In der Praxis wurden jedoch immer wieder Verstöße gegen dieses Gesetz, insbesondere **Preisabsprachen,** festgestellt.

Das Gesetz sieht grundsätzlich ein Verbot **aller Kartelle** vor, wenn sie den Wettbewerb einschränken. Das Bundeskartellamt (Sitz in Bonn) prüft die wirtschaftlichen Absprachen, ob sie den gesetzlichen Bestimmungen entsprechen. Unter bestimmten Voraussetzungen kann es Ausnahmen vom Kartellverbot zulassen.

Innerhalb der Europäischen Union kann die EU-Kommission den Zusammenschluss (Fusion) von großen Firmen untersagen, wenn dadurch eine marktbeherrschende Stellung eingenommen wird.

Arbeitsaufgaben und Anregungen zum Handeln

1 Was versteht man unter unlauterem Wettbewerb?

2 Unter welchen Bedingungen ist ein Räumungsverkauf zulässig?

3 Warum ist die unbefugte Verwendung von technischen Zeichnungen, Modellen, Schnittmustern, Rezepten verboten?

4 Wie müssen Waren nach der Preisangabenverordnung ausgezeichnet sein?

5 Ein Motorroller ist im Schaufenster mit einem Preis von 939 EUR ausgezeichnet. Aus Prospekten weißt du, dass dieser Typ bedeutend teurer ist. Muss dir der Händler dieses Neufahrzeug zum Schaufensterpreis verkaufen? Begründe deine Meinung.

MEISSNERS ARBEITSWELT

„Das Schnitzel für 9 Euro 80 ... – einen Moment, da geh ich doch mal eben zu www.preisvergleich.de."

Quelle: AKTIV
Nr. 22/2002

6 Was will der Karikaturist mit seiner Zeichnung zum Ausdruck bringen?

7 Welche Werbemaßnahmen setzen dir/euch bekannte Firmen zur Kundenbindung ein? Halte/t diese stichpunktartig fest. Diskutiert darüber.

8 Zur Kundenwerbung werden manchmal Fahrkosten und Parkgebühren erstattet. Wäre dies für dich ein Anreiz bei Einkäufen den öffentlichen Personennahverkehr – auch unter Umweltschutzgesichtspunkten – zu wählen? Nimm Stellung.

9 Beim Händler kann der Kunde nunmehr feilschen (um den Preis handeln). Hältst du das als Verbraucher für wünschenswert? Wie ermittelst du jeweils den günstigsten Preis, z.B. beim Kauf von Lebensmitteln, Textilien, Schuhen, für einen Kühlschrank, die Waschmaschine, das Motorrad, ein Auto?

> **Degussa muss 118 Millionen zahlen**
>
> **Straßburg/Brüssel (dpa).** Der Chemiekonzern Degussa muss wegen illegaler Preisabsprachen ein EU-Bußgeld von 118 Mill. Euro zahlen. Degussa war mit den Konkurrenten Aventis und Nippon Soda fast dreizehn Jahre lang an einem Kartell für den Futterzusatzstoff Methionin beteiligt, entschied die Kommission gestern nach dreijährigen Ermittlungen in Straßburg.
>
> Degussa nannte die Höhe der Strafe nicht akzeptabel und will das Bußgeld anfechten. Nach den knapp 300 Mill. Euro gegen die BASF beim Vitaminkartell ist dies das zweithöchste EU-Strafgeld gegen ein deutsches Chemieunternehmen.
>
> Quelle: AZ, 3. Juli 2002

10 Gegen welches Gesetz und in welcher Weise wurde dagegen verstoßen? Sucht nach weiteren Beispielen in der Tageszeitung.

V

Menschen
im Betrieb

Im Betrieb werden an den jungen Menschen ganz neue und völlig andersartige Anforderungen gestellt als in der Schule.
Die Berufsausbildung stellt dabei den Einstieg in das Berufsleben dar. Ab dem Beginn des Berufsausbildungsverhältnisses wird der Tagesablauf vom betrieblichen Arbeitsrhythmus und den betrieblichen Anforderungen geprägt. Gleichzeitig muss der Jugendliche seine eigene Stellung innerhalb dieser neuen sozialen Umwelt „Betrieb" begreifen und verstehen lernen.

Montags bis freitags erwartet ihn ein Arbeitstag mit genau geregelten Arbeitszeiten. Pünktlichkeit ist ein selbstverständliches Gebot.

Die aus dem bisherigen Familien- und Freizeitraum gewohnten Freiheiten müssen dem völlig anders gearteten Betriebszweck untergeordnet werden und sind jetzt äußerst beschnitten.

Wer es bisher noch nicht konnte (oder wollte), muss sich jetzt an sorgfältiges Arbeiten gewöhnen.

Erläutere anhand der drei obigen Karikaturen,

◆ *welche Lebensgewohnheiten sich durch den Eintritt in das Berufsleben ändern müssen,*

◆ *welche neuen sozialen Beziehungen entstehen,*

◆ *durch welche neuen Verhaltensregeln die zukünftige Arbeit im Betrieb bestimmt wird.*

Ergänze die dargestellten Beispiele durch eigene Beobachtungen und Erfahrungen bei Betriebserkundungen und Betriebspraktika.

1.1 Notwendigkeit und Bedeutung der Berufsausbildung

> Der Beruf ist die wirtschaftliche **Grundlage unseres Lebens**. Deshalb ist eine gute Berufsausbildung eine der wichtigsten Voraussetzungen, die wir erwerben können.

Die Facharbeiterin und der Facharbeiter haben gegenüber dem Ungelernten die weitaus besseren Verdienst- und Aufstiegsmöglichkeiten.

Eine abgeschlossene Berufsausbildung macht sich auch in Zeiten der Arbeitslosigkeit bezahlt. Facharbeiter und Facharbeiterinnen werden leichter eine neue Stelle finden als ungelernte Arbeiter.

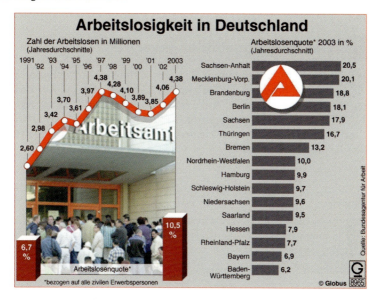

Arbeitslosigkeit in Deutschland

Zahl der Arbeitslosen in Millionen (Jahresdurchschnitte)

1991	2,60
	2,98
	3,42
	3,70
	3,61
	3,97
	4,38
	4,28
	4,10
	3,89
	3,85
	4,06
2003	4,38

Arbeitslosenquote* 2003 in % (Jahresdurchschnitt)

Sachsen-Anhalt	20,5
Mecklenburg-Vorp.	20,1
Brandenburg	18,8
Berlin	18,1
Sachsen	17,9
Thüringen	16,7
Bremen	13,2
Nordrhein-Westfalen	10,0
Hamburg	9,9
Schleswig-Holstein	9,7
Niedersachsen	9,6
Saarland	9,5
Hessen	7,9
Rheinland-Pfalz	7,7
Bayern	6,9
Baden-Württemberg	6,2

10,5 %

6,7 %

Arbeitslosenquote*

*bezogen auf alle zivilen Erwerbspersonen

Quelle: Bundesagentur für Arbeit

© Globus 8965

1.2 Wesen und Rechtsgrundlagen der Berufsausbildung

Grundlage der Berufsausbildung für die rund 370 anerkannten Ausbildungsberufe sowohl im industriellen als auch im handwerklichen Bereich ist das **Berufsausbildungsverhältnis**. Kennzeichnend für dieses Ausbildungsverhältnis ist, dass es sich dabei **nicht um ein Arbeitsverhältnis** handelt. Deshalb erhält die/der Auszubildende auch **keinen Lohn**, sondern eine **Ausbildungsvergütung**, die mit fortschreitender Ausbildung ansteigt (§ 10 Berufsbildungsgesetz).

Rechtsgrundlagen der Berufsausbildung sind in erster Linie:

- ◆ das **Berufsbildungsgesetz (BBiG)**
- ◆ die **Handwerksordnung** (Gesetz zur Ordnung des Handwerks)
- ◆ die **Ausbildungsordnungen**
- ◆ der **Berufsausbildungsvertrag**

Im § 1 des Berufsbildungsgesetzes heißt es:

> „Die Berufsausbildung hat eine breit angelegte berufliche Grundbildung und die für die Ausübung einer qualifizierten beruflichen Tätigkeit notwendigen fachlichen Fertigkeiten und Kenntnisse in einem geordneten Ausbildungsgang zu vermitteln. Sie hat ferner den Erwerb der erforderlichen Berufserfahrungen zu ermöglichen."

Einzelheiten der Ausbildung für jeden der anerkannten Ausbildungsberufe vermitteln die vom Bundeswirtschaftsministerium herausgegebenen **Berufsbilder**. Sie enthalten beispielsweise Angaben über Dauer der Ausbildungszeit, Arbeitsgebiete, notwendige und erwünschte Kenntnisse und Fertigkeiten.
Das jeweilige Berufsbild ist gesetzlicher Bestandteil des Berufsausbildungsvertrages.

1.3   Der Berufsausbildungsvertrag

Der/die Auszubildende muss bei einem Handwerksmeister (= Ausbildender) oder in einem Industrieunternehmen in der Regel eine 3- bis 3½-jährige Berufsausbildung durchlaufen, deren Einzelheiten im **Berufsausbildungsvertrag** geregelt werden. Nach Beendigung dieser Ausbildungszeit findet eine **Abschlussprüfung** vor der Industrie- und Handelskammer (IHK) zum Facharbeiter oder vor der Handwerkskammer (HK) zum Gesellen statt.

Beispiele

◆ Facharbeiterprüfung als Werkzeugmechaniker/in, Mediatroniker/in

◆ Chemielaborant/in; Gesellenprüfung als Elektroinstallateur/in

◆ Maurer/in, Schreiner/in, Bekleidungsfertiger/in, Konditor/in; Prüfung als Kaufmann/-frau im Einzelhandel, Bankkaufmann/-frau

◆ Versicherungskaufmann/-frau, Arzthelfer/in, Hauswirtschafter/in

Da der Auszubildende bei Vertragsabschluss in der Regel unter 18 Jahren und damit nur „beschränkt geschäftsfähig" ist, trägt der abgeschlossene Berufsausbildungsvertrag die Unterschriften des Ausbildenden, des Auszubildenden und der gesetzlichen Vertreter des Auszubildenden, also seiner Sorgeberechtigten.
Die Berufsausbildung beginnt mit einer **Probezeit**. Sie muss mindestens einen Monat und darf höchstens vier Monate betragen. Während der Probezeit kann jeder der beiden Hauptvertragspartner, also Auszubildender und Ausbildender, ohne Angabe von Gründen und ohne Einhaltung einer Kündigungsfrist vom Berufsausbildungsvertrag zurücktreten, d.h. den Vertrag kündigen.

Nach der Probezeit kann das Ausbildungsverhältnis nur gekündigt werden:
◆ **aus einem wichtigen Grund** ohne Einhaltung einer Kündigungsfrist, z.B. beim Tod des Ausbildenden, bei Diebstahl oder häufiger körperlicher Züchtigung,
◆ vom Auszubildenden mit Einhaltung einer Kündigungsfrist von vier Wochen, wenn er die **Berufsausbildung aufgeben** oder sich für einen anderen Beruf ausbilden lassen will (vgl. § 15 Berufsbildungsgesetz).

1.4 Gegenseitige Pflichten aus dem Berufsausbildungsvertrag

Einen wichtigen Bestandteil des Berufsausbildungsvertrages bilden die gegenseitigen **Pflichten der Vertragspartner**.

Im Folgenden sind sie in vereinfachter Form einander gegenübergestellt.

Pflichten des Auszubildenden	Pflichten des Ausbildenden
1. Lernpflicht: Erwerb der Fertigkeiten und Kenntnisse, die zum Erreichen des Ausbildungszieles erforderlich sind.	1. Ausbildungspflicht: Planmäßige Vermittlung der Fertigkeiten und Kenntnisse, die zum Erreichen des Ausbildungszieles in der vorgesehenen Zeit erforderlich sind; Ausbildungsmittel (Werkzeuge, Werkstoffe) zur Verfügung stellen.
2. Berufsschulpflicht: Regelmäßiger Besuch der Berufsschule.	2. Berufsschulpflicht: Den Auszubildenden zum Berufsschulbesuch anhalten, den Schulbesuch ermöglichen und überwachen.
3. Weisungsgebundenheit: Die im Rahmen der Ausbildung durch den Ausbildenden oder dessen Beauftragten (Ausbilder) erteilten Weisungen befolgen.	3. Fürsorgepflicht: Keine körperliche Züchtigung; keine berufsfremden und gesundheitsschädlichen Arbeiten; charakterliche Förderung des Auszubildenden (Erziehung zu sorgfältiger und gewissenhafter Arbeit, Fleiß, Pünktlichkeit u.a.).
4. Betriebsordnung einhalten.	4. Vergütungspflicht: Regelmäßige und pünktliche Zahlung der Ausbildungsvergütung.
5. Pflegliche Behandlung von Werkzeugen und Maschinen: Für vorsätzlich oder grob fahrlässig angerichteten Schaden im Betrieb haftet der Auszubildende.	
6. Schweigepflicht über Betriebs- und Geschäftsgeheimnisse.	
7. Verpflichtung alles zu tun, um das Ausbildungsziel zu erreichen.	

1.5 Der Betrieb als neuer Lernort

Mit dem Sprung von der Schule (z.B. der bisher besuchten Realschule) in den Beruf und die Berufsausbildung, öffnen sich für den jungen Menschen ganz neue Türen.

In einem veränderten Lebensabschnitt hat er sich mit ganz neuen Situationen auseinander zu setzen. Der Eintritt in das Berufsleben bedeutet nämlich für jeden jungen Menschen eine große Umstellung. Er macht täglich eine Menge neuer Erfahrungen angenehmer und unangenehmer Natur. Er muss den Umgang mit seinen neuen Arbeitskollegen und -kolleginnen sowie mit seinen Vorgesetzten erst langsam lernen. Er muss sich in einer völlig neuen sozialen Rolle bewähren. Vgl. hierzu nochmals Ausführungen S. 174.

1.6 Das duale System der Berufsausbildung

Die heute in der Regel 3- bis 3½-jährige Berufsausbildung findet an **zwei** voneinander **getrennten Lernorten** statt: im **Betrieb** und in der **Berufsschule**.

◆ Der **Lernort Betrieb** vermittelte früher fast ausschließlich und vermittelt heute immer noch überwiegend die **fachpraktische Ausbildung** des meist jugendlichen Auszubildenden.

Das Wirtschaftsministerium erstellt in Zusammenarbeit mit den jeweils zuständigen Kammern (Handwerkskammern, Industrie- und Handelskammern, Landwirtschaftskammern, Ärztekammern usw.) Ausbildungspläne, nach denen im Betrieb ausgebildet wird.

Die jeweils zuständige Kammer überwacht diese betriebliche Ausbildung in Umfang und Qualität.

Im Betrieb werden die für den jeweiligen Ausbildungsberuf notwendigen und erwünschten fachlichen Fertigkeiten und Kenntnisse in einem geordneten Ausbildungsgang vermittelt.

◆ Der **Lernort Berufsschule** muss während der gesamten Dauer der Berufsausbildung (in der Regel 3 bis 3$\frac{1}{2}$ Jahre) per gesetzlicher Verpflichtung besucht werden. Am Lernort Berufsschule wurde früher fast ausschließlich und wird heute immer noch überwiegend der **fachtheoretische Teil der Berufsausbildung** vermittelt. Daneben steht die **Vertiefung der Allgemeinbildung** innerhalb der Berufsausbildungszeit.

Die lernziel- und handlungsorientierten Lehrpläne, nach denen an den Berufsschulen unterrichtet wird, werden vom Bildungsministerium[1] in Abstimmung mit den Kammern erstellt. Das Bildungsministerium übt auch die Aufsicht über den schulischen Teil der Ausbildung aus.

Da in der Berufsausbildung zwei getrennte Lernorte beteiligt sind, hat sich die Bezeichnung **duales[2] System der Berufsausbildung** durchgesetzt.

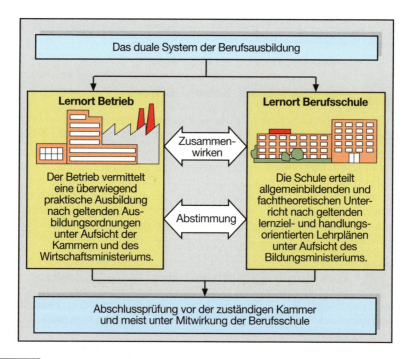

Das duale System der Berufsausbildung

Lernort Betrieb	Zusammen- wirken	Lernort Berufsschule
Der Betrieb vermittelt eine überwiegend praktische Ausbildung nach geltenden Ausbildungsordnungen unter Aufsicht der Kammern und des Wirtschaftsministeriums.	Abstimmung	Die Schule erteilt allgemeinbildenden und fachtheoretischen Unterricht nach geltenden lernziel- und handlungsorientierten Lehrplänen unter Aufsicht des Bildungsministeriums.

Abschlussprüfung vor der zuständigen Kammer und meist unter Mitwirkung der Berufsschule

---

[1] früher Kultusministerium. In Rheinland-Pfalz: Ministerium für Bildung, Wissenschaft und Weiterbildung; im Saarland: Ministerium für Wissenschaft, Kultur, Bildung und Sport
[2] lat.: duo = zwei; dual = zweifach, zweigleisig, auf zwei getrennten Ebenen stattfindend

1

> „ Die Unwissenheit der Menschen ist das Einzige auf der Welt, das noch mehr kostet als gezielte Ausbildung. " (John F. Kennedy)

Interpretiere (= erkläre, lege aus) dieses Zitat (= Ausspruch) des ehemaligen Präsidenten der USA.

a) Was hat Kennedy damit gemeint?

b) Stimmst du zu oder hast du eine entgegengesetzte Meinung?

Diskutiert untereinander.

2

> „ Lehrjahre sind keine Herrenjahre. "

Hältst du dieses alte Sprichwort heute noch für gültig?

Begründe deine Meinung.

3

Betrachte nochmals die drei Karikaturen auf Seite 174 und schreibe zu jeder Karikatur einen kurzen Text über die neue Situation des Jugendlichen im Betrieb (z.B. „Der/die Auszubildende muss ab jetzt ... ")

4

Welche Überlegungen sollten bei der Berufswahl entscheidend sein?

5

Wenn man in der Klasse ein Spiel mit verteilten Rollen, also ein so genanntes Rollenspiel durchführt, kann man sehr gut erkennen, dass andere Menschen andere Ansichten haben und jeder Beteiligte eine andere Rolle spielt.

Bildet in eurer Klasse zwei unterschiedliche Gruppen, nämlich Auszubildende und Ausbildende und beantwortet jeweils folgende Fragen:

*a) Welche **Hauptrechte** hat der Auszubildende aus einem abgeschlossenen Berufsausbildungsvertrag?*

*b) Welche **Hauptrechte** ergeben sich für den Ausbildenden aus einem abgeschlossenen Berufsausbildungsvertrag?*

*c) Welche **Hauptpflichten** lassen sich aus dem Berufsausbildungsvertrag ableiten – für den Ausbildenden? – für den Auszubildenden?*

6

> „ Ergebnis einer Umfrage der Industriegewerkschaft Metall in einer westdeutschen Großstadt: 44 % der Auszubildenden sind mit ihrer Ausbildung nicht zufrieden, 77 % müssen berufsfremde Arbeiten verrichten. "

a) Nimm Stellung zu dieser Umfrage.

b) Warum sollen Auszubildende nicht mit berufsfremden Arbeiten beschäftigt werden?

c) Was müsste deiner Meinung nach geändert werden, um die Berufsausbildung zu verbessern?

*Der folgende Lehrvertrag aus dem Jahre 1864 ist ein Beispiel für die damalige **Missachtung des Jugendarbeitsschutzes**.*

Lehrvertrag

Eduard Groos in Grünberg einerseits und Philipp Walther in Biedenkopf andererseits haben folgende Übereinkunft getroffen:

1. Groos nimmt den Sohn des Philipp Walther mit Namen Georg auf vier Jahre, und zwar vom 15ten Oktober 1864 bis dahin 1868, als Lehrling in sein Geschäft auf.

2. Groos macht sich verbindlich, seinen Lehrling in Allen dem, was in seinem Geschäft vorkommt, gewissenhaft zu unterrichten, ein wachsames Auge auf sein sittliches Betragen zu haben und ihm Kost und Logis in seinem Hause frei zu geben.

3. Groos gibt seinem Lehrling alle 14 Tage des Sonntags von 12 bis 5 Uhr frei; dabei ist es gestattet, daß er auch an dem Sonntage, wo er seinen Ausgangstag nicht hat, einmal den Gottesdienst besuchen kann.

4. Groos verzichtet auf ein Lehrgeld, hat aber dagegen die Lehrzeit auf vier Jahre ausgedehnt.

5. Walther hat während der Lehrzeit seines Sohnes denselben in anständiger Kleidung zu erhalten und für dessen Wäsche besorgt zu sein.

6. Walther hat für die Treue seines Sohnes einzustehen und alle Schaden, den derselbe durch bösen Willen, Unachtsamkeit und Nachlässigkeit seinem Lehrherrn verursachen sollte, ohne Einrede zu ersetzen.

7. Der junge Walther darf während der Dauer seiner Lehrzeit kein eigenes Geld führen, sondern die Ausgaben, welche nicht von seinem Vater direkt bestritten werden, gehen durch die Hände des Lehrherrn und der Lehrling hat solche zu verzeichnen.

8. Hat der junge Walther seine Kleidungsstücke und sonstige Effekten auf seinem Zimmer zu verschließen, aber so, daß sein Lehrherr davon Kenntnis hat und dieser solche von Zeit zu Zeit nachsehen kann, so oft es diesem gewahrt ist, um ihn gehörig zu überwachen.

9. Darf der Lehrling während seiner Lehrzeit kein Wirtshaus oder Tanzbelustigung besuchen, er müßte denn ausdrücklich die Erlaubnis hierzu von seinem Vater oder Lehrherrn erhalten haben und dann besonders darf er auch nicht rauchen im Geschäft oder außer demselben, es bleibt ganz untersagt.

10. Wenn der junge Walther das Geschäft der Groos verläßt, so darf dieser in kein Geschäft in Grünberg eintreten, ohne daß Groos seine Erlaubnis dazu gibt.

11. Zur Sicherstellung, daß beide Teile diese Übereinkunft treulich halten und erfüllen wollen, ist dieser Contract doppelt ausgefertigt. Jedem ein Exemplar eingehändigt und unterschrieben worden.

Grünberg und Biedenkopf, den 27. November 1864

Quelle: Informationen zur politischen Bildung, Nr. 175, „Arbeitnehmer und Betrieb", S. 24

◆ *Informiere dich über die Arbeitsbedingungen im 19. Jahrhundert. Lies dazu in Sozialkunde- und Geschichtsbüchern nach.*

◆ *Warum sind solche Auswüchse in unserem heutigen Staat nicht mehr möglich?*

◆ *Wie heißt das Gesetz, das heute Kinder und Jugendliche vor Überforderung bei der Arbeit schützt?*

◆ *Vielleicht kannst du sogar einige Vorschriften nennen?*

2.1 Notwendigkeit des Jugendarbeitsschutzes

Im 19. Jahrhundert wurden nicht nur solche Lehrverträge (wie im Einstiegsbeispiel dargestellt) abgeschlossen. Auch **Kinderarbeit** für 7- bis 9-jährige Kinder in Fabriken bis zu täglich 14 Stunden war nichts Ungewöhnliches.

Kinderarbeit im Arbeitssaal einer Papierfabrik in Aschaffenburg 1858. Eine Dampfmaschine (rechts) treibt über „Transmissionen" die einzelnen Werkzeuge und Maschinen an.

Jugendliche im Berufsausbildungs- oder Arbeitsverhältnis unter 18 Jahren genießen heute einen besonderen Schutz. Durch das **Gesetz zum Schutze der arbeitenden Jugend (Jugendarbeitsschutzgesetz)**, zuletzt geändert 2002, sollen Jugendliche bis 18 Jahre vor gesundheitlichen Schäden am Arbeitsplatz bewahrt und geschützt werden.

Wer in einem Handwerks- oder Industrieunternehmen als Jugendlicher seine Berufsausbildung erhält oder in einem solchen Unternehmen als Arbeitnehmer arbeitet, ist natürlich in den täglichen Arbeitsprozess und Arbeitsrhythmus eingespannt. Dabei dürfen junge Menschen jedoch nicht über ihre Kräfte hinaus wie voll belastbare Erwachsene gefordert werden. Deshalb gibt es das **Gesetz zum Schutze der arbeitenden Jugend**.

Gesetz
zum Schutze der arbeitenden Jugend
(Jugendarbeitsschutzgesetz)

Wichtige Bestimmungen des Jugendarbeitsschutzgesetzes im Überblick

Arbeitszeit §4, §8 §§15 – 17

5-Tage-Woche,
täglich bis 8 Stunden,
wöchentlich bis 40 Stunden
(Ausnahmen möglich)

Berufsschule §9

Freistellung für den
Unterricht
(Anrechnung auf Arbeitszeit)

Prüfungen §10

Freistellung für
Prüfungen
(Anrechnung auf Arbeitszeit)

Arbeitsbeginn §14

Frühestens
6 Uhr

(Ausnahmen für bestimmte Berufe)

Arbeitsschluss §14

Spätestens
20 Uhr

(Ausnahmen für bestimmte Berufe)

Freizeit §13

Mindestens 12 Stunden

Urlaub §19

15-Jährige 30 Werktage
16-Jährige 27 Werktage
17-Jährige 25 Werktage

Akkordarbeit §23

Tempoabhängige Arbeit
(Akkordarbeit) verboten
(Ausnahmen in besonderen Fällen)

Gesundheit §§32 – 46

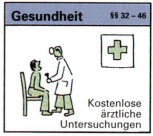

Kostenlose
ärztliche
Untersuchungen

Ausgewählte Beispiele für den Jugendarbeitsschutz

Urlaub (§ 19)

(1) Der Arbeitgeber hat Jugendlichen für jedes Kalenderjahr einen bezahlten Erholungsurlaub zu gewähren.
(2) Der Urlaub beträgt jährlich
    1. mindestens 30 Werktage, wenn der Jugendliche zu Beginn des Kalenderjahres noch nicht 16 Jahre alt ist,
    2. mindestens 27 Werktage, wenn der Jugendliche zu Beginn des Kalenderjahres noch nicht 17 Jahre alt ist,
    3. mindestens 25 Werktage, wenn der Jugendliche zu Beginn des Kalenderjahres noch nicht 18 Jahre alt ist.
(3) Der Urlaub soll Berufsschülern in der Zeit der Berufsschulferien gegeben werden. Soweit er nicht in den Berufsschulferien gegeben wird, ist für jeden Berufsschultag, an dem die Berufsschule während des Urlaubs besucht wird, ein weiterer Urlaubstag zu gewähren.

Akkordarbeit; tempoabhängige Arbeiten (§ 23)

(1) Jugendliche dürfen nicht beschäftigt werden
1. mit Akkordarbeit und sonstigen Arbeiten, bei denen durch ein gesteigertes Arbeitstempo ein höheres Entgelt erzielt werden kann,
2. in einer Arbeitsgruppe mit erwachsenen Arbeitnehmern, die mit Arbeiten nach Nr. 1 beschäftigt werden.
(2) Absatz 1 Nr. 2 gilt nicht für die Beschäftigung Jugendlicher, soweit dies zur Erreichung des Ausbildungszieles erforderlich ist.

Gesundheitliche Betreuung (§§ 32–46)

Ein Jugendlicher, der in das Berufsleben eintritt, darf nur beschäftigt werden, wenn er innerhalb der letzten neun Monate von einem Arzt untersucht worden ist und dem Arbeitgeber eine von diesem Arzt ausgestellte Bescheinigung vorliegt.
Ein Jahr nach der Aufnahme der ersten Beschäftigung hat sich der Arbeitgeber eine Bescheinigung über eine Nachuntersuchung vorlegen zu lassen.
Der Jugendliche darf nach Ablauf von 14 Monaten nach Aufnahme der ersten Beschäftigung nicht weiterbeschäftigt werden, solange er die Bescheinigung nicht vorgelegt hat.
Nach Ablauf jedes weiteren Jahres kann sich der Jugendliche erneut nachuntersuchen lassen. Der Arbeitgeber hat den Jugendlichen für die Untersuchung freizustellen. Ein Entgeltausfall darf nicht eintreten. Die Kosten der Untersuchung trägt das Land.

Aufsichtsbehörde (§ 51)

Die Aufsicht über die Ausführung des Gesetzes obliegt den nach Landesrecht zuständigen Behörden. In der Regel sind dies die Gewerbeaufsichtsämter und Bergämter.

Bei **Verstößen des Arbeitgebers** gegen die Bestimmungen des Jugendarbeitsschutzgesetzes kann der betroffene Jugendliche

◆ das direkte Gespräch mit seinen betrieblichen Vorgesetzten suchen oder (in schwereren Fällen) auch die Eltern mobilisieren;

◆ sich an die betriebliche Jugend- und Auszubildendenvertretung (siehe hierzu Seite 203), an den Betriebsrat, die Handwerkskammer oder die Industrie- und Handelskammer bzw. das örtliche Gewerbeaufsichtsamt wenden;

1984, 1997 und 2002 wurde das Jugendarbeitsschutzgesetz novelliert (= neu geregelt, neu gefasst). Dabei wurden einige Schutzbestimmungen wieder eingeschränkt, andere hingegen erweitert. Eine weitere Novellierung ist in der Diskussion.

2.4 Arbeitsschutz – Arbeitsschutzgesetze

Von rund 38,6 Millionen erwerbstätigen Menschen in Deutschland stehen knapp 33 Millionen als Arbeitnehmer in abhängiger Arbeit.[1] Sie sind gezwungen, ihre Arbeitskraft dem Arbeitgeber gegen Lohn oder Gehalt zur Verfügung zu stellen, damit sie den Lebensunterhalt für sich und ihre Familie bestreiten können. **Der Schutz dieser großen, in Abhängigkeit lebenden Menschengruppe ist von besonderer und ausschlaggebender Bedeutung.**

---

[1] Quelle: Der Fischer Welt-Almanach, 2004

Die wichtigsten Arbeitsschutzgesetze und -bestimmungen in diesem Zusammenhang sind:

- ◆ **Arbeitszeitschutz** mit dem **Arbeitszeitrechtsgesetz** von 1994
- ◆ **Arbeitsplatzschutzgesetz** (Es regelt die Erhaltung des Arbeitsplatzes während der Dauer des Wehr- oder Zivildienstes.)
- ◆ **Kündigungsschutz** mit dem **Kündigungsschutzgesetz**
- ◆ **Mutterschutz** mit dem **Mutterschutzgesetz** (siehe Seite 212 f.) und dem **Bundeserziehungsgeldgesetz**
- ◆ **Schwerbehindertenschutz** mit dem **Schwerbehindertengesetz**

Arbeitsaufgaben und Anregungen zum Handeln

1 *Begründe die Notwendigkeit des gesetzlichen Arbeitsschutzes für Arbeitnehmer im Allgemeinen und des Jugendarbeitsschutzes im Besonderen.*

2 *Warum ist es notwendig, die Arbeitszeit gesetzlich zu beschränken?*

3 *Das Jugendarbeitsschutzgesetz gewährt dem Jugendlichen besondere Rechte. Schließen diese Rechte auch Pflichten ein?*

Begründe deine Meinung.

4 *Diskutiert folgende Gedankengänge:*
a) Verlängerung der Lebensarbeitszeit?
b) Verlängerung der Wochenarbeitszeit aus Wettbewerbsgründen?
c) Längere Maschinenlaufzeiten durch Arbeit an Samstagen, Sonn- und Feiertagen?

5 „Jugendarbeitsschutz darf nicht so weit getrieben werden, dass er den Jugendlichen vor der Arbeit schützt."

Nimm Stellung zu diesem Ausspruch von Hanna-Renate Laurien, der ehemaligen Kultusministerin von Rheinland-Pfalz.

6 *Fasse die wichtigsten Schutzvorschriften des Jugendarbeitsschutzgesetzes in einem schriftlichen Ergebnisprotokoll zusammen.*

7  *Lasst euch vom Ministerium für Wirtschaft und Arbeit (www.bmwa.bund.de) die Broschüre über den Jugendarbeitsschutz schicken (im Klassensatz). Die Anschrift findet ihr auf Seite 347.*
Berichtet gruppenweise über die einzelnen Bestimmungen des Gesetzes.

„Unternehmer müsste man sein" denkt Werkzeugmechanikerin Michaela, als sie freitagnachmittags kurz vor Feierabend müde und verschmutzt an ihrer Maschine steht und ihr Blick durchs Fenster der Werkshalle auf das gegenüberliegende Verwaltungsgebäude mit dem Chefbüro fällt, „verdienen, verdienen und nochmals verdienen, ohne viel dafür zu arbeiten".

Zur gleichen Zeit schaut der Unternehmer in seinem Zimmer zur Uhr. Noch fünf Minuten, dann ist Feierabend, Wochenende. „So schön wie meine Arbeiter und Angestellten möchte ich es auch einmal haben: Zwei Tage abschalten, zwei volle Tage für die Familie, für Hobbies und Vergnügen." Dabei blickt er auf seinen gefüllten Terminkalender: „Samstagvormittag Besuch der Fachmesse in einer rheinischen Großstadt. Samstagnachmittag Arbeitssitzung und Besprechung mit dem Steuerberater. Sonntag Prüfung und Analyse der letzten Zwischenbilanz des Unternehmens, Vorbereitung einer Kreditbesprechung mit der Bank."

◆ Lies obigen Text aufmerksam durch.

◆ Welche unterschiedlichen Vorstellungen entwickeln Arbeitgeber und Arbeitnehmer im Text?

„Industriegewerkschaft Metall fordert 3,5 % Lohnerhöhung und droht mit Kampfmaßnahmen."
IG Metall: „Wir brauchen den gesetzlichen Bildungsurlaub."

Appell an die Vernunft. 3,5 % Lohnerhöhung sind zu viel. Eine solche Belastung muss zu erheblichen Preiserhöhungen führen. Preiserhöhungen gefährden den Absatz und damit die Sicherung des Arbeitsplatzes ...
(Gesamtmetall, Gesamtverband der metallindustriellen Arbeitgeberverbände)

◆ Welche unterschiedlichen Standpunkte vertreten die Interessenvertretungen der Arbeitnehmer und der Arbeitgeber?

◆ Diskutiert das Für und Wider der vorgebrachten Argumente.

3.1 Arbeitgeber und Arbeitnehmer im Unternehmen

Da der Unternehmer seinen Beschäftigten Arbeit gibt, wird er als Arbeitgeber bezeichnet.

◆ Der **selbstständige Unternehmer** ist Eigentümer eines Unternehmens. Er stellt die Produktionsmittel zur Verfügung. Sein Einkommen bezieht er aus dem Gewinn, den das Unternehmen abwirft. Er läuft aber auch Gefahr, seinen gesamten Besitz (z.B. bei einem Zusammenbruch des Unternehmens) zu verlieren.

◆ Der **angestellte Unternehmer** (engl.: **Manager**) unterscheidet sich vom selbstständigen Unternehmer vor allem durch die Tatsache, dass er nicht Eigentümer des Unternehmens ist. Er besitzt aber ebenfalls eine weit gehende Entscheidungsgewalt über das gesamte Unternehmen und ist auch meist am Gewinn beteiligt.

Der beste Kapitän eines Überseeschiffes kann ohne Mithilfe gut ausgebildeter Deckoffiziere, Maschineningenieure und einer gut eingespielten Mannschaft nichts erreichen. Dasselbe gilt auch für den Unternehmer und seine „Mannschaft".

Der Unternehmer braucht sowohl den Facharbeiter als auch den Buchhalter, den Lagerarbeiter wie die Sachbearbeiterin. Er braucht aber auch den Meister und Abteilungsleiter, den Geschäftsführer oder Direktor. Schon aus dieser unvollständigen Aufzählung ist zu ersehen, dass man die Mitarbeiter des Unternehmers in zwei Gruppen einteilen kann:

◆ **Mitarbeiter in leitender Stellung.** Hierzu gehören z.B. Direktoren, Geschäftsführer, Prokuristen, Abteilungsleiter, Werkmeister.

◆ **Mitarbeiter in ausführender Stellung.** Hierzu zählen z.B. Facharbeiter, Techniker, angelernte und ungelernte Arbeiter, Verkäufer, Buchhalter, Kassierer, Sachbearbeiterinnen.

Direktoren, Geschäftsführer, Prokuristen, Abteilungsleiter und Meister **planen und leiten** den Betrieb. Auszubildende, Facharbeiter, angelernte und ungelernte Arbeiter sowie die technischen und kaufmännischen Angestellten **führen aus**.

3.2   Arbeitgeberverbände und Wirtschaftsverbände

Die Arbeitgeber der unterschiedlichsten Wirtschaftszweige (Branchen) wie z.B. Industrie, Handwerk, Handel usw., haben sich in Deutschland zu **Arbeitgeberverbänden** zusammengeschlossen.

Oberster Zusammenschluss der 50 Fachverbände der Arbeitgeber ist die **Bundesvereinigung** der **Deutschen Arbeitgeberverbände (BDA).**

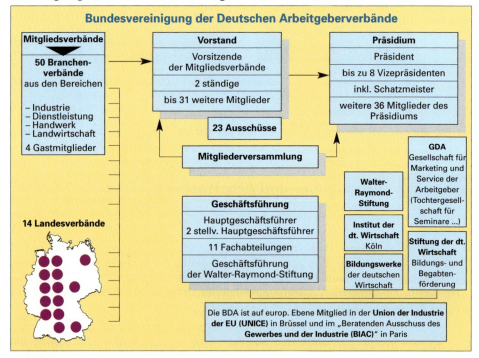

Bundesvereinigung der Deutschen Arbeitgeberverbände

Mitgliedsverbände

50 Branchenverbände aus den Bereichen
- Industrie
- Dienstleistung
- Handwerk
- Landwirtschaft

4 Gastmitglieder

14 Landesverbände

Vorstand
Vorsitzende der Mitgliedsverbände
2 ständige
bis 31 weitere Mitglieder

23 Ausschüsse

Mitgliederversammlung

Geschäftsführung
Hauptgeschäftsführer
2 stellv. Hauptgeschäftsführer
11 Fachabteilungen
Geschäftsführung der Walter-Raymond-Stiftung

Präsidium
Präsident
bis zu 8 Vizepräsidenten
inkl. Schatzmeister
weitere 36 Mitglieder des Präsidiums

Walter-Raymond-Stiftung

Institut der dt. Wirtschaft Köln

Bildungswerke der deutschen Wirtschaft

GDA
Gesellschaft für Marketing und Service der Arbeitgeber (Tochtergesellschaft für Seminare ...)

Stiftung der dt. Wirtschaft
Bildungs- und Begabtenförderung

Die BDA ist auf europ. Ebene Mitglied in der **Union der Industrie der EU (UNICE)** in Brüssel und im „Beratenden Ausschuss des **Gewerbes und der Industrie (BIAC)**" in Paris

Der Zusammenschluss der Unternehmer und die damit zusammenhängende Gründung von Arbeitgeberverbänden als Gegenmacht und Abwehrorganisation gegenüber dem Druck des Streiks der Arbeitnehmer reicht bis ins 19. Jahrhundert zurück (z.B. 1890 „Gesamtverband deutscher Metallindustrieller").

Aufgaben der Arbeitgeberverbände

Zu den hauptsächlichsten Aufgaben zählen:

◆ Interessenvertretung der Arbeitgeber, vornehmlich gegenüber dem Gesetzgeber (Parlament), der ausführenden Gewalt (Regierung) sowie der Öffentlichkeit
◆ Verhandlungspartner der Gewerkschaften in Tarifauseinandersetzungen sowie beim Abschluss von Tarifverträgen (siehe Seite 195 ff.)
◆ Arbeitsrechtliche Beratung und Vertretung der Mitgliedsunternehmen
◆ Stellungnahmen zu Fragen der Mitbestimmung auf Unternehmens- und Betriebsebene (siehe Seite 200 ff.)
◆ Stellungnahmen zu aktuellen Fragen der Politik (Reform von Sozialversicherungswesen, Arbeitsmarktpolitik, Steuerfragen, Bildungspolitik, Gesundheitswesen usw.)

Aufgaben der Wirtschaftsverbände

Neben den Arbeitgeberverbänden vertreten auch so genannte **Wirtschaftsverbände** die Interessen ihrer angeschlossenen Mitglieder gegenüber dem Parlament, der Regierung und der Öffentlichkeit.

Beispiele für Wirtschaftsverbände:

◆ Bundesverband der Deutschen Industrie (BDI)
◆ Zentralverband des Deutschen Handwerks
◆ Deutscher Bauernverband
◆ Hauptgemeinschaft des Deutschen Einzelhandels
◆ Deutscher Industrie- und Handelstag (DIHT)

3.3 Arbeitnehmerverbände in Deutschland

In Deutschland hält sich der Staat bei der Gestaltung der Arbeitsbedingungen weit gehend zurück. Er setzt nur die **Rahmenbedingungen** für die Zusammenarbeit zwischen den **Sozialpartnern**, d.h. den Arbeitgeberverbänden auf der einen und den Arbeitnehmervereinigungen (= Gewerkschaften) auf der anderen Seite.

Das Grundgesetz garantiert die **Koalitionsfreiheit**.[1] Arbeitgeber und Arbeitnehmer können sich zu Verbänden zusammenschließen, um ihre Interessen mit geballter Macht zu vertreten.

„Das Recht, zur Wahrung und Förderung der Arbeits- und Wirtschaftsbedingungen Vereinigungen zu bilden, ist für jedermann und für alle Berufe gewährleistet.
Abreden, die dieses Recht einschränken oder zu behindern suchen, sind nichtig, hierauf gerichtete Maßnahmen sind rechtswidrig."
(Aus Artikel 9,3 Grundgesetz)

---

[1] Koalition = Vereinigung, Bündnis, Zusammenschluss; koalieren = sich verbünden, sich zusammenschließen

Die Arbeitnehmer in Deutschland haben sich in Einzelgewerkschaften (z.B. Industriegewerkschaft Metall, IG Bergbau, Chemie, Energie) zusammengeschlossen. Dachverband ist der **Deutsche Gewerkschaftsbund (DGB)** mit gegenwärtig (2005) knapp über 7 Millionen Mitgliedern.

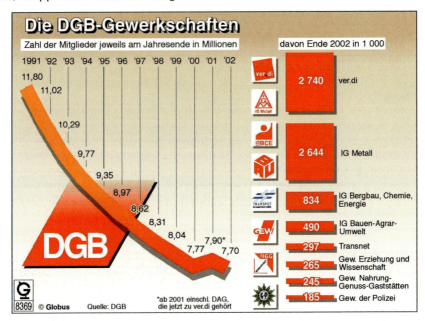

Die größte Einzelgewerkschaft des Deutschen Gewerkschaftbundes (DGB) ist die 2001 durch Zusammenschluss entstandene Vereinte Dienstleistungsgewerkschaft (= Ver.di), die insgesamt knapp 3 Millionen Mitglieder hat. Ver.di ist ein Zusammenschluss der früheren Einzelgewerkschaften Öffentliche Dienste, Transport und Verkehr (= ÖTV), der Deutschen Angestellten-Gewerkschaft (= DAG), der Gewerkschaft Handel, Banken und Versicherungen (= HBV), der Deutschen Postgewerkschaft (= DPG) und der IG Medien. Diese Mammut-Einzelgewerkschaft ist die Antwort auf den immer stärker werdenden Trend zur Dienstleistungsgesellschaft.
Die zweitgrößte Einzelgewerkschaft ist die Industriegewerkschaft Metall (= IG Metall) mit rund 2,7 Millionen Mitgliedern.
Von 1991 bis heute (2005) haben die DGB-Gewerkschaften rund 4,5 Millionen Mitglieder verloren. Sie finden als Stimme der abhängigen Arbeitnehmer/-innen zwar weiterhin volles Gehör. Ihr politischer Einfluss droht jedoch mit der abnehmenden Mitgliederzahl geringer zu werden.

Hinzu kommen als spezielle Arbeitnehmervereinigungen u.a. noch:

◆ Deutscher Beamtenbund (DBB) mit rund 1,2 Mio Mitgliedern
◆ Christlicher Gewerkschaftsbund (CGB) mit knapp 300.000 Mitgliedern
◆ Deutscher Bundeswehr-Verband (DBwV) mit rund 250.000 Mitgliedern

Die Einzelgewerkschaften des DGB sind parteipolitisch ungebunden. Außerdem sind sie **Industriegewerkschaften**, d.h., in ihnen sind alle Arbeitnehmer eines Industriezweiges organisiert, unabhängig vom ausgeübten Beruf, unabhängig von der Qualifikation (ob z.B. Facharbeiter, Hilfsarbeiter, Diplomingenieur usw.) und unabhängig vom Arbeitsverhältnis (z.B. Arbeiter, Angestellter).

Aufgaben der Arbeitnehmerverbände

Ganz allgemein haben die Arbeitnehmerverbände (= Gewerkschaften) die Aufgabe, die **Interessen der Arbeitnehmer zu wahren und zu schützen**.

Dazu zählen im Einzelnen u.a.:

◆ Vertretung der Interessen der abhängig Beschäftigten gegenüber dem Parlament und der Regierung (z.B. Erweiterung der Mitbestimmung, Fragen des Arbeitsschutzes)

◆ Verbesserung der Arbeitsbedingungen (z.B. Lohnerhöhungen, Arbeitszeitverkürzung, Urlaubsverbesserung, Bildungsurlaub)

◆ Gewährung von Rechtsschutz für die Mitglieder durch Vertretung vor den Arbeits- und Sozialgerichten

◆ Abschluss von Tarifverträgen mit den Arbeitgeberverbänden (siehe S. 195 ff.)

Zur Durchsetzung ihrer Verhandlungsvorstellungen können sich die Gewerkschaften auch des Mittels des **Streiks** bedienen. Während der Streikdauer zahlt die Gewerkschaft ihren organisierten Mitgliedern aus der Streikkasse ein so genanntes Streikgeld (siehe S. 198).

Arbeitsaufgaben und Anregungen zum Handeln

1 *Walther Rathenau, Präsident der AEG und deutscher Außenminister in der Weimarer Republik, schrieb über die Eigenschaften des wirklich großen Unternehmers:*

> „ Ich habe noch niemals einen wahrhaft großen Geschäftsmann und Unternehmer gekannt, dem das Verdienen die Hauptsache seines Berufes war, und ich möchte behaupten, dass, wer am persönlichen Geldgewinn hängt, ein großer Geschäftsmann überhaupt nicht sein kann...
> Das Objekt, auf das der Geschäftsmann seine Arbeit, seine Sorgen, seinen Stolz und seine Wünsche häuft, ist sein Unternehmen; es heiße wie es wolle: Handelsgesellschaft, Fabrik, Bank, Reederei, Theater, Eisenbahn. Der Geschäftsmann kennt kein anderes Trachten, als dass dieses Geschäft zu einem blühenden, starken und zukunftsreichen Organismus erwachse. „

Quelle: „Reflexionen", Leipzig 1908

a) Worin sieht Walther Rathenau das Hauptziel bzw. die Haupteigenschaft eines wirklich großen Unternehmers?

b) Nenne Vor- und Nachteile der Tätigkeit eines Unternehmers.

c) Unterscheide zwischen dem selbstständigen und dem angestellten Unternehmer.

2 *Welche Aufgaben der Arbeitnehmerverbände hältst du für besonders wichtig? Begründe deine Meinung.*

3 *„Ver.di ruft Streik aus!" Diskutiert die möglichen Auswirkungen.*

4 *Welche Gründe könnten dich bewegen, einer Gewerkschaft beizutreten? Gib deine Begründung in Form von Argumenten.*

4   Arbeitsvertrag – Arbeitslohn

Der Diplomingenieur Kevin Kieck kündigt sein Arbeitsverhältnis bei Bayer Leverkusen und unterschreibt einen
neuen Arbeitsvertrag bei der BASF Ludwigshafen.

Michael Müller, Kraftfahrzeugmechaniker, bekommt – wie
alle seine Kollegen im Industriebereich „Metall" – eine
3,5-prozentige Lohnerhöhung.
Er freut sich darüber, denn für ihn bedeutet das eine
Erhöhung seines Einkommens. Weniger erfreut ist sein Chef.
Für ihn bedeutet die Lohnerhöhung eine Steigerung seiner
Kosten und unter Umständen einen geringeren Gewinn.

◆ *Formuliere in schriftlicher Kurzform das Wesen eines Arbeitsverhältnisses, d.h. eines Arbeitsvertrages.*

◆ *Welche beiden Vertragsseiten schließen einen Arbeitsvertrag ab?*

◆ *Lies den Text über Michael Müller und seinen Arbeitgeber noch
einmal aufmerksam durch. Worin besteht die so genannte **Doppelwirkung** des **Arbeitslohnes**?*

4.1   Wesen des Arbeitsvertrages

Der Hauptunterschied zum Berufsausbildungsvertrag (siehe S. 176 f.) besteht darin,
dass es sich um ein reines Arbeitsverhältnis handelt, das durch Vertrag geregelt
wird.

Der Arbeitsvertrag wird in der Regel zwischen dem **einzelnen** Arbeitnehmer und
dem **einzelnen** Arbeitgeber abgeschlossen. Man spricht in diesem Falle vom **Einzel-Arbeitsvertrag**.

Die Bedingungen dieses Einzel-Arbeitsvertrages werden heute jedoch nicht mehr
in allen Einzelheiten zwischen dem Arbeitnehmer und dem betreffenden Arbeitgeber ausgehandelt. Der Inhalt der Einzel-Arbeitsverträge wird vielmehr überwiegend
durch die **Tarifverträge** bestimmt. Bei fast allen gewerblichen Arbeitern sowie
den kaufmännischen und gewerblich-technischen Angestellten bildet heute der
Tarifvertrag den Ausgangspunkt der Verhandlungen. Da Tarifverträge zwischen den
Gewerkschaften und den entsprechenden Arbeitgeberverbänden abgeschlossen
werden, also gemeinschaftliche Verträge für einen ganzen Industriezweig und dessen Beschäftigte darstellen, bezeichnet man sie im Unterschied zum Einzel-Arbeitsvertrag als **Kollektiv-Arbeitsverträge** (kollektiv = gemeinsam, gemeinschaftlich).

Solche Tarifverträge sind Verträge zugunsten Dritter, die von den Tarifvertragsparteien (= Sozialpartner, d.h. Gewerkschaften und Arbeitgeberverbände) ausgehandelt werden.

Für den Einzel-Arbeitsvertrag sind Tarifverträge jedoch nur bedeutsam, wenn beide
Parteien des Arbeitsvertrages Mitglieder der entsprechenden Tarifvertragsparteien
sind oder wenn der Tarifvertrag für allgemein verbindlich erklärt wurde.

Beispiel für abgeschlossene Tarifverträge (Kollektiv-Arbeitsverträge):
Die IG Bauen-Agrar-Umwelt schließt mit dem Arbeitgeberverband der Bauindustrie für die
gewerblichen und kaufmännischen Arbeitnehmer der Bauindustrie einen Tarifvertrag für die
Dauer von 12 Monaten ab.

4.2 Inhalt des Einzel-Arbeitsvertrages

Inhalt eines jeden Arbeitsverhältnisses, d.h. eines jeden Einzel-Arbeitsvertrages,
sind die gegenseitigen Rechte und Pflichten.

Hauptpflichten des Arbeitnehmers	Hauptpflichten des Arbeitgebers
◆ **Arbeitspflicht**, d.h. gewissenhafte und pünktliche Ausführung aller im Rahmen des Arbeitsverhältnisses übertragenen Arbeiten.	◆ **Zahlung** des vereinbarten Arbeits-entgeltes.
◆ **Verschwiegenheit**, d.h. unbedingte Wahrung des Betriebsgeheimnisses und geschäftlicher Angelegenheiten (z.B. Arbeitstechniken, Einkaufspreise, Gewinnspannen, eigene Rezepte).	◆ **Fürsorgepflicht**, d.h. Schutz des Lebens und der Gesundheit des Arbeitnehmers.
◆ **Pflegliche Behandlung** der Be-triebseinrichtungen, Werkzeuge und Arbeitsmittel, die der Arbeitgeber zur Verfügung stellt.	◆ **Zeugnispflicht**. Nach Beendigung des Arbeitsverhältnisses hat der Arbeitgeber dem Arbeitnehmer ein schriftliches Zeugnis über Art und Dauer seines Arbeitsverhältnisses auszustellen. Außerdem können noch Angaben über Führung und Leistung hinzukommen.

Zum Inhalt eines Arbeitsvertrages gehören weiterhin **Vereinbarungen** über

◆ Arbeitszeit und Pausen,
◆ Überstunden, Nacht- und Feiertagsarbeit,
◆ Art der Entlohnung, z.B. Zeitlohn, Akkordlohn oder Prämienlohn,
◆ Urlaubsregelung,
◆ Kündigungsfristen und Kündigungsschutz.

Wer vertraglich eingegangene Verpflichtungen nicht erfüllt, ist dem anderen Vertragspartner zum Ersatz des daraus entstandenen Schadens verpflichtet. Dieser allgemeine Rechtsgrundsatz gilt auch innerhalb des Arbeitsverhältnisses.

4.3   Beendigung des Einzel-Arbeitsvertrages

Ein Einzel-Arbeitsvertrag (ein Arbeitsverhältnis) endet

> ◆ durch **Zeitablauf** (z.B. zeitlich befristete, zweijährige Tätigkeit als Entwicklungshelfer),
> ◆ durch **Kündigung**.

Bei der Beendigung eines Arbeitsverhältnisses durch Kündigung ist wiederum zu unterscheiden zwischen

> ◆ **fristgerechter** (ordentlicher) Kündigung und
> ◆ **fristloser** (außerordentlicher) Kündigung.

Bei **fristgerechter** oder **ordentlicher** Kündigung gelten die gesetzlichen oder vertraglichen Kündigungsfristen und -bestimmungen. Seit dem 15. Oktober 1993 gelten für die Kündigung eines Arbeitsverhältnisses einheitliche Fristen. Dabei wurden die bisherigen Unterschiede zwischen Arbeitern und Angestellten ebenso beseitigt wie die Unterschiede zwischen den alten und den neuen Bundesländern.

Die Grundkündigungsfrist beträgt jetzt vier Wochen zum 15. des Monats oder zum Monatsende. Sie gilt für Arbeitnehmer wie für Arbeitgeber. Die Kündigungsfristen erhöhen sich in Abhängigkeit von der Dauer der Betriebszugehörigkeit auf bis zu sieben Monate. **Fristlose** oder **außerordentliche** Kündigung ist von beiden Vertragsseiten möglich, wenn wichtige Gründe hierzu vorliegen.

Beispiele

Ein solcher wichtiger Grund wäre für den Arbeitgeber vorhanden, wenn der Arbeitnehmer tätlich wird, vorsätzliche Sachbeschädigung oder Diebstahl begeht.

Für den Arbeitnehmer wäre ein wichtiger Grund das Ausbleiben der Lohn- oder Gehaltszahlung, tätlicher Angriff (z.B. Ohrfeige, Boxhieb) von Seiten des Arbeitgebers oder seines Beauftragten (z.B. des Meisters) oder schwere Beleidigung.

4.4   Wesen des Arbeitslohnes

Für die meisten erwerbstätigen Menschen stellt der Arbeitslohn die einzige **Einkommensquelle** dar. In dieser Eigenschaft bestimmt er den Lebensstandard des Lohnempfängers.

Der Begriff Arbeitslohn umfasst alle Einkommen, die als Vergütung für geleistete Arbeit empfangen werden:

◆ Löhne der gewerblichen Arbeitnehmer
◆ Gehälter der Angestellten und Beamten
◆ Honorare, Gagen, Sold usw. anderer Berufsgruppen

Anders als vom Arbeitnehmer wird der Lohn vonseiten des Unternehmers, des Arbeitgebers, gesehen. Für ihn sind Löhne und Gehälter **Kosten**. Jede Lohnerhöhung bedeutet für den Unternehmer eine Steigerung der Kosten. Wenn diese Kosten nicht durch Rationalisierungsmaßnahmen aufgefangen oder – wenn es die Konkurrenz gestattet – auf die Preise abgewälzt werden können, bedeuten sie für den Unternehmer unter Umständen eine Schmälerung seines Gewinns. Daraus ergibt sich die **Doppelwirkung** des Arbeitslohnes:

> Der Arbeitslohn ist für die **Arbeitnehmer Einkunftsquelle**.
> Für die **Unternehmen** dagegen stellen die Löhne **Kosten** dar.

Diese Doppelwirkung des Arbeitslohnes macht die Schwierigkeiten verständlich, die in Fragen der Entlohnung zwischen Arbeitgeber und Arbeitnehmer oft entstehen: Der **Arbeitnehmer** möchte den Arbeitslohn **möglichst hoch** sehen; der **Unternehmer** dagegen versucht aus Gründen seiner Preisgestaltung und seiner Wettbewerbsstellung die Löhne **möglichst niedrig** zu halten.

Hinzu kommt die **gesamtwirtschaftliche Wirkung** des Lohnes: Der größte Teil der gezahlten Löhne wird in Form privater Ausgaben, z.B. für Kleidung, Möbel, Autos, Urlaubsreisen, wieder zur Einnahmequelle aller Unternehmen einer Volkswirtschaft. Die Höhe der Löhne ist demnach auch entscheidend für die Entwicklung und das Wachstum der gesamten Volkswirtschaft. Sie entscheidet mit über den Beschäftigungsgrad und die wirtschaftliche Entwicklung.

„Der Lohn vom Lohn" oder „der zweite Lohn"

Neben dem Lohn oder Gehalt für seine geleistete Arbeit bezieht heute jeder Arbeitnehmer einen so genannten **zweiten Lohn**, der aufgrund gesetzlicher, tariflicher oder freiwilliger Bestimmungen und Vereinbarungen zu zahlen ist. Hierunter sind Sonder- oder Zusatzzahlungen der verschiedensten Arten zu verstehen.

Beispiele für diesen Lohn neben dem Lohn:
Vermögenswirksame Leistungen, gesetzliche Arbeitgeber-Beiträge zur Sozialversicherung, Lohnfortzahlung im Krankheitsfall, Weihnachts- und Urlaubsgratifikationen oder 13. Monatsgehalt

2004 mussten Arbeitgeber im Durchschnitt monatlich **2810 EUR** für jeden abhängig Beschäftigten ausgeben. Davon sind aber nur **2260 EUR brutto** auf der Lohn- und Gehaltsabrechnung ausgewiesen. Allein **550 EUR** muss der Betrieb als Arbeitgeberbeiträge an die Sozialversicherungsträger abführen. Nach Abzug der Lohnsteuer und der Eigenbeiträge zur Renten-, Kranken-, Pflege- und Arbeitslosenversicherung bleiben dem Arbeitnehmer noch **1490 EUR netto** im Monat.

Die wichtigsten im Arbeitsleben vorkommenden **Lohnarten** sind:

> ◆ **Zeitlohn**
> (berechnet nach der Dauer der Arbeitszeit)
> ◆ **Akkordlohn**
> (berechnet nach der geleisteten Arbeit, s. S. 183)
>
> ◆ **Prämienlohn**
> (gezahlt für überdurchschnittliche Leistungen)
> ◆ **Beteiligungslohn**
> (Gewinnbeteiligung, z.B. als Belegschaftsaktie, s. S. 135)

1 Welche Hauptunterschiede bestehen zwischen einem Berufsausbildungsvertrag (siehe Seite 176 f.) und einem Einzel-Arbeitsvertrag?

Erstelle eine zweigeteilte Übersicht mit den jeweiligen Hauptunterschieden.

2

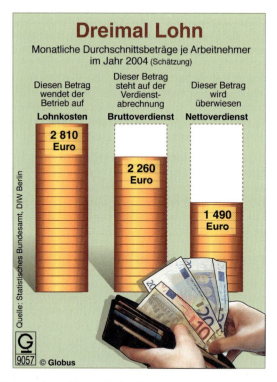

a) Interpretiere (= lege aus, erkläre) die Grafik.

b) Welche unterschiedlichen Auswirkungen hat der „zweite Lohn" für den Arbeitnehmer und für den Arbeitgeber?

c) Bringe das Lohnniveau und die Lohnnebenkosten (= „zweiter Lohn") in Zusammenhang mit der Problematik des Wirtschaftsstandorts Deutschland.

Diskutiert und sammelt Argumente dafür und dagegen.

3 Grenze Lohnkosten von Lohnnebenkosten begrifflich ab.

Welche volkswirtschaftlichen Probleme ergeben sich aus ständig steigenden Lohnnebenkosten?

4 Welche besonderen Gründe berechtigen die Partner eines Arbeitsvertrages zur fristlosen Kündigung?

5 Schreibe eine knappe halbe DIN-A4-Seite über die Problematik der Doppelwirkung des Lohnes.

a) Worin besteht die Doppelwirkung des Arbeitslohnes?

b) Welche Schwierigkeiten ergeben sich daraus?

Zeichnung: Leger

Arbeitnehmer	Arbeitgeber
„Wir fordern 3,5 % Lohner- höhung."	„Lohnerhöhungen, Arbeits- zeitverkürzungen, zusätzlicher Bildungsurlaub verursachen hohe Kosten. Kosten treiben die Preise hoch. Höhere Preise verschlechtern unsere Wettbe- werbsposition auf dem Welt- markt: Umsätze und Gewinne gehen zurück, Arbeitsplätze geraten in Gefahr."
„Wir fordern zusätzlichen Bildungsurlaub."	
„Wir fordern Schutz unseres Arbeitsplatzes bei Rationali- sierungsmaßnahmen."	

◆ *Versuche die dargestellten unterschiedlichen Interessen von Arbeitnehmern und Arbeitgebern zu formulieren.*

◆ *Deute die abgebildete Karikatur in Bezug auf folgende Fragen:*
   – Welche zwei Sozialpartner sind hier abgebildet?
   – Wozu kann der Interessengegensatz beider Parteien führen?
   – Welchem Zweck soll der vorbereitete Tisch mit den beiden Stühlen dienen?
   – Wie bezeichnet man die Verhandlungen, die beide Interessenver- tretungen über Löhne, Arbeitszeit, Urlaub, Arbeitsbedingungen miteinander führen?
   – Wie bezeichnet man den Vertrag, den sie abschließen?

5.1 Die Tarifvertragsparteien

Das aus dem Arabischen stammende Wort **„Tarif"** steht für **Preis**. Bei Tarifkonflikten geht es überwiegend um den Preis für die zur Verfügung gestellte Arbeitskraft, also um den **Lohn**.

Tarifvertragsparteien sind die **Gewerkschaften** einerseits und die **Arbeitgeberverbände** andererseits (siehe Seite 185 ff.).

Hauptmerkmal der Tarifvertragsparteien in Deutschland ist die **Tarifautonomie** (Autonomie = Unabhängigkeit, Selbstständigkeit). Sie garantiert den Tarifvertragsparteien, ihre Verhandlungen selbstständig, frei und ohne jede Einmischung durch Regierung oder sonstige staatliche Stellen zu führen und Tarifverträge rechtsgültig abzuschließen. Dabei besteht die Verpflichtung des Staates zur absoluten Neutralität. Arbeitnehmer- und Arbeitgeberverbände handeln frei und unabhängig Tarifverträge aus. Deshalb nennt man sie **Tarifvertragsparteien** oder **Tarifpartner (= Sozialpartner)**.

5.2 Inhalt und Arten der Tarifverträge

Tarifverträge stellen das Verhandlungsergebnis der Tarifpartner dar. Sie sind ein **Kompromiss** (= Ausgleich, Übereinkunft) zwischen den unterschiedlichen Interessen der beiden Vertragsseiten. Diese sind nach Abschluss des Tarifvertrages zur Einhaltung der **Friedenspflicht** verpflichtet, d.h., sie dürfen keine Kampfmaßnahmen (z.B. Streik und Aussperrung) mehr ergreifen.

Inhalt der Tarifverträge

In Tarifverträgen wird die Lohn- bzw. Gehaltshöhe für eine bestimmte Zeit geregelt. Neben der Lohn- und Gehaltshöhe haben Tarifverträge auch Fragen der Arbeitszeit, der Urlaubsregelung, der menschengerechten Arbeitsgestaltung u.a. zum Inhalt.

> Die im Tarifvertrag von den Tarifvertragsparteien ausgehandelten Löhne und Gehälter, Auszubildenden-Vergütungen sowie die allgemeinen Arbeitsbedingungen stellen **Mindestbedingungen** dar.
> Sie dürfen **nicht unterschritten**, wohl aber **überschritten** werden.

Arten der Tarifverträge

Die entscheidenden Tarifvertragsarten sind:

> ◆ **Lohn- und Gehaltstarifvertrag**
> Er regelt die Lohn- und Gehaltshöhe innerhalb der verschiedenen Tarifgruppen. Grundlage dafür sind die Ecklöhne für die einzelnen Lohngruppen sowie die Lohntabellen für Zeit- und Akkordlöhne. Hierunter fallen auch die Ausbildungsvergütungen für abgeschlossene Berufsausbildungsverhältnisse.
> ◆ **Lohn- und Gehaltsrahmentarifvertrag**
> Er regelt hauptsächlich die Zuordnung der Tätigkeiten zu den einzelnen Tarifgruppen sowie elementare Grundsätze der Leistungs- und Arbeitsbewertung.
> ◆ **Manteltarifvertrag**
> In ihm erfolgt die Regelung der **allgemeinen** Arbeitsbedingungen wie Länge der Arbeitszeit, Urlaubsdauer, Rationalisierungsschutzabkommen, Mehrarbeit, Art der Lohnzahlung usw.

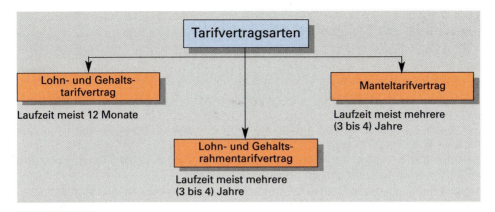

5.3 Schlichtung

Können sich die verhandlungsführenden Tarifvertragsparteien nicht einigen und keinen Kompromiss erzielen, setzt ein **Schlichtungsverfahren** ein. Dabei ist das Einsetzen eines neutralen **Schlichters** (meist eine allgemein anerkannte Persönlichkeit des öffentlichen Lebens) möglich, der dann einer von Arbeitgebern und Arbeitnehmern paritätisch (= zu gleichen Teilen) besetzten **Schlichtungskommission** vorsitzt.

> **Auszug aus einer Schlichtungsordnung**
> **Artikel IV**
>
> „Die Schlichtungskommission hat zu versuchen, eine Einigung der Tarifpartner herbeizuführen und in einem Schiedsspruch schriftlich niederzulegen."

Scheitert die Schlichtung, kommt es in der Regel zum **Arbeitskampf**.

5.4 Der Arbeitskampf in Form von Streik und Aussperrung

„Heag-Busfahrer stimmen für Streik

DARMSTADT. Die Busfahrer der Heag-Tochter Glück und Seitz haben sich bei den Urabstimmungen für einen Streik entschieden. Wie der Verdi-Gewerkschaftssekretär Rüdiger May mitteilte, werde der Arbeitskampf in der kommenden Woche über mehrere Tage hinweg den Busverkehr in Darmstadt, im Landkreis, im vorderen Odenwald und an der Bergstraße stark einschränken.

Der Streik in privaten Omnibusunternehmen, die von städtischen Verkehrsbetrieben aufgekauft worden sind, läuft in ganz Hessen. Verdi fordert vor allem eine „zeitgemäßere Lohnstruktur" für die Fahrer: In ihren Tarifverträgen ist ein niedrigerer Lohn festgeschrieben als bei den Kollegen, die direkt bei den städtischen Gesellschaften angestellt sind. Tarifverhandlungen mit den Arbeitgebern verliefen laut Verdi bisher ergebnislos. "

Quelle: Rüsselsheimer Echo, 11. Juli 2002

Im Arbeitskampf setzen die Gewerkschaften das Kampfmittel des **Streiks** und die Arbeitgeber häufig das Mittel der **Aussperrung** ein.

Der Streik

Ein **Streik** kann erst nach einer Urabstimmung beginnen, bei der in der Regel mindestens 75 % der jeweiligen Gewerkschaftsmitglieder für diesen Streik gestimmt haben.

Bei einigen Gewerkschaften bedarf es keiner Urabstimmung, sondern nur des Streikbeschlusses des Gewerkschaftsvorstandes.

Im Streikfalle legen die Arbeitnehmer in dem betreffenden Tarifgebiet die Arbeit nieder, um ihre Forderungen durchzusetzen.

Während der Dauer des Streiks erhalten die streikenden Arbeitnehmer keinen Lohn. Organisierte Gewerkschaftsmitglieder erhalten von ihrer Gewerkschaft eine Unterstützung aus der Streikkasse („Streikgeld").

Durch die Arbeitsniederlegung und den dadurch bedingten Produktionsausfall der Unternehmen sollen die Arbeitgeber gezwungen werden, die Forderungen der Gewerkschaft zu erfüllen.

Nach Beendigung des Streiks müssen in einer erneuten Urabstimmung (jetzt reichen mindestens 25 %) die Gewerkschaftsmitglieder ihre Zustimmung zum Ergebnis erteilen.

Demonstration gegen die Aussperrung, dem Kampfmittel der Arbeitgeber

Die Aussperrung

Auf einen Streik können die Arbeitgeber mit einer **Aussperrung** antworten. Dabei **schließen die Arbeitgeber die Betriebe** und **sperren** so die Arbeitnehmer **aus**, die dann auch **keinen Lohn** erhalten.

Für die Dauer der Aussperrung wird nicht nur kein Lohn/Gehalt gezahlt, der Arbeitgeber führt in dieser Zeit auch keine Arbeitgeberanteile zu den Sozialversicherungsbeiträgen ab.

Streik und Aussperrung sind wegen der damit jeweils verbundenen hohen Kosten für beide Seiten ein letztes Mittel im Arbeitskampf.

Spielregeln für den Arbeitskampf

am Beispiel der Metallindustrie

Tarifverhandlungen Gewerkschaften/Arbeitgeber, oft begleitet von Warnstreiks

Erklärung des Scheiterns

Schlichtungsverfahren nur dann, wenn von **beiden** Seite gewollt

Urabstimmung über Ergebnis (25 % Zustimmung erforderlich); Streik-Ende

Neue Verhandlungen

Neuer Tarifvertrag

Annahme oder Ablehnung des Schlichterspruchs

Mögliche Gegenmaßnahme der Arbeitgeber: Aussperrung

Streik

Urabstimmung der Gewerkschaftsmitglieder über Streik (**75 % Zustimmung*** erforderlich)

dpa Grafik 6185

*der Abstimmungsberechtigten

Arbeitsaufgaben und Anregungen zum Handeln

1 Beschreibt (auf einer DIN-A4-Seite) den Verlauf eines Streiks mithilfe des Schaubildes „Spielregeln für den Arbeitskampf" auf dieser Seite.

2

WIR FORDERN: ARBEITEN NUR NOCH AM MITTWOCH, BEI VOLLEM LOHNAUSGLEICH !

JEDEN MITTWOCH ?

Diskutiert: Kürzere oder längere Arbeitszeit? Kürzere Arbeitszeit bei gleichem Lohn?

3 Führt ein Rollenspiel durch. Beteiligte: Arbeitnehmer (fordern höhere Löhne und kürzere Arbeitszeit), Arbeitgeber (lehnen diese Forderungen ab).

4 Was versteht man unter der Tarifautonomie?

5 Welche Hauptpunkte werden a) in den Lohn- und Gehaltstarifverträgen, b) in den Manteltarifverträgen geregelt? Begründe deren jeweils unterschiedliche Laufzeit.

6 Wieso haben die Tarifpartner große Verantwortung gegenüber der gesamten Volkswirtschaft?

6 Mitwirkung und Mitbestimmung im Betrieb

Pro Mitbestimmung (dafür)	Contra Mitbestimmung (dagegen)
„In unserem Lande leben wir in einer demokratisch-parlamentarischen Staatsordnung, in der Mehrheiten darüber entscheiden, wer Macht und Verantwortung übernimmt. An ihrem Arbeitsplatz jedoch sind die Arbeitnehmer vielfach hierarchischen Ordnungen unterworfen. [...] Es ist aber sittlich nicht zu rechtfertigen, dass der Bürger fähig sei, darüber zu bestimmen, welche Partei regieren oder welche wirtschaftspolitischen Ziele eine Regierung verfolgen solle, dass er aber andererseits auf die Führung seines Unternehmens keinen Einfluss haben dürfe."	Mitbestimmung verursacht Kosten. Betriebsratsbüros, Betriebsratswahlen, freigestellte Betriebsräte usw. müssen von den Unternehmen bezahlt werden (je nach Betriebsgröße 0,5 bis 1,0 % der Lohn- und Gehaltssumme). Zu den Kosten kommen auch noch die Auswirkungen auf die unternehmenspolitischen Entscheidungen. Entscheidungen brauchen wesentlich mehr Zeit.
Helmut Schmidt, Ex-Bundeskanzler, 1968	Quelle: Telekolleg II, Betriebswirtschaftslehre, TR-Verlagsunion München, 8. Aufl., 1997, S. 28 f.

◆ *Welche Hauptargumente werden im obigen Textauszug* **für** *die Mitbestimmung aufgeführt?*

◆ *Mit welchen Behauptungen wird* **gegen** *die Mitbestimmung argumentiert?*

◆ *Überlege dir weitere Argumente sowohl* **für** *als auch* **gegen** *die Mitbestimmung.*

Im gesamten 19. Jahrhundert und bis zum Ende der ersten Hälfte des 20. Jahrhunderts waren die „Fabrikherren", die Unternehmensleiter wie auch die Vorstände großer Aktiengesellschaften mit diktatorischer (= unumschränkter, gebieterischer), alleiniger Machtfülle ausgestattet. Ihr Wille war Gesetz. Heute ist die **Mitwirkung** und die **Mitbestimmung** der Arbeitnehmer bei betrieblichen Entscheidungen allgemein anerkannt.

Gegenwärtig (2005) drängen die deutschen Arbeitgeber- und Wirtschaftsverbände stärker auf eine Modernisierung des deutschen Mitbestimmungsmodells. Die jahrzehntealten Vorgaben müssten den Veränderungen einer globalisierten Welt angepasst werden.

6.1 Grundzüge der Mitbestimmung auf Betriebs- und Unternehmensebene

Mitwirkung und **Mitbestimmung** der Arbeitnehmer auf Betriebs- und Unternehmensebene sind in drei entscheidenden, lange umkämpften Gesetzen geregelt:

- ◆ **Montan-Mitbestimmungsgesetz** von 1951, das für Unternehmen im Bereich Kohle und Stahl gilt (lat.: mons, montis = der Berg; hier: Bergbauunternehmen)
- ◆ **Betriebsverfassungsgesetz (BetrVG)** von 1972
- ◆ **Mitbestimmungsgesetz** von 1976, das besondere Regelungen für Großunternehmen mit über 2000 Beschäftigten vorsieht

Da im Folgenden nicht auf die Zusammensetzung der Aufsichtsräte in Kapitalgesellschaften eingegangen werden kann, soll hier nur kurz das Montan-Mitbestimmungsgesetz von 1951, das für Kohlebergbau- und Stahlunternehmen gilt, behandelt werden.

Hauptmerkmale der **Montan-Mitbestimmung** sind:

- ◆ Gleiche Anzahl von Arbeitnehmervertretern und Vertretern der Anteilseigner (Kapitalvertreter) im Aufsichtsrat. Man spricht dabei von **Parität** (= Gleichheit, Gleichberechtigung) oder von **paritätischer** (= gleichberechtigter, zu gleichen Teilen beteiligter) **Mitbestimmung**.
- ◆ Hinzu kommt ein **neutrales Mitglied** im Aufsichtsrat, das bei Stimmengleichheit eine **Patt-Situation** (Patt = Unentschieden) verhindern soll. Dieses neutrale Mitglied muss vom Vertrauen beider Seiten getragen sein.
- ◆ Dazu kommt außerdem ein **Arbeitsdirektor** im Vorstand, der nicht gegen die Stimmen der Mehrheit der Arbeitnehmervertreter im Aufsichtsrat bestellt werden darf.

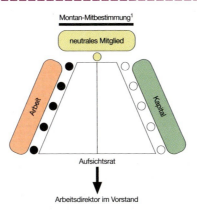

Montan-Mitbestimmung[1]

neutrales Mitglied

Arbeit

Kapital

Aufsichtsrat

Arbeitsdirektor im Vorstand

Die Arbeitnehmervertreter im Aufsichtsrat müssen nur zum Teil Angehörige der Unternehmensbelegschaft sein. Es kann sich auch um betriebsfremde Gewerkschaftsvertreter handeln.

[1] Schematische Darstellung aus W. Weber, Betriebswirtschaftslehre, Telekolleg II, TR-Verlagsunion München, 1997, S. 24

Grundzüge der Mitbestimmung auf Betriebsebene

Das entscheidende Gesetz für die Mitbestimmung auf Betriebsebene ist das **Betriebsverfassungsgesetz (BetrVG)**. Von diesem Gesetz sind rund 22 Millionen Arbeitnehmerinnen und Arbeitnehmer betroffen[1].

2002 ist eine vorher hart umkämpfte Reform des Betriebsverfassungsgesetzes aus dem Jahr 1988 in Kraft getreten.

Dieses reformierte Betriebsverfassungsgesetz führte durch das vereinfachte Wahlverfahren zu mehr Betriebsräten in kleineren Unternehmen. Außerdem wurde das Wahlrecht auch auf Arbeitnehmer in „nicht normalen Arbeitsverhältnissen" (wie z.B. Leiharbeiter) ausgedehnt.

Durch die Vorgabe, dass das Geschlecht, das im Betrieb in der Minderheit ist, künftig mindestens entsprechend seinem Anteil in der Belegschaft im Betriebsrat vertreten sein muss, werden künftig Frauen stärker im Betriebsrat mitarbeiten.

Das Betriebsverfassungsgesetz von 2002

Zahl der Betriebsräte in Unternehmen mit so vielen Mitarbeitern

Nr.	nach altem Recht	nach neuem Recht
1	5 – 20	
3	21 – 50	
5	51 – 150	51 – 100
7	151 – 300	101 – 200
9	301 – 600	201 – 400
11	601 – 1 000	401 – 700
13		701 – 1 000
15	1 001 – 2 000	1 001 – 1 500
17		1 501 – 2 000
19	2 001 – 3 000	2 001 – 2 500
21		2 501 – 3 000
23	3 001 – 4 000	3 001 – 3 500
25		3 501 – 4 000
27	4 001 – 5 000	4 001 – 4 500
29	5 001 – 7 000	4 501 – 5 000
31	7 001 – 9 000	5 001 – 6 000
33		6 001 – 7 000
35		7 001 – 9 000
+2		+3 000

Zahl der von ihrer beruflichen Tätigkeit freigestellten Betriebsräte* in Unternehmen mit so vielen Mitarbeitern

Nr.	nach altem Recht	nach neuem Recht
1	300 – 600	200 – 500
2	601 – 1 000	501 – 900
3	1 001 – 2 000	901 – 1 500
4	2 001 – 3 000	1 501 – 2 000
5	3 001 – 4 000	2 001 – 3 000
6	4 001 – 5 000	3 001 – 4 000
7	5 001 – 6 000	4 001 – 5 000
8	6 001 – 7 000	5 001 – 6 000
9	7 001 – 8 000	6 001 – 7 000
10	8 001 – 9 000	7 001 – 8 000
11	9 001 – 10 000	8 001 – 9 000
12		9 001 – 10 000
+1		+2 000

*auch Teilfreistellungen sind möglich

Quelle: BMA   © Globus 7144

Organe des Betriebsverfassungsgesetzes

Das Betriebsverfassungsgesetz sieht drei wichtige Organe mit unterschiedlichen Aufgaben vor:

◆ **Betriebsrat** als Vertretung der Arbeitnehmerinteressen

◆ **Betriebsversammlung** als Rechenschaftslegung des Betriebsrates

◆ **Jugend- und Auszubildendenvertretung** als Instrument der Interessenwahrnehmung der jugendlichen Arbeitnehmer und Auszubildenden

Der Betriebsrat

Das Betriebsverfassungsgesetz sieht vor, dass in Betrieben mit mindestens fünf ständigen wahlberechtigten Arbeitnehmern, von denen drei wählbar sind, Betriebsräte gewählt werden. **Wahlberechtigt** sind dabei alle Arbeitnehmer mit Vollendung des 18. Lebensjahres. **Wählbar** sind nur diejenigen Wahlberechtigten, die mindestens sechs Monate im Betrieb beschäftigt sind. In Betrieben mit **weniger als fünf** wahlberechtigten Arbeitnehmern gibt es **keinen Betriebsrat**.

---

[1] Im öffentlichen Dienst gilt statt des Betriebsverfassungsgesetzes das **Personalvertretungsgesetz**, von dem noch einmal insgesamt rund 6,5 Millionen Arbeitnehmerinnen und Arbeitnehmer betroffen sind. Dem Betriebsrat entspricht hier der **Personalrat**.

Der **Betriebsrat** vertritt die **Interessen der Arbeitnehmer** gegenüber dem Arbeitgeber. Er ist somit Vertreter der Arbeitnehmerinteressen und gleichzeitig Partner zur Konfliktlösung im Betrieb. Die Größe des Betriebsrates richtet sich nach der Belegschaftszahl. Allerdings gehen die Mitwirkungsrechte des Betriebsrates, je nach den einzelnen Gebieten, unterschiedlich weit (siehe Seite 204).

Die Betriebsversammlung

Mindestens einmal im Quartal (= Vierteljahr) beruft der Betriebsrat eine Betriebsversammlung ein, die innerhalb der Arbeitszeit stattfindet. Hierbei wird vom Betriebsrat ein **Rechenschaftsbericht** erstattet. Der Arbeitgeber ist an dieser Betriebsversammlung teilnahmeberechtigt.

Die Jugend- und Auszubildendenvertretung

Für jugendliche Arbeitnehmer, also auch für von der Realschule in die Berufsausbildung wechselnde Jugendliche, ist die zuständige Interessenvertretung im Betrieb die **Jugend- und Auszubildendenvertretung**.

Für alle Betriebe, in denen mindestens fünf für die Jugend- und Auszubildendenvertretung wahlberechtigte Personen vorhanden sind, wird eine Jugend- und Auszubildendenvertretung gewählt. Wahlberechtigt hierbei sind alle im Betrieb beschäftigten unter 18 Jahre alten Arbeitnehmer sowie alle Auszubildenden, die noch unter 25 Jahren sind.

Die **Jugend- und Auszubildendenvertretung** hat als Hauptaufgabe, die speziellen Interessen der Jugendlichen im Betrieb zu vertreten.

Hierzu gehören im Besonderen:

◆ Fragen der Berufsausbildung
◆ Beschwerderecht
◆ Jugendarbeitsschutz

6.4 Gegenstand und Umfang der Mitwirkungsrechte der Arbeitnehmer

Das Betriebsverfassungsgesetz sieht sehr unterschiedliche sowie **unterschiedlich weit gehende Mitwirkungsrechte** der Arbeitnehmervertretung (= des Betriebsrates) im Betrieb vor.

Dabei wird zwischen den folgenden Einflussbereichen unterschieden:

◆ **soziale** Angelegenheiten
◆ Gestaltung von Arbeitsplatz, Arbeitsablauf und der täglichen Arbeitsumgebung
◆ **personelle** Angelegenheiten
◆ **wirtschaftliche** Angelegenheiten

Zu den hauptsächlichsten **sozialen Angelegenheiten** zählen u.a. Beginn und Ende der täglichen Arbeitszeit einschließlich der Pausen, Fragen der Urlaubsregelung, der Lohnzahlung (z.B. Art und Zeit der Lohnzahlung) und des Lohnsystems. Hinzu kommen Umfang, Ausgestaltung und Verwaltung betrieblicher Sozialeinrichtungen sowie Fragen der Unfallverhütung.

In diesen Bereichen besteht ein **volles Mitbestimmungsrecht** der Arbeitnehmervertretung, d.h., ohne die Zustimmung des Betriebsrates kann der Arbeitgeber keine dieser Fragen regeln.

Der Betriebsrat ist hierbei an allen Entscheidungen nicht nur beteiligt, sondern hat eine **uneingeschränkte, gleichberechtigte Mitbestimmung**.

Über alle geplanten Maßnahmen des Arbeitgebers in den Bereichen der **Arbeitsplatz- und Arbeitsablaufgestaltung** hat er den Betriebsrat lediglich rechtzeitig zu informieren und die vorgesehenen Maßnahmen mit ihm zu beraten. Hier liegt lediglich ein **Mitwirkungsrecht** des Betriebsrates, jedoch **keine** gleichberechtigte Mitbestimmung vor.

In **personellen Angelegenheiten**, wie z.B. Einstellungen, Entlassungen, Um- und Versetzungen, Ein- und Umgruppierungen gilt bei **personellen Einzelmaßnahmen** Folgendes: In Betrieben mit mehr als 20 wahlberechtigten Arbeitnehmern hat der Arbeitgeber den Betriebsrat vor jeder Einstellung, Ein- oder Umgruppierung und Versetzung zu unterrichten, ihm die erforderlichen Bewerbungsunterlagen vorzulegen und Auskunft über die Person der Beteiligten zu geben. Er hat dem Betriebsrat unter Vorlage der erforderlichen Unterlagen Auskunft über die Auswirkungen der geplanten Maßnahme zu geben und die Zustimmung des Betriebsrates dazu einzuholen (§ 99 BetrVG).

Bei den rein **wirtschaftlichen Angelegenheiten** besitzt der Betriebsrat die geringste Macht. Hierunter fallen z.B. Fragen der Produktion, der Absatztechnik und das gesamte Gebiet der Investitionslenkung (u.a. Errichtung neuer Fabrikanlagen, Kauf neuer Maschinen und Spezialwerkzeuge usw.) sowie die Preis-, Werbe- und Finanzpolitik.

Bei allen diesen wirtschaftlichen Angelegenheiten besteht nur ein **Informations- und Beratungsrecht**.

Allerdings ist vom Betriebsverfassungsgesetz für Betriebe mit mehr als 100 Beschäftigten vorgeschrieben, einen **Wirtschaftsausschuss** zu bilden, in dem Arbeitgeber und Betriebsrat diese wirtschaftlichen Fragen erörtern.

1 Lies noch einmal die Argumente pro und contra Mitbestimmung auf Seite 200 durch und beantworte die dort gestellten drei Fragen jetzt ausführlicher.

2

„Quatsch nicht! Das war immer so!"

Deute die beiden Karikaturen zu Mitsprachemöglichkeiten in Wirtschaft und Gesellschaft bei uns und stelle einen Zusammenhang her.

3 Welche unterschiedlichen Gesetze regeln in Deutschland die Mitbestimmung?

4 Das Betriebsverfassungsgesetz sieht die drei Organe Betriebsrat, Betriebsversammlung und die Jugend- und Auszubildendenvertretung vor.

Beschreibe jeweils in Kurzfassung die Hauptaufgaben und Rechte dieser drei Organe in Form eines Ergebnisprotokolls oder fertige eine Grafik dazu an.

5 Wie unterscheiden sich die Mitbestimmungsrechte des Betriebsrates in
a) sozialen, b) personellen und c) wirtschaftlichen Angelegenheiten?

Versucht, ggf. in Gruppenarbeit, herauszufinden, weshalb diese Unterschiede seit dem Bestehen der Bundesrepublik in den jeweiligen Gesetzen niedergeschrieben sind.

6

Können so Konflikte im Betrieb gelöst werden?
Nehmt Stellung zu dieser Methode und macht Vorschläge.

7 Welche persönlichen Eigenschaften sollte ein Mitglied der Jugend- und Auszubildendenvertretung oder ein Betriebsratsmitglied haben, dem du deine Stimme bei der Wahl gibst? Begründe deine Antwort.

Rund 7,3 Millionen Ausländer leben zurzeit in Deutschland (= 8,9% der Bevölkerung). Davon sind knapp 2 Millionen Türken, die das größte Kontingent ausländischer Nationalitäten stellen und meistens mit ihrer Familie bei uns wohnen.

Viele ihrer Kinder sind in Deutschland geboren und kennen das Herkunftsland ihrer Eltern nur vom Erzählen oder von Urlaubsbesuchen.

Ausländer unter uns

Ausländische Bevölkerung in Deutschland in Millionen

Zahl der Ausländer Ende 2003 in 1 000 (die 22 am stärksten vertretenen Nationalitäten)

Türken	1 878
Italiener	601
Jugoslawen*	568
Griechen	355
Polen	327
Kroaten	237
Österreicher	189
Russen	173
Bosnier	167
Portugiesen	131
Spanier	126
Ukrainer	126
Niederländer	119
Briten	114
Franzosen	113
US-Amerikaner	113
Rumänen	89
Vietnamesen	88
Iraner	81
Marokkaner	80
Chinesen	77
Afghanen	66

Quelle: Stat. Bundesamt

Bis 1988 nur Westdeutschland *Serben und Montenegriner © Globus 9184

◆ *Interpretiere* die obige Grafik.

a) Versuche, den extremen Anstieg der ausländischen Mitbürger in Deutschland zwischen 1988 und 1993 zu erklären.

b) Welche nationalen und internationalen Tendenzen haben den Ausschlag für die rapide Zunahme in den letzten drei Jahrzehnten gegeben?

◆ In welchen Bereichen/Branchen sind die meisten Ausländer bei uns beschäftigt? Begründe deine Sichtweise.

Möglichkeiten und Probleme des Zusammenlebens

Ein Zusammenleben mit Menschen aus fremden Kulturen, die eine andere Sprache, Bildung, Erziehung, Arbeitsauffassung, Lebensart, Religion und vielleicht eine andere Hautfarbe besitzen, kann immer Schwierigkeiten mit sich bringen. Diese Probleme aber mit Gewalt (**„Ausländer raus!"**) lösen zu wollen, ist menschenunwürdig und schafft neue Probleme. Sinnvoller erscheint die Integration dieser Bevölkerungsminderheit mit dem Fernziel einer Einbürgerung.

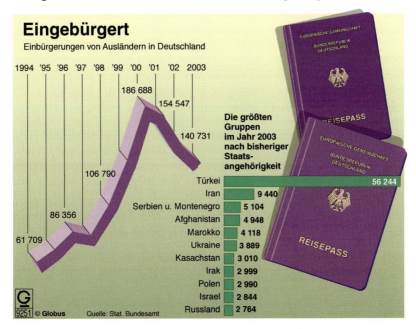

Eingebürgert
Einbürgerungen von Ausländern in Deutschland

1994 '95 '96 '97 '98 '99 '00 '01 '02 2003

186 688
154 547
140 731
106 790
86 356
61 709

Die größten Gruppen im Jahr 2003 nach bisheriger Staatsangehörigkeit

Türkei	56 244
Iran	9 440
Serbien u. Montenegro	5 104
Afghanistan	4 948
Marokko	4 118
Ukraine	3 889
Kasachstan	3 010
Irak	2 999
Polen	2 990
Israel	2 844
Russland	2 764

9251 © Globus   Quelle: Stat. Bundesamt

Am wenigsten Probleme mit Ausländern gibt es am Arbeitsplatz. In der deutschen Wirtschaft sind sie als **ausländische Mitarbeiterinnen und Mitarbeiter** seit vielen Jahren unentbehrlich geworden. Sie arbeiten und verdienen nicht nur bei uns – sie zahlen auch **Steuern** und **Sozialabgaben** und sie sind selbstverständlich auch **Käufer** und **Verbraucher.** Sie sollten von uns auch als Mitmenschen behandelt und als **Mitbürger** anerkannt werden.

Wie Ausländer und ihre **Familien** jedoch nicht nur wirtschaftlich, sondern auch **gesellschaftlich und kulturell integriert** (= eingegliedert) werden können, darüber gehen die Ansichten auseinander.

„Wer als Ausländer in Deutschland bleiben möchte, soll sich den bei uns üblichen Lebensgewohnheiten anpassen. Nur so kann er voll in unsere Gesellschaft **integriert** werden."

„Ausländer aus anderen Kulturen dürfen in Deutschland weiter nach ihren Traditionen leben. Sie sind eine Bereicherung unserer **multikulturellen Gesellschaft.**"[1]

---

[1] multi = viel; Kultur = alle geistigen und künstlerischen Ausdrucksformen eines Volkes; Lebensart, Bildung, Erziehung, Religion usw.
multikulturelle Gesellschaft = eine Gesellschaft, in der viele (auch ausländische) Kulturen vereint sind

7.2 Ausländische Arbeitnehmer in Betrieben

Das Industrieland Deutschland war schon seit Ende des 19. Jahrhunderts ein Ziel für ausländische Arbeitskräfte. Waren es bei der Reichsgründung 1871 erst rund 200000 Ausländer, so stieg ihre Zahl bis zum Ausbruch des Ersten Weltkrieges 1914 auf weit über eine Million. In der Weltwirtschaftskrise (zwischen 1928 und 1933) ging der Ausländeranteil in Deutschland stark zurück. Während des Zweiten Weltkrieges (1939–1945) wurden jedoch 5,3 Millionen „Fremdarbeiter" aus den eroberten Gebieten von den Nationalsozialisten zur Zwangsarbeit verpflichtet.

Nach dem Zweiten Weltkrieg, vornehmlich in der Zeit des so genannten **Wirtschaftswunders**, stieg der Ausländeranteil rasch an. Seit Mitte der 50er Jahre wurden ausländische Arbeitskräfte als **Gastarbeiter** in die Bundesrepublik Deutschland geholt.

Diese ausländischen Arbeitskräfte kamen zunächst vor allem aus Italien, dann aus dem ehemaligen Jugoslawien und später zunehmend aus der Türkei.

Rund 7,3 Millionen Ausländer leben heute in Deutschland. Ihr Anteil an der Gesamtbevölkerung beträgt ca. neun Prozent. Die mit Abstand größte Gruppe unter ihnen sind die Türken mit etwa 2 Millionen. Nahezu jeder vierte Ausländer stammt aus einem Land der Europäischen Union. Für viele ausländische Mitbürger ist Deutschland mittlerweile zur Heimat geworden. Rund die Hälfte von ihnen lebt schon 15 Jahre oder länger unter uns. Durch den Binnenmarkt der Europäischen Union erhöhen sich die Zahlen weiter (siehe S. 333 ff.).

Immer mehr ausländische Jugendliche besuchen weiterführende Schulen und erlernen einen Beruf. Den größten Teil der **ausländischen Arbeitnehmer** stellen die Türken (siehe Schaubild).

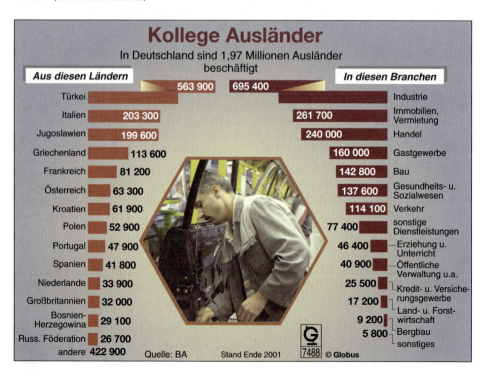

Kollege Ausländer
In Deutschland sind 1,97 Millionen Ausländer beschäftigt

Aus diesen Ländern			In diesen Branchen
Türkei	563 900	695 400	Industrie
Italien	203 300	261 700	Immobilien, Vermietung
Jugoslawien	199 600	240 000	Handel
Griechenland	113 600	160 000	Gastgewerbe
Frankreich	81 200	142 800	Bau
Österreich	63 300	137 600	Gesundheits- u. Sozialwesen
Kroatien	61 900	114 100	Verkehr
Polen	52 900	77 400	sonstige Dienstleistungen
Portugal	47 900	46 400	Erziehung u. Unterricht
Spanien	41 800	40 900	Öffentliche Verwaltung u.a.
Niederlande	33 900	25 500	Kredit- u. Versicherungsgewerbe
Großbritannien	32 000	17 200	Land- u. Forstwirtschaft
Bosnien-Herzegowina	29 100	9 200	Bergbau
Russ. Föderation	26 700	5 800	sonstiges
andere	422 900		

Quelle: BA   Stand Ende 2001   7488 © Globus

7.3 Die Bedeutung ausländischer Arbeitnehmer für die Arbeitswelt

Die Gesamtzahl der Ausländer in Deutschland erhöhte sich auch durch Familienzusammenführung, Zustrom von Asylbewerbern (z.B. Flucht vor Bürgerkriegen und Verfolgung in ihrer Heimat) und durch hohen Geburtenüberschuss.

Was ist zu tun?

◆ Können wir auf die ausländischen Arbeitnehmer verzichten und sollen wir sie in ihre Heimatländer **zurückschicken** (radikale Forderung: „Ausländer raus!")?

◆ Oder sollen wir die Menschen, die als Gastarbeiter zu uns gekommen sind, in unsere Gemeinschaft aufnehmen, sie **integrieren** (= in eine Gruppe, eine Gesellschaft, einen Staat eingliedern)?

Welche Auswirkungen hätte die erste Möglichkeit?

Alle Ausländer haben das Land verlassen

Seit heute Nacht 0 Uhr gibt es keine ausländischen Arbeitnehmer mehr in Deutschland. Der letzte Ausländer, ein Türke und seine Familie, hat den Schlagbaum in Richtung Heimat gestern Abend verlassen. Wir Deutschen können aufatmen.

Erste Alarmmeldungen gibt es schon am Vormittag: Die Müllabfuhr hat den Bürgern einstweilen eine Abfuhr erteilt. Mit der Hälfte der Belegschaft ist sie nahezu gelähmt. In den Zechen der Ruhrkohle (bisher hoher Ausländeranteil, davon 65 Prozent Türken) stocken die Räder der Fördertürme. In Bremen, Bremerhaven, Salzgitter, im Schiffbau, der Eisen- und Stahlerzeugung gähnen leere Arbeitsplätze.

Viele Baustellen veröden. Die Italiener, Türken und Spanier fehlen. Sprunghaft schnellen die Löhne für Reinigungspersonal empor. Die Deutschen müssen wieder selber putzen. Leider aber steht nun auch die Pizzeria an der Ecke leer. In vielen Hotels müssen die Gäste ihre Betten selbst machen. Auch die Zeitungszustellung stockt ...

Überall in dieser „hoch entwickelten Volkswirtschaft" kommen die Warenströme zum Erliegen. Die Fließbänder sind nicht mehr mit den flinken Frauen im Kopftuch besetzt, die nicht fragten, sondern löteten. In Wolfsburg (drei Viertel der Ausländer waren Italiener) stauen sich die Halbfertigprodukte von Golf und Passat. In den deutschen Werften (ehemals hoher Ausländeranteil, davon 68 Prozent Türken) fehlen Schweißer und Monteure, Hilfsarbeiter und Angelernte. Kurzum: 9 Prozent der deutschen Bevölkerung sind plötzlich weg. Wir Deutschen müssen nun wieder alles selber machen. Vor allem die unangenehmen, monotonen, schmutzigen und übel riechenden Verrichtungen.

Leider nehmen auch die Finanzämter keine Steuern mehr von „denen da" ein, und in den Kassen der Sozialversicherungen ist plötzlich auch weniger Geld ...

Quelle: PZ, herausgegeben von der Bundeszentrale für politische Bildung, Bonn, Nr. 23; gekürzt

Berufliche und soziale Integration

Die vorstehende – frei erfundene – Geschichte führt uns vor Augen, wie wichtig die ausländischen Arbeitnehmer für unsere Wirtschaft geworden sind.

Ein erster und wichtiger Schritt auf dem Wege zur dauerhaften **sozialen** Integration (= Eingliederung in die **Gesellschaft**) ist die **berufliche** Integration (= Eingliederung in das **Arbeitsleben**) der in Deutschland lebenden Ausländer. Ihnen muss die Gelegenheit gegeben werden, die deutsche **Sprache** zu erlernen, eine **berufliche Qualifikation** (= Befähigung, Eignung) zu erwerben und eine Tätigkeit als **Fachkraft** auszuüben. Die Eingliederung der **jungen** Ausländer in Schule, Beruf und Gesellschaft ist eine der wichtigsten und schwierigsten Aufgaben für Politiker, Wirtschaftler – **und für jeden Einzelnen von uns**.

Arbeitsaufgaben und Anregungen zum Handeln

1

„Hier integrieren wir entweder 3 Italiener, 6 Spanier oder 9 Türken ..."

Deute und erkläre obige Karikatur, beachte dabei vor allem die Abstufung nach Nationalitäten.

2 *Mache eigene Vorschläge zur sozialen Integration jugendlicher Ausländer.*

3 *„Türkische Arbeitnehmerinnen in Deutschland leben oft in zwei Welten."*
a) Erläutere dieses Zitat (= Ausspruch).
b) Fragt türkische Mitschülerinnen, ob sie dieses Zitat für zutreffend halten und was sie darüber denken.

4 *Lest noch einmal den Text auf S. 209 aufmerksam durch.*
a) Diskutiert die Frage: Was würde geschehen, wenn alle Ausländer Deutschland verließen?
b) Führt Beispiele an.

5 *Führt in mehreren Gruppen eine Befragung durch: „Was tun Sie für ausländische Familien?" Fragt hierzu bei eurer Gemeinde, den Pfarrämtern der Kirche, den Wohlfahrtsverbänden, der Arbeitsagentur, den Gewerkschaften, der Volkshochschule und anderen gesellschaftlichen Gruppen. Stellt das Ergebnis zusammen, sagt dazu eure Meinung und schreibt einen Artikel für eure Schülerzeitung oder die örtliche Presse.*

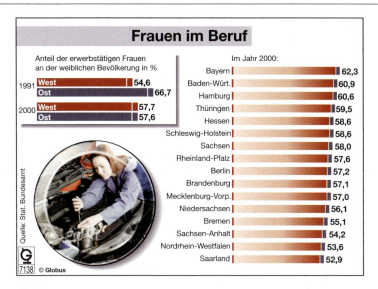

Frauen im Beruf

Anteil der erwerbstätigen Frauen
an der weiblichen Bevölkerung in %

1991	West	54,6
	Ost	66,7
2000	West	57,7
	Ost	57,6

Im Jahr 2000:

Bayern	62,3
Baden-Württ.	60,9
Hamburg	60,6
Thüringen	59,5
Hessen	58,6
Schleswig-Holstein	58,6
Sachsen	58,0
Rheinland-Pfalz	57,6
Berlin	57,2
Brandenburg	57,1
Mecklenburg-Vorp.	57,0
Niedersachsen	56,1
Bremen	55,1
Sachsen-Anhalt	54,2
Nordrhein-Westfalen	53,6
Saarland	52,9

Quelle: Stat. Bundesamt

7138 © Globus

◆ *Lest oben stehende Statistik aufmerksam durch.*

◆ *Welche entscheidenden Unterschiede in der **Frauenerwerbs-tätigkeit** zwischen West- und Ostdeutschland lassen sich im Ver-gleich der beiden Jahre 1991 und 2000 feststellen?*

◆ *Worauf führst du die unterschiedliche Entwicklung und insbeson-dere den fast übereinstimmenden Anteil der erwerbstätigen Frauen an der weiblichen Bevölkerung in Prozenten im Jahr 2000 zurück?*

◆ *Welche wirtschaftspolitischen und vor allem arbeitsmarktpoli-tischen Gründe sind hierfür hauptsächlich verantwortlich?*

> 99 **Frauen**
> **– sind die Hälfte der Weltbevölkerung,**
> **– erzeugen 80 Prozent der Weltnahrungsmittel,**
> **– verrichten zwei Drittel der Weltarbeitsstunden,**
> **– erhalten zwischen 5 und 10 Prozent des Welt-einkommens und**
> **– besitzen ein Prozent des Weltvermögens.**

Quelle: „Politik betrifft uns", Nr. 2, 1995

Diese Statistik der UNO sollte Männer zum Handeln und Frauen zum Nachdenken bringen.

◆ *Was ist mit diesem Satz gemeint?*

◆ *Bringe diese Aussage in Zusammenhang mit den Angaben der UNO-Statistik.*
Was lässt sich daraus ableiten?

8.1 Frauenarbeitsschutz

In Deutschland sind etwa 16 Millionen Frauen berufstätig. Mehr als jede zweite Frau im erwerbstätigen Alter übt einen Beruf aus. Mehr als jeder dritte Berufstätige (knapp 40 %) ist eine Frau. Ohne die berufstätigen Frauen müsste die Wirtschaft in Deutschland zusammenbrechen. Die Berufstätigkeit der Frau wirft hauptsächlich drei **Probleme** auf:

1. die für **schwere körperliche** Arbeit nicht geeignete Konstitution (= körperliche Beschaffenheit, Verfassung) der Frau und die daraus sich ergebende Schutzbedürftigkeit,
2. die **Doppelbelastung** vieler erwerbstätiger Frauen, verursacht durch die Rolle der Hausfrau und Mutter einerseits und Berufstätigkeit andererseits,
3. die immer noch bestehende **ungleiche Bezahlung** für die gleiche Arbeit.

Zu 1: Um gesundheitlichen Schäden durch zu schwere Belastungen vorzubeugen, gibt es für Frauen einen **besonderen gesetzlichen Arbeitsschutz**.

Beispiel

Grundsätzliches Beschäftigungsverbot für Frauen in Bergwerken (unter Tage).

Zu 2: Eine berufstätige **Ehefrau** ist durch ihre Aufgaben als Hausfrau, Mutter, Partnerin des Mannes und **Berufstätige** oft körperlich und seelisch überlastet und auf die Hilfe der Gesellschaft angewiesen.

Zu 3: Siehe hierzu Seite 213 f.: „Gilt bei Frauenarbeit ,gleicher Lohn für gleiche Arbeit'?".

8.2 Mutterschutz

Grundgesetz Art. 6 Abs. 4:
„Jede Mutter hat Anspruch auf den Schutz und die Fürsorge der Gemeinschaft."

Dem hohen Anspruch des Grundgesetzes wurde in Deutschland durch das **Mutterschutzgesetz** sowie das **Bundeserziehungsgeldgesetz** voll Rechnung getragen. Heute gilt nach den beiden genannten Gesetzen:

◆ **Werdende Mütter** dürfen nicht beschäftigt werden, soweit nach ärztlichem Zeugnis Leben oder Gesundheit von Mutter oder Kind bei Fortdauer der Beschäftigung gefährdet ist.
◆ Werdende Mütter dürfen nicht mit schweren körperlichen Arbeiten und nicht mit Arbeiten beschäftigt werden, bei denen sie schädlichen Einwirkungen von gesundheitsgefährdenden Stoffen ausgesetzt sind.

◆ Werdende Mütter dürfen insbesondere nicht beschäftigt werden mit Arbeiten, bei denen regelmäßig Lasten von mehr als 5 kg Gewicht oder gelegentlich Lasten von mehr als 10 kg Gewicht ohne mechanische Hilfsmittel von Hand gehoben, bewegt oder befördert werden.
Die Beschäftigung von werdenden Müttern mit Akkord- und Fließbandarbeit mit vorgeschriebenem Arbeitstempo ist verboten.

◆ Vom Beginn der Schwangerschaft bis vier Monate nach der Geburt besteht ein Kündigungsverbot, d.h. ein **Kündigungsschutz für die Mutter**.
Hinzu kommen kostenlose Vorsorgeuntersuchungen während der Schwangerschaft sowie nach der Entbindung.

◆ Sechs Wochen vor bis acht Wochen (bei Mehrlings- oder Frühgeburten sogar 12 Wochen) nach der Entbindung gilt ein Beschäftigungsverbot für Frauen. Während dieser Zeit erhalten die Frauen **Lohn- oder Gehaltsfortzahlung** in Höhe ihres bisherigen Nettoeinkommens.

◆ Aufgrund des **Bundeserziehungsgeldgesetzes** steht der Mutter ab dem Zeitpunkt der Geburt eines Kindes für 24 Monate ein monatliches, einkommensabhängiges **Erziehungsgeld** von bis zu 307,00 EUR zu. Außerdem kann die Mutter (oder der Vater) einen **dreijährigen Erziehungsurlaub** nehmen, während dessen Dauer das bestehende Arbeitsverhältnis vom Arbeitgeber nicht gekündigt werden darf.
Daneben bleibt die Mutter (oder der Vater) während dieser Zeitspanne **beitragsfrei sozialversichert**.

8.3 Gilt bei Frauenarbeit „Gleicher Lohn für gleiche Arbeit"?

Das nebenstehende Zitat stammt aus unserer Verfassung, dem Grundgesetz (Artikel 3 Absatz 2).
Ist es so gemeint, wie der Zeichner es dargestellt hat?

Die in der Überschrift gestellte Frage, ob bei der Frauenarbeit der Grundsatz gelte „Gleicher Lohn für gleiche Arbeit", kann weltweit gesehen mit einem eindeutigen Nein beantwortet werden.

Selbst in der reichen Industrienation Japan verdienen Industriearbeiterinnen oftmals nur die Hälfte dessen, was ihre männlichen Kollegen erhalten.

Relativ gering sind die Unterschiede dagegen in Schweden, wo Frauen neun Zehntel des Männerlohnes verdienen. In Deutschland liegt der Frauenlohn bei rund 75 % des Männerlohnes. Generell gilt für beide Geschlechter: In Ballungszentren und in technologisch hoch entwickelten Regionen wird mehr Geld verdient als in ländlichen oder strukturschwachen Gebieten, außerdem im Westen mehr als im Osten.

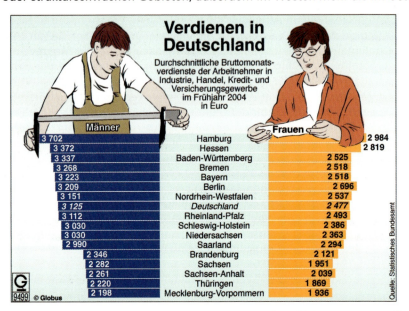

Verdienen in Deutschland

Durchschnittliche Bruttomonatsverdienste der Arbeitnehmer in Industrie, Handel, Kredit- und Versicherungsgewerbe im Frühjahr 2004 in Euro

Männer		Frauen
3 702	Hamburg	2 984
3 372	Hessen	2 819
3 337	Baden-Württemberg	2 525
3 268	Bremen	2 518
3 223	Bayern	2 518
3 209	Berlin	2 696
3 151	Nordrhein-Westfalen	2 537
3 125	*Deutschland*	*2 477*
3 112	Rheinland-Pfalz	2 493
3 030	Schleswig-Holstein	2 386
3 030	Niedersachsen	2 363
2 990	Saarland	2 294
2 346	Brandenburg	2 121
2 282	Sachsen	1 951
2 261	Sachsen-Anhalt	2 039
2 220	Thüringen	1 869
2 198	Mecklenburg-Vorpommern	1 936

© Globus 9499

Quelle: Statistisches Bundesamt

Frauenarbeitsplätze werden oft als weniger anspruchsvoll eingestuft und Frauen steigen erfahrungsgemäß auch wesentlich seltener in Vorarbeiter-, Meister- oder Vorgesetztenpositionen auf.

Die schlechtere Bezahlung der Frau beschränkt sich nicht auf Deutschland, sondern ist ein in Europa und weltweit verbreitetes Problem.

Die Lösung dieses Problems ist unserer Gesellschaft durch das Grundgesetz (Artikel 3, Gleichheit vor dem Gesetz, Gleichberechtigung, Diskriminierungsverbot[1]) aufgegeben.

Ursachen für die schlechtere Bezahlung der Frauen:

- ◆ **Schlechterer Ausbildungsstand.** Dadurch üben Frauen vorwiegend einfache und mittlere Tätigkeiten aus.
- ◆ **Einstufung in niedrigere Leistungsgruppen** (bedingt durch schlechteren Ausbildungsstand)
- ◆ **Kürzere Betriebszugehörigkeit.** Die Löhne sind häufig vom Lebensalter und von der Dauer der Zugehörigkeit zum Betrieb abhängig.
- ◆ **Längere Berufsunterbrechung,** um z.B. Tätigkeiten als Mutter auszuüben.
- ◆ **Kürzere Wochenarbeitszeit** (häufig Teilzeitarbeit, weniger Überstunden)
- ◆ **Geringere Mobilität** (= geringere örtliche Beweglichkeit). Frauen suchen Arbeitsplätze möglichst in der Nähe ihrer Wohnung – auch bei geringerer Bezahlung.

---

[1] Diskriminierung = Herabsetzung, Herabwürdigung, Benachteiligung

Gleiche Entlohnung nach Recht und Gesetz:

Grundgesetz Art. 3 Abs. 2:
Männer und Frauen sind gleichberechtigt. Der Staat fördert die tatsächliche Durchsetzung der Gleichberechtigung von Frauen und Männern und wirkt auf die Beseitigung bestehender Nachteile hin.

Grundsatzurteil des Bundesarbeitsgerichts von 1955:
Bei gleicher Arbeit steht Männern und Frauen der gleiche Lohn zu. Tarifliche Bestimmungen, die diesem Grundsatz widersprechen, sind nichtig.

Betriebsverfassungsgesetz von 1972:
§ 75: Arbeitgeber und Betriebsrat haben darüber zu wachen, dass alle im Betrieb tätigen Personen nach den Grundsätzen von Recht und Billigkeit behandelt werden, insbesondere, dass jede unterschiedliche Behandlung von Personen wegen ihrer Abstammung, Herkunft, politischen und gewerkschaftlichen Betätigung oder Einstellung oder wegen ihres Geschlechts unterbleibt.

Auch wenn – dem Recht und Gesetz entsprechend – der Grundsatz „Gleicher Lohn für gleiche Arbeit" immer mehr verwirklicht wird, ist die Durchsetzung des Grundsatzes „Gleicher Lohn für **gleichwertige** Arbeit" noch weitgehend ungelöst. Noch immer wird in der gewerblichen Wirtschaft **körperliche Kraft** höher bewertet als **Fingerfertigkeit, Geschicklichkeit** und hohe Anforderungen an die **Konzentration**. Typische Männertätigkeiten werden höher bewertet (und damit besser bezahlt) als typische Frauentätigkeiten. Die Gewerkschaften bemühen sich seit Jahren, die so genannten **Leichtlohngruppen** für leichtere (und damit schlechter bezahlte) Frauentätigkeiten zu beseitigen.

„Mann, wenn Sie für diese Arbeit zu dusselig sind, setze ich eine Frau daran und mache eine Leichtlohngruppe daraus!"

Im August 1980 beschloss der Bundestag ein Gesetz zur Änderung des **Bürgerlichen Gesetzbuches** (BGB). In ihm wird die gleiche Behandlung von Männern und Frauen am Arbeitsplatz sowie die gleiche Bezahlung für **gleiche oder gleichwertige Arbeit** festgelegt.

Bürgerliches Gesetzbuch (Änderung von 1980)
§ 612 Abs. 3: Bei einem Arbeitsverhältnis darf für gleiche oder für gleichwertige Arbeit nicht wegen des Geschlechts des Arbeitnehmers eine geringere Vergütung vereinbart werden als bei einem Arbeitnehmer des anderen Geschlechts.

1 Lies die Ausführungen über die ungleiche Bezahlung der Frauen für gleiche Arbeit und vergleiche dazu das Grundgesetz, Artikel 3.

Zu welchem Ergebnis kommst du?

2 Sammelt in Gruppenarbeit Argumente zum Thema „Gleiche Bezahlung für Männer und Frauen".

Führt danach ein Rollenspiel durch zum Thema „Gleicher Lohn für gleiche Arbeit".

Diskutiert anschließend die Argumente.

Was müsste deiner Meinung nach getan werden, um den Widerspruch zwischen Verfassungsidee und Verfassungswirklichkeit zu beseitigen?

3 Welche Gründe haben den Gesetzgeber veranlasst, werdende Mütter vor Kündigung zu schützen?

4

Die Gleichberechtigung von Mann und Frau kann auch andere Auswirkungen haben, wie die Zeichnerin darstellt.

Nimm Stellung zu dieser Karikatur.

Fertige eine ähnliche Zeichnung über den Rollentausch an.

5 Hat die Frau in Deutschland die Gleichberechtigung mit dem Mann auf allen Gebieten erreicht? Nenne Beispiele (Familie, Berufsausbildung, Beruf, Lohn, Politik usw.).

Wie kann eine volle Gleichberechtigung erreicht werden?

6 Sprecht über die Probleme einer berufstätigen Mutter (Beruf + Familie) und einer allein erziehenden Mutter (ledige oder geschiedene Mutter mit Kind).

7

„Also, frisch angepackt! Das Mädel natürlich am leichteren Ende."

Interpretiere die Karikatur. Warum ist auch sie eine Darstellung der Verletzung des Gleichheitsgrundsatzes?

8 „Sind Sie Hausfrau oder arbeiten Sie?"

Welche Grundeinstellung spricht aus dieser Frage? Wer könnte so denken?

- Ist das auch deine Vorstellung von „Vermenschlichung" der Arbeitswelt?
  Nimm dazu Stellung und begründe deine Meinung.
- Schreibe die genannten Begriffe in alphabetischer Reihenfolge untereinander und die zugehörigen Erklärungen daneben. Nimm Nachschlagewerke (Lexika u.a.) zu Hilfe.
- Lies nachstehenden Text und verfahre ebenso.

Die Forderung nach Humanisierung der Arbeitswelt ist eine schwerwiegende Aufgabe

- Auf der einen Seite sieht der Arbeitgeber seine Hauptaufgabe darin, ein Maximum an Gewinn zu erzielen, denn nur dann kann das Unternehmen unter den gegebenen Wettbewerbsbedingungen mit Gelassenheit in die Zukunft blicken.
- Auf der anderen Seite soll der Unternehmer eine humane, sinnvolle und befriedigende Existenzbasis für die Mitarbeiter im Unternehmen schaffen. Dies zu realisieren bedeutet hohe Humanisierungsausgaben für den Betrieb.

Quelle: Sparkasse – Wirtschaftsspiegel

9.1 Arbeitsplatzgestaltung – Ergonomie

Unabhängig davon, ob in Handarbeit, mechanisiert oder automatisiert gefertigt wird, immer wird der Mensch benötigt. Die Anforderungen am Arbeitsplatz sind laufend gestiegen und von außen wirken immer mehr Einflüsse auf ihn ein. Die Arbeitsumgebung muss daher an den Menschen angepasst werden, um ihn vor gesundheitlichen Gefahren oder gar Schäden zu schützen. Diese Aufgabe bezeichnet man als **Ergonomie**[1], die Vorsorge als **Prävention**[2].

> **Ergonomie** ist die Anpassung der Arbeitsbedingungen an den Menschen, um ihn vor gesundheitlichen Gefahren und Schäden zu schützen.
>
> **Prävention** beugt Gefahren und Schäden vor.

Genügten früher für viele Arbeiten einfache Werkzeuge, so müssen sie heute nicht nur gut, sondern

◆ für die jeweilige Arbeit geeignet,

◆ körpergerecht (ergonomisch) gestaltet,

◆ sicher sein.

Ergonomischer Hammerstiel[3]

Die menschengerechte (humane[4]) Gestaltung des Arbeitsplatzes, des Arbeitsraumes und der Arbeitsorganisation sowie der Führung haben wesentlichen Einfluss auf die Zufriedenheit und Gesundheit des Arbeitnehmers und damit auf das Arbeitsergebnis (Qualität der Leistungserstellung).

Humanisierung sorgt für die **menschengerechte Gestaltung von sozialen und soziotechnischen Systemen**[5]. Zu den ersteren gehört z.B. die Führungsstruktur (Führungssystem[6], Führungsstil) eines Betriebes. Unter soziotechnische Systeme fallen der Arbeitsplatz und seine Gestaltung, z.B. großer und kleiner Griffbereich, Einzelarbeitsplatz, Fließband, verkettete Anlagen und die Anpassung der Arbeit an den Menschen (nicht Anpassung des Menschen an die Arbeit!).

> Unter **Humanisierung** der Arbeitswelt versteht man die **bestmögliche, menschengerechte** und **menschenwürdige Gestaltung der Arbeitsbedingungen**.

Humanisierung ist eine Aufgabe für alle am Arbeitsprozess Beteiligten, für Mitarbeiter, Betriebsleitung, Tarifpartner, Politiker, Wissenschaftler (Ärzte, Psychologen, Soziologen) u.a.

---

[1] Ergonomie, von griech.: ergon = Arbeit, nomos = Gesetz, Ordnung
[2] Prävention, von lat.: präveniere = zuvorkommen, vorbeugen
[3] Quelle: Zentralstelle für Sicherheitstechnik (ZfS), Düsseldorf
[4] human, von lat.: humanus = menschlich, menschenfreundlich, menschenwürdig
Humanisierung: menschlich machen, dem Menschen anpassen, vermenschlichen
[5] Sozial von lat.: socius = der Gefährte; die Gemeinschaft, den Menschen betreffend, soziotechnisch: Mensch und Technik betreffend
[6] **Führungssystem:** Anordnungsbefugnis auf den verschiedenen Ebenen – von oben nach unten
Führungsstil: „Autoritär" = straffe Führung, Alleinbefugnis: „Kooperativ" = partnerschaftliche Zusammenarbeit. Heute meist Mischform beider Stile

Wie nach **ergonomischen** Gesichtspunkten **Arbeitsplätze** gestaltet werden, zeigt das Beispiel eines Bildschirmarbeitsplatzes.

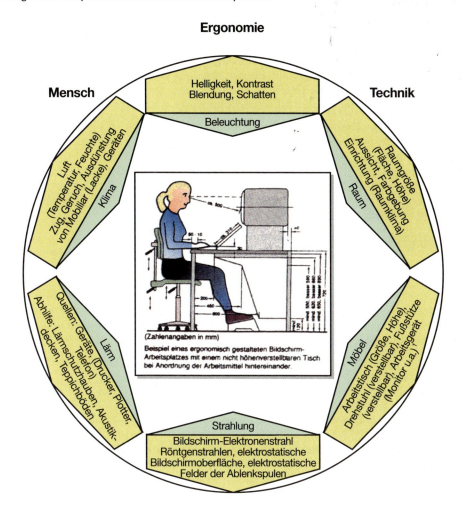

Ergonomie

Mensch

Technik

Helligkeit, Kontrast
Blendung, Schatten

Beleuchtung

Luft
(Temperatur, Feuchte)
Zug, Geruch, Ausdünstung
von Mobiliar (Lacke), Geräten

Klima

Raumgröße
(Fläche, Höhe)
Aussicht, Farbgebung
Einrichtung (Raumklima)

Raum

Quellen: Geräte,
Telefon)
Abhilfe: Lärmschutzhauben,
decken, Teppichböden, Akustik-

Lärm (Drucker, Plotter,

Möbel
Arbeitstisch (Größe, Höhe)
Drehstuhl (verstellbar), Fußstütze
(verstellbar), Arbeitsgerät
(Monitor u.a.)

ca. 500

50 - 10

0°

200 -
450
600

Strahlung
Bildschirm-Elektronenstrahl
Röntgenstrahlen, elektrostatische
Bildschirmoberfläche, elektrostatische
Felder der Ablenkspulen

(Zahlenangaben in mm)
Beispiel eines ergonomisch gestalteten Bildschirm-
Arbeitsplatzes mit einem nicht höhenverstellbaren Tisch
bei Anordnung der Arbeitsmittel hintereinander.

Einwirkungen auf den Menschen an einem Bildschirmarbeitsplatz

Quelle: Eigene Zusammenstellung nach Veröffentlichungen der ZfS, Düsseldorf, der Verwaltungsberufsgenossenschaft, Hamburg u.a.

Nicht nur beim Einsatz von Computern wirken viele Einflüsse auf den Menschen ein. Jeder Arbeitsplatz muss sorgfältig gestaltet werden **(Anpassung der Arbeit an den Menschen)**. Außer der Wahl geeigneter Arbeitnehmer **(Anpassung des Menschen an die Arbeit)** sind auch günstige Arbeitsbedingungen in der **Arbeitsorganisation von Bedeutung.**

---

[1] Dazu gehört auch die richtige Auswahl der Programme (Software), die manchmal zu schwierig und wenig „benutzerfreundlich" erstellt sind.

◆ **Aufgabenerweiterung** (job enlargement, engl.)
Der Arbeitsinhalt wird erweitert. Dem bisherigen Tätigkeitsbereich werden qualitativ gleichwertige Aufgaben hinzugefügt, um einseitige körperliche und geistige Beanspruchungen z.B. bei der Montage am Band zu vermeiden. Der Aufgabenspielraum des Einzelnen wird erweitert. Das erfordert ggf. eine verbesserte Aus- und Weiterbildung der Mitarbeiter (siehe Seite 89 ff., 228 ff.).

◆ **Aufgabenwechsel** (job rotation, engl.)
Mehrere Mitarbeiter wechseln innerhalb einer Gruppe in festgelegten oder frei wählbaren Zeitabschnitten den Arbeitsplatz. Damit werden einseitige Tätigkeiten und das Brachliegen von Kenntnissen vermieden. Jeder Einzelne ist innerhalb der Gruppe vielfach einsetzbar und erwirbt ggf. durch den ständigen Arbeitsplatzwechsel neue Qualifikationen (Lernen am Arbeitsplatz, engl.: training on the job).

◆ **Aufgabenbereicherung** (job enrichment, engl.)
Der Entscheidungsspielraum des Einzelnen und der Gruppe wird erweitert. Sie bestimmt den Arbeitsablauf mit der Verteilung von Einzeltätigkeiten an die Gruppenmitglieder, überwacht die Güte der Arbeit (Qualitätskontrolle) und stimmt ihren Fertigungsteilbereich mit anderen Stellen im Betrieb (Arbeitsvorbereitung, Teil- oder Endmontage, Lager u.a.) ab. Dadurch erscheint die Arbeit für den Einzelnen überschaubarer, sinnvoller und die Arbeitsfreude wächst.

◆ **Teilautonome Arbeitsgruppen** (autonom, griech.: = selbstständig) – Gruppenarbeit
Es handelt sich um kleine Arbeitsgruppen, die in eigener Verantwortung ein Teil- oder Fertigerzeugnis herstellen.

◆ Durch **Fertigungsinseln** wird die Eintönigkeit (Monotonie) des Fließbandes abgebaut. Die „Inseln" verfügen z.B. über alle für die Herstellung eines Getriebes erforderlichen Arbeitsplätze, Maschinen, Geräte und Werkzeuge.

◆ Eine Anzahl von Fachkräften – die **Gruppe** – stellt ein Bauteil vollständig, selbstständig und in eigener Verantwortung **(autonom)** her. Man spricht daher von **teilautonomen Arbeitsgruppen**, weil eine „Bindung nach oben", d.h. zur übergeordneten Instanz, weiterhin besteht.

◆ Die Gruppe erstellt vielfach selbst die Arbeitspläne, gibt die Reihenfolge der Aufträge vor, legt Zeiten fest, erstellt Programme für Maschinen, regelt den Transport, übernimmt die Qualitätskontrolle, die Wartung und Instandhaltung der benutzten Maschinen.

◆ Jeder übernimmt – teilweise im Wechsel – die Arbeit, die er am besten verrichten kann.

◆ Um bestmögliche Qualität zu fertigen und dabei alle Kenntnisse und Fertigkeiten zu nutzen, bildet man „Qualitätszirkel", in denen alle produktionstechnischen Fragen abgesprochen und abgestimmt werden.

◆ Die Aufgaben- und Verantwortungsbereiche des einzelnen Mitarbeiters werden vergrößert, die **Teamfähigkeit** (Arbeiten in der Gruppe) wird ausgebaut.

◆ Der organisatorische Aufbau des Betriebes wird „flacher", d.h. es gibt weniger Vorgesetzte. Die Verständigung untereinander und nach oben verläuft schneller, dadurch wird

◆ die Fertigung effektiver, passt sich schneller den wechselnden Bedürfnissen an und wird kostengünstiger.

◆ Der Einzelne übersieht den jeweiligen Produktionsablauf und bringt seine Kenntnisse, Fertigkeiten und Erfahrungen ein. Er fertigt kein Teil, dessen spätere Verwendung ihm unbekannt ist. So baut er eine „Beziehung" zum Produkt auf, er „identifiziert" sich mit ihm, ist „stolz" auf seine Arbeit.

◆ Insgesamt entsteht eine „flachere Produktion" – **lean production** – besonders dann, wenn große Vorrats- und Zwischenlager abgebaut und gleichlaufend mit der Fertigung („fertigungssynchron" – **„just in time"**) angeliefert wird.

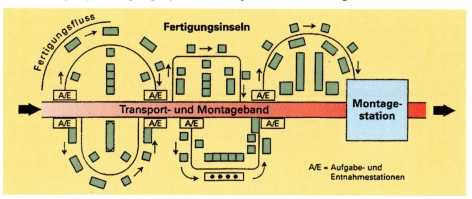

Teilautonome Arbeitsgruppen

◆ **Aufteilen von Arbeitsplätzen** (job sharing, engl.)
Das Aufteilen von Arbeitsplätzen auf mehrere Arbeitnehmer (also Teilzeitarbeit) stellt ebenfalls einen Beitrag zur Humanisierung der Arbeitswelt dar. Durch die kürzere Arbeitszeit wird die körperliche und geistige Beanspruchung vermindert. Der Raum für Freizeit und Erholung nimmt zu. Ein geringeres Einkommen muss dafür jedoch in Kauf genommen werden.
Job sharing ist auch eine Möglichkeit zur Behebung der Arbeitslosigkeit.

◆ **Ersetzen des Fließbandes durch Vollautomaten**
Das Fließband mit Taktvorgabe und monotoner, nur einzelne Muskeln und Sinnesorgane beanspruchende Arbeit soll weitgehend durch Vollautomaten ersetzt werden. Menschliche Arbeitskraft wird gegen Maschinen ausgetauscht (substituiert).

◆ **Einsatz von Industrierobotern**
Sie werden eingesetzt, um die psychisch-physischen Belastungen (Erleichtern schwerer körperlicher Arbeiten, z.B. unter Einwirkung von Hitze und von Staub) zu mindern und Produktivität und Qualität zu steigern.

◆ **Einsatz neuer Technologien**
Werden neue Technologien, z.B. Computer, CNC[1]-gesteuerte Maschinen, eingesetzt und findet die Mikroelektronik immer mehr Anwendung, so werden Arbeitnehmer einerseits körperlich entlastet, andererseits steigen aber die Anforderungen an Konzentration, Kenntnisse und Verantwortung.

[1] CNC = engl.: computerized numerical control = rechnerunterstützte Maschinen

Auch bei modernster Technologie darf das menschliche Miteinander im Arbeitsalltag nicht zu kurz kommen. Dazu gehört ein soziales Verhalten gegenüber Arbeitskolleginnen und -kollegen, Vorgesetzten und Untergebenen. Andere lächerlich machen, schikanieren usw. (= **Mobbing**) gehört genauso wenig zu einer guten „Atmosphäre" im Betrieb wie Beleidigungen, ständige Angriffe auf die Qualität der Arbeit oder gar gesundheitliche bzw. sexuelle Belästigungen. Zu einem **guten Betriebsklima** gehören weiterhin insbesondere:

◆ der von den Vorgesetzten angewandte Führungsstil,

◆ eine angemessene Lohn- und Gehaltspolitik,

◆ die Sicherheit und Ausgestaltung des Arbeitsplatzes,

◆ die Leistungsbereitschaft der Belegschaftsmitglieder usw.

Arbeitsaufgaben und Anregungen zum Handeln

1 *Was versteht man unter Humanisierung der Arbeitswelt?*

2 *Prüfe nach, ob dein Schularbeitsplatz körpergerecht gestaltet wurde. Welche äußeren Einflüsse wirken auf diesen ein? Was ließe sich noch verbessern? Mache Vorschläge.*

3 *Welche Möglichkeiten gibt es für eine zweckmäßige Gestaltung des Klassenzimmers? Was erscheint dir davon besonders wichtig? Begründe deine Meinung.*

4
> **Schmerzen bei der Arbeit am Computer**
> Mehr als zehn Millionen Arbeitsplätze in Deutschland sind mit einem Computer ausgestattet. Für viele Berufstätige sind sechs Stunden Bildschirmarbeit pro Tag keine Seltenheit mehr. Vor allem die Augen leisten dabei Schwerstarbeit. Bis zu 30.000 Blickwechsel zwischen Bildschirm, Tastatur und Vorlagen müssen sie täglich bewältigen. Zudem sinkt durch konzentriertes Blicken auf den Monitor die Zahl der Lidschläge, welche die Augen mit der notwendigen Tränenflüssigkeit versorgen. Übermüdete, gerötete und brennende Augen oder gar vorübergehende Beeinträchtigung des Sehvermögens wie unscharfes Sehen sind nicht selten die Folge.

Quelle: MZ-extra

Gib mit deinen Worten den Inhalt des Zeitungsartikels wieder. Was schließt du daraus?

5 *Robotern sagt man nach, sie würden Arbeitsplätze vernichten. Suche bekannte Beispiele über den Einsatz von Robotern und deren Auswirkung auf die Arbeitenden, die Fertigungszeit und die Qualität der Erzeugnisse.*

6 *Vorschläge zur Gruppenarbeit:*
a) Was wird von einem/einer zukünftigen Auszubildenden (Facharbeiter/Facharbeiterin u.a.) außer Wissen und Können noch verlangt?
b) Haltet ihr das für zeitgemäß? Begründet eure jeweilige Meinung.
c) Fertigt über eure Diskussion ein kurzes Protokoll.

Baumwollspinnerei in England um 1835: Ein Arbeiter produziert so viel Baumwolle wie 200 Arbeiter vor Erfindung der Dampfmaschine. Auch Kinder werden beschäftigt (rechts unter der laufenden Spinnmaschine beim Reinigen).

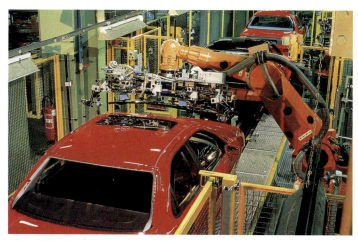

Fahrerloses Transportsystem und Industrieroboter in einem Automobilwerk (Ford Werk Genk).

◆ *Vergleiche die beiden Abbildungen miteinander.*

◆ *Welche bedeutsamen Unterschiede kannst du feststellen?*

◆ *Bringe deine Erkenntnisse in Zusammenhang mit der Gedankenkette: Totale Veränderung der Arbeitswelt – Wandel der Berufe.*

In allen Industriegesellschaften wandelte sich im Laufe der Zeit die Erwerbsstruktur (Struktur = Gliederung, Aufbau): Einem fortschreitenden Rückgang der Beschäftigung in der **Land- und Forstwirtschaft** sowie im **Bergbau**, also dem primären[1] Bereich der Volkswirtschaft, stand jahrelang eine ständige Zunahme der Beschäftigung in der **Industrie** und im **Handwerk** gegenüber (= sekundärer[2] Bereich). Neuerdings dagegen ist ein überdurchschnittlicher Zuwachs der Beschäftigten im **Dienstleistungsbereich**, also im tertiären[3] Sektor, feststellbar.

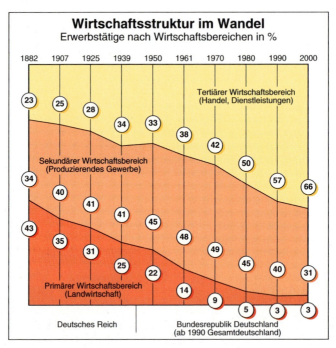

Wirtschaftsstruktur im Wandel
Erwerbstätige nach Wirtschaftsbereichen in %

Einer der Gründe für diesen Wandel in der Erwerbsstruktur ist darin zu sehen, dass mit der technischen und wirtschaftlichen Entwicklung Wirtschaftszweige wie die Land- und Forstwirtschaft oder der Bergbau in den Hintergrund traten, dagegen andere, zum Teil früher unbekannte Wirtschaftszweige wie die **EDV** (= **e**lektronische **D**aten**v**erarbeitung), die Kommunikationstechnologie, Multimedia u.a. rasch an Bedeutung gewannen.

Ein weiterer Grund ergibt sich aus der Tatsache, dass in einer technisierten Welt mit der **Erhöhung des Lebensstandards** auch die **Inanspruchnahme der Dienstleistungen wächst**. Gemeint sind hier vor allem öffentliche Dienstleistungen, z.B. Verwaltung, Banken, Versicherungen, Handel, Touristik und freie Berufe (Rechtsanwalt, niedergelassener Arzt, Steuerberater).

Die ständige Arbeitszeitverkürzung (z.B. 38,5 Wochenstunden, Diskussion um die 35-Stunden-Woche) und die daraus entstehende größere Freizeit führt zu einer zunehmenden Vergrößerung des Dienstleistungsbereiches.

---

[1] primär, lat.: = zuerst, ursprünglich
[2] sekundär, lat.: = an zweiter Stelle
[3] tertiär, lat.: = an dritter Stelle

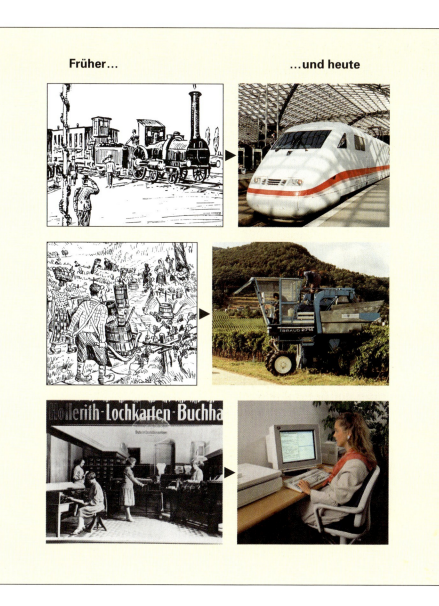

Früher... ...und heute

10.2 Wandel der Berufe

Mit dem technischen Fortschritt und den einschneidenden Veränderungen innerhalb der drei Wirtschaftsbereiche haben sich auch die Berufe gewandelt. Gründe
für den ständigen Wandel der Berufe sind:

◆ **Veränderung durch Strukturwandel**

Die Veränderung der Wirtschaftsbereiche und ihrer Bedeutung in unserer Gesellschaft wird als Strukturwandel bezeichnet (Struktur = Gliederung, Aufbau). Mit
der weiteren Verschiebung vom ersten (Urerzeugung) zum dritten Bereich
(Dienstleistung) wandeln sich auch die Berufe.

◆ **Veränderung durch technischen Fortschritt**

Mit der Abnahme der Handarbeit und der Zunahme der Maschinenarbeit verloren viele Berufe ihre Bedeutung. Neue Berufe entstanden. Insbesondere die **Automation** und die Technik der **Mikroelektronik** schufen einen Wandel in der Berufswelt, dessen Auswirkungen heute noch nicht zu übersehen sind (siehe Seite 85 ff.).

Beispiele für ausgestorbene Berufe:

Wagner (Wagenradbauer), Stuhlbauer, Linsenfasser (in der optischen Industrie); Postillion (Postkutscher), Tankwart

Beispiele für neue Berufe:

Mechatroniker/in, IT-System-Elektroniker/in, Chemielaborant/in, Verfahrensmechaniker/in für Beschichtung, Diplom-Informatiker/in, Prozessleitelektroniker/in, Fachkraft für Rohr-, Kanal- und Industrieservice, Mediengestalter für Digital- und Printmedien

◆ **Veränderung durch sozialen Wandel**

Lebensstandard und Lebensgewohnheiten der Menschen ändern sich. Auch die „Wohlstandsgesellschaft" hat neue Berufe geschaffen.

Beispiele

Tierpfleger, Pferdezüchter, Reitlehrer, Reiseverkehrskaufmann, Fitnesstrainer, Freizeitpädagoge

◆ **Veränderung der Berufsinhalte**

Oft verändern sich Berufe, indem ihr Inhalt erweitert wird.

Beispiel

Der Beruf des Küpers (Fachkraft für das Be- und Entladen von Schiffen) wurde zum Seegüterkontrolleur erweitert. Der Berufsinhalt stimmt nur noch zum Teil mit dem ursprünglichen Beruf überein.

Der Grad der Veränderung kann je nach Berufszweig unterschiedlich sein.

Beispiele

Restaurantfachmann (früher: Kellner), Friseur (geringe Veränderung);
Pilot, Steuerberater, Drucker (große Veränderung)

10.3   Abhängigkeit des Einzelnen vom beruflichen Wandel

Um mit der raschen technischen Entwicklung Schritt halten und sich an veränderte Situationen in der Arbeitswelt anpassen zu können, muss sich der Berufstätige mobil (= beweglich) zeigen und sich ständig weiterbilden.

Berufliche Mobilität (Mobilität = Beweglichkeit) – damit verbunden auch **Arbeitsplatz- sowie Wohnortmobilität** – und **lebenslanges Lernen** (lifelong learning) sind für den Berufstätigen von heute unabdinglich (siehe Seite 228 ff.).

Er muss sich **neue Arbeitstechniken** aneignen (z.B. die Verarbeitung von Kunststoffen) und **neue Zusammenhänge** erkennen lernen (z.B. die Arbeitsweise eines Computers).

Mit dem wachstumsbedingten Strukturwandel nimmt heute die Zahl derjenigen ständig zu, die einen **zweiten** oder auch **dritten Beruf innerhalb eines Arbeitslebens** ergreifen bzw. ergreifen müssen.

◆ Der heute unentbehrliche Einsatz elektronischer **Rechen- und Steuergeräte** lässt viele junge und begabte Menschen ihren erlernten Beruf verlassen und in diesen zukunftsträchtigen Bereich überwechseln.

◆ Ähnliches geschieht in den von der ständig zunehmenden **Automatisierung** und **Roboterisierung** betroffenen Industriezweigen. Die Automatisierung setzt zwar Arbeitskräfte frei, dafür werden aber wieder mehr und anders ausgebildete Arbeitskräfte in den Bereichen der Vorleistung benötigt. Hierzu zählen die Forschung, die Entwicklung, die Planung und Organisation.

Arbeitsaufgaben und Anregungen zum Handeln

1 *Nenne und erläutere die Gründe für die starke Zunahme des Dienstleistungsbereiches.*

2 *Zähle die Gründe für die Veränderung von Berufen auf und gib jeweils Beispiele dafür an.*

3 *Welche Folgen kann der ständige Wandel der Berufe für dich persönlich haben?*

4 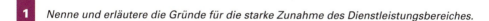 Das sicherste Vermögen ist eine gute Berufsausbildung. „

Gilt dieser alte Leitsatz heute noch uneingeschränkt?
Begründe deine Meinung.

5 „ Wer schläft, sündigt. „

Beziehe diese Aussage auf den Wandel der Berufs- und Arbeitswelt.

6 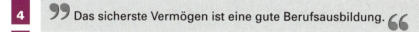 Der größte Beschäftigungsbetrieb für Bäcker im Bundesland Hessen ist das Automobilwerk der Adam Opel AG in Rüsselsheim. Aber die gelernten Bäcker sind hier nicht in ihrem Beruf tätig, sondern stehen am Band. Sie werden genommen und ungelernten Kräften vorgezogen, weil sie während ihrer Berufsausbildung gelernt haben, genau und systematisch zu arbeiten. „

Meldung in der „Opel-Post", der Werkszeitung der Adam Opel AG

Wie ist diese Meldung zu verstehen?
Diskutiert untereinander.

7 *Interviewe berufstätige Verwandte/Bekannte,*
a) welchen Beruf sie erlernt haben,
b) welchen Beruf sie heute ausüben,
c) welche Stationen ihre Berufslaufbahn hatte,
d) welches die Gründe für ihre beruflichen Veränderungen waren.
Fertige eine übersichtliche Zusammenstellung an.

Es ist noch kein Meister vom Himmel gefallen.

Das aktuelle Lesertelefon

Wer rastet, der rostet.

Für die Karriere wieder zur Schule?

Fachleute geben Tipps zur beruflichen Fortbildung

Mit Weiterbildung am Ball bleiben.

Zum Erfolg gibt es keinen Lift; man muss die Treppen benutzen. (Oesch)

Die Stufen des Erfolges liegen vor einem jeden. Man muss sie nur gehen.

Meister ist, wer was ersann. Geselle ist, wer etwas kann. Lehrling ist jedermann.

Rosi: Wenn ich mit der Realschule fertig bin, nehme ich so schnell keinen Kugelschreiber und kein Buch mehr in die Hand! Ich will erst mal etwas von der Welt sehen.

Max: Wie willst du das anstellen? Zu allem benötigst du Geld. Das geht nicht ohne Beruf oder Job.

Mike: Ich bin mir schon klar. Ich erlerne einen Beruf und werde Fertigungstechniker. Vielleicht mache ich später weiter. Meister oder Ingenieur würden mich reizen. Aber eines nach dem andern.

◆ Wie denkst du/wie denkt ihr über diese Aussagen? Diskutiert darüber und bildet euch eine Meinung.

◆ Lohnt es sich überhaupt, einen Beruf zu erlernen? Reicht es nicht auch, einfach nur zu „jobben"?

◆ Sucht nach weiteren Sprichwörtern und Aussagen, die sich mit Aus-, Fort- und Weiterbildung befassen.

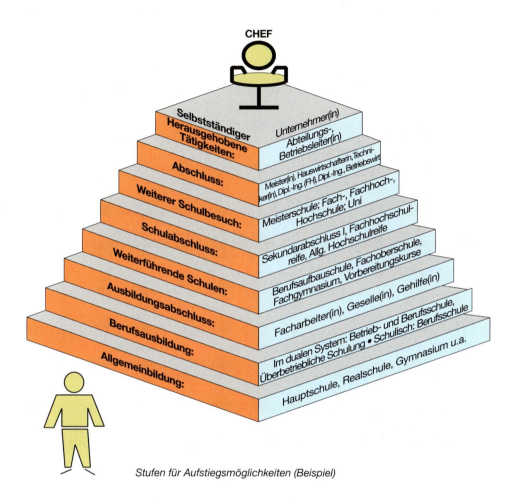

Stufen für Aufstiegsmöglichkeiten (Beispiel)

Das **berufsbildende Schulwesen** ist durch seine **Vielfalt** (Berufsschule bis Fach-
gymnasium) und **Durchlässigkeit** gekennzeichnet. Die Schulen, in denen **allgemeine**
und **berufliche Bildung** mit den entsprechenden Abschlüssen (Qualifikationen) vermittelt wird, sind vielfach die ersten Stufen für weitere **Aufstiegsmöglichkeiten**,
wie sie das Schaubild beispielhaft (exemplarisch) zeigt.

Darüber hinaus gewinnen jedoch **Weiterbildungsmöglichkeiten** (Maßnahmen
zur **Personalförderung**) im Betrieb selbst oder außerhalb des Unternehmens, wie
sie von **Bildungseinrichtungen** der Innungen, Handwerkskammern, Industrie-
und Handelskammern, Frauenfachverbänden, Landwirtschaftskammern, Bildungs-
werken der Wirtschaft, DAG, DGB, Job-Centern, Wohlfahrtsverbänden, Kirchen,
Volkshochschulen und **freien Trägern** angeboten werden, immer mehr an Bedeutung.

„ Kleine erwachen aus Dornröschenschlaf

Die große Mehrheit der deutschen Unternehmen investiert regelmäßig in die Köpfe ihrer Mitarbeiter. Vor allem Großbetriebe nehmen ihre Belegschaft in puncto Weiterbildung oft hart ran. Aber auch viele Kleinbetriebe haben inzwischen die Zeichen der Zeit erkannt und schulen nach. Während Großunternehmen mit mehr als 1.000 Mitarbeitern sämtlich weiterbilden, ticken bei den mittelständischen Firmen die Uhren einfach einen Schlag langsamer. Immerhin noch 58% der Unternehmen mit 50 bis 249 Mitarbeitern schicken ihre Manager, Meister und Angestellten zur Nachschulung. Dagegen erwachen kleine Unternehmen mit weniger als 20 Beschäftigten nur allmählich aus dem Weiterbildungs-Dornröschenschlaf.

Wie die Betriebe weiterbilden

Es muss nicht immer die Schulbank sein, wenn es darum geht, die Mitarbeiter mit neuen Maschinen, neuen Produktionsweisen oder neuer Software vertraut zu machen. Oft genügt bereits eine Informationsveranstaltung, um auf Neuerungen einzustimmen – meinen 61% der befragten Unternehmen. Daneben hat das Lernen am Arbeitsplatz Konjunktur – 54% der Betriebe haben Konzepte entwickelt, wie man vor Ort bestimmte Dinge einübt. Erwähnenswert als Weiterbildungsinstrument ist daneben noch das Lernen mit Medien (14%), also am Computer oder per Handbuch. Vor allem Großbetriebe praktizieren darüber hinaus zwei weitere Formen der beruflichen Weiterbildung: Jeder zweite Betrieb mit mehr als 1.000 Beschäftigten lässt seine Beschäftigten in Lern- und Qualitätszirkeln über Verbesserungen vor Ort nachdenken – dabei lernen die Teilnehmer voneinander. In jeder dritten Firma tauschen die Mitarbeiter schon mal die Arbeitsplätze. Durch diese Job Rotation lernen die Leute andere Aufgaben kennen und können so, wenn Not am Mann ist, schnell einspringen. „

Quelle: iwd, 11. April 2002

Nach einer Voraussage des Instituts für Arbeitsmarkt- und Bedarfsforschung wird sich bis zum Jahre 2010 der Anteil der höher qualifizierten Tätigkeiten auf annähernd 40% (+12%) erhöhen. Im gleichen Zeitraum fällt der Anteil einfacher Tätigkeiten auf 17% (–10%).

Konnte man früher davon ausgehen, dass das einmal in der Berufsausbildung erworbene Wissen für ein ganzes Arbeitsleben reicht, so weisen neuere Forschungen nach, dass heutige Kenntnisse in spätestens acht bis zehn Jahren „veraltet" sind. Die rasche Entwicklung neuer Techniken verlangt **lebenslanges Lernen** und die Fähigkeit zur ständigen und raschen Anpassung **(Flexibilität)**. Gefragt sind Personen, deren **Wissen** und **Können** den heutigen Anforderungen entsprechen.

11.3 Aus- und Weiterbildung im Betrieb

Durch die von den Betrieben getragene **Aus-** und **Weiterbildung** soll erreicht werden, dass

- ◆ genügend qualifizierte Mitarbeiter/innen zur Verfügung stehen,
- ◆ vorhandene Mitarbeiter/innen den gestellten Anforderungen entsprechen.

Ändern sich betriebliche Anforderungsschwerpunkte, so kann man diese in die **Ausbildung** bereits mit einbeziehen. Je umfassender sie ist, desto leichter kann der Arbeitnehmer dann in der Fertigung, im technischen Büro eingesetzt werden. Da zu Beginn der Ausbildung weder der genaue Tätigkeitsbereich, noch die Person, die den Arbeitsplatz einmal einnehmen wird, feststehen, ist Ausbildung **Personalförderung** und **Personalbereitstellung** für die **Zukunft**. Grundlage hierfür ist die jeweilige Personalplanung und die Entscheidung, ob es sich um ausführende oder leitende Tätigkeiten, einen kurzfristigen oder langfristigen Bedarf handelt. Es muss geprüft werden, ob dieser aus dem Betrieb selbst **(intern)** oder von außen **(extern),** z.B. durch Stellenausschreibung, gedeckt werden kann, ob kurze betriebliche **Qualifizierungsmaßnahmen** ausreichen oder längere Lehrgänge, evt. Umschulung **(Weiterbildung)** erforderlich sind.

11.4 Weiterbildungsmöglichkeiten außerhalb des Betriebes

Das Angebot ist riesig.[1] Wichtig ist die richtige Wahl, insbesondere dann, wenn man Fördermittel oder steuerliche Vergünstigungen in Anspruch nehmen will. Deshalb ist die vorherige Beratung beim Arbeitsamt (Job-Center) oder beim jeweiligen Maßnahmeträger notwendig.

Zu einzelnen Kursen gewährt das Arbeitsamt unter bestimmten Voraussetzungen, die vorher erfragt und abgeklärt werden müssen, Zuschüsse nach dem **Arbeitsförderungsgesetz (AFG).**

Über entsprechende Bildungsangebote informieren die Datenbanken **KURS, BERUFEnet** usw. des Job-Centers im „Berufsinformationszentrum" **BIZ** schnell, umfassend, aktuell und bundesweit, ebenso das Internet.

In einigen Bundesländern besteht ein Rechtsanspruch auf **Bildungsurlaub.** Die Gesetze hierzu sind unterschiedlich. Sie sehen zwischen fünf und zehn Arbeitstage im Jahr (10 Tage alle zwei Jahre) vor.

Mit selbst durchgeführten oder anderen Weiterbildungsmaßnahmen beabsichtigt man durch **Personalförderung**

◆ Anreize zu schaffen, zu **motivieren,** dass sich der Einzelne weiterbildet, um die eigenen Fähigkeiten und Begabungen zu entfalten, sich zu verwirklichen (sich selbst zu bestätigen), insbesondere im Hinblick auf den „beruflichen Aufstieg",

◆ den Betrieb mit gut qualifizierten Arbeitskräften in ausreichender Zahl zu **versorgen,**

◆ betriebliche und organisatorische Erfordernisse mit den Wünschen und Vorstellungen der Beschäftigten **abzustimmen.** Dabei sind Lösungen zu suchen, die beide Seiten zufriedenstellen. So werden mögliche Spannungen **(Konflikte)** vermieden oder abgebaut.

Wer es zu **„etwas bringen, weiterkommen will"**, muss **Eigeninitiative** entwickeln, selbst etwas für sein Fortkommen, für seine Weiterbildung und den beruflichen Aufstieg tun. **Wissen von heute und Weiterbildung ist Erfolg von morgen.**

Ausbildung ist Personalförderung und Personalbereitstellung für die Zukunft. **Berufliche Weiterbildung** umfasst alle Lernvorgänge nach Abschluss der Berufsausbildung.
Es sollen **Wissen** und **Können** erhalten, erweitert, der **technischen Entwicklung** angepasst und die Voraussetzungen für einen beruflichen **Aufstieg** geschaffen werden.

---

[1] Die Alltagssprache unterscheidet nicht zwischen Fort- und Weiterbildung. Will man genau sein, so ist **Fortbildung** fachlich ausgerichtete Weiterbildung im erlernten oder ausgeübten Beruf. Dagegen ist **Weiterbildung** die Vermittlung von Kenntnissen und Fähigkeiten über den erlernten/ausgeübten Beruf hinaus.

11.5 Aufstieg

Berufliche Weiterbildung ist die Voraussetzung für den **Aufstieg:** Vom Gesellen oder Facharbeiter zum Vorarbeiter, Schichtführer, Industriemeister, Techniker, von der Gesellin, Facharbeiterin zur Vorarbeiterin, Leiterin des Zuschnitts, Direktrice, von der Technischen Zeichnerin/dem Technischen Zeichner zur(m) Abteilungsbeauftragten sind nur einige **Möglichkeiten.** Aber auch hier gilt: **„Ohne Fleiß kein Preis".** Eigene Zufriedenheit über das Erreichte und „klingende Münze in der Tasche" erfordern Energie und Ausdauer. Meist steht nicht sofort hinter einer Qualifizierung auch eine entsprechende Stelle, vor allem dann, wenn der Betrieb langfristig plant.

Aufstiegsfortbildung wird bei uns noch finanziell durch das so genannte **Meister-BAföG** (Aufstiegsforbildungsgesetz) gefördert. D.h., wer auf einer beruflichen Ausbildung aufbaut und z.B. einen Meisterkurs absolviert, erhält Zuschüsse zu Lehrgangsgebühren und für die Kinderbetreuung. Ebenso kann ein Darlehen gewährt werden, welches allerdings später wieder zurückzuzahlen ist. Damit will der Staat gleichzeitig einen Anreiz zu mehr Existenzgründungen schaffen.

> **Produktionsmenge**, erforderliches **Personal** und dessen **Qualifizierung** müssen so aufeinander abgestimmt sein, dass weder zu viel, noch zu wenig qualifizierte Arbeitskräfte vorhanden sind.

Arbeitsaufgaben und Anregungen zum Handeln

1 *Sammle Stichpunkte für ein Referat zum Thema: Warum ist lebenslanges Lernen notwendig?*

2 *Hältst du es für richtig, dass Frauen ehemalige Männerberufe erlernen und damit entsprechende Aufstiegsmöglichkeiten haben?*

Mit welchem Artikel/welchen Artikeln des Grundgesetzes würdest du die vom Bundestag und Bundesrat getroffene Entscheidung begründen? Schlag im Grundgesetz nach.

3 *Fragt bei Firmen an eurem Wohn-/Schulort, im Landkreis usw. nach, ob sie Fort- und Weiterbildungsmaßnahmen anbieten, welcher Art die Kurse/Lehrgänge sind, wie viel Betriebsangehörige daran teilgenommen haben und welche Kosten dadurch entstanden sind.*

4 *Diskutiert in der Gruppe, wie ihr zum Meister-BAföG steht. Ob ihr diese Zuschüsse eventuell später einmal in Anspruch nehmen werdet, ob die staatliche Förderung auf reine Darlehen umgestellt werden sollte, ob ihr euch nach einem beruflichen Aufstieg u.U. einmal selbstständig machen wollt usw.*

Meister-BAföG für 2300 Männer und Frauen im Land
2001 erhielten in Rheinland-Pfalz 1894 Männer und 435 Frauen Leistungen nach dem Aufstiegsfortbildungsförderungsgesetz, besser bekannt als Meister-BAföG.

Quelle: Die Rheinpfalz, 28. September 2002

Wirtschaftsordnungen

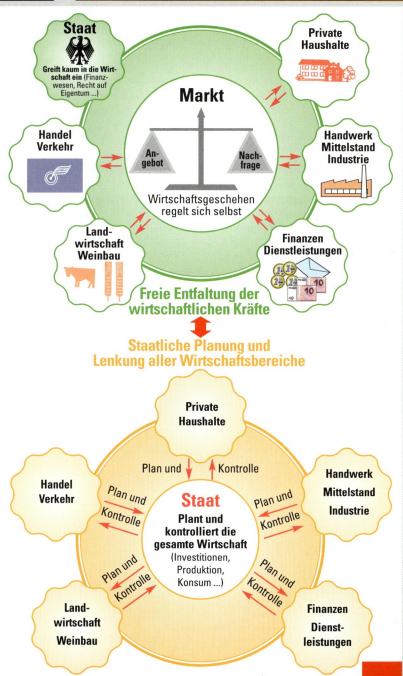

Staat

Greift kaum in die Wirtschaft ein (Finanzwesen, Recht auf Eigentum ...)

Private Haushalte

Markt

Handel Verkehr

An-gebot | Nach-frage

Wirtschaftsgeschehen regelt sich selbst

Handwerk Mittelstand Industrie

Landwirtschaft Weinbau

Finanzen Dienstleistungen

Freie Entfaltung der wirtschaftlichen Kräfte

Staatliche Planung und Lenkung aller Wirtschaftsbereiche

Private Haushalte

Plan und ↓ ↑ Kontrolle

Handel Verkehr

Plan und Kontrolle

Staat

Plant und kontrolliert die gesamte Wirtschaft (Investitionen, Produktion, Konsum ...)

Plan und Kontrolle

Handwerk Mittelstand Industrie

Plan und Kontrolle

Plan und Kontrolle

Landwirtschaft Weinbau

Finanzen Dienstleistungen

233

Die Mär von den zwei ungleichen Brüdern

„Märchen sind für kleine Kinder!" Doch dieses hier ist für Euch geschrieben, weil Ihr daraus etwas lernen sollt. Fangen wir also an:

Es war einmal ein König, der hatte zwei Söhne, und weil er sein Reich einmal dem Tüchtigsten von ihnen übergeben wollte, beschloß er, sie vorher auf die Probe zu stellen. Er sprach: „Jeder von Euch bekommt, wenn er das Mannesalter erreicht hat, von mir eine unbewohnte Insel geschenkt. Siedelt darauf Menschen an und bewirtschaftet sie. Wem dies am besten gelingt, der soll einmal meine Krone tragen."

So geschah es. Der ältere Bruder erhielt seine Insel und sagte zu seinen Siedlern: „Macht das Land urbar und laßt euch dort nieder, wo es euch gefällt. Pflanzt, was ihr wollt und züchtet Vieh, wie ihr es für richtig haltet. Ich lasse euch völlig freie Hand. Nutzt diese Freiheit und fanget an!"

Als einige Jahre später der jüngere Bruder ins Mannesalter gekommen war und nun auch von seinem Vater eine Insel erhielt, versammelte er seine Siedler um sich und sprach: „Mein Bruder hat alles falsch gemacht. Auf seiner Insel wirtschaftet jeder, wie er will. So werden die Reichen immer reicher und die Armen immer ärmer. Bei uns wird es aber keine Ausbeutung des Menschen durch den Menschen geben. Deshalb werden wir streng wissenschaftlich vorgehen!" Dabei hielt er ein Buch in die Höhe, auf dem stand „Das Kapital". Und er fuhr fort: „Ich werde also einen Plan ausarbeiten, den ihr erfüllen müßt. Darin werde ich genau vorschreiben, was und wieviel ihr anbauen müßt, welches und wieviel Vieh ihr züchten müßt und bestimmen, welchen Lohn ihr erhaltet. So hat jeder seine Arbeit und erhält das, was er zum Leben braucht. Vorwärts zum Kampf um die Erfüllung meines Planes!"

◆ *Wie hat sich eurer Meinung nach die völlig „freie" Wirtschaft auf der ersten Insel entwickelt?*

◆ *Wie könnte es dort zur „Ausbeutung des Menschen durch den Menschen" gekommen sein?*

◆ *Wie hätten sich die Armen gegen die Reichen wehren können?*

◆ *Was könnte der ältere Bruder falsch gemacht haben?*

1.1   Zwei Möglichkeiten, das Wirtschaften zu planen

Auf der Titelseite 233 und in dem einführenden Beispiel werden zwei verschiedene Wirtschaftsordnungen dargestellt:

◆ Im ersten Fall ist die Wirtschaft **„frei"**: Die Menschen planen selbst, wie sie (in Haushalten und Unternehmen) wirtschaften wollen.

◆ Im zweiten Fall wird alles **„von oben"** herab geplant: Die Menschen brauchen den zentralen Plan nur auszuführen.

Um diese Wirtschaftsordnungen noch genauer unterscheiden zu können, kann man folgende Fragen stellen:

Wer plant?	Wer plant was?	Wie werden die Pläne aufeinander abgestimmt (koordiniert)?
◆ die Haushalte? ◆ die Unternehmen? ◆ der Staat?	◆ den Verbrauch (Konsum)? ◆ die Herstellung (Produktion)? ◆ die Geldanlage im Unternehmen (Investitionen)?	◆ durch den Markt (über Angebot/Nachfrage/Preis)? ◆ durch den Staat (mit einem zentralen Plan)?

Quelle: Wie funktioniert das? Die Wirtschaft heute, Bibliographisches Institut, Mannheim/ Wien/Zürich

Die Antworten auf diese Fragen kennzeichnen zwei verschiedene **Wirtschaftsordnungen:**

Freie Marktwirtschaft

Die **Haushalte** planen ihren Verbrauch (Konsum) selbst.

Die **Betriebe / Unternehmen** planen ihre Produktion und ihre Investitionen selbst.

Der **Staat** ist nicht beteiligt.

Zentralverwaltungswirtschaft

Der **Staat** plant allein:

die Produktion, die Investitionen, den Konsum der einzelnen Bürger und andere wirtschaftlicher Vorgänge.

In diesem und im nächsten Kapitel sollen die beiden Wirtschaftsordnungen ausführlicher dargestellt werden.

1.2   Die industrielle Revolution im 19. Jahrhundert

Mit der Erfindung der Dampfmaschine durch den Engländer James Watt in den Jahren 1762 bis 1775 trat ein grundlegender Wandel in der Technik und damit im Leben der Menschen ein. Aus der bisher landwirtschaftlich geprägten Gesellschaft (Agrargesellschaft) entwickelte sich eine **Industriegesellschaft**.

> Den im 19. Jahrhundert beginnenden Strukturwandel bezeichnet man als **industrielle Revolution** (Revolution = Umwandlung, grundlegende Veränderung).

Gleichzeitig vollzogen sich auf geistigem Gebiet grundlegende Veränderungen: Die Geistesrichtung des **Liberalismus** (lat.: liber = frei) forderte für den Menschen ein Höchstmaß an Freiheit – auch im Wirtschaftsleben.

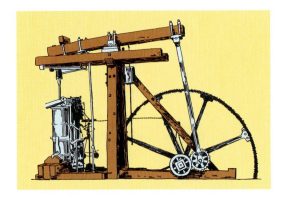

Die Dampfmaschine des Engländers James Watt 1788: Menschenkraft kann durch Maschinen ersetzt werden.
Die Erfindung der Dampfmaschine ist eine wichtige Voraussetzung für die industrielle Revolution des 19. Jahrhunderts.

1.3 Die freie Marktwirtschaft: Markt statt Plan

Der bekannteste Theoretiker des **Wirtschaftsliberalismus** war der schottische Volkswirtschaftler Adam Smith (1723–1790). Er verlangte das **„freie Spiel der Kräfte"** in allen Bereichen der Wirtschaft:

◆ **Privateigentum an Produktionsmitteln** (Grundbesitz, Fabriken, Maschinen, Werkzeuge, Rohstoffe usw.) als Grundvoraussetzung einer freien Marktwirtschaft

◆ Uneingeschränkter Leistungswettbewerb

◆ Gewerbefreiheit sowie freie Wahl des Berufes und Arbeitsplatzes

◆ Markt als Steuerungsorgan der Wirtschaft (Angebot/Nachfrage/Preis)

◆ Konsumfreiheit (Verbraucher kann Güter nach seiner Wahl kaufen)

◆ Keine Eingriffe des Staates in die Wirtschaft („Laisser-faire", franz.: = nicht einmischen, gewähren lassen)

◆ Aufgabe des Staates ist nur die Sicherung dieser Freiheiten („Nachtwächterstaat")

Mit der freien Marktwirtschaft beginnt ein ungeheurer wirtschaftlicher Aufschwung:

Die Badische Anilin- & Soda-Fabrik (die heutige BASF) in Ludwigshafen am Rhein im Jahre 1881.

Die Wirtschaftsordnung des Liberalismus bezeichnet man als **freie Marktwirtschaft**.
Weil viele Unternehmer in ihr große Geld- und Sachvermögen (Kapital) erzielen konnten, spricht man auch von einer **kapitalistischen Wirtschaftsordnung**.

1.4   Wie funktioniert eine freie Marktwirtschaft?

Das folgende Schaubild stellt ein vereinfachtes **Modell** der Marktwirtschaft dar, mit dem das Funktionieren dieses Wirtschaftssystems erklärt werden soll. Eine solche reine Form der Marktwirtschaft gibt es in der Wirklichkeit jedoch nicht.

Modell der Marktwirtschaft

Ausgaben für Kaffee	Kaffee
für Wohnung	Wohnung
für Schuhe	Schuhe

Preise der Güter auf den Märkten

Markt = Zusammentreffen von Angebot und Nachfrage

Nachfrage der Konsumenten
HAUSHALTE
Anbieter von Produktionsfaktoren

Kosten der Produktion
UNTERNEHMEN
Ausgaben für Produktionsfaktoren

Produktionsfaktoren = Boden/Arbeit/Kapital

Preise auf den Märkten für Produktionsfaktoren

Boden	Miete für Boden
Arbeit	Löhne für Arbeit
Kapital	Zinsen für Kapital

—— Angebotsbeziehungen   —— Nachfragebeziehungen

Erläuterung der Grafik (2 Beispiele):

1. Einige **Unternehmen** bieten Kaffee an. Sie sind die Anbieter. Die **Haushalte** (Konsumenten = Verbraucher) wollen Kaffee kaufen. Sie sind die Nachfrager.
Ist der Kaffee teuer, werden weniger Haushalte kaufen; ist er billig, werden sich mehr Haushalte Kaffee leisten können. Andererseits wollen die Unternehmer an ihrem Kaffee so viel wie möglich verdienen; sie wollen ihn aber auch verkaufen, also darf er nicht zu teuer sein! So bildet sich aus Angebot und Nachfrage ein Marktpreis, der Anbieter und Nachfrager befriedigt.

2. Ein Mitglied des **Haushalts** (z.B. der Vater) stellt seine **Arbeitskraft** einem Unternehmen (Betrieb) zur Verfügung und erhält für seine Arbeit einen **Lohn**. Die Höhe des Lohns (der Preis für die Arbeitskraft) bildet sich wieder auf dem „Markt" (heute: Der Lohn wird zwischen Arbeitgeberverband und Gewerkschaft ausgehandelt).

Wichtig: Bei beiden Vorgängen (Bildung der Preise und der Löhne) greift der Staat nicht ein, die Wirtschaft ist frei.

Schwere körperliche Arbeit in einem Eisenwalzwerk in Königshütte (Oberschlesien). Gemälde von Adolf Menzel, 1875.

1.5 Vor- und Nachteile einer freien Marktwirtschaft

Vorteile
- Die **schöpferischen Kräfte** des Menschen können sich voll entfalten.
- Die Aussicht auf hohe Gewinne und persönlichen Reichtum bringt **Höchstleistungen** hervor und steigert die **gesamtwirtschaftliche Produktion**.
- Der Wettbewerb bewirkt: **Senkung der Produktionskosten, Senkung der Preise, Verbesserung der Qualität**.
- Der Markt befriedigt die Bedürfnisse der Verbraucher.

Nachteile
- Ein **uneingeschränkter Wettbewerb** kann sich selbst zerstören: Marktbeherrschende **Monopole** (Unternehmenszusammenschlüsse) schränken die Freiheit der anderen ein = Nachteil für die Gesamtwirtschaft.
- **Konjunkturkrisen** und **Inflation** (Geldentwertung) können nicht verhindert werden.
- Das **„Recht des Stärkeren"** („Ellbogengesellschaft") berücksichtigt nicht das **Wohl der Allgemeinheit**.
- **Unmenschliche Arbeitsbedingungen:** Lange Arbeitszeiten; „Hungerlöhne"; kein Schutz bei Krankheit, Arbeitsunfällen, Arbeitslosigkeit und im Alter; Kinderarbeit.

1 Vergleiche in der „Mär" auf Seite 234 die wirtschaftlichen Verhältnisse auf der ersten Insel mit der freien Marktwirtschaft.

2 Erläutere das Funktionieren der freien Marktwirtschaft nach dem auf Seite 237 angeführten Muster („Kaffee") mit den Beispielen „Wohnung", „Schuhe", „Zinsen", „Miete".

3 Betrachte das Gemälde von Adolf Menzel auf Seite 238 und beschreibe es ausführlich. Beachte dabei auch die Arbeiter, die vorn rechts zu sehen sind. Lies dazu, was Ernst Abbe (1840–1905, Inhaber der Carl-Zeiss-Werke in Jena) über seinen Vater schreibt:

> Mein Vater war Spinnmeister in Eisenach. Er hat bis Anfang der fünfziger Jahre jeden Tag vierzehn, fünfzehn, sechzehn Stunden, von morgens 5 Uhr bis abends 7 Uhr bei normalem Geschäftsgang, von morgens 4 Uhr bis abends 8 Uhr bei gutem Geschäftsgang gearbeitet – und zwar ohne jede Unterbrechung, selbst ohne Mittagspause.
> Ich selbst habe als Junge zwischen fünf und neun Jahren jeden Tag abwechselnd mit meiner Schwester meinem Vater das Mittagsbrot gebracht. Und ich bin dabei gestanden, wie mein Vater sein Mittagessen, an eine Maschine gelehnt oder auf eine Kiste gekauert, aus dem Henkeltopf mit aller Hast verzehrte, um mir dann den Topf zurückzugeben und sofort wieder an seine Arbeit zu gehen. Mein Vater war ein Mann von Hünengestalt, von unerschöpflicher Robustheit, aber mit 48 Jahren in Haltung und Aussehen ein Greis.

Quelle: Theodor Heuss, Deutsche Gestalten, Tübingen

4

Wochenarbeitszeit der deutschen Arbeitnehmer im 19. Jahrhundert und heute					
Jahr	1825	1850	1875	1900	heute
Wochenarbeitszeit in Std.	82	68	65	60	unter 40

a) Berechne aus der Tabelle die tägliche Arbeitszeit im 19. Jahrhundert. Beachte dabei:
   – die Woche hatte sechs Arbeitstage,
   – einen Urlaub gab es in der Anfangszeit der Industrialisierung nicht.

b) Vergleiche damit die heutige Arbeitszeit, die freien Tage (z.B. je nach Tätigkeit samstags) und die Dauer des Urlaubs.

5 Die Löhne der Arbeiter waren damals so niedrig, dass Frauen und Kinder mitarbeiten mussten, um die Familie ernähren zu können. Hier ein Beispiel aus England:

Kinder arbeiten in einem Kohlenbergwerk (Holzschnitt von 1844)

Erkläre die Abbildung. Warum wurden für diese Tätigkeiten Kinder benutzt? Gab es für die Unternehmer auch noch finanzielle Gründe? Begründe deine Aussage.

Gesucht: Marx, Karl

Der Gesuchte wurde am 5. Mai 1818 in Deutschland geboren und ging 1843 nach Paris. Dort befasste er sich mit der Nationalökonomie (= Volkswirtschaftslehre). Ab 1845 hielt er sich in Brüssel auf und verfasste dort – gemeinsam mit Friedrich Engels – das 1848 erschienene **„Kommunistische Manifest"**.[1]

In dieser Schrift ruft er die Lohnarbeiter („Proletarier") auf, sich gegen die Unternehmer („Kapitalisten") zu erheben.[2] In einer „proletarischen Revolution" sollen sie die Macht im Staat übernehmen und eine neue Gesellschafts- und Wirtschaftsordnung schaffen, in der es keine „Ausbeutung des Menschen durch den Menschen" mehr gibt.

◆ Schlagt im Lexikon (oder Geschichts-/Sozialkundebuch) nach, in welchem Ort das Geburtshaus von Karl Marx steht (heute Museum).

◆ Welche Wirtschaftsordnung kritisiert Marx?

◆ Karl Marx hat in einem weiteren Werk (drei Bände) die wirtschaftlichen Verhältnisse seiner Zeit analysiert (= wissenschaftlich untersucht).
Den Namen des Werkes findest du in der „Mär" auf Seite 234. Wie heißt es?

2.1 Versuche zur Lösung der „sozialen Frage"

Der Wirtschaftsliberalismus des 19. Jahrhunderts brachte nicht nur einen gewaltigen wirtschaftlichen Aufschwung, er spaltete auch mehr und mehr die Gesellschaft in zwei große Gruppen: Besitzende und Nicht-Besitzende oder: Reiche, die immer reicher wurden, und Arme, die immer ärmer wurden...

---

[1] Kommunismus = a) Gesellschaftsordnung, in der das Privateigentum an den Produktionsmitteln (Fabriken, Maschinen, Bodenschätze usw.) in Gemeineigentum überführt wird; b) Lehre von Marx, Engels, Lenin und dessen Nachfolgern.
Manifest = Grundsatzerklärung, hier: Programm der Kommunistischen Partei.

[2] Marx spricht von der „Bourgeoisie" und dem „Proletariat": Bourgeoisie (französisch) = Klasse der Kapitalisten. Sie sind im Besitz der Produktionsmittel und nutzen die Lohnarbeit der Proletarier aus. Proletariat = Klasse der Lohnarbeiter. Sie besitzen keine eigenen Produktionsmittel und sind darauf angewiesen, ihre Arbeitskraft an die Kapitalisten zu verkaufen.

Es gab zahlreiche Versuche diese Missstände zu ändern und die **„soziale Frage"** des 19. Jahrhunderts zu lösen:

◆ Die Arbeiter gründeten **Gewerkschaften**, um ihre Interessen gegenüber den Unternehmern („Fabrikherren") vertreten zu können.

◆ Die **SPD** entstand als „sozialistische Arbeiterpartei" (1875).

◆ Die **Kirchen** (Bodelschwingh, Ketteler, Kolping, Wichern) versuchten, den Arbeitern aus christlicher Nächstenliebe heraus zu helfen.

◆ Einzelne **Unternehmer** (Abbe, Bosch, Krupp) gewährten ihren Arbeitern für die damalige Zeit vorbildliche Sozialleistungen.

◆ Reichskanzler Otto von Bismarck schuf die ersten **Sozialgesetze** (1883 Krankenversicherung, 1884 Unfallversicherung, 1889 Invaliditäts- und Altersversicherung).

Die radikalsten Forderungen erhoben **Karl Marx** (1818–1883) und **Friedrich Engels** (1820–1895). Um die „soziale Frage" lösen zu können, wollten sie nicht nur die wirtschaftlichen Verhältnisse allein ändern, sondern die gesamte Gesellschaft umgestalten:

> 99 Mögen die herrschenden Klassen vor einer kommunistischen Revolution zittern. Die Proletarier haben nichts in ihr zu verlieren als ihre Ketten. Sie haben eine Welt zu gewinnen.
> **Proletarier aller Länder, vereinigt Euch!** 66

Marx/Engels, Manifest der Kommunistischen Partei, London 1848

2.2 Die Zentralverwaltungswirtschaft: Plan statt Markt

Die Wirtschaftsordnung, die im Allgemeinen den Vorstellungen von Marx und Engels entspricht, wird als **Zentralverwaltungswirtschaft** bezeichnet. Sie ist vor allem die Wirtschaftsordnung kommunistisch regierter („sozialistischer") Staaten. Ihre wichtigste Voraussetzung ist: **Das Privateigentum an Produktionsmitteln wird abgeschafft** (Ausnahmen für kleine Handwerks- und Handelsbetriebe sind möglich). Eine **staatliche Planungsbehörde** entwirft im Auftrag der führenden kommunistischen Partei die Wirtschaftspläne und sorgt für deren Ausführung. Die Pläne können mehrere Jahre umfassen oder auch nur für ein Jahr gelten.

Eine Zentralverwaltungswirtschaft im Sinne von Marx und Engels wurde zuerst von Lenin (1870–1924) und Stalin (1879–1953) in der damaligen Sowjetunion verwirklicht. Andere sozialistische Staaten – darunter auch die Deutsche Demokratische Republik (DDR) – führten später gleichfalls diese Wirtschaftsordnung ein. Bis auf wenige Ausnahmen (Volksrepublik China, Nord-Korea, Kuba) ist das Experiment einer Zentralverwaltungswirtschaft inzwischen gescheitert.

Es gab jedoch auch zentralistische Wirtschaftsformen, die sich nicht auf Marx und Engels beriefen, z.B. die Kriegswirtschaft unter Hitler 1939–1945.

Wie funktioniert eine Zentralverwaltungswirtschaft?

Auch dieses Schaubild ist nur ein Modell. Es soll die wesentlichen Merkmale einer Zentralverwaltungswirtschaft („Plan statt Markt") verdeutlichen.

Modell der Zentralverwaltungswirtschaft

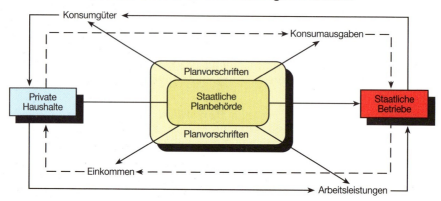

Beispiele (siehe Schaubild):

◆ Der staatliche Wirtschaftsplan sieht die Herstellung von 20000 Paar Kinderschuhen in den staatlichen Betrieben vor. Die Nachfrage durch die privaten Haushalte ist aber so groß, dass 100000 Paar verkauft werden könnten. Da jedoch nicht mehr Kinderschuhe hergestellt werden, bestimmt der Staat praktisch die Menge des Verbrauchs (Konsumausgaben).

◆ Weil der Staat (z.B. wegen geringer Ausfuhren) nur eine begrenzte Menge an ausländischen Zahlungsmitteln (Devisen) besitzt, sieht der Wirtschaftsplan keine Einfuhr von Südfrüchten (z.B. Bananen, Zitronen, Feigen, Datteln) vor. Folge: Die Bevölkerung muss auf diese Konsumgüter verzichten.

Vor- und Nachteile einer Zentralverwaltungswirtschaft

Vorteile

◆ Für einen **diktatorischen Staat** ist eine Zentralverwaltungswirtschaft besser geeignet als eine „freie" Marktwirtschaft.

◆ Die **sozialen Missstände** eines Wirtschaftsliberalismus (rücksichtslose „Ausbeutung" der Lohnarbeiter, Riesengewinne der „Kapitalisten") können weitgehend vermieden werden.

Nachteile

◆ Eine Zentralverwaltungswirtschaft widerspricht den Grundsätzen eines **freiheitlichen und demokratischen Staates.**

◆ Eine zentrale Planung und Lenkung der gesamten Wirtschaft eines Staates erweist sich in der Praxis als **äußerst schwerfällig** und kostspielig.

◆ Der **Wettbewerb** als „Motor der Wirtschaft" ist ausgeschaltet. An seine Stelle tritt die Erfüllung des **„Plansolls".**

- Das **„Recht auf Arbeit"** kann für alle garantiert werden: Jeder wird beschäftigt, auch wenn seine „Arbeit" wirtschaftlich unergiebig ist.
- Die **Währung** kann für längere Zeit stabil gehalten werden: Alle **Preise** werden vom Staat festgesetzt.
- Der Staat kann **vom Ausland unabhängig** werden (wichtig für Kriegsführung; Nachteil: die Bevölkerung leidet Mangel).

- Durch die Planvorgaben wird eine **Eigeninitiative** stark eingeschränkt. Die **Qualität** der Erzeugnisse leidet. „Einheitsware" wird angeboten.
- Die **Löhne** werden nicht von unabhängigen Tarifpartnern ausgehandelt, sondern vom Staat festgesetzt.
- Oft wird **staatlichen Großprojekten** (Rüstung, Raumfahrt) der Vorrang gegeben. Folge: Die „1000 kleinen Dinge" des täglichen Bedarfs fehlen.
- Plötzlich auftretende **Marktlücken** (z.B. bei Änderung der Verbraucherwünsche, bei Missernten) können nicht rasch geschlossen werden.
- **Versorgungsmängel** („Schlangestehen"), Tauschhandel und lange Wartezeiten (z.B. für Autos und Wohnungen) gehören zum Alltag in einer Zentralverwaltungswirtschaft.

Arbeitsaufgaben und Anregungen zum Handeln

1

„Zugegeben, da fehlt ein wenig Draht – aber sonst ist doch der Plan in allen Teilen erfüllt!"

Karikatur aus der damaligen Sowjetunion: „Was gibt es denn nicht?" „Was gebraucht wird, gibt es nicht!"

Betrachte die Karikaturen aus der damaligen DDR (links) und der damaligen Sowjetunion (rechts). Auf welche Missstände in der Planwirtschaft wollten die beiden Karikaturisten hinweisen (russisch „HET", sprich „njet", bedeutet „NEIN")?

2 *Nenne die Vorteile einer Zentralverwaltungswirtschaft. Wiegen sie die Nachteile auf? Begründe deine Ansicht.*

3 *Nimm Stellung zu folgenden Meinungen über die Zentralverwaltungswirtschaft:*

99 Sie ist die gerechteste Wirtschaftsordnung. 66

99 In ihr ist der Mensch hilflos dem Staat ausgeliefert. 66

3 Soziale Marktwirtschaft der Bundesrepublik Deutschland

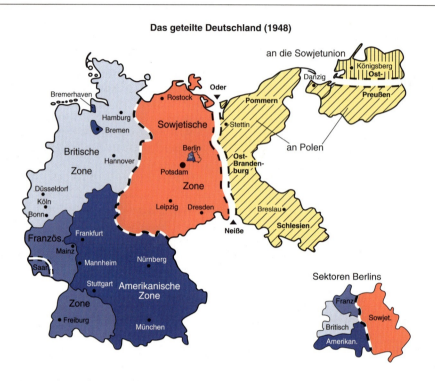

Das geteilte Deutschland (1948)

Nach dem Zweiten Weltkrieg wurde Deutschland in vier Besatzungszonen aufgeteilt (siehe Karte).

◆ *Aus welchen Besatzungszonen wurde 1949 die Bundesrepublik
Deutschland gebildet?*

◆ *Welche Wirtschaftsordnung wurde hier eingeführt?*

◆ *Aus welcher Besatzungszone entstand im gleichen Jahr die Deutsche Demokratische Republik (DDR)?*

◆ *Welche Wirtschaftsordnung galt dort?*

3.1 Entscheidung für eine soziale Marktwirtschaft

Nach dem Zweiten Weltkrieg sollte Deutschland als **wirtschaftliche Einheit** gelten (Potsdamer Abkommen 1945). Trotzdem begann die Sowjetunion sofort, in
ihrer Besatzungszone eine Bodenreform (Enteignung der Großgrundbesitzer)
durchzuführen, Privatunternehmen zu verstaatlichen und eine Zentralverwaltungswirtschaft („Sozialistische Planwirtschaft") einzuführen.

Im Westen Deutschlands schlossen die USA und Großbritannien ihre Besatzungs-zonen 1947 zu einer neuen **Wirtschaftseinheit** zusammen. Der Verwaltungssitz dieser „Bi-Zone" (= Zweierzone) wurde Frankfurt am Main. Die französische Zone schloss sich 1948 in einigen Teilbereichen der Bi-Zone an.

Der Wirtschaftsrat der Bi-Zone beschloss, in den westlichen Besatzungszonen anstelle der „staatlichen Befehlswirtschaft" der Hitler-Zeit (1933–1945) eine neue marktwirtschaftliche Ordnung einzuführen: eine **Soziale Marktwirtschaft**.

Diese Entscheidung wurde besonders von der CDU (Ludwig Erhard), CSU und FDP unterstützt, während SPD und Gewerkschaften der Auffassung waren, dass das wirtschaftliche Chaos der Nachkriegszeit am besten durch eine staatliche Lenkung der Wirtschaft überwunden werden könne.

Die Soziale Marktwirtschaft setzte sich durch. Sie ist heute – nach dem Zusammenbruch der Zentralverwal-tungswirtschaft der DDR (1989/90) – die Wirtschaftsordnung Gesamt-deutschlands.

„Geburtshelfer" der neuen Wirtschaftsordnung: Ludwig Erhard (CDU)

3.2 Soziale Marktwirtschaft: Markt und soziale Verantwortung des Staates

Die Soziale Marktwirtschaft der Bundesrepublik Deutschland ist kein Mittelweg zwi-schen einer freien Marktwirtschaft und einer Zentralverwaltungswirtschaft. Sie ist eindeutig eine Marktwirtschaft, in der der Staat allerdings zusätzliche Aufgaben im **sozialen Bereich** übernehmen muss:

◆ **Schutz des wirtschaftlich Schwachen** durch Gesetzgebung, Verwaltung und Rechtsprechung

◆ **Soziale Sicherheit** durch Kranken-, Pflege-, Renten-, Arbeitslosen- und Unfallversicherung sowie durch andere Sozialleistungen

◆ **Soziale Gerechtigkeit** durch freie Entfaltungsmöglichkeiten im Beruf, glei-chen Lohn für gleiche Arbeit, Mitbestimmung im Betrieb, Koalitionsfreiheit (Zusammenschluss zu Gewerkschaften), Sozialbindung des Eigentums u.a.m.

◆ **Schutz der Arbeitnehmer und Verbraucher** durch sozialpolitische Gesetze, Kinderschutz, Mutterschutz, Arbeitszeitregelungen, Sicherheitsvor-schriften, Verbraucherschutz u.a.m.

3.3 Grundgesetz und Wirtschaftsordnung

Das **Grundgesetz** (GG), die Verfassung der Bundesrepublik Deutschland, enthält keinen Abschnitt über die Wirtschaftsordnung und schreibt für unseren Staat keine verbindliche wirtschaftliche und soziale Ordnung vor. Jedoch ist die Grundlage für die Gestaltung einer Wirtschaftsordnung im Grundgesetz festgelegt:

Artikel 20 (1) GG (Grundlagen staatlicher Ordnung)

Die Bundesrepublik Deutschland ist ein **demokratischer** und **sozialer** Bundesstaat.

Hieraus ergibt sich, dass eine Zentralverwaltungswirtschaft nicht unserer Verfassung entsprechen würde. Das Grundgesetz enthält ferner einige grundsätzliche Aussagen zur Gestaltung unserer Wirtschaftsordnung:

Artikel 2 GG (Persönliche Freiheit)

Jeder hat das Recht auf die freie Entfaltung seiner Persönlichkeit, soweit er nicht die Rechte anderer verletzt und nicht gegen die verfassungsmäßige Ordnung oder das Sittengesetz verstößt.

Das bedeutet – auf das Wirtschaftsleben bezogen – auch die **freie wirtschaftliche Betätigung** des Menschen. Zur wirtschaftlichen Entfaltungsfreiheit gehören:

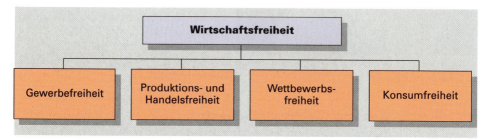

◆ **Gewerbefreiheit** = Freiheit, einen Gewerbebetrieb zu eröffnen.

◆ **Produktions- und Handelsfreiheit** = Freiheit der Unternehmer, nach eigener Wahl auf eigenes Risiko Güter und Dienstleistungen zu produzieren und anzubieten.

◆ **Wettbewerbsfreiheit** = Freiheit der Käufer und Verkäufer von Gütern und Dienstleistungen, im Wettbewerb mit anderen zu versuchen, das gleiche (oder ein besseres) Ergebnis zu erzielen.

◆ **Konsumfreiheit** = Freiheit der Verbraucher (Konsumenten), Güter nach beliebiger Wahl aus dem Marktangebot zu kaufen.

Diesen Freiheiten stehen jedoch **Schranken** gegenüber: das Recht anderer Menschen, das Sittengesetz (gemeint ist vor allem die Achtung des ganz persönlichen Bereiches und der Menschenwürde), die Gesetze und die verfassungsmäßige Ordnung.

Weitere im Grundgesetz gewährte Freiheiten:

Artikel 9 GG (Vereinigungsfreiheit, Koalitionsfreiheit)

Alle Deutschen haben das Recht, Vereine und Gesellschaften zu bilden.

Artikel 9 ist von besonderer Bedeutung für die Bildung von Arbeitnehmerverbänden (Gewerkschaften) und Arbeitgebervereinigungen (siehe Seite 185 ff.).

Artikel 12 GG (Berufsfreiheit)

Alle Deutschen haben das Recht, Beruf, Arbeitsplatz und Ausbildung frei zu wählen.

Artikel 14 (1) GG (Freiheit der Eigentumsnutzung)

Das Eigentum und das Erbrecht werden gewährleistet.

Artikel 14 (2) GG (Sozialbindung des Eigentums)

Eigentum verpflichtet. Sein Gebrauch soll zugleich dem Wohle der Allgemeinheit dienen.

Artikel 14 gewährleistet das **Privateigentum** – auch das Privateigentum an **Produktionsmitteln** (Grund und Boden, Fabriken, Maschinen, Werkzeuge u.a.). Eigentum schafft aber nicht nur Entfaltungsmöglichkeiten, es verleiht auch **Macht** über Sachen und Menschen. Deshalb verpflichtet das Grundgesetz den Eigentümer, das private Eigentum „zum Wohle der Allgemeinheit" zu benutzen. Diese **Sozialbindung des Eigentums** wird – auch im Wirtschaftsleben – häufig nicht beachtet.

Artikel 14 (3) GG (Enteignung)

Eine Enteignung ist nur zum Wohle der Allgemeinheit zulässig. Sie darf nur durch Gesetz oder aufgrund eines Gesetzes erfolgen, das Art und Ausmaß der Entschädigung regelt.

Artikel 15 GG (Sozialisierung)

Grund und Boden, Naturschätze und Produktionsmittel können zum Zwecke der Vergesellschaftung durch ein Gesetz, das Art und Ausmaß der Entschädigung regelt, in Gemeineigentum oder in andere Formen der Gemeinwirtschaft übergeführt werden.

Artikel 15 enthält eine Möglichkeit, von der in der Bundesrepublik Deutschland bisher kein Gebrauch gemacht wurde. Im Gegenteil gehen die Bestrebungen dahin, staatliche Unternehmen zu privatisieren.

Beispiel

Überführung der früheren Deutschen Bundesbahn und der Deutschen Bundespost in Privateigentum (1994/95).

Soziale Marktwirtschaft: Freier wirtschaftlicher Wettbewerb einerseits und Verpflichtungen des Staates gegenüber wirtschaftlich und sozial Schwächeren andererseits.

Wann wären **Hilfen des Staates** notwendig? Hier eine Auswahl (in der Reihenfolge der Kapitel dieses Buches):

◆ Verbraucherschutz (siehe S. 40 f.)
◆ Umweltschutz (siehe S. 42 ff., 95 ff.)
◆ Wettbewerbsschutz (siehe S. 167 ff.)
◆ Aus- und Weiterbildung (siehe S. 174 ff., 228 ff.)
◆ Gleichberechtigung der Frau (siehe S. 211 ff.)

◆ Steuerpolitik (siehe S. 258 ff.)
◆ Konjunkturpolitik (siehe S. 284 ff.)
◆ Arbeitsmarktpolitik (siehe S. 291 ff.)
◆ Sozialpolitik (siehe S. 307 ff.) u.a.m.

Arbeitsaufgaben und Anregungen zum Handeln

1 Vergleiche die Maßnahmen zur wirtschaftlichen und gesellschaftlichen Umgestaltung in der Sowjetzone nach Kriegsende mit den Maßnahmen in den westlichen Besatzungszonen. Begründe die Unterschiede.

2 Schlage im Lexikon oder im Geschichtsbuch nach: Marshallplan 1947, Währungsreform 1948. Berichte darüber. Erläutere dann die folgende Gleichung und nimm Stellung dazu:

Marshallplan + Währungsreform + Soziale Marktwirtschaft = Wirtschaftswunder.

3 Die Zeichnung „Das Gesicht der D-Mark" entstand nach der Währungsreform. Sie zeigt das Gesicht eines Wirtschaftspolitikers, der sich für ein neues Wirtschaftssystem einsetzte, 1949 Wirtschaftsminister und später Bundeskanzler wurde (1963–1966).

a) Wer ist dargestellt?
b) Was soll die Karikatur symbolisieren?
c) Wie nennt man das Wirtschaftssystem, das dieser Politiker anstrebte?

4 Diskutiert folgende Aussagen:

„Eine Marktwirtschaft ist von ihrem Wesen her niemals sozial."

„Nur die Soziale Marktwirtschaft ist in der Lage ‚Wohlstand für alle' zu schaffen."

5 Fertigt eine Wandzeitung über das Thema „Soziale Marktwirtschaft" an:

Vorteile
....
....

Nachteile
....
....

6 Sammelt Zeitungsausschnitte und Bilder über gegenwärtige Probleme unserer Wirtschaftsordnung. Beispiele: Vollbeschäftigung/Arbeitslosigkeit, Preissteigerung, soziale Sicherung, Finanzen/Staatsverschuldung, Konzentration, Wettbewerb, Umwelt und anderes. Berichtet gruppenweise darüber.

7 Diskutiert: Sollte die „Soziale Marktwirtschaft" erweitert werden zu einer „ökologisch-sozialen Marktwirtschaft"? Fertigt ein Protokoll an.

4 Sozialistische Planwirtschaft der ehemaligen DDR

Jeder in der damaligen DDR kannte diese vier Persönlichkeiten. Ihre Ideologie (= politische Lehre) prägte die politischen, gesellschaftlichen und wirtschaftlichen Verhältnisse im zweiten deutschen Staat.

◆ Die ersten beiden Köpfe (von links) zeigen die Begründer der kommunistischen Lehre. Sie wurden bereits auf Seite 241 erwähnt. Um wen handelt es sich?

◆ Der dritte Kopf gehört einem sowjetischen Politiker und Revolutionär, der als Begründer der Sowjetunion gilt. Wie heißt er?

◆ Die vierte Persönlichkeit (ein sowjetischer Parteiführer und Staatsmann) ist für die Gründung der DDR von großer Bedeutung. Nach seinem Tode fiel er in Ungnade. Wer ist es?

4.1 Die DDR war ein zweiter deutscher Staat (1949–1990)

Die heutigen Bundesländer Mecklenburg-Vorpommern, Brandenburg, Sachsen, Sachsen-Anhalt und Thüringen sowie der östliche Teil Berlins gehörten bis zum 3. Oktober 1990 zur **Deutschen Demokratischen Republik (DDR),** die 1949 aus der sowjetischen Besatzungszone Deutschlands gebildet worden war (siehe Karte Seite 244).

> „Die Deutsche Demokratische Republik ist ein sozialistischer Staat der Arbeiter und Bauern. Sie ist die politische Organisation der Werktätigen in Stadt und Land unter Führung der Arbeiterklasse und ihrer marxistisch-leninistischen Partei."

Artikel 1 der Verfassung der ehemaligen DDR

Die DDR bezeichnete sich – entsprechend ihrer Verfassung – als „sozialistischer" Staat, der von der „Arbeiterklasse" und ihrer marxistisch-leninistischen Partei geführt wurde. Diese Partei, die sich auf Marx und Lenin berief, war die **Sozialistische Einheitspartei Deutschlands (SED)**, eine kommunistische (stalinistische) Partei. Die Wirtschaftsordnung der DDR war eine Zentralverwaltungswirtschaft, die als **„Sozialistische Planwirtschaft"** bezeichnet wurde.

4.2 Wem gehörten die Produktionsmittel in der DDR?

„Die Bodenschätze, die Bergwerke, Kraftwerke, Talsperren und großen Gewässer, die Naturreichtümer des Festlandsockels, Industriebetriebe, Banken und Versicherungseinrichtungen, die volkseigenen Güter, die Verkehrswege, die Transportmittel der Eisenbahn, der Seeschifffahrt sowie der Luftfahrt, die Post- und Fernmeldeanlagen sind Volkseigentum. **Privateigentum daran ist unzulässig.**"

Art. 12 der Verfassung der ehemaligen DDR

Die Enteignung der Produktionsmittel wurde in der sowjetischen Besatzungszone unmittelbar nach Ende des Zweiten Weltkrieges (1945) nach sowjetischem Vorbild durchgeführt.

„Die Volkswirtschaft der Deutschen Demokratischen Republik beruht auf dem **sozialistischen Eigentum an den Produktionsmitteln**."

Art. 9 der Verfassung der ehemaligen DDR

Unter dem „sozialistischen Eigentum an Produktionsmitteln" verstand die DDR
◆ „das gesamtgesellschaftliche Eigentum"
   = Staatseigentum, z.B. Volkseigene Betriebe (VEB) (etwa 87 %)
◆ „das genossenschaftliche Eigentum werktätiger Kollektive"
   = Eigentum der Genossenschaften, z.B. der **Landwirtschaftlichen Produktionsgenossenschaften (LPG)** (etwa 13 %).

Der **Privatbesitz an Produktionsmitteln** war in der DDR (abgesehen von kleinen Handwerks- und Handelsbetrieben) verboten, weil mit ihnen nach Ansicht der SED andere Menschen „ausgebeutet" würden:

„Die Ausbeutung des Menschen durch den Menschen ist für immer beseitigt."

Art. 2 der Verfassung der ehemaligen DDR

4.3 Wie funktionierte die Planwirtschaft der DDR?

„In der Deutschen Demokratischen Republik gilt der Grundsatz der Leitung und Planung der Volkswirtschaft sowie aller anderen gesellschaftlichen Bereiche. Die Volkswirtschaft der Deutschen Demokratischen Republik ist **sozialistische Planwirtschaft**."

Art. 9 der Verfassung der ehemaligen DDR

In der DDR wurden – wie es die Verfassung festlegte – die Volkswirtschaft und alle anderen gesellschaftlichen Bereiche **zentral geleitet und geplant**.

Die **Staatliche Plankommission** arbeitete Wirtschaftspläne aus, in denen in allen Einzelheiten festgelegt war, **was** und **wie viel** hergestellt werden sollte. Diese Behörde setzte auch die Höhe der **Löhne** und **Preise** fest und bestimmte Art und Menge der **Einfuhr** und **Ausfuhr**.

Obgleich durch die Wirtschaftspläne alles bis ins Kleinste geregelt wurde, gehörten **Versorgungsengpässe** bei hochwertigen Konsumgütern und auch bei den kleinen Dingen zum Alltag des DDR-Bürgers. Schlangestehen oder „Vitamin B" (gemeint sind günstige Beziehungen) waren bei der tagtäglichen Versorgung meist unerlässlich.

4.4 Welche Vor- und Nachteile hatte die DDR-Wirtschaft für den normalen Bürger?

Vorteile

◆ **Gesicherter Arbeitsplatz:** einklagbares Recht auf Arbeit

◆ **Kameradschaftliche Beziehungen** in den Arbeitskollektiven der Betriebe

◆ **Niedrige Preise für alles zum Leben Notwendige:** Grundnahrungsmittel, Mieten, öffentliche Verkehrsmittel, Energie, Dienstleistungen usw. (vom Staat durch Zuschüsse verbilligt = subventioniert)

◆ **Niedrige Preise für Kulturgüter:** Bücher, Theater, Konzerte, Museen, Ausstellungen u.a.m.

◆ **Soziale Leistungen für Kinder und Jugendliche:** Kinderkrippen, Kindergärten und Horte, Kinderferienlager und andere Freizeiteinrichtungen

◆ **Förderung der berufstätigen Frauen:** Ausbildung, monatlicher Haushaltstag, bezahlte Freistellung bei Erkrankung der Kinder sowie vom zweiten Kind an ein bezahltes Babyjahr

◆ **Qualitativ gute Berufsausbildung** in Theorie und Praxis für alle

◆ **Kostenlose gesundheitliche Betreuung** und ärztliche Versorgung

Nachteile

◆ **Stillstands- und Wartezeiten** in den Betrieben wegen mangelhafter Planung: fehlendes Material, Mängel in der Termintreue und Qualität von Zulieferungen, auch aus dem Ausland

◆ **Versorgungsmängel** aufgrund von volkswirtschaftlichen Zwängen und Mängeln in der Planung

◆ **Verfall** von Wohnungen und Häusern, Verkehrswegen und Versorgungssystemen wegen fehlenden Materials und fehlerhafter Subventionspolitik (z.B. zu geringe Einnahmen aus Mieten, Fahrpreisen und Gebühren)

◆ **Hohe Preise für hochwertige Konsumgüter:** Autos, Fernsehgeräte, modische Kleidung, Genussmittel u.a.

◆ **Mehrjährige Wartezeiten** für bestimmte Industrieerzeugnisse und Dienstleistungen, z.B. Autos (Trabant, Wartburg) und Telefonanschlüsse

◆ **Starke Einflussnahme auf das persönliche Leben,** z.B. bei Entscheidungen im Rahmen der Berufsausbildung und im Berufsleben sowie in der Wohnungspolitik

Zusammengestellt nach Aussagen von Bürgern aus dem Land Brandenburg

4.5 Warum scheiterte die Planwirtschaft der DDR?

◆ Die **führende politische Partei (SED)** war von den Vorzügen ihrer zentral geleiteten und geplanten Wirtschaft überzeugt (Kommandowirtschaft). Deshalb missachtete sie wirtschaftliche Veränderungen, reagierte nur schwerfällig auf Marktlücken und vernachlässigte die Wünsche der Verbraucher.

◆ Das **staatliche und genossenschaftliche Eigentum** – eingebettet in ein starres Planungsgefüge – beeinträchtigte die betriebliche und private Initiative.

◆ Die **Produktivität** (= Ergiebigkeit der Arbeit) war – gemessen an den hochentwickelten Industriestaaten – **zu niedrig**. Gründe:

– Die Vorgaben des Planes zielten überwiegend nur auf ein mengenmäßiges (quantitatives) Produktionsergebnis („Plansoll erfüllt"). Die Qualität wurde darüber vernachlässigt.

– Auch politische Parolen („Kämpfen um vorzeitige Planerfüllung") gaben keinen Anreiz zu eigenständigem Handeln: Ein erhöhter Arbeitseinsatz lohnte sich nicht.

– Überzogene Planungsvorgaben (bis auf die letzte Schraube) wirkten sich hemmend auf den Produktionsablauf aus. Sie verursachten häufige Störungen („Zwangspausen" wegen fehlenden Materials). Rohstoffe und Ersatzteile wurden angesammelt, um Engpässe besser überbrücken zu können (unwirtschaftliches Horten).

– Die Produktionsanlagen und Fertigungsmethoden waren überaltert, weil nicht in neue Maschinen investiert werden durfte. So wurde die Produktion dadurch gesteigert, dass mehr Arbeitskräfte eingesetzt wurden.

– In den Betrieben – vor allem in der Industrie und Landwirtschaft – waren unnötig viele Menschen beschäftigt (überbesetzte Arbeitsplätze = verdeckte Arbeitslosigkeit).

◆ Durch **staatlich festgelegte Preise** und subventionierte Waren (z.B. niedrige Preise bei Grundnahrungsmitteln) wurde eine marktgerechte Preisbildung durch Angebot und Nachfrage verhindert.

◆ Wegen **mangelnder Qualität** und **überholter Technik** (Erzeugnisse „von gestern") war die DDR mit vielen ihrer Produkte auf westlichen Märkten nicht wettbewerbsfähig.

◆ Die Wirtschaft der DDR war aus politischen Gründen **zu eng an die damaligen Planwirtschaften der anderen sozialistischen Staaten** (z.B. Sowjetunion) gebunden. Dies führte zur Vernachlässigung der Qualität bei den Waren, die dorthin geliefert wurden, und zur Absonderung der DDR von den freien Weltmärkten.

◆ Die **Mark der DDR** wurde auf dem Weltmarkt nur **niedrig bewertet**. Weil sie nicht konvertierbar (= in andere Währungen umtauschbar) war und die DDR nur wenig Devisen (= ausländische Zahlungsmittel) besaß, war im Außenhandel oft nur ein Tausch Ware gegen Ware möglich.

◆ Rohstoffabhängigkeit, Devisenknappheit und zunehmende Einfuhren (Importüberschuss) führten zu **einseitigen Schwerpunktmaßnahmen**: Rüstung und Wohnungsbau („Wohnsilos" in Plattenbauweise). Andererseits wurden **vernachlässigt:** Altbauwohnungen (Mieten seit 1937 unverändert), Straßen- und Schienennetz, Kommunikationsmittel (z.B. Telefon), Produktionsanlagen (z.B. Automobilbau: „Trabbi" = Kleinwagen Trabant).

◆ Rohstoffe (Braunkohle, Uran) wurden rücksichtslos ausgebeutet. Die **Braunkohlen- und chemische Industrie** verursachten schwerwiegende **Umweltschäden**.

Als das **politische und wirtschaftliche System des Sozialismus** in der damaligen Sowjetunion und in den osteuropäischen Staaten **zusammenbrach**, war auch das Schicksal der mit ihnen verbündeten DDR besiegelt.

1 Gib eine eigene Beurteilung der Sozialistischen Planwirtschaft der DDR. Führe je zehn Beispiele an:

a) Was ich als positiv betrachte,   b) was ich negativ bewerte.

Diskutiert die Ergebnisse.

2 Die DDR-Bürger übten – soweit es möglich war – auch Kritik an ihrer Wirtschaftsordnung. Diskutiert die folgenden Beispiele:

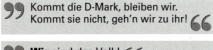

a) Die Karikatur trägt die Unterschrift „Klemmt wieder mal" (VEB = Volkseigener Betrieb, Staatseigentum).

b) Aussprüche und Witze aus der DDR:

Im Kaufhaus: „Haben Sie keine Strümpfe?" – „Keine Strümpfe gibt es im ersten Stock, hier gibt es keine Schuhe!"

„Es ist alles da, nur nicht hier!"

Was ist Sozialistische Planwirtschaft? „Das ist diejenige Wirtschaftsordnung, die laufend versucht, mit Problemen fertig zu werden, die es ohne sie gar nicht gäbe."

Was ist der Unterschied zwischen Kapitalismus und Sozialismus? „Im Kapitalismus herrscht die Ausbeutung des Menschen durch den Menschen, im Sozialismus ist es genau umgekehrt."

3 Erkläre die folgenden Sprüche und die Karikatur aus der DDR. Sie stammen alle aus der Zeit der Wende (1989/90).

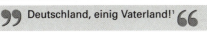

99 Kommt die D-Mark, bleiben wir. Kommt sie nicht, geh'n wir zu ihr! 66

99 **Wir** sind das Volk! 66

99 Wir sind **ein** Volk! 66

99 Deutschland, einig Vaterland![1] 66

4

Proletarier aller Länder vergebt mir

Wahlplakat aus der DDR nach der Wende (1990):

a) Wer ist dargestellt? Vergleiche das Plakat mit dem Bild auf Seite 240.

b) Welche Aussage wird hier abgewandelt? Lies auf Seite 241 nach.

c) Warum sollten die DDR-Bürger der dargestellten Person vergeben? Sage deine Meinung zu diesem Problem.

d) Warum hätte dieses Plakat auch Bedeutung für andere Länder gehabt? Führe Beispiele an.

---

[1] Aus der Nationalhymne der DDR, die wegen dieser Textstelle seit 1974 nicht mehr gesungen werden durfte.

5   Von der Planwirtschaft zur Marktwirtschaft

Diese Karikatur erschien in der damaligen DDR in der Zeit nach der Wende (November 1989) und vor dem Beitritt der DDR zur Bundesrepublik (3. Oktober 1990). Sie zeigt ein Steuerrad mit dem Wappen der DDR: Hammer und Zirkel im Ährenkranz.

◆ Was soll die Zeichnung aussagen?

◆ Warum war der Übergang von der Sozialistischen Planwirtschaft zur Marktwirtschaft so schwierig?

◆ Welche Probleme brachte er mit sich?

5.1   Ende der Sozialistischen Planwirtschaft

Chronik der Ereignisse 1989/90

1989: In der DDR beginnen Massendemonstrationen gegen die SED-Führung und **für freie Wahlen und Reisefreiheit**.

18. Oktober 1989: Staats- und Parteichef **Erich Honecker wird gestürzt**. Damit beginnt die **Wende** in der DDR.

9. November 1989: Die DDR **öffnet** überraschend die **Berliner Mauer** und die **Grenzen zur Bundesrepublik**.

18. März 1990: Die DDR-Bürger dürfen zum ersten Mal frei wählen. Mit der neuen DDR-Regierung schließt die Bundesregierung zwei bedeutsame Verträge ab:

Staatsvertrag über die Währungs-, Wirtschafts- und Sozialunion

◆Am 1. Juli 1990 wird in der DDR die **D-Mark** eingeführt.

◆Die Sozialistische Planwirtschaft wird auf die **Soziale Marktwirtschaft** umgestellt.

◆**Sozialversicherung** und **Sozialhilfe** werden eingeführt.

Einigungsvertrag

◆**Die DDR tritt am 3. Oktober 1990 der Bundesrepublik Deutschland bei.**

Mit der **Währungs-, Wirtschafts- und Sozialunion** begann in der damaligen DDR der Übergang von der Sozialistischen Planwirtschaft zur **Sozialen Marktwirtschaft**. Dies erwies sich als äußerst schwierig, weil es hierfür in der Welt bisher keine Vorbilder gab und auch in Deutschland niemand mit einer so raschen Vereinigung Deutschlands gerechnet hatte.

5.2 Probleme beim Übergang auf die Marktwirtschaft

Nachdem der Jubel der Vereinigung verklungen war, erkannte man, dass die meisten ostdeutschen Betriebe unter marktwirtschaftlichen Bedingungen nicht wettbewerbsfähig waren. **Betriebszusammenbrüche** und **Massenentlassungen** waren die Folge. Die plötzlich auftretende **Arbeitslosigkeit** war für die Menschen in Ostdeutschland eine ungewohnte, schmerzhafte Erfahrung, von der die **Frauen** besonders hart betroffen waren.

Die **Sicherheit des Arbeitsplatzes** hatte in der DDR zu den „Errungenschaften des Sozialismus" gehört. Eine Arbeitslosigkeit hatte es im „Arbeiter- und Bauernstaat" offiziell nicht geben dürfen. Wenn in Betrieben (z.B. durch Rationalisierung oder Strukturwandel) Arbeitskräfte freigesetzt wurden, durften sie nicht entlassen werden, sondern mussten im Betrieb mit anderen Aufgaben beschäftigt werden, auch wenn diese Tätigkeit unproduktiv (= wirtschaftlich unergiebig) war. So waren in allen DDR-Betrieben viel mehr Menschen beschäftigt, als wirtschaftlich notwendig gewesen wäre. Diese Überbeschäftigung bei geringer Produktivität hatte mit zum Zusammenbruch des Wirtschaftssystems beigetragen. Die bisher **„verdeckte Arbeitslosigkeit"** trat nun als offene Arbeitslosigkeit zutage.

Demonstration für die Erhaltung von Arbeitsplätzen in Leipzig (1991)

Hinzu kamen Falschbeurteilungen und folgenreiche Fehler:

◆ Wenn man anfangs gehofft hatte, dass die **Kräfte der Marktwirtschaft** allein den Aufschwung im Osten schaffen würden und dass darüber hinaus hierfür im Westen **keine Steuererhöhungen** notwendig sein würden, mussten diese Hoffnungen bald aufgegeben werden. Auch heute noch sind jährlich viele Milliarden Euro an **Transferleistungen** (= Zahlungen des Westens an den Osten) notwendig, um den „Aufbau Ost" zu sichern.

◆ Die rasche **Einführung der D-Mark** (noch vor der Vereinigung) brachte viele ostdeutsche Unternehmen in große **finanzielle Schwierigkeiten**, weil die Löhne plötzlich zu „teuer" wurden und die Produktivität (Ergiebigkeit der Arbeit) dem bei weitem nicht entsprach. Noch immer werden durch Lohnsteigerungen und niedrige Produktivität die ostdeutschen Unternehmen stark belastet.

◆ Viele Investoren (= Geldanleger) wurden durch **ungeklärte Eigentumsverhältnisse** abgeschreckt. Es galt der Grundsatz „Rückgabe geht vor Entschädigung" (und nicht umgekehrt). Viele Eigentumsfragen sind auch heute noch ungeklärt und erschweren Investitionen.

◆ Bei der Überführung der DDR-Betriebe in Privatunternehmen hatte die hierfür geschaffene **Treuhandanstalt** mit einem Erlös von 600 Milliarden Mark gerechnet. Durch die Übernahme von Altschulden und Umweltsanierungen sowie durch Fehlentscheidungen und wirtschaftskriminelle Handlungen ergab sich jedoch ein Defizit (Fehlbetrag) von 204 Milliarden DM (104 Mrd. EUR).

5.3 „Aufbau Ost" – ein schwieriger Weg

In den ersten Jahren nach der Vereinigung entwickelten sich die ostdeutschen Länder – gemessen am Anstieg des Bruttoinlandsprodukts – zur stärksten Wachstumsregion Europas. Doch das Problem der **Massenarbeitslosigkeit** (und der Ausbildungsplätze für Jugendliche) blieb. Ab 1996 geriet der Aufschwung ins Stocken: Die finanziellen Mittel für den „Aufbau Ost" wurden knapper, Firmenzusammenbrüche häuften sich, das Wirtschaftswachstum ließ nach. Die Hochwasserkatastrophe im August 2002 warf den „Aufbau Ost" um Jahre zurück. Der Weg zu den verheißenen „blühenden Landschaften" wird weiter, schwieriger und kostspieliger werden ...

Arbeitsaufgaben und Anregungen zum Handeln

1 *Nach der Einführung der D-Mark im Juli 1990 (also noch vor der Vereinigung) lagen viele „Wessis" in den Startlöchern zu den „Ossis". Erläutere, was der Karikaturist darstellen will. Erkundige dich und führe Beispiele an (z.B. westdeutsche Versicherungsvertreter, Gebrauchtwagenhändler, Haus- und Grundstücksmakler, Großunternehmen, Supermärkte, Versandhäuser usw.).*

2

Das nächste Bild gibt wieder, welche Schwierigkeiten es in Eigentumsfragen geben konnte. Erkläre Gründe und Auswirkungen.

Nenne weitere Probleme der Vereinigung.

3 *Die DDR bezeichnete sich als „Arbeiter- und Bauernstaat". Erläutere unter diesem Gesichtspunkt das Foto auf Seite 255.*

4 *Nehmt Stellung zu folgender Aussage:*
„Die berufstätigen Frauen in den neuen Bundesländern sind die Verlierer der Einheit."

5 *Informiert euch (Zeitung, Fernsehen) über die gegenwärtige wirtschaftliche Lage in den neuen Bundesländern. Nennt negative und positive Beispiele über den „Aufbau Ost".*

6 *Nachdem ihr nun wisst, wie der Wettlauf zwischen der Planwirtschaft und der Marktwirtschaft ausgegangen ist, könnt ihr die im ersten Kapitel begonnene „Mär" zu Ende schreiben. Erarbeitet in Gruppen eine Fortsetzung und den Schluss der Geschichte. Diskutiert eure Arbeitsergebnisse. Überlegt, wie die beste Arbeitsgruppe „belohnt" werden könnte.*

VII

Wirtschafts- und Sozialpolitik

Das Hauptbuch der Nation
Bundeshaushalt 2004 (Soll)

Einnahmen 257,3 Mrd. Euro — 257,3 Mrd. Euro Ausgaben

Einnahmen	Mrd. Euro	Mrd. Euro	Ausgaben
Umsatzsteuer*	76,2	83,5	Gesundheit und Soziales
Stromsteuer	6,7	39,7	Bundesschuld
Lohn- u. Einkommensteuer*	55,8	4,9	Familie, Senioren, Frauen u. Jugend
		33,0	Wirtschaft und Arbeit
Mineralölsteuer	43,1	5,2	Verbraucher, Agrar
		25,6	Verkehr, Bau, Wohnungswesen
Tabaksteuer	15,9	24,1	Verteidigung
Solidaritätszuschlag	10,6	8,8	Versorgung
Versicherungsteuer	8,7	8,3	Bildung, Forschung
Körperschaftsteuer	7,4	7,5	Allg. Finanzverwaltung
Nettokreditaufnahme	29,3	16,7	sonstiges
sonstiges	3,6		

*Bundesanteil (Zuweisungen abgerechnet)

Quelle: BMF

© Globus 8931

Der Haushaltsplan des Bundes – ein Buch mit sieben Siegeln?

> Der schottische Volkswirtschaftler Adam Smith (siehe Seite 236) schrieb 1776 in seinem Buch „Der Wohlstand der Nationen" über die öffentlichen Aufgaben:
> – Nur eine Regierung, die Streitkräfte unterhält, kann das Land vor Angriffen schützen.
> – Die zweite Aufgabe, jeden Einzelnen vor Unrecht zu schützen, erfordert ebenfalls sehr unterschiedliche Ausgaben.
> – Die dritte Aufgabe des Staates besteht darin, Einrichtungen zu unterhalten, die für ein Gemeinwesen (Gesellschaft) höchst natürlich sind, die aber die anfallenden Kosten (für Straßen, Häfen, Bildungseinrichtungen usw.) nicht decken!

◆ *Übertrage den Grundsatz einer klugen Hausfrau „erst planen, dann kaufen" auf den Staat, benutze das Schaubild oben dazu.*

◆ *Um die zahlreichen öffentlichen (staatlichen/kommunalen¹) Aufgaben wie Unterhaltung der Schulen, Krankenhäuser, Bundeswehr, Autobahnen usw. bewältigen zu können, muss der Staat Steuern erheben. Diskutiert, ob es sinnvoll wäre, über Höhe oder auch Zweck der Steuern eine Volksabstimmung durchzuführen. Begründet eure Argumente.*

---

¹ kommunal = die Gemeinde/Stadt betreffend

1.1 Die wichtigsten Einnahmen des Staates: Steuern

Steuern sind so genannte **Zwangsabgaben** an Bund, Länder und Gemeinden, die ohne Anspruch auf eine spezielle Gegenleistung in Geld zu entrichten sind.

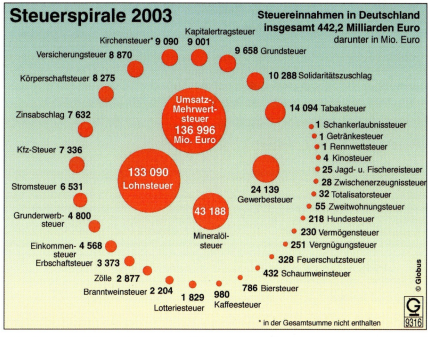

Steuerspirale 2003

Steuereinnahmen in Deutschland insgesamt 442,2 Milliarden Euro darunter in Mio. Euro

Kirchensteuer* 9 090
Kapitalertragsteuer 9 001
Versicherungsteuer 8 870
9 658 Grundsteuer
Körperschaftsteuer 8 275
10 288 Solidaritätszuschlag
Zinsabschlag 7 632
Umsatz-, Mehrwertsteuer 136 996 Mio. Euro
14 094 Tabaksteuer
Kfz-Steuer 7 336
1 Schankerlaubnissteuer
1 Getränkesteuer
1 Rennwettsteuer
133 090 Lohnsteuer
4 Kinosteuer
25 Jagd- u. Fischereisteuer
Stromsteuer 6 531
28 Zwischenerzeugnissteuer
32 Totalisatorsteuer
24 139 Gewerbesteuer
55 Zweitwohnungsteuer
Grunderwerb- 4 800 steuer
43 188
218 Hundesteuer
230 Vermögensteuer
Einkommen- 4 568 steuer
Mineralöl- steuer
251 Vergnügungsteuer
Erbschaftsteuer 3 373
328 Feuerschutzsteuer
Zölle 2 877
432 Schaumweinsteuer
Branntweinsteuer 2 204
1 829
980
786 Biersteuer
Lotteriesteuer
Kaffeesteuer

© Globus 9316

* in der Gesamtsumme nicht enthalten

Hinweis: Der Solidaritätszuschlag wurde 1995 zur Finanzierung der deutschen Einheit eingeführt.

Die Vielzahl der Steuern kann nach verschiedenen Merkmalen eingeteilt werden:

Steuergegenstand (Was wird besteuert?)

◆ **Besitzsteuern** werden aufgrund des Einkommens oder Vermögens erhoben, z.B. Lohn- und Einkommensteuer, Körperschaftsteuer (von GmbHs u.a.), Gewerbesteuer, Grundsteuer, (Zins-)Abgeltungssteuer usw.

◆ **Verbrauchsteuern** belasten den Verbrauch bestimmter Waren und Dienstleistungen über den Verkaufspreis, z.B. Mineralöl-, Strom-, Tabak-, Kaffee-, Bier-, Branntweinsteuer usw.

◆ **Verkehrsteuern** werden auf bestimmte rechtliche oder wirtschaftliche Vorgänge erhoben, z.B. Mehrwert- (Umsatzsteuer), Grunderwerb-, Kfz-, Vergnügung-, Versicherung-, Hundesteuer usw.

Erhebungsart (Wie wird besteuert?)

◆ **Direkte Steuern** werden vom Steuerpflichtigen direkt an das Finanzamt gezahlt, z.B. Lohn-, Kfz-Steuer usw.

◆ **Indirekte Steuern** wälzt das steuerpflichtige Unternehmen über den Preis auf den Kunden ab, z.B. Mehrwert-/Umsatz-, Versicherung- und die verschiedensten Verbrauchsteuern.

Eine besondere Form der Steuern sind die **Zölle**. Sie werden meist zum Schutz der eigenen Wirtschaft vor ausländischer Konkurrenz erhoben.

Schließlich verlangt der Staat zur Deckung entstandener Kosten noch **Verwaltungsgebühren** z.B. beim Ausstellen eines Reisepasses, Führerscheins usw.

1.2 Aufteilung der Steuern zwischen Bund, Ländern und Gemeinden

Die Gebietskörperschaften (Bund, Länder, Gemeinden) und auch die Europäische Union (EU) erfüllen jeweils bestimmte Aufgaben für die Bürgerinnen und Bürger, dazu benötigen sie Steuergelder. Aus diesem Grund wird das gesamte Steueraufkommen nach einem bestimmten Schlüssel auf diese Empfänger verteilt:

Steuerempfänger			
Gemeinden	**Länder**	**Bund**	**EU**
15 % der Lohn- und Einkommensteuer	42,5 % der Lohn- und Einkommensteuer	42,5 % der Lohn- und Einkommensteuer	Aufkommen aus Agrarabschöpfungen und Zöllen der Mitgliedsländer, Mehrwertsteuer-eigenmittel, Beiträge der Mitgliedsstaaten zum Entwicklungsfonds
2,1 % der Umsatzsteuer	50 % der Körperschaftsteuer	50 % der Körperschaftsteuer	
Gewerbesteuer	48,4 % der Umsatzsteuer	49,5 % der Umsatzsteuer, Strom-steuer, Mineralölsteuer, Tabaksteuer, Branntwein-abgabe, Kaffeesteuer, Schaumweinsteuer	
Grundsteuer	Kfz-Steuer		
Hundesteuer	Erbschaftsteuer		
Vergnügungsteuer	Rennwett- und Lotteriesteuer		
Grunderwerbsteuer (Landkreis)	Biersteuer		
Getränkesteuer	Spielbankabgabe	44 % der Zinsabschlag-steuer, Solidaritätszuschlag	(Stand: 2004)
12 % der Zinsabschlag-steuer			

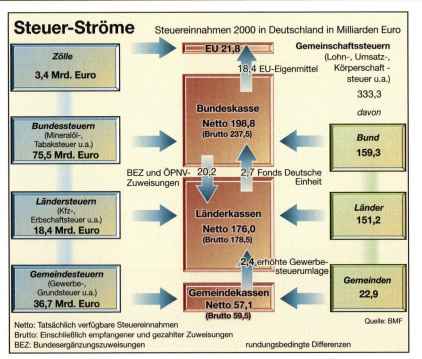

Steuer-Ströme Steuereinnahmen 2000 in Deutschland in Milliarden Euro

Zölle
3,4 Mrd. Euro

Bundessteuern (Mineralöl-, Tabaksteuer u.a.) 75,5 Mrd. Euro

Ländersteuern (Kfz-, Erbschaftsteuer u.a.) 18,4 Mrd. Euro

Gemeindesteuern (Gewerbe-, Grundsteuer u.a.) 36,7 Mrd. Euro

EU 21,8

18,4 EU-Eigenmittel

Bundeskasse Netto 198,8 (Brutto 237,5)

BEZ und ÖPNV-Zuweisungen 20,2   2,7 Fonds Deutsche Einheit

Länderkassen Netto 176,0 (Brutto 178,5)

2,4 erhöhte Gewerbe-steuerumlage

Gemeindekassen Netto 57,1 (Brutto 59,5)

Gemeinschaftssteuern (Lohn-, Umsatz-, Körperschaft - steuer u.a.)
333,3
davon

Bund 159,3

Länder 151,2

Gemeinden 22,9

Quelle: BMF

Netto: Tatsächlich verfügbare Steuereinnahmen
Brutto: Einschließlich empfangener und gezahlter Zuweisungen
BEZ: Bundesergänzungszuweisungen   rundungsbedingte Differenzen

Länderfinanzausgleich und Fonds Deutsche Einheit

Um in ganz Deutschland möglichst einheitliche Lebensbedingungen zu schaffen, gibt es einen Ausgleich zwischen finanzstarken und finanzschwächeren Bundesländern. Nach der Wiedervereinigung Deutschlands 1990 wurde zusätzlich der **Fonds Deutsche Einheit** geschaffen, um mithilfe von Steuergeldern des Bundes, der Länder und auch der Kommunen den Aufschwung Ost in den neuen Bundesländern zu finanzieren. Zweck war auch hier die erstrebenswerte Angleichung der Lebensverhältnisse in Ost- und Westdeutschland.

1.3   Der „schlanke Staat"

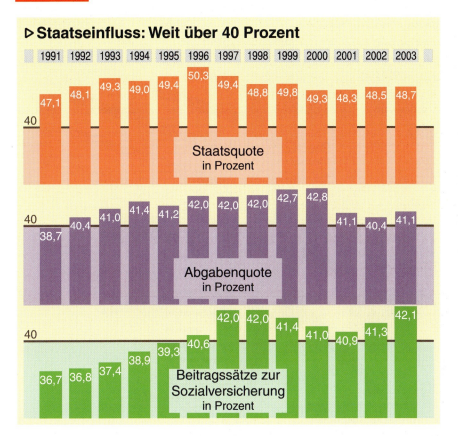

▷ **Staatseinfluss: Weit über 40 Prozent**

| 1991 | 1992 | 1993 | 1994 | 1995 | 1996 | 1997 | 1998 | 1999 | 2000 | 2001 | 2002 | 2003 |

Staatsquote in Prozent: 47,1 | 48,1 | 49,3 | 49,0 | 49,4 | 50,3 | 49,4 | 48,8 | 49,8 | 49,3 | 48,3 | 48,5 | 48,7

Abgabenquote in Prozent: 38,7 | 40,4 | 41,0 | 41,4 | 41,2 | 42,0 | 42,0 | 42,0 | 42,7 | 42,8 | 41,1 | 40,4 | 41,1

Beitragssätze zur Sozialversicherung in Prozent: 36,7 | 36,8 | 37,4 | 38,9 | 39,3 | 40,6 | 42,0 | 42,0 | 41,4 | 41,0 | 40,9 | 41,3 | 42,1

Die Schaubilder auf den Seiten 260 und oben belegen eine starke Staatstätigkeit bei uns. Dieses Engagement der so genannten öffentlichen Hand bezeichnet man als **Staatsquote.** Diese Ausgaben von Bund, Ländern, Gemeinden und auch der Sozialversicherung[1] sind in den letzten Jahren – insbesondere auch durch die Wiedervereinigung – sehr stark gestiegen. Die Verwendung fast der Hälfte des Bruttoinlandprodukts (siehe Seite 270 ff.) wird in der Zwischenzeit vom Staat gesteuert. Aus diesem Grund beklagen viele Bürger und auch Unternehmen die hohe Steuer- und Abgabenlast.

---

[1] Sozialversicherung = Rentenversicherung, Kranken- und Pflegeversicherung, Arbeitslosenversicherung und Unfallversicherung. Träger sind die Sozialversicherungsanstalten.

ABER SICHER LIEBEN WIR EUCH!!! WIESO?...

Sie möchten einen stärkeren Rückzug des Staates aus der Wirtschaft, weniger Gesetze und Vorschriften sowie eine Reduzierung des Verwaltungsapparates. Sie fordern einen **„schlanken Staat"**. Dadurch könnten die Steuern noch weiter gesenkt werden und die Betriebe hätten mehr Geld für Investitionen, d.h. auch zur Schaffung neuer Arbeitsplätze. Gleichzeitig könnte durch mehr beschäftigte Steuerzahler die hohe Staatsverschuldung (siehe Seite 268 f.) zurück-geführt werden.

Um das Ziel eines „schlanken" Staates zu erreichen, wird gefordert:

◆ Kürzung oder Abschaffung der **Subventionen** (staatliche Unterstützungen z.B. für Bergbau und Werften),

◆ **Personalabbau** bei den öffentlichen Verwaltungen,

◆ Kürzung von **Sozialleistungen,** z.B. beim Arbeitslosengeld, bei der Sozialhilfe und anderen staatlichen Vergünstigungen,

◆ verstärkte **Privatisierung** öffentlicher Leistungen, z.B. private Müllabfuhr, private Betreiber von Schwimmbädern, Privatisierung des Friedhofwesens, der Klär-anlagen usw.

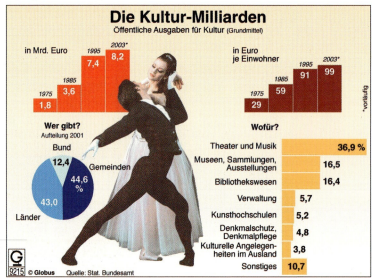

Die Kultur-Milliarden
Öffentliche Ausgaben für Kultur (Grundmittel)

in Mrd. Euro
1975	1985	1995	2003*
1,8	3,6	7,4	8,2

in Euro je Einwohner
1975	1985	1995	2003*
29	59	91	99

*vorläufig

Wer gibt?
Aufteilung 2001

Bund 12,4
Gemeinden 44,6 %
Länder 43,0

Wofür?

Theater und Musik	36,9 %
Museen, Sammlungen, Ausstellungen	16,5
Bibliothekswesen	16,4
Verwaltung	5,7
Kunsthochschulen	5,2
Denkmalschutz, Denkmalpflege	4,8
Kulturelle Angelegenheiten im Ausland	3,8
Sonstiges	10,7

9215 © Globus   Quelle: Stat. Bundesamt

Die Kosten der Gemeinden

Wenn Städte und Gemeinden nach dem Prinzip der Kostendeckung arbeiten würden, dann müssten die Bürger für die Nutzung öffentlicher Einrichtungen oft deutlich tiefer in die Tasche greifen. Die Gebühr für einen Platz in einer Kindertagesstätte in den neuen Ländern müsste mehr als doppelt so teuer sein; eine Theaterkarte in den alten Ländern müsste fast das Vierfache kosten, wenn die Aufwendungen mit den Gebühren oder den Eintrittspreisen gedeckt werden sollten. Es gibt allerdings auch gute Gründe, warum die Städte und Gemeinden vor allem bei kulturellen Einrichtungen erheblich zuschießen. Deren Angebot soll nämlich auch jenen Bürgern zugänglich sein, die nur über geringe Einkünfte verfügen. Anders sieht die Rechnung bei den kommunalen Entsorgungsunternehmen aus. Dort gilt das Verursacherprinzip. Das heißt: Die Kosten werden denen aufgebürdet, bei denen der Müll anfällt.

1 Weshalb sind Steuern notwendig?

2 Warum sind die Gemeinden an der Ansiedlung von Industriebetrieben interessiert? Welche Vor- und Nachteile ergeben sich hieraus? Begründe.

3 Sollte die Kfz-Steuer abgeschafft und stattdessen das Benzin mit höheren Steuern belastet werden? Begründe deine Meinung.

4 Lies im Grundgesetz (Artikel 105 ff.) nach, welche Steuern dem Bund, welche den Ländern und Kommunen zustehen und für welche besondere Verteilerschlüssel bestehen. Steht in der Landesverfassung etwas zum Finanzwesen? Lies auch dort nach. Als Hilfe kannst du unter www.bundesfinanzministerium.de die Broschüre „Steuern von A–Z" bestellen bzw. Informationen downloaden.

5  Jeder von uns ist täglich Nutznießer der Staatsausgaben. Die Forderungen der Bürgerinnen und Bürger, der Interessengruppen sowie die außenpolitischen Notwendigkeiten belasten den Haushalt des Staates sehr stark. Zähle Ansprüche der Bürgerinnen und Bürger auf, die in der Karikatur gemeint sein könnten.

6 Führe ein Interview mit deinen Eltern, Verwandten und Bekannten zum Thema „Privatisierung von öffentlichen Aufgaben" durch.

Du kannst sie beispielsweise befragen, wie sie zu privaten Hallenbädern (mit höheren Eintrittspreisen) stehen, welche Meinung sie zu einer Privatisierung des „Öffentlichen Personennahverkehrs" haben. Stelle den Fragenkatalog selbst zusammen und berichte anschließend vor der Klasse von deinen Umfrageergebnissen.

7 Führt in der Klasse eine Pro-Contra-Diskussion den Länderfinanzausgleich bzw. den Fonds Deutsche Einheit durch. Sollte ein einheitlicher Lebensstandard gemäß Grundgesetz angestrebt werden, oder sind arme Bundesländer an ihrem Geldmangel selbst schuld? Ist es gerechtfertigt, von den reicheren Staaten Geld/Zuschüsse zu fordern?

8 Fertige eine Collage zum sozialen Netz in Deutschland an. Welche Bereiche des Sozialstaates sollten unbedingt durch Bilder/Zeichnungen/Texte usw. dargestellt werden? Vielleicht könntet ihr eine Ausstellung im Klassenzimmer oder im Foyer der Schule machen?

9 Fertige ein Rätsel zum gesamten Kapitel 1 an, überlege dir ein Lösungswort, welches du in dein Rätsel einbaust und lass deine Mitschülerinnen und Mitschüler das Rätsel lösen.

Steuerzahler-Gedenktag 2004

Von den 366 Tagen des Jahres 2004 arbeiten die Bundesbürger

1. Jan.

196,2
für Steuern
und Sozial-
abgaben

Stichtag
15. Juli
4.13 Uhr

169,8
für sich
selbst

31. Dez.

Quelle: Bund der Steuerzahler

Einkommensbelastungsquote
(Anteil von Steuern und Abgaben
am Volkseinkommen) in Prozent

| 1960 | 1965 | 1970 | 1975 | 1980 | 1985 | 1990 | 1995 | 2000 | 2004 |

41,5   50,7   53,9   50,7   56,9   53,6

dpa – Grafik 9711

Ein Volksentscheid zum Thema Steuern hätte wahrscheinlich die Abschaffung dieser ungeliebten Zahlungen zur Folge. Dies wäre aber sehr kurzsichtig und brächte verhängnisvolle Folgen mit sich. Obwohl „Vater Staat" beim Tanken, beim Rauchen, beim Heizen der Wohnungen usw. kräftig abkassiert, fließt ein Großteil der bezahlten Steuern wieder an die Bevölkerung zurück. Es wird nämlich nicht nur der Geldbedarf des Staates (z.B. für den sozialen Wohnungsbau, die Bundeswehr, Lehrerbesoldung usw.) gedeckt, sondern auch Geld **umverteilt**. Dabei stehen soziale Gesichtspunkte im Vordergrund. Höhere Einkommen werden z.B. stärker belastet, Familien mit Kindern entlastet, „Häuslebauer" werden gefördert, Autofahrern ohne Katalysator wird tiefer in die Tasche gegriffen usw. Bei all diesen Maßnahmen stellt sich die Frage nach der gerechten Verteilung der Steuerlast.

◆ *Nach welchen Gesichtspunkten würdest du die Bürgerinnen und Bürger mit Steuern belasten? Begründe.*

◆ *Versuche Beispiele zu erarbeiten, wie ein Staat über die Steuergesetzgebung umweltbewusstere Bürger bekommen kann.*

2.1 Die Verteilung der Steuerlast

Die Höhe der Besteuerung richtet sich nach dem zu versteuernden Jahreseinkommen. Im Gegensatz zu früher, wo jeder Steuerpflichtige den gleichen Prozentsatz entrichten musste, gibt es heute die **progressive Besteuerung**[1]. Das bedeutet: Wer viel verdient, muss auch prozentual mehr bezahlen als Kleinverdiener. Dies ist gerechter als früher, da eine Familie mit 10.000 EUR Monatseinkommen leichter 30 % Steuern bezahlen kann als eine Familie mit 1.500 EUR im Monat.

Seit der Steuerreform 1996 war bei Ledigen ein Jahreseinkommen bis ca. 6.000 EUR steuerfrei (Grundfreibetrag). Der Grundfreibetrag wurde in den Folgejahren kontinuierlich erhöht und betrug im Jahr 2005 7.664 EUR.

„Frau, stell dir vor – ich habe zehn Prozent mehr Lohn bekommen!"

Die zwei Zonen des Einkommensteuertarifs 2005

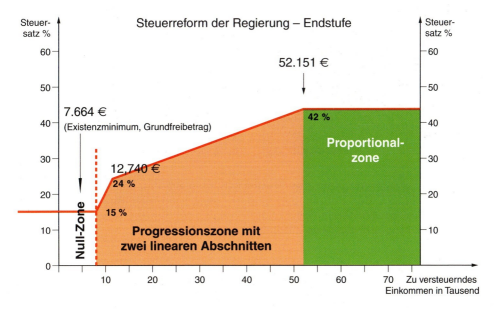

Auch der **Familienstand** wird bei der Bemessung der Einkommensteuer bzw. Lohnsteuer berücksichtigt. Verheiratete zahlen weniger als Ledige. Das vom Staat gewährte **Kindergeld** ist steuerfrei. Weiterhin steht Eltern mit Kindern in deren Ausbildungszeit ein **Ausbildungsfreibetrag** zu. Neben Kindergeld oder Kinderfreibetrag gibt es für die Pflege von Schwerpflegebedürftigen einen **Pflegepauschbetrag** von 924 EUR. Für alle Arbeitnehmer gewährt der Staat einen Arbeitnehmerpauschbetrag, der vom Bruttoarbeitslohn abgesetzt werden kann und 920 EUR beträgt (Stand: 2004).

---

[1] Progression = Steigerung; proportional = gleichbleibend

Auch **Werbungskosten** (für berufsbedingte Aufwendungen wie Fahrten zum Arbeitsplatz, Berufskleidung, Fachliteratur), soweit diese Kosten den Arbeitnehmerpauschbetrag übersteigen, und **Sonderausgaben** (Vorsorgeaufwendungen für Versicherungen, Spenden, Kirchensteuer) sowie **außergewöhnliche Belastungen** (z.B. bei Todesfällen) können vom steuerpflichtigen Einkommen abgesetzt werden.

Das zu versteuernde Einkommen ergibt sich aus Bruttoeinkommen abzüglich Freibeträgen, Werbungskosten, Sonderausgaben und anerkannten Ausgaben wegen außergewöhnlicher Belastung.

Die Kirchensteuer, welche in Deutschland eine Besonderheit darstellt, beträgt je nach Bundesland 8 oder 9 % (in Rheinland-Pfalz 9 %) der Lohn- bzw. Einkommensteuer.

2.2 Verwendung der Steuern (Haushaltspläne)

Ähnlich wie im Privathaushalt müssen auch im Staatshaushalt bei allen Gebietskörperschaften (Kommune, Kreis, Land, Bund, EU) Einnahmen und Ausgaben gegenübergestellt werden. Diesen Finanzplan, der jeweils für das kommende Jahr aufgestellt wird, bezeichnet man als **Haushaltsplan**.

Hierbei unterscheidet man zwischen **Verwaltungs- und Vermögenshaushalt**:

Verwaltungshaushaltsplan	Vermögenshaushaltsplan
Jährlich regelmäßig wiederkehrende Einnahmen und Ausgaben, z.B. Papierverbrauch in den Schulen (im Haushalt der Stadt bzw. des Landkreises), Lehrerbesoldung (im Landeshaushalt), Telefonkosten in den Ministerien usw.	Außergewöhnliche oder einmalige Einnahmen und Ausgaben der öffentlichen Hand. Dazu zählen auch Kredite, die für größere staatliche Maßnahmen aufgenommen und dann über einen längeren Zeitraum zurückgezahlt werden müssen, z.B. Neubau einer Ortsumgehungsstraße usw.

Um die zahlreichen Aufgaben des Staates (z.B. Finanzierung des Verkehrswesens, der Verteidigung, der Polizei, des Sozialwesens oder den Bau von Schulen, Schwimmbädern, Büchereien usw.) finanzieren zu können, werden von allen Bürgerinnen und Bürgern **Steuern** erhoben.

2.3 Funktion der Steuerpolitik

Bei einer hohen Steuerbelastung kommen sich die Bürgerinnen und Bürger oftmals schon vom Staat ausgepresst vor. Verstärkt wird dieses Gefühl bei Steuer- oder Gebührenerhöhungen, die in der öffentlichen Diskussion umstritten sind, weil Parteien, Verbände, Gewerkschaften usw. unterschiedliche Standpunkte vertreten.

Mithilfe der **Steuerpolitik** müssen die Gebietskörperschaften (Bund, Länder, Gemeinden) ihren **gesetzlichen Verpflichtungen**, wie beispielsweise das Streben nach sozialem Nutzen und Gerechtigkeit, nach der Einheitlichkeit der Lebensverhältnisse in Deutschland usw., nachkommen. Sie setzen aber auch **politische Ziele** durch, indem sie z.B. mittels der Steuerhöhe versuchen, die Konjunktur zu beeinflussen, das Vermögen umzuverteilen oder auch die Umwelt zu schützen.

In besonderen Situationen, wie z.B. bei der Wiedervereinigung Deutschlands, greift der Staat auch auf Sondersteuern wie den so genannten **Solidaritätszuschlag** (seit 1995) zurück.

Im gemeinsamen Europa, mit seiner einheitlichen Währung seit 2002, wird die EU bei der Steuergesetzgebung eine bedeutende Rolle spielen, da **europapolitische Ziele** dann in den Vordergrund treten werden.

Durch Steuern und Abgaben ... ... kann die Wirtschaft „gesteuert" werden

Ziele der Finanzpolitik: „Steuern durch Steuern"

◆ Mithilfe von Steuern und Abgaben wird die **Konjunktur beeinflusst**: Steuererhöhungen verkleinern das verfügbare Einkommen von Unternehmen und Verbrauchern und dämpfen somit die Nachfrage. Steuersenkungen in Zeiten rückläufiger Wirtschaftsentwicklung (= Rezession, Krise) kurbeln durch den erhöhten Verbrauch die Wirtschaft an.

◆ Durch die progressive Besteuerung werden **Einkommen und Vermögen umverteilt**: Geringverdiener werden von der Steuer befreit (Grundfreibetrag), Großverdiener stark belastet. Damit werden sozialpolitische Ziele angestrebt.

◆ Mit entsprechenden Steuersätzen wird das **Konsumentenverhalten beeinflusst:** Durch Erhöhung der Branntwein- und Tabaksteuer wird Gesundheitspolitik betrieben (Steuer je Zigarette: 6,6 Cent = 8 % der gesamten Steuereinnahmen des Bundes!).

◆ Mit einer Senkung des Steuersatzes z.B. der Mineralölsteuer bei bleifreiem Benzin können **umweltpolitische Ziele angestrebt** werden, da der Schadstoffausstoß einzelner Pkws (mit Katalysator) gemindert wird (Ökosteuer).

◆ **Wirtschaftszweige** mit Absatzschwierigkeiten (Bergbau, Werften usw.) werden durch Steuerbefreiung oder Zuschüsse (Subventionen) **unterstützt**.

| Art. 110 GG Abs. 1 Satz 2 | Der Haushaltsplan ist in Einnahme und Ausgabe auszugleichen. |
| Art. 115 GG: Abs. 1 Satz 2 | Die Einnahmen aus Krediten dürfen... die Summe der Ausgaben für Investitionen nicht überschreiten. |

Trotz dieser verfassungsmäßig vorgeschriebenen „Ausgabenbremsen" sind die Schulden von Bund, Ländern und Gemeinden in den letzten Jahren stark angestiegen. In den vergangenen siebziger und achtziger Jahren versuchte der Staat, mit erhöhten Ausgaben die Arbeitslosigkeit zu bekämpfen. Seit dem Beitritt der DDR zur Bundesrepublik 1990 ist der Schuldenberg stark gewachsen. Um die Wirtschaft in den fünf neuen Bundesländern anzukurbeln, die dortigen Umweltschäden zu beheben, die Sozialleistungen usw. zu zahlen, hat der Bund Kredite aufgenommen, die wieder zurückgezahlt werden müssen. Aber wie hoch sollte sich der Staat verschulden? Sind die im Schaubild (unten) aufgezeigten Kredite (Schulden der öffentlichen Hand) auf absehbare Zeit wieder zurückzahlbar?

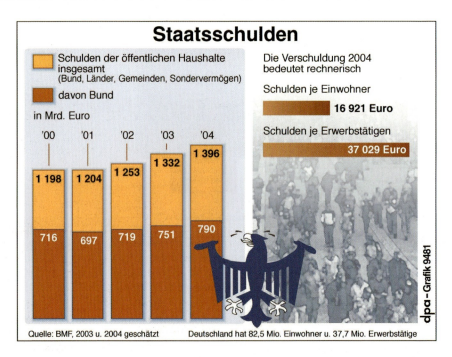

Staatsschulden

Schulden der öffentlichen Haushalte insgesamt (Bund, Länder, Gemeinden, Sondervermögen)

davon Bund

in Mrd. Euro

	'00	'01	'02	'03	'04
insgesamt	1 198	1 204	1 253	1 332	1 396
davon Bund	716	697	719	751	790

Die Verschuldung 2004 bedeutet rechnerisch

Schulden je Einwohner
16 921 Euro

Schulden je Erwerbstätigen
37 029 Euro

Quelle: BMF, 2003 u. 2004 geschätzt   Deutschland hat 82,5 Mio. Einwohner u. 37,7 Mio. Erwerbstätige

Der englische Wirtschaftswissenschaftler Keynes[1] (1883–1946) empfahl dem Staat, bei einer Konjunkturkrise (= Rezession) die Staatsausgaben zu erhöhen, d.h. Schulden zu machen, um die Wirtschaft anzukurbeln. Die hat der Bund in den 90er Jahren (Finanzierung der deutschen Einheit) auch gemacht, aber ist er bei den jetzt angehäuften Schulden und der hohen Arbeitslosenquote in der Lage, seine Darlehen wieder zurückzuzahlen?

Der Staat hat sich aus den verschiedenen defizitären[2] Bereichen (frühere Bundesbahn, Bundespost usw.) zurückgezogen und stärkt private Investitionen, um den Haushalt zu entlasten. Es wird „mehr Markt" statt „mehr Staat" gefordert.

---

[1] Aussprache (internationale Lautschrift): *keinz*   [2] Defizit = Fehlbetrag, ohne Gewinn

Schuldenabbau durch eisernes Sparen

In vielen Bereichen haben sich unsere Gebietskörperschaften (Kommunen, Länder und Bund) in den letzten Jahrzehnten übernommen, d.h., es wurden **zu viele Schulden gemacht**, die einschließlich der Zinsen wieder zurückgezahlt werden müssen. Dies wird nur mithilfe **einschneidender Sparmaßnahmen** in allen Bereichen möglich sein. Um die Haushalte auf lange Sicht wieder auszugleichen, müssen Subventionen abgebaut, Steuerermäßigungen gestrichen, Sozialleistungen eingeschränkt werden usw. Über dieses Ziel sind sich Regierung, Opposition und Tarifparteien (Unternehmer und Gewerkschaften) einig. Doch **wo, wie viel** und **bei wem** der Rotstift angesetzt werden soll, darüber gehen die Meinungen auseinander.

Arbeitsaufgaben und Anregungen zum Handeln

1 *Interpretiere die Karikatur und lege deine Sichtweise zu unserem Steuersystem dar. Erscheint es dir (un-) gerecht, sinnvoll...? Begründe.*

2 *Führt eine Podiumsdiskussion zwischen dem Bund der Steuerzahler und dem Finanzminister zur weiteren Entwicklung unseres Steuerwesens durch.*

3 *Wie beurteilst du die Steuerreform von 2005? Erscheint es dir gerecht, dass Großverdiener nur noch 42 % Steuern bezahlen? Wäge ab und begründe (siehe Schaubild Seite 265).*

4 *Bei welcher steuerlichen Belastung erscheint dir der Lohn- und Einkommensteuertarif leistungsfeindlich? (Denke dabei an Schwarzarbeit und andere Formen der Steuerhinterziehung!)*

5 *Interpretiere die Karikatur. Ist in Deutschland die Schmerzgrenze der Belastbarkeit schon erreicht? Bedenke bei deiner Begründung auch die indirekten Steuern und Sozialversicherungsabgaben!*

Noch'n kleinen Dreh weiter, bisschen zurück wieder...

6 *Warum werden bei Bund, Ländern, Kreisen und Städten/Gemeinden jährlich Haushaltspläne aufgestellt? Begründe.*

Schau dir den Haushaltsplan in deiner Heimatstadt/Gemeinde auf dem Rathaus an und lass dir die Ausgaben für die Jugend erläutern.

7 *Gibt es Verbrauchsteuern, denen du ausweichen kannst? Welchen kannst du nicht entkommen?*

8 *Hältst du es für gerechtfertigt, dass der Staat in einer Rezession (Krise) Kredite aufnimmt und sich dadurch verschuldet, um mit diesem Geld Arbeitsplätze zu erhalten oder neue zu schaffen? Begründe deine Aussage.*

---

[1] Karenztage = Wartezeit, tariflich vereinbarte Sperrfrist, z.B. drei Tage. Während dieser Frist erhält der erkrankte Arbeitnehmer keine Lohnfortzahlung.

Die Leistung unserer Wirtschaft
Bruttoinlandsprodukt (BIP) in Deutschland in Milliarden Euro

	1994	1995	1996	1997	1998	1999	2000	2001	2002	2003	2004
nominal	1 736	1 801	1 834	1 872	1 929	1 988	2 030	2 074	2 107	2 128	2 177
real (in Preisen von 1994)	1 736	1 765	1 779	1 803	1 839	1 877	1 930	1 947	1 948	1 946	1 976

Veränderung jeweils gegenüber Vorjahr in % (real): 2,3 · 1,7 · 0,8 · 1,4 · 2,0 · 2,0 · 2,9 · 0,8 · 0,1 · -0,1 · 1,6

Quelle: Stat. Bundesamt

Aufteilung 2004 in %

Dort erarbeitet		Dafür verwendet		So verteilt	
Finanzierung, Vermietung, Unternehmensdienstleistungen	30,7	Privater Konsum (einschl. Organisationen)	58,4	Arbeitnehmerentgelt	70,1
Produzierendes Gewerbe (ohne Bau)	25,0				
Öffentl. u. private Dienstleister	21,2	Staatsverbrauch	18,7		
Handel, Gastgewerbe, Verkehr	18,0	Investitionen (einschl. Vorräte)	17,7	Unternehmens- u. Vermögens- einkommen	29,9
Baugewerbe 4,0		Außenbeitrag 5,2			
Land- u. Forstwirtschaft 1,1					

rundungsbedingte Differenzen © Globus 9707

> Wenn früh am Morgen die Werksirene dröhnt
> und die Stechuhr beim Stechen lustvoll stöhnt,
> in der Montagehalle die „Neonsonne" strahlt
> und der Gabelstaplerfahrer mit der „Stapelgabel" prahlt,
> ja dann wird wieder in die Hände gespuckt,
> wir steigern das **Bruttosozialprodukt**
> ... ja, ja, ja, jetzt wird wieder in die Hände gespuckt ...!

Durch diesen Hit der Rockgruppe „Geier Sturzflug" prägte sich bei vielen der Begriff Bruttosozialprodukt (BSP) ein.

◆ *Was steckt bei diesem „gemeinsamen Händespucken" dahinter?*
◆ *Sind die Deutschen im Vergleich zu anderen Wirtschaftsnationen wirklich so fleißig?*
◆ *Wie lässt sich Bruttosozialprodukt[1] definieren?*

Dieser Problembereich wird in diesem Kapitel behandelt.

Vorher sollen die folgenden Aufgaben gelöst werden:

◆ *Was sagt das Schaubild über unsere Wirtschaftsleistung aus?*
◆ *Versuche den Unterschied zwischen realem und nominalem Wachstum zu erklären.*
◆ *Trägst du als Schülerin/Schüler etwas zum Bruttosozialprodukt/ Bruttonationaleinkommen bei? Begründe.*

[1] Bruttosozialprodukt wird neuerdings auch als „Bruttonationaleinkommen" bezeichnet, was im Wesentlichen gleichbedeutend mit dem Bruttoinlandsprodukt ist.

3.1 Entstehung des Sozialproduktes/ Nationaleinkommens

Um die **Wirtschaftsleistung** eines Landes (einer Volkswirtschaft) feststellen zu können, benötigt man einen **Wertmesser**. Man möchte wissen: Wie groß ist der Wert aller erzeugten **Güter** und erbrachten **Dienstleistungen**? Als Wertmesser dient das Sozialprodukt (sozial = gemeinschaftlich, gesellschaftlich; Produkt = Erzeugnis).

Die fast 39 Millionen Erwerbstätigen in Deutschland verrichten täglich ihre Arbeit. Sie erzeugen Güter und verrichten Dienstleistungen. Welchen **Wert** besitzen die von ihnen produzierten Güter und erbrachten Dienstleistungen?

Um Güter und Dienstleistungen zusammenzählen zu können, braucht man einen gemeinsamen Nenner. Es ist der **Preis**, zu dem die Güter gehandelt und die Dienste verrichtet werden (Marktpreis). Zur besseren Übersicht stellt man den Wert des Sozialprodukts für eine bestimmte Zeit – meist ein Jahr – fest.

Das Sozialprodukt/Nationaleinkommen ist:

◆ die Summe aller **Güter** (einschl. **Dienstleistungen**)
◆ in **Geld** ausgedrückt
◆ in einer bestimmten **Zeit** (z.B. in einem Jahr)
◆ in einer **Volkswirtschaft** (z.B. in der Bundesrepublik Deutschland)

3.2 Berechnung des Sozialprodukts/ Nationaleinkommens

Bei der Berechnung des Sozialprodukts/Nationaleinkommens können nur Güter und Dienstleistungen berücksichtigt werden, die statistisch erfassbar sind. Nicht erfassbar sind z.B. Schwarzarbeit und Drogenhandel sowie alle Eigenleistungen.

Beispiele

◆ Hobby- und Heimwerkerarbeiten (Do-it-yourself), Nachbarschaftshilfe sowie die Arbeit der Hausfrau (oder des Hausmannes) können bei der Berechnung des Sozialprodukts nicht berücksichtigt werden.

◆ Der Kuchen, der vom Bäcker gebacken und verkauft wird, geht in das Sozialprodukt ein. Der Kuchen, den die Hausfrau für die Familie herstellt, zählt nicht zum Sozialprodukt.

Das Sozialprodukt wird gewöhnlich nach der Wertschöpfung berechnet. Das so errechnete Sozialprodukt wird als **Bruttosozialprodukt/Bruttonationaleinkommen** bezeichnet (brutto = das Gesamte).
Die **Wertschöpfung** ist der Wert, der zu den Vorleistungen durch Weiterverarbeitung hinzugefügt wird.

Beispiel

Eine Computerfirma verkauft an Supermärkte computerunterstützte Registrierkassen, die u.a. den Warenpreis durch optisches Abgreifen (Scannen) identifizieren und automatisch registrieren. Eine solche moderne Kasse kostet ca. 15.000 EUR.
Die Computerfirma selbst greift auf Vorleistungen (Zubehör usw.) von anderen Zulieferern zurück und benötigt aber auch noch Roh-, Hilfs- und Betriebsstoffe. Die Herstellung der Computerkasse setzt sich also aus Vor- und Eigenleistungen zusammen. Die Eigenleistung wird als Wertschöpfung bezeichnet, da hierdurch ein Wertzuwachs erzielt wird.

Gesamtwert (Verkaufspreis)	15.000,00 EUR	
Roh-, Hilfs- u. Betriebsstoffe	– 2.000,00 EUR	
Vorleistungen von Zulieferfirmen	– 4.500,00 EUR	
Wertschöpfung	8.500,00 EUR	(durch Computerfirma geschaffen)

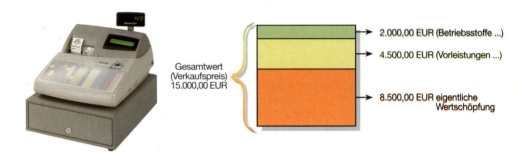

Gesamtwert
(Verkaufspreis)
15.000,00 EUR

2.000,00 EUR (Betriebsstoffe ...)

4.500,00 EUR (Vorleistungen ...)

8.500,00 EUR eigentliche
Wertschöpfung

Beispiel

In einem Bergwerk wird Eisenerz gewonnen. Wert = 7.000,00 EUR.
Im Hüttenwerk wird aus Erz, Koks und Zuschlägen Roheisen erschmolzen. Wertschöpfung (hinzugefügter Wert) = 6.000,00 EUR.
Im Stahlwerk wird aus Roheisen Stahl erzeugt, welcher im Walzwerk weiterverarbeitet wird. Wertschöpfung = 9.000,00 EUR.
In der Maschinenfabrik fallen bei der Herstellung des Produkts weitere Kosten an. Wertschöpfung = 14.000,00 EUR.
Die Summe der Wertschöpfungen beträgt 36.000,00 EUR.
Dies ist der **Marktpreis für das Endprodukt** (s. Grafik).

Berechnung des Sozialprodukts/Nationaleinkommens durch Addition der Wertschöpfungen

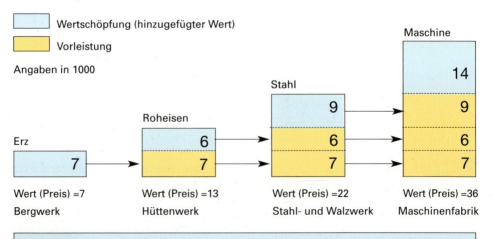

Wertschöpfung (hinzugefügter Wert)

Vorleistung

Angaben in 1000

Erz	Roheisen	Stahl	Maschine
			14
	6	9	9
7	7	6	6
		7	7
Wert (Preis) =7	Wert (Preis) =13	Wert (Preis) =22	Wert (Preis) =36
Bergwerk	Hüttenwerk	Stahl- und Walzwerk	Maschinenfabrik

Summe der Wertschöpfungen (7+6+9+14) = Marktpreis des Endprodukts (36)

3.3 Bruttosozialprodukt/Bruttonationaleinkommen – Bruttoinlandsprodukt

Das **Bruttosozialprodukt/Bruttonationaleinkommen** erfasst gegenüber dem **Bruttoinlandsprodukt** alle Einkommen, die inländischen Unternehmen und Privatpersonen zugeflossen sind. Dazu gehören auch Löhne, Gehälter, Zinsen, Dividenden aus Kapitalanlagen, die im Ausland gezahlt wurden.

Beispiel

Die Zinsen, die ein deutscher Sparer aus seinem Luxemburger Sparkonto erhält, sind Bestandteil unseres Bruttosozialprodukts/Bruttonationaleinkommens.

Die Einkommen, die Ausländer im Inland erzielen, werden abgezogen (saldiert[1]). Das Bruttosozialprodukt ist also zahlenmäßig größer als das Bruttoinlandsprodukt.

> Bruttosozialprodukt/Bruttonationaleinkommen
> – Saldo der Erwerbs- und Vermögenseinkommen zwischen In- und Ausland
> = Bruttoinlandsprodukt

◆ Das **Bruttosozialprodukt (BSP)/Bruttonationaleinkommen** ermöglicht klare Aussagen zur Einkommens- und Wohlstandsentwicklung einer Volkswirtschaft.

◆ Das **Bruttoinlandsprodukt (BIP)** ist dagegen ein Maßstab für die Entwicklung der inländischen Produktivität.

3.4 Sozialprodukt und Volkseinkommen

Zieht man von dem ermittelten Bruttosozialprodukt/Bruttonationaleinkommen die Wertminderung für Anlagen und Maschinen (Abschreibungen) ab, so erhält man das **Nettosozialprodukt/Nettonationaleinkommen** (netto = rein). Zieht man weiter die indirekten Steuern (Mehrwertsteuer, Verbrauchsteuer) ab und fügt die Zuwendungen (Subventionen, lat.: Hilfeleistungen) des Staates hinzu, so ergibt sich das **Volkseinkommen**.

> **Bruttosozialprodukt/Bruttonationaleinkommen**
> – Abschreibungen
> = **Nettosozialprodukt/Nettonationaleinkommen**
> – Indirekte Steuern
> + Subventionen
> = **Volkseinkommen**
> Das Volkseinkommen ist die **Gesamtheit aller Einkommen**.

Es ergibt sich, wenn man alle gezahlten Löhne, Gehälter, Honorare, Einkommen aus Dienstleistungen – so genannte **Arbeitseinkommen** –, alle Zinsen und Gewinne der Unternehmen – so genannte **Kapitaleinkommen** –, alle Mieten, Pachten und Eigennutzungen – so genannte **Boden- oder Renteneinkommen** — zusammenzählt.

---

[1] saldieren, lat.: saldare = Rechnung abschließen, ausgleichen
Saldo = Betrag, um den sich eine Kontoseite von der anderen unterscheidet (Differenz)

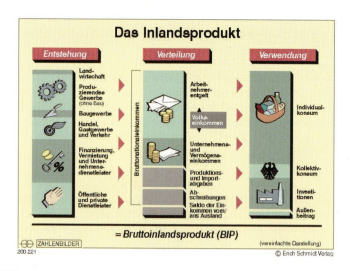

Das Inlandsprodukt

Entstehung	Verteilung	Verwendung

Entstehung:
- Landwirtschaft
- Produzierendes Gewerbe (ohne Bau)
- Baugewerbe
- Handel, Gastgewerbe und Verkehr
- Finanzierung, Vermietung und Unternehmensdienstleister
- Öffentliche und private Dienstleister

Bruttonationaleinkommen

Verteilung:
- Arbeitnehmerentgelt
- Volkseinkommen
- Unternehmens- und Vermögenseinkommen
- Produktions- und Importabgaben
- Abschreibungen
- Saldo der Einkommen vom/ans Ausland

Verwendung:
- Individualkonsum
- Kollektivkonsum
- Investitionen
- Außenbeitrag

= Bruttoinlandsprodukt (BIP)

ZAHLENBILDER
200 221
(vereinfachte Darstellung)
© Erich Schmidt Verlag

3.5 Bedeutung des Sozialprodukts/Nationaleinkommens

Das Sozialprodukt/Nationaleinkommen ist ein Maßstab für den materiellen Wohlstand eines Volkes (einer Volkswirtschaft).

Werden mehr Güter und Dienstleistungen erzeugt, so steigt das Sozialprodukt/ Nationaleinkommen, und es kann auch mehr verbraucht werden. Der Lebensstandard ist um so höher, je mehr der Einzelne vom Sozialprodukt/Nationaleinkommen erwerben kann.

Die Steigerung des Nationaleinkommens ist durch mehr Arbeit oder durch den Einsatz von mehr Technik (Automation, Computer, Roboter usw.) möglich.

Allerdings:

Ob mehr Produktion – also ein höheres Nationaleinkommen – auch gleichzeitig eine höhere Lebensqualität für die Bevölkerung mit sich bringt, ist zweifelhaft.

Beispiel

Unfälle auf den Straßen erhöhen das Nationaleinkommen. Es werden Ärzte eingesetzt, Medikamente bezahlt, Versicherungen müssen tätig werden und der Kauf neuer Autos treibt die Statistik nach oben. Wie sieht es aber mit der Lebensqualität des querschnittsgelähmten Unfallopfers aus ...?

In den Steigerungsraten des Bruttosozialprodukts/Bruttonationaleinkommens sind auch die jeweiligen **Inflationsraten** (= Preissteigerungen) enthalten. Man muss also den Anstieg des nominalen (= rein rechnerischen) Bruttonationaleinkommens um den Preisanstieg vermindern, wenn etwas über die wirtschaftliche Leistungskraft und den Wohlstand eines Volkes ausgesagt werden soll (siehe Schaubild Seite 270).

> **Nominales** (= rein rechnerisches) Bruttonationaleinkommen
> – Preisanstieg
> ───
> = **reales** (= tatsächliches) Bruttonationaleinkommen

Eine jährliche Steigerung des Bruttonationaleinkommens sagt auch noch nichts aus über die gerechte Verteilung des Erwirtschafteten, also über die **Einkommens- und Vermögensverteilung**. Ein hohes Nationaleinkommen bedeutet nur, dass die Volkswirtschaft als Ganzes eine große **wirtschaftliche Leistungskraft** erbracht hat.

Es erhebt sich die Frage, wie das Erwirtschaftete auf die Bevölkerung verteilt ist: ob beispielsweise die Arbeitnehmer auch am Produktivvermögen der Volkswirtschaft beteiligt sind oder ob beim Vermögenszuwachs die Reichen immer noch reicher werden.

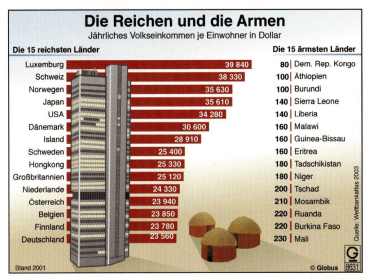

Die Reichen und die Armen
Jährliches Volkseinkommen je Einwohner in Dollar

Die 15 reichsten Länder		Die 15 ärmsten Länder	
Luxemburg	39 840	80	Dem. Rep. Kongo
Schweiz	38 330	100	Äthiopien
Norwegen	35 630	100	Burundi
Japan	35 610	140	Sierra Leone
USA	34 280	140	Liberia
Dänemark	30 600	160	Malawi
Island	28 910	160	Guinea-Bissau
Schweden	25 400	160	Eritrea
Hongkong	25 330	180	Tadschikistan
Großbritannien	25 120	180	Niger
Niederlande	24 330	200	Tschad
Österreich	23 940	210	Mosambik
Belgien	23 850	220	Ruanda
Finnland	23 780	220	Burkina Faso
Deutschland	23 560	230	Mali

Quelle: Weltbankatlas 2003

Stand 2001   © Globus   8631

Arbeitsaufgaben und Anregungen zum Handeln

1 *Was versteht man unter Sozialprodukt/Nationaleinkommen? Wie wird es berechnet?*

2 *Erkläre, warum das Sozialprodukt/Nationaleinkommen nicht alle Tätigkeiten umfasst.*

3 *Prüfe, ob die aufgeführten Güter und Dienstleistungen im Nationaleinkommen erfasst sind, und begründe deinem Nachbarn/deiner Nachbarin, weshalb/ weshalb nicht.*

a) Mutter wäscht daheim die Kleidung.
Vater lässt die Kleidung in der Reinigung säubern.

b) Der Sohn baut die Möbel selbst.
Der Nachbar kauft seine Möbel im Fachgeschäft.

c) Vater tapeziert alles allein.
Opa lässt das Zimmer vom Malermeister tapezieren.
Onkel Fritz lässt alle Räume in Schwarzarbeit tapezieren.

d) Frau Emsig ist bei Herrn Freundlich als Haushälterin angestellt und versorgt seinen Haushalt.
Herr Freundlich und Frau Emsig heiraten. Sie versorgt weiter den gemeinsamen Haushalt.

4 *Wie errechnet sich das Volkseinkommen?*

5 *Lies in einem Wirtschaftslexikon die Begriffe a) Bruttoinlandsprodukt, b) Nettonational-einkommen, c) Volkseinkommen und d) Lebensqualität nach.*

6 *Welche Leistungen, die nicht im Sozialprodukt/Nationaleinkommen erfasst sind, stehen unter Strafe / sind straffrei?*

a) Einkaufen für die Nachbarin
b) Selbstversorgung im eigenen Garten
c) „Do-it-yourself"
d) Schwarzarbeit
e) Leistung des Handwerkers ohne Rechnung
f) Drogenhandel
Begründe, warum einige Leistungen strafbar sind.

7

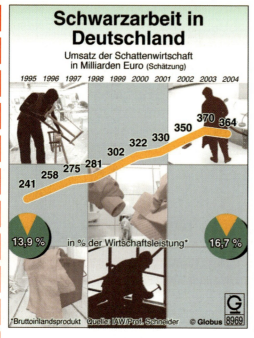

Gib eine ausführliche Erklärung zu diesem Schaubild.

8 *In Deutschland verfügen die reichsten 10 % der Haushalte über rund 46 % des gesamten Grundvermögensbestandes und über ca. 48 % des gesamten Geldvermögens. Lege ausführlich dar, wie du zu dieser Vermögensverteilung stehst. (Quelle: Pocket-Wirtschaft in Deutschland 2003, Seite 112, Bundeszentrale für politische Bildung).*

9 *Für den Wohlstand eines Landes ist nicht allein Höhe und Qualität des Sozialprodukts entscheidend, sondern insbesondere auch die **Verteilung**.*
Nehmen wir an, in zwei Volkswirtschaften X und Y ist das Volkseinkommen gleich groß. Im Land X entfallen 80 % des Volkseinkommens auf 15 % der Bevölkerung (dies ist in manchen Entwicklungsländern der Fall). Bei der Volkswirtschaft Y liegt eine gleichmäßigere Einkommensverteilung vor.

a) In welcher Volkswirtschaft hat die Zunahme des Bruttonationaleinkommens für den Wohlstand des Volkes kaum Bedeutung?

b) Diskutiert in eurer Klasse diese Situation, begründet eure Sichtweise und legt Möglichkeiten des Staates dar, für eine möglichst gerechte Vermögensverteilung zu sorgen.

4 | Wirtschaftspolitische Ziele – Stabilitätsgesetz

„Ihr wollt gleich alles auf einmal – geht denn das überhaupt?"

◆ *Beschreibe obige Illustration. Was würdest du antworten?*

◆ *Nenne drei Ziele, die du für die wichtigsten hältst.*

◆ *Lassen sich alle sechs Ziele auf einmal verwirklichen?*

◆ *Welche Ziele werden in der gegenwärtigen Wirtschaftspolitik vor allem angestrebt, welche werden vernachlässigt?*

> „Bund und Länder haben bei ihren wirtschafts- und finanzpolitischen Maßnahmen die Erfordernisse des gesamtwirtschaftlichen Gleichgewichts zu beachten. Die Maßnahmen sind so zu treffen, dass sie im Rahmen der marktwirtschaftlichen Ordnung gleichzeitig zur Stabilität des Preisniveaus, zu einem hohen Beschäftigungsstand und außenwirtschaftlichem Gleichgewicht bei stetigem und angemessenem Wirtschaftswachstum beitragen."

So heißt es im **Gesetz zur Förderung der Stabilität und des Wachstums der Wirtschaft** („Stabilitätsgesetz") von 1967.

◆ Welche vier wirtschaftspolitischen Ziele sind angeführt?

◆ Fertige nach nebenstehendem Muster eine Zeichnung an und trage die wirtschaftspolitischen Ziele ein.

◆ Warum nennt man diese Zeichnung auch **magisches Viereck** (Magie = Zauberkunst)?

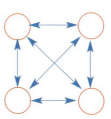

4.1 Preisstabilität als wirtschaftspolitisches Ziel

Eine der wichtigsten Aufgaben jeder Konjunktur- und Wirtschaftspolitik ist die **Stabilität[1] des Preisniveaus.** Dies ist allerdings in einer Marktwirtschaft ein sehr schwieriges Unterfangen, da der Staat normalerweise nicht einfach die Preise festlegt, sondern Angebot und Nachfrage die Höhe der Preise bestimmen (siehe Seite 154 ff.).

Das Schaubild verdeutlicht die Preisschwankungen. Die Gefahr eines stetigen Preisauftriebs – wenn auch zurzeit in Deutschland nur in geringer Höhe – liegt auf der Hand:

> **Preissteigerung** bedeutet Geldwertsenkung um den gleichen Prozentsatz. Die Kaufkraft des Einzelnen nimmt um diesen Prozentsatz ab. Dies geschieht in erster Linie zum Nachteil derjenigen Bevölkerungsschichten, deren Einkommen relativ fest ist, beispielsweise der Rentner. Die gleichen Nachteile hat auch das Millionenheer der Sparer von einer schleichenden Geldentwertung zu erwarten. Die jährlichen Sparzinsen werden teilweise oder ganz durch die Preissteigerungsrate aufgezehrt und der Wert der Ersparnisse, die Kaufkraft des ersparten Geldes, nimmt ab.

Das Vertrauen zum Geld, zur Währung schwindet und viele versuchen dann, ihr Geldvermögen (Bankguthaben usw.) in Sachvermögen (Grundstücke, Wohnungen, Häuser, etc.) umzuwandeln. Dies kann zu weiterem Preisanstieg führen. Wenn auch noch die Unternehmen das Vertrauen in die Geldwertstabilität verloren haben, sind sie nicht mehr bereit zu investieren, was sich negativ auf ein mögliches Wirtschaftswachstum, auf die Beschäftigung usw. auswirkt. Um diese schwerwiegenden Folgen abzuwenden, ist die Stabilität des Preisniveaus eine vordringliche wirtschaftspolitische Aufgabe der Bundesregierung und insbesondere der Europäischen Zentralbank (EZB).

---

[1] stabil = fest, beständig

4.2 Vollbeschäftigung als wirtschaftspolitisches Ziel

Statt Vollbeschäftigung kann besser der Begriff **„hoher Beschäftigungsstand"** benutzt werden, da immer ein Teil der abhängig Erwerbstätigen, die auf den so genannten Arbeitsmarkt streben, ohne Arbeit sein wird. In jeder Volkswirtschaft existiert eine natürliche **Arbeitslosenquote** (siehe Seite 292), die auch bei optimalen wirtschaftlichen Verhältnissen nicht unterschritten werden kann. Sie setzt sich zusammen aus Arbeitsunwilligen, Unqualifizierten, Personen, die den Wohnort wechseln und nicht gleich einen Job finden, usw.

In den 70er Jahren sah man eine Vollbeschäftigung als gegeben an, wenn die Arbeitslosenquote etwa 1% betrug. Bei der heutigen sehr hohen Zahl der Arbeitslosen (im Jahr 2005 über 5 Millionen) würde man bereits von einer Vollbeschäftigung sprechen, wenn die Arbeitslosenquote 3% betrüge.

Geht die Arbeit aus?
Jährliches Arbeitsvolumen in Deutschland

insgesamt in Milliarden Stunden
1991 59,3
1994 57,3
1997 55,7
2000 56,7
2003 55,3

je Erwerbstätigen in Stunden
1991 1541
1994 1537
1997 1496
2000 1463
2003 1444

9514 © Globus   Quelle: IAB

Unsere heutige Arbeitswelt unterliegt einem sehr starken Wandel (technischer Fortschritt, Konjunkturschwankungen, weltpolitische Einflüsse, Globalisierung usw.). Aus diesem Grund sind Bund und Länder verpflichtet, eine vorausschauende **Beschäftigungspolitik** zu betreiben, um über einen längeren Zeitraum einen hohen Beschäftigungsstand zu erreichen. Dazu zwingen nicht nur wirtschaftliche, sondern gleichermaßen menschliche, soziale und politische Überlegungen.

Arbeitslosigkeit war und ist ein Nährboden für radikale politische Parteien (z.B. Erstarken der NSDAP nach der Weltwirtschaftskrise 1929). Mit gezielten Förder- oder Beschäftigungsprogrammen, wie z.B. in den neuen Bundesländern, will die Bundesregierung einen wirtschaftlichen Aufschwung erreichen und damit mehr Arbeitsplätze schaffen.

Zwischen den Zielen Preisstabilität und Vollbeschäftigung besteht häufig ein Konflikt. Wie die Erfahrung zeigt, waren Zeiten der Vollbeschäftigung meist mit einem gewissen Maß an Preissteigerungen verbunden (höhere Einkommen führten zu höheren Preisen). Umgekehrt herrschte in Zeiten stabilen Preisniveaus oftmals Unterbeschäftigung.

4.3 Außenwirtschaftliches Gleichgewicht als wirtschaftspolitisches Ziel

Bei der heutigen engen außenwirtschaftlichen Verflechtung, insbesondere seit dem Inkrafttreten der gemeinsamen europäischen Währung, kann Wirtschafts-, Konjunktur- und Finanzpolitik nicht mehr isoliert betrieben werden.

> Das außenwirtschaftliche Gleichgewicht, d.h. Zahlungseingänge und -ausgänge sollten ungefähr gleich hoch gehalten werden, ist für Deutschland besonders wichtig. Wir sind ein Transitland[1] im Herzen Europas, besitzen kaum nennenswerte Rohstoffe außer Kohle und unsere Industrie ist stark exportorientiert.

[1] Transit = Durchfuhr, z.B. durch ein Land

Importabhängigkeit der deutschen Wirtschaft					
Rohstoff	Hauptverwendung	Import	Rohstoff	Hauptverwendung	Import
Aluminium	Flugzeugbau	100 %	Gold	Schmuck, Elektronik	100 %
Blei	Batterien	87 %	Kupfer	Kabel, Kessel	99 %
Chrom	Edelstahl	100 %	Mangan	Baustahl, Batterien	100 %
Eisenerz	Autos, Bauindustrie	98 %	Nickel	Stahl, Küchengeräte	100 %
Erdgas	Energieerzeugung	77 %	Silber	Elektrotechnik	100 %
Erdöl	Energieerzeugung	97 %	Uran	Energieerzeugung	100 %
(Die Prozentangaben sind wegen der Recyclingrate Schwankungen unterworfen.)					

Quelle: Bundesanstalt für Geowissenschaften und Rohstoffe, Stand: 2000

Die eingeführten Rohstoffe werden von unserer Industrie verarbeitet (veredelt) und oftmals wieder ins Ausland **ausgeführt** (exportiert). Aus dem Schaubild erkennen wir, dass in den letzten Jahren immer mehr Waren und auch Dienstleistungen exportiert wurden.

Anteil der Ausfuhr am Nationaleinkommen der Bundesrepublik Deutschland in %:

Die vergleichende Gegenüberstellung von Import und Export bezeichnet man als **Handelsbilanz** (bilancia ital.: = Waage; hier Vergleich von Einnahmen und Ausgaben). Diese ist jedoch nur ein Teil der **Leistungsbilanz**, zu der auch noch die anderen Teilbilanzen gehören (siehe Übersicht).

Hohe **Überschüsse** in der Leistungsbilanz können zu Preissteigerungen führen („importierte Inflation", siehe Seite 302). Dauernde **Defizite** (= Fehlbeträge, z.B. durch geringe Ausfuhren und hohe Einfuhren) können Arbeitsplätze gefährden.

Ein **außenwirtschaftliches Gleichgewicht** ist erreicht, wenn von der Außenwirtschaft keine störenden Einflüsse auf die Binnenwirtschaft ausgehen.

4.4 Wirtschaftswachstum als wirtschaftspolitisches Ziel

Die jährlichen Wachstumsraten des Bruttosozialprodukts (siehe Seite 270 ff.) sind die Messwerte, von denen die wirtschaftliche Leistungskraft und der Lebensstandard eines Landes abgelesen werden. Das früher geforderte stetige Wachstum „um jeden Preis" ist heute jedoch zurecht stark umstritten.

Es berührt die anderen wirtschaftlichen Ziele, d.h., je mehr das Wachstum gefördert wird, desto größer wird die Gefahr einer **schleichenden Geldentwertung** (Inflation). Außerdem leidet u.U. die Umwelt darunter, weil zu viele Rohstoffe ausgebeutet und verarbeitet werden.

In den 60er und auch 70er Jahren war das stetige Wirtschaftswachstum erfreulich, da nach dem Krieg ein großer Bedarf an Gütern, Dienstleistungen und **Arbeitsplätzen** bestand. Als aber im Winter 1973/74 die Erdöl exportierenden Länder (OPEC) ihre Lieferungen vorübergehend einschränkten und die Preise drastisch erhöhten, kam es weltweit zu einer Wirtschaftsflaute. Den Menschen wurde durch diesen „Ölschock" bewusst, wie stark das wirtschaftliche **Wachstum** von den **Rohstoffen** abhängig war. Auch die Finanzmärkte, z.B. die weltweite Börsentalfahrt nach der Jahrtausendwende, können massive Auswirkungen auf das Wirtschaftswachstum mit sich bringen. Weiterhin setzt sich in den modernen Industriegesellschaften das Bewusstsein durch, dass eine stark steigende Produktion Auswirkungen auf die **Ökologie**[1] mit sich bringt (siehe Seite 95 ff.).

4.5 Erweiterung des magischen Vierecks und Zielkonflikte

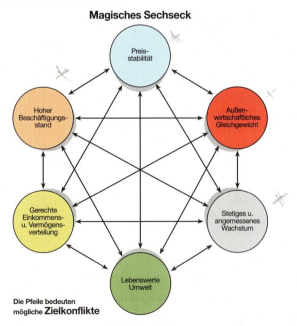

Magisches Sechseck

Die Pfeile bedeuten mögliche **Zielkonflikte**

---

[1] Ökologie = den Mensch und seine Umwelt (Luft, Wasser, Boden, Tiere, Pflanzen) betreffend

Neuerdings kommen zu den Zielen des magischen Vierecks noch zwei weitere erstrebenswerte Eckpunkte hinzu:

◆ Wunsch nach **gerechter Einkommensverteilung**
◆ Erhaltung einer **lebenswerten Umwelt**

Die vier Ziele im Stabilitätsgesetz sind relativ klar bestimmt und auch messbar. Das Streben nach einer **gerechten Einkommens- und Vermögensverteilung** und die Erhaltung – in manchen Regionen sogar Wiederherstellung – einer **lebenswerten Umwelt** hängt von der persönlichen Auffassung eines jeden Einzelnen ab.

Schritte zur Erfüllung dieser Forderungen wären:

◆ weitere Steuererleichterungen für niedrige Einkommen
◆ eine noch stärkere Förderung umweltfreundlicher Energiequellen und ökologisch ausgerichteter Produktionsverfahren

Zusammenfassend kann man festhalten:

Ein wirtschaftspolitisches Ziel zu erreichen erscheint möglich. **Mehrere** Ziele zu verwirklichen ist schwierig. **Alle vier** – bzw. **sogar sechs** – Ziele gleichzeitig zu erreichen ist unmöglich. Daher spricht man vom „magischen Vier- bzw. Sechseck".

Wenn man mehrere wirtschaftspolitische Ziele gleichzeitig erreichen will, können Probleme (Zielkonflikte) auftreten:

◆ Will man das **Wirtschaftswachstum fördern** und **Vollbeschäftigung** erreichen, besteht die Gefahr, dass die **Preise steigen**.
◆ Umgekehrt: Will man die **Preise stabil** halten, gefährdet man **Wachstum** und **Vollbeschäftigung**.
◆ Wenn **Überschüsse** in der **Leistungsbilanz** entstehen, vermehrt sich (durch das Hereinströmen ausländischer Zahlungsmittel) die Geldmenge im Inland. **Preissteigerungen** können die Folge sein.
◆ Wenn man aber den **Export** zu stark **einschränkt** oder verteuert, gefährdet man **Arbeitsplätze** im Inland.

Wie man sieht: ein Teufelskreis ohne Ende! Man wird deshalb immer zunächst die Ziele zu verwirklichen suchen, die zu dem betreffenden Zeitpunkt am dringlichsten erscheinen.

1 Haben wir zurzeit in Deutschland Preisstabilität oder eine Geldentwertung (Inflation)? Begründe.

2 Führt in Form eines Rollenspiels ein Hearing (Anhörung im Europaparlament) zum Thema „Stabilität des Euro" durch. Hier könnten vor einem Ausschuss (Finanzausschuss) die Europäische Zentralbank, jeweilige Finanzminister, die Arbeitgeberverbände, Gewerkschaften, Verbraucherverbände usw. ihre Meinung und die Möglichkeit zu einer stabilen Währung darlegen.

3 Liste die Gefahren einer andauernden Preissteigerung auf.

4 Warum ist die Bekämpfung der Arbeitslosigkeit nicht nur aus wirtschaftlichen, sondern auch aus menschlichen, sozialen und politischen Gründen eines der wichtigsten Ziele jeder Regierung?

5 Welchen Anteil an unserem Nationaleinkommen (s. S. 280) hatte der Export in den letzten Jahren? Du kannst dir die Zahlen im Internet z.B. beim Statistischen Bundesamt, beim Wirtschaftsministerium, der Bundesbank, der EZB usw. besorgen.

6 Wäre ein Verzicht auf Auslandsreisen eine Möglichkeit, die Leistungsbilanz aufzubessern? Welche Folgen würde ein Ausbleiben der Touristen in anderen Ländern haben, die wiederum Kunden unserer Wirtschaft sind?

7

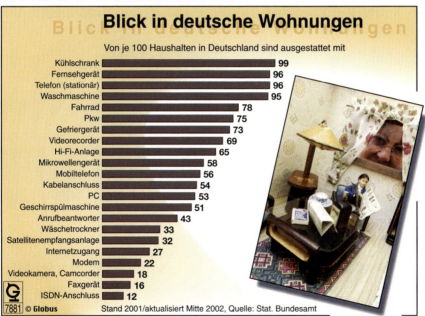

Blick in deutsche Wohnungen

Von je 100 Haushalten in Deutschland sind ausgestattet mit

Kühlschrank	99
Fernsehgerät	96
Telefon (stationär)	96
Waschmaschine	95
Fahrrad	78
Pkw	75
Gefriergerät	73
Videorecorder	69
Hi-Fi-Anlage	65
Mikrowellengerät	58
Mobiltelefon	56
Kabelanschluss	54
PC	53
Geschirrspülmaschine	51
Anrufbeantworter	43
Wäschetrockner	33
Satellitenempfangsanlage	32
Internetzugang	27
Modem	22
Videokamera, Camcorder	18
Faxgerät	16
ISDN-Anschluss	12

7881 © **Globus**   Stand 2001/aktualisiert Mitte 2002, Quelle: Stat. Bundesamt

a) Interpretiere das Schaubild und lege deine Meinung zum Wirtschaftswachstum dar.

b) Wieso dürften die Meinungen zu diesem Problemkreis auseinandergehen, wenn ein(e) Manager/in, ein Verbraucher, ein Umweltschützer zum Thema „Wachstum" befragt werden?

8 Was hältst du für volkswirtschaftlich erstrebenswerter: Stetiges und kräftiges Wirtschaftswachstum bei steigenden Preisen oder Geldwertstabilität unter Inkaufnahme bescheidener – vielleicht sogar vorübergehend gleichbleibender – Wachstumsraten? Begründe deine Meinung.

5   Konjunktur – Konjunkturpolitik

Schlagzeilen aus der Presse

Konjunkturtief überwunden. Es geht aufwärts!
Starke Belebung der Konjunktur. Rückgang der Arbeitslosigkeit.
Die Wirtschaft wächst. Arbeitskräfte werden knapp.
Wirtschaftswissenschaftler warnen vor Überhitzung:
„Maß halten!"
Wirtschaft läuft auf Volltouren. Konjunkturberg erreicht?
Märkte gesättigt – Absatz stockt. Sind die „fetten Jahre" vorbei?
Konjunkturabschwung erwartet. Nächste Krise befürchtet.

Auf und Ab in der Wirtschaft – muss das sein?

Nach dem Stabilitätsgesetz dürfte es dieses Auf und Ab eigentlich nicht geben! Trotzdem begegnen wir bei der Untersuchung von Wachstum und Nationaleinkommen, von Verbraucherverhalten, Investitionen der Unternehmen, staatlichen Eingriffen in die Volkswirtschaft usw. immer wieder Schwankungen.

◆ *Wieso schwankt jährlich die Zahl der angebotenen freien Lehrstellen? Worauf dürfte dies zurückzuführen sein?*

◆ *Warum kann eigentlich das Wirtschaftsgeschehen nicht immer geradlinig verlaufen? Bedenke hierbei dein Konsumverhalten!*

◆ *Wie kann es zu einer Wirtschaftskrise in einem Land kommen?*

◆ *Was kannst du/deine Familie gegen das Auf und Ab in unserer Wirtschaft beitragen? Begründe deine Antwort.*

5.1 Konjukturverlauf

Viele Einflussfaktoren bestimmen unser Alltags- und Wirtschaftsgeschehen. Daher ändert sich der Kreislauf unserer Wirtschaft ständig: Das Angebot muss der Nachfrage angepasst werden. Einmal ist es zu groß, dann fallen die Preise. Ein andermal ist es zu klein, dann steigen die Preise durch die erhöhte Nachfrage. So ändert sich der Gang der Wirtschaft laufend.

Das ständige Auf und Ab im Wirtschaftsleben nennt man **Konjunktur** (von lat.: conjungere = verbinden, weil Hoch und Tief der Wirtschaftslagen miteinander verbunden sind). Im engeren Sinne versteht man unter Konjunktur jedoch nur die „gute" Wirtschaftslage, die Hochkonjunktur.

Konjunkturverlauf

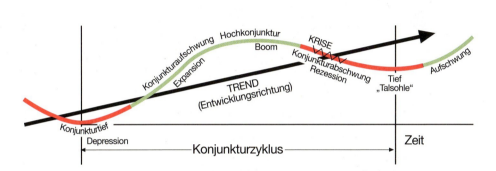

Der Konjunkturverlauf ist nicht gleichmäßig. Er kann mit einer Wellenbewegung (Zyklus) verglichen werden: Der Bewegungsablauf vollzieht sich vom Wellental ansteigend zum Wellenberg, von hier wieder abfallend ins Wellental. Deshalb spricht man von **4 Konjunkturphasen** (Phase = Abschnitt):

◆ **Konjunkturtief = Depression** (lat.: deprimere = herabdrücken)
Wirtschaftlicher Tiefstand, kaum steigende Löhne, sinkende Nachfrage, geringer Umsatz, Entlassungen und Arbeitslosigkeit

◆ **Konjunkturaufschwung = Expansion** (lat.: expandere = ausdehnen)
Zunahme der wirtschaftlichen Tätigkeit, stärkerer Anstieg der Löhne und Preise, Ausweitung von Produktion und Absatz, Rückgang der Arbeitslosigkeit

◆ **Hochkonjunktur = Boom** (engl.: wirtschaftlicher Aufschwung)
Weitere Steigerung der Produktion, Vollbeschäftigung und Arbeitskräftemangel (Anwerbung ausländischer Arbeitnehmer), steigende Löhne, Preise und Gewinne. Gefahr einer „Überhitzung" der Konjunktur (Überproduktion)

◆ **Konjunkturabschwung = Rezession** (engl.: recession = Einschränkung)
Überangebot von Waren, Sättigung des Marktes, Drosselung der Produktion, Rückgang der Gewinne, Zunahme der Konkurse, Entlassung von Arbeitskräften = **Wirtschaftskrise**

5.2 Konjunkturpolitik

Die Entwicklung der Konjunktur darf nicht dem Zufall überlassen werden. **Alle Maßnahmen zur Lenkung der Konjunktur bezeichnet man als Konjunkturpolitik.**

Ihr Ziel ist, bei Hochkonjunktur den überstürzten Abschwung in eine Krise möglichst zu verhindern. Die Hochkonjunktur soll gedämpft, ein flacher Konjunkturabfall erreicht werden, der zu einem erneuten Konjunkturanstieg führen kann. Dabei sollen Vollbeschäftigung, gleichbleibender Geldwert und ein stetiges Wirtschaftswachstum gewährleistet werden.

Diese anzustrebenden Ziele sind im Stabilitätsgesetz (siehe Seite 277) vorgegeben. Das **gesamtwirtschaftliche Gleichgewicht** soll erhalten bzw. wieder hergestellt werden, um starken Schwankungen entgegenzuwirken. Der **Staat**, d.h. Bund, Länder und Kommunen müssen in Verbindung mit der **Europäischen Zentralbank** und auch der nationalen Zentralbank für Deutschland, der **Bundesbank**, bei einer Rezession oder Krise die Wirtschaft neu beleben, also ankurbeln.

Die finanz- oder auch währungspolitischen Möglichkeiten von Staat, Bundesbank und EZB sind dem Konjunkturzyklus entgegengesetzt einzusetzen, so dass man auch von **antizyklischer Finanzpolitik** spricht. Dies ist deswegen wichtig, weil sich oftmals Verbraucher, Unternehmen, Kreditinstitute usw. **prozyklisch** verhalten, d.h. ihre Maßnahmen gehen mit dem Konjunkturverlauf einher und verstärken die Schwankungen dadurch. Daher fallen der Europäischen Zentralbank und dem Staat wichtige regulierende Funktionen zu.

5.3 Konjunkturlenkung durch die Europäische Zentralbank

Für die Geld- und Währungspolitik und somit auch für die Konjunkturlenkung von 12 Ländern der Europäischen Union (EU) – „Euroland" ist seit 1. Januar 1999 mit Einführung des Euro die **Europäische Zentralbank (EZB)** in Frankfurt am Main verantwortlich. Die Deutsche Bundesbank ist die nationale Zentralbank (NZB) für die Bundesrepublik Deutschland. Sie ist verpflichtet, die Aufgaben der EZB zu erfüllen, insbesondere dabei mitzuwirken, dass die Preisstabilität gewährleistet wird. Von Weisungen der Bundesregierung ist die Bundesbank weiterhin unabhängig. Sie unterstützt jedoch die Wirtschaftspolitik der Bundesregierung. Die Hauptverwaltungen (früher: Landeszentralbanken) wirken auf Länderebene bei diesen Aufgaben mit (siehe Seite 109).

Aufgabe der Europäischen Zentralbank und der nationalen Zentralbanken ist es, der Wirtschaft stetig so viel Geld zuzuführen, dass weder zu wenig (Deflation) noch zu viel Geld (Inflation) vorhanden ist. (Diese Währungsstörungen werden auf Seite 301 f. beschrieben.) Mithilfe von verschiedenen geld- und währungspolitischen Maßnahmen kann die Europäische Zentralbank Einfluss auf den Wirtschaftsverlauf, die Konjunktur, nehmen. Die wichtigsten Möglichkeiten seien hier genannt:

Offenmarktpolitik

Die Europäische Zentralbank kauft oder verkauft Wertpapiere über die Zentralbanken bzw. Börsen (offener Markt).

◆ **Kauft** sie Wertpapiere auf, fließt der Wirtschaft Geld zu (der Kaufpreis). Die umlaufende Geldmenge wird ausgeweitet.

◆ **Verkauft** sie Wertpapiere, wird der Wirtschaft Geld entzogen – das Geld wird knapp. Die Geldmenge nimmt ab.

Offenmarktpolitik[1]	
Die Europäische Zentralbank (EZB)	
kauft Wertpapiere	**verkauft** Wertpapiere
Folge: Geldmenge **steigt**	**Folge:** Geldmenge **sinkt**

Mindestreservepolitik (franz.: Reserve = Rücklage)

Die Banken und Sparkassen leihen das bei ihnen hinterlegte Geld wieder aus. Je größer der Betrag ist, den die Banken ausleihen, desto mehr Geld kommt in Umlauf. Um auch von dieser Seite die umlaufende Geldmenge steuern zu können, schreibt die Europäische Zentralbank vor, dass die Banken und Sparkassen einen Teil ihrer Gelder bei ihr hinterlegen müssen. Diese werden mit dem Leitzins verzinst. Die Guthaben der Banken und Sparkassen bei der EZB heißen **Mindestreserven**.

◆ **Senkt** die EZB die Sätze, die von den Banken und Sparkassen als Mindestreserve bei ihr hinterlegt werden müssen, steht den Banken und Sparkassen mehr Geld zur Verfügung, das sie wiederum als Kredit vergeben können. Die umlaufende Geldmenge steigt.

◆ **Erhöht** die EZB die Mindestreservesätze, haben die Banken und Sparkassen weniger Geld flüssig. Die Kreditgewährung wird erschwert. Die umlaufende Geldmenge sinkt (siehe Schaubild).

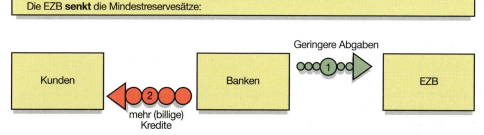

Die EZB **senkt** die Mindestreservesätze:

= **Belebung** der Konjunktur

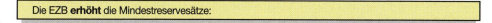

Die EZB **erhöht** die Mindestreservesätze:

= **Dämpfung** der Konjunktur

Mindestreservenpolitik	
Die Europäische Zentralbank (EZB)	
senkt die Mindestreserven	**erhöht** die Mindestreserven
Folge: Geldmenge **steigt**	**Folge:** Geldmenge **sinkt**

---

[1] **Offenmarktgeschäfte** werden auch als **Repogeschäfte** (von engl.: repurchase agreement = Rückkaufsvereinbarung) bezeichnet. Der Zinssatz hierfür heißt Reposatz.

Kreditmöglichkeiten über Girokonten der Geschäftsbanken – Ständige Fazilitäten

Banken und Sparkassen können auf ihrem Konto bei den nationalen Zentralbanken verzinsliche Guthaben bilden oder ihr Konto gegen Sollzinsen überziehen. Diese Kreditmöglichkeiten, die nach Bedarf in Anspruch genommen werden können, heißen **ständige Fazilitäten** (lat.: facilitas = Leichtigkeit des Handelns). Diese haben Einfluss auf die Geldmenge. Die Zinssätze der ständigen Fazilitäten wie auch des Offenmarktgeschäftes haben die sehr wichtige Funktion von **Leitzinsen**. An diesen orientieren sich die Soll- und Habenzinsen des Geldmarktes.

◆ Beim Senken des europäischen Leitzinses wird die Geldmenge ausgeweitet, beim Anheben wird sie verringert.

Girokonto der Geschäftsbanken Ständige Fazilitäten	
Geschäftsbanken **überziehen** ihr Konto gegen Sollzinsen – **Spitzenrefinanzie-rungsfazilität**[1]	Geschäftsbanken bilden verzinsbare **Guthaben – Einlagefazilität**
Folge: Geldmenge **steigt**	**Folge:** Geldmenge **sinkt**

◆ Ausweiten oder Vermindern der Geldmenge beeinflusst nicht nur die Stabilität der Währung, sondern hat auch Folgen für die gesamte Wirtschaft.

Durch währungspolitische Maßnahmen der Europäischen Zentralbank (EZB)	
wird die Geldmenge eingeschränkt	**wird die Geldmenge ausgeweitet**
Folgen: Der Geldwert steigt. Die Nachfrage nach Geldmitteln kann steigen. **Zinsen steigen**, da aus einer geringen Geldmenge weniger Kredite angeboten werden können. Gefahr der Deflation, da zu wenig Geld (Liquidität) vorhanden ist. Möglicher Rückgang der Produktion und der Investitionen, u.U. Abbau von Arbeitsplätzen. **Konjunktur wird geschwächt.**	**Folgen:** Der Geldwert sinkt. Die Nachfrage nach Geldmitteln kann zurückgehen. **Zinsen fallen**, da viel Geld, z.B. für Kredite, zur Verfügung steht. Gefahr der Inflation, da ein Geldüberhang vorhanden ist. Flucht in Sachwerte und fallende Zinsen können Produktion und Investitionen ankurbeln, u.U. Schaffung von Arbeitsplätzen. **Konjunktur wird belebt.**
Drosseln der Wirtschaft	**Ankurbeln** der Wirtschaft

Um die Konjunktur zu beleben oder auch zu dämpfen, werden oftmals die möglichen Maßnahmen im Zusammenhang angewandt, um einen größeren Effekt zu erzielen.

Allerdings: Die Europäische Zentralbank kann der Wirtschaft nur Geld **anbieten**. Ob die Wirtschaft von dem Angebot **Gebrauch** macht, um zu investieren und Arbeitsplätze zu schaffen, hängt von zahlreichen anderen Faktoren ab.

Auch kann z.B. die Europäische Zentralbank mit ihrer Währungspolitik wenig erreichen, wenn in Deutschland die **Bundesregierung** nicht mit ihrer Wirtschafts- und Finanzpolitik in die gleiche Richtung wirkt.

---

[1] Refinanzierung: Beschaffen von Geldmitteln, um wiederum selbst Kredite gewähren zu können
Der Zinssatz der Einlagenfazilität bildet die Untergrenze, der für die Spitzenrefinanzierungsfazilität die Obergrenze des Zinskanals der Leitzinsen.

Ob er alle Zügel richtig in der Hand behält?

Außer der EZB haben auch die jeweiligen Regierungen, ggf. auch beide gemeinsam, Möglichkeiten, die Konjunktur zu beeinflussen. Wie die Karikatur schon zeigt, reagieren die Haushalte, Unternehmen usw. nicht immer so, wie vom Staat gewünscht. **Appelle des Finanzministeriums**, sich konjunkturgerecht zu verhalten, werden kaum befolgt, da bei den meisten Menschen der Eigennutz vor das Gemeinwohl gestellt wird.

Eine weitere Möglichkeit wäre die Einführung von staatlich festgelegten Löhnen, Gehältern und Preisen, ein so genannter **Lohn-Preis-Stopp**. Diese Maßnahme stände jedoch im Gegensatz zu den Grundsätzen einer Sozialen Marktwirtschaft. Ferner würde dadurch die Tarifautonomie, d.h. das selbstständige Aushandeln von Löhnen und Gehältern durch Arbeitgeber- und Arbeitnehmerverbände, unterbunden.

Am wirkungsvollsten sind **finanzpolitische Maßnahmen**. Sie können wie die währungspolitischen Maßnahmen anregend oder dämpfend auf die Konjunktur wirken.

Der Staat verhält sich dabei **antizyklisch**, wenn er z.B. **zur Dämpfung der Hochkonjunktur eigene Investitionen** (Bau von Straßen) **zurückstellt** oder **Zuschüsse (Subventionen)** für öffentliche Einrichtungen in Bundesländern und Gemeinden (Bau von Feuerwachen, Kindergärten, Kanalisation, Kläranlagen) kürzt bzw. vorläufig **nicht bezahlt**.

KONJUNKTURLENKUNG durch den Staat	
Anregung durch	**Dämpfung durch**
◆ Herabsetzen der Steuersätze und Steuervorauszahlungen	◆ Steuererhöhung und Erhöhen der Steuervorauszahlungen
◆ Erhöhen der Abschreibungssätze	◆ Einschränken der Abschreibungssätze
	◆ Einführen eines Konjunkturzuschlages (z.B. 5,5% der Einkommensteuer)

Da Deutschland ein sehr stark exportorientiertes Land ist, spielt der **Außenwert des Euro** eine wichtige Rolle (siehe Seite 300 ff.). Dies trifft in besonderem Maße für das Bundesland Rheinland-Pfalz zu, in dem fast jeder dritte Arbeitsplatz von der Exportwirtschaft abhängt.

Beispiel

Deutsche Maschinen sollen nach Saudi-Arabien verkauft werden. Müssen die Saudis einen hohen Kurs (Preis) für den Euro bezahlen, werden sie weniger oder vielleicht sogar keine Maschinen bei uns kaufen, da diese Waren für sie zu teuer sind. Dies wirkt sich dann auf unsere Wirtschaft, auf unsere Konjunktur aus.

Weitere mögliche Maßnahmen des Staates (siehe auch Seite 264 ff.)

◆ Haushaltspolitik	– Vermindern oder Vermehren der öffentlichen Ausgaben (z.B. für Straßenbau)
◆ Steuerpolitik	– Erhöhen, Herabsetzen von Steuern, Erheben einer „Stabilitätsabgabe"
◆ Zollpolitik	– Zollsenkungen bzw. Zollerhöhungen fördern oder hemmen, verteuern oder verbilligen die Einfuhr, erhöhen oder senken das Warenangebot
◆ Subventionspolitik	– Gewähren oder Streichen von staatlichen Unterstützungen (Subventionen)

Arbeitsaufgaben und Anregungen zum Handeln

1 *Von welchen Bestimmungsgrößen sind unsere Wirtschaftsschwankungen abhängig und weshalb wird die Konjunktur von diesen Faktoren beeinflusst?*

2 *Welche Zeitabschnitte (Phasen) hat der Konjunkturverlauf, wie könnte man diese einzelnen Phasen kennzeichnen? Nenne typische Merkmale.*

3 *Führt in der Klasse eine Podiumsdiskussion durch, bei der Arbeitgeber und Gewerkschafter über die Krise (Entstehung und Behebung aus der jeweiligen Sicht) in einer Volkswirtschaft diskutieren.*

4 *Welche Möglichkeiten hat die Europäische Zentralbank, die Geldwertstabilität zu beeinflussen?*

5 *Was versteht man unter Fazilität? Welche Arten gibt es? Wozu dienen diese?*

6 *Was ist für die Konjunktur günstiger – eine eingeschränkte (restriktive) Geldpolitik oder eine ausweitende (expansive)? Begründe deine Meinung.*

7 *Messen sind ein „Barometer" für die Konjunktur. In der Zeichnung ist das Symbol des Merkur dargestellt, des römischen Gottes des Handels. Zähle dir bekannte Messeorte und Fachmessen auf.*

8 *Was sollte bei der Konjunkturlenkung durch EZB und Staat den Vorrang haben: Wachstum oder Stabilität? Begründe.*

9 *Stelle zum Kapitel „Konjunktur" für deine Nachbarin/deinen Nachbarn ein Kreuzworträtsel zusammen.*

„Wie steht's mit der Konjunktur?"

Nach Artikel 23 der Allgemeinen Erklärung der Menschenrechte der Vereinten Nationen hat jeder Mensch das **Recht auf Arbeit**, auf freie Wahl eines Arbeitsplatzes, auf gerechte und günstige Arbeitsbedingungen und auf Schutz gegen Arbeitslosigkeit.

◆ *Wieso gehört das Recht auf einen Arbeitsplatz zu den sozialen Grundrechten des Menschen?*

◆ *Ist es eigentlich möglich, jedem/jeder Arbeitswilligen auch einen Arbeitsplatz zu verschaffen? Begründe deine Sichtweise.*

◆ *Weshalb kommen wir in Deutschland von der hohen Arbeitslosenzahl nicht herunter? Was könnten die Gründe hierfür sein?*

Ursachen der Arbeitslosigkeit

Von Arbeitslosigkeit spricht man bei uns, wenn mehr als 3 % der arbeitsfähigen Frauen und Männer ohne Beschäftigung sind. Eine Arbeitslosenquote (= Prozentsatz) von 0 wird gemäß Arbeitförderungsgesetz (AFG) nie erreicht, da immer Personen, z.B. durch Wohnortwechsel usw. – sei es auch nur kurzfristig – ohne Arbeit sind.

„Ich bin durch einen Taschencomputer ersetzt worden!"

Quelle: Die Welt, Hamburg

◆ Saisonale Arbeitslosigkeit

Zu den wirtschaftlich harmloseren Erscheinungsformen der Arbeitslosigkeit zählt die saisonale Arbeitslosigkeit (franz.: la saison = die Jahreszeit). Sie wird durch die jahreszeitlich bedingten Witterungsverhältnisse ausgelöst.

Beispiel

Jahreszeitlicher Rückgang der Bautätigkeit in den Wintermonaten oder Wiederbelebung des Ausflugsgeschäfts/Beginn der Urlaubssaison in der Tourismusbranche

◆ Fluktuationsarbeitslosigkeit (manchmal auch als friktionelle[1] Arbeitslosigkeit bezeichnet)

Artikel 12 des Grundgesetzes gestattet es jedem Deutschen, „Beruf, Arbeitsplatz und Ausbildungsstätte frei zu wählen". Dieses Recht auf freie Arbeitsplatzwahl verursacht in einer Volkswirtschaft eine **ständige Wanderung** (lat.: fluctuatio = Schwankung, unruhige Bewegung) der Arbeitskräfte von einem Betrieb zum anderen. Ursachen dieser nie zur Ruhe kommenden Bewegung können sowohl in der Person des Arbeitnehmers (persönliche Gründe, z.B. Umschulung usw.) als auch im Betrieb des Arbeitgebers liegen (sachliche Gründe). Fluktuationsarbeitslosigkeit ist die ganz normale Begleiterscheinung eines freien Arbeitsmarktes.

◆ Technologische Arbeitslosigkeit

Durch technischen Fortschritt, durch **Rationalisierung** der industriellen und landwirtschaftlichen Produktion sowie durch Einführung der **Automation** in ganzen Wirtschaftszweigen werden ebenfalls Arbeitskräfte freigesetzt.

Beispiel

Um Waren im Wert von 500.000 EUR zu erzeugen, waren im Jahr 1961 34 Erwerbstätige notwendig. Zwanzig Jahre später (1981) benötigte man dafür nur noch die Hälfte: 17 Erwerbstätige, und 1990 war dies mit weniger als 10 Erwerbstätigen möglich.

---

[1] Friktion = Reibung, z.B. auch bei unterschiedlichen Standpunkten, unterschiedlichen Materialien usw.

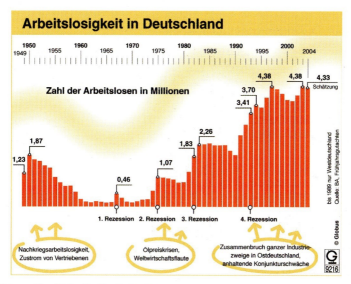

Arbeitslosigkeit in Deutschland

1949 1950 1955 1960 1965 1970 1975 1980 1985 1990 1995 2000 2004

Zahl der Arbeitslosen in Millionen

1,23
1,87
0,46
1,07
1,83
2,26
3,41
3,70
4,38
4,38
4,33
Schätzung

bis 1989 nur Westdeutschland
Quelle: BA, Frühjahrsgutachten

1. Rezession   2. Rezession   3. Rezession   4. Rezession

Nachkriegsarbeitslosigkeit, Zustrom von Vertriebenen

Ölpreiskrisen, Weltwirtschaftsflaute

Zusammenbruch ganzer Industriezweige in Ostdeutschland, anhaltende Konjunkturschwäche

© Globus 9216

◆ Konjunkturelle Arbeitslosigkeit

Konjunkturelle Arbeitslosigkeit liegt vor, wenn die gesamtwirtschaftliche Nachfrage nach Gütern und Dienstleistungen so stark sinkt, dass in allen Wirtschaftszweigen Arbeitskräfte freigesetzt werden. Konjunkturelle Arbeitslosigkeit kann sich bis zur **Massenarbeitslosigkeit** steigern. Die heute jeder Volkswirtschaft zur Verfügung stehenden geldwirtschaftlichen, güterwirtschaftlichen und finanzpolitischen Möglichkeiten sollten die Gewähr dafür bieten, dass gerade diese durch die Konjunkturschwankungen verursachte Erscheinungsform der Arbeitslosigkeit durch zusammengefasste (gebündelte) wirtschaftspolitische Maßnahmen stark abgeschwächt wird. Die hohe Zahl der Arbeitslosen ist jedoch ein alarmierendes Zeichen für unsere Volkswirtschaft.

◆ Strukturelle Arbeitslosigkeit

Während bei der konjunkturellen Arbeitslosigkeit die ungenutzten Arbeitskräfte jederzeit in den Produktionsprozess aufgenommen werden könnten, wenn nur die wirtschaftliche Aktivität belebt und angeregt würde, ist dies bei der strukturellen Arbeitslosigkeit nicht der Fall. Hier liegt der Grund der Arbeitslosigkeit im **Wirtschaftsgefüge** (= Struktur der Wirtschaft) selbst.

Solche tief greifenden Veränderungen der wirtschaftlichen Struktur finden sich besonders häufig in übervölkerten Agrarstaaten, bei denen im Verhältnis zu Boden und Kapital die Arbeitskräfte im Überfluss vorhanden sind.

Strukturelle Arbeitslosigkeit kann aber auch durch starke Flüchtlingsströme und Zuwanderung eintreten, wie dies beispielsweise bei uns nach der Wiedervereinigung (Pendler bzw. Übersiedler aus den neuen Bundesländern) der Fall war. Der Zusammenbruch der Planwirtschaft in den osteuropäischen Ländern beim **Übergang auf die Marktwirtschaft** brachte dort eine strukturell bedingte hohe Arbeitslosigkeit mit sich.

Aber auch einschneidende Veränderungen ganzer Wirtschaftszweige haben Auswirkungen auf die Arbeitslosenquote.

◆ Kohle- und Stahlkrise im Saarland
◆ Niedergang der westpfälzischen Schuhindustrie
◆ Auftragsrückgänge für Werften an Nord- und Ostsee

Schließlich hat auch die Verlagerung von Produktionsstandorten einen negativen Einfluss auf unseren Arbeitsmarkt.

Betriebe lagern ihre Produktion in Billiglohnländer (Osteuropa, Südostasien usw.) aus, da ihnen die Löhne und Lohnnebenkosten in Deutschland zu hoch sind.
Von einer „Mismatch"-Arbeitslosigkeit spricht man, wenn die Anforderungen bei den offenen Stellen nicht zu vorhandenen Qualifikationen der Arbeitslosen passen; Erwerbslose erfüllen nicht die Voraussetzungen für die angebotenen Stellen.

6.2 Jugendarbeitslosigkeit

Vor vier Monaten wurde ich nach meiner Ausbildung nicht übernommen, sondern entlassen, weil ich noch zur Bundeswehr muss und unser Kleinbetrieb mir den Arbeitsplatz nicht garantieren wollte!

Noch Mitte der 80er Jahre war die **Jugendarbeitslosigkeit** in der Bundesrepublik Deutschland ein ernstes Problem. Die geburtenstarken Jahrgänge drängten auf den Markt. Die Wirtschaft konnte jedoch nicht genügend Ausbildungs- und Arbeitsplätze zur Verfügung stellen. Seit 1987 waren in den alten Bundesländern wieder **mehr Ausbildungsplätze vorhanden als Bewerber**. Seit 1991/92 herrschte in den 11 westdeutschen Bundesländern in einigen Berufszweigen sogar **Nachwuchsmangel**. Besonders im Handwerk blieben manche Lehrstellen unbesetzt.

Allerdings gab es seit Mitte der 90er Jahre wieder eine Trendwende. Es **fehlten einige Tausend Lehrstellen,** d.h., angehende Azubis standen auf der Straße bzw. gingen auf irgendwelche weiterführenden Schulen und warteten dort auf den nächsten Einstellungstermin. Zu Beginn des neuen Jahrzehnts änderte sich die Lage auf dem Lehrstellenmarkt, hierbei hatten zwei Programme der Bundesregierung maßgeblichen Anteil: das **Sofortprogramm „JUMP 100.000 Jobs für Junge"** von 1999 und das **„Job-AQTIV"- Gesetz**. Damit sollen Jugendlichen bis 25 Jahre durch Ausbildungs-, Qualifizierungs- und Beschäftigungsangebote Chancen auf Ausbildung oder auch Dauerbeschäftigung eröffnet werden. Im Mittelpunkt dieser **staatlichen Maßnahmen** stehen:

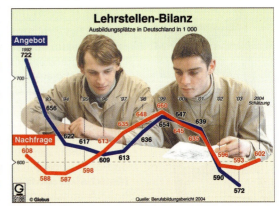

Lehrstellen-Bilanz
Ausbildungsplätze in Deutschland in 1 000
Angebot
1992 722
'93 656
'94 648
'95 635
'96 622
'97 617
'98 613
'99 660
'00 647
'01 654
'02 645
'03 635
2004 Schätzung 639
Nachfrage
608
588
587
598
609
613
636
596
593
602
590
572
© Globus 9188
Quelle: Berufsbildungsbericht 2004

◆ Lohnkostenzuschüsse bei Einstellung arbeitsloser Jugendlicher,
◆ zusätzliche außerbetriebliche Ausbildungsplätze,
◆ ABM mit integrierter beruflicher Qualifizierung,
◆ Nachholen des Hauptschulabschlusses usw.

Auch wenn das Schaubild eine fast ausgeglichene Situation auf dem Lehrstellenmarkt widerspiegelt, so gibt es doch starke regionale und strukturelle Ungleichgewichte. In Bayern z.B. ist die Ausbildungssituation bedeutend besser als in Ostdeutschland. Viele freie Ausbildungsstellen gibt es in den Ernährungs- und Fertigungsberufen. Auch in der Metall- und Elektroindustrie werden noch Lehrlinge gesucht (Stand 2002), während im Büro-, Verwaltungs- und Dienstleistungsbereich viele Bewerber auf eine freie Stelle kommen. Mit mehr als 17 Prozent der unvermittelten Bewerber ist der Ausländeranteil im Bereich der Jugendarbeitslosigkeit extrem hoch.

Ebenfalls schlimm ist die Situation in den **fünf ostdeutschen Bundesländern**. Dort klagen sehr viele Jugendliche über ein zu geringes Ausbildungsplatzangebot.

In den Sozial- und Erziehungsberufen kamen schon auf je 100 angebotene Ausbildungsplätze mehr als die doppelte Anzahl von Bewerbern. Das Gleiche gilt auch für das ostdeutsche Gastgewerbe. Große Knappheit an

Ausbildungsplätzen herrscht auch bei kaufmännischen Berufen sowie in der Verwaltung.

Voraussichtlich wird es noch einige Jahre dauern, bis auch im Osten Deutschlands genügend Ausbildungsplätze zur Verfügung stehen. Bei einem Aufschwung und gemeinsamen Anstrengungen von Handwerk, Gewerbe, Industrie und staatlichen Institutionen sollte allerdings dieses Ziel im Sinne der Schulabgänger/-innen erreichbar sein.

Mithilfe des obigen Schaubildes soll verdeutlicht werden, dass sich Schulbildung und qualifizierte Ausbildung immer noch lohnen. Es belegt die Feststellung, dass weniger Qualifizierte sowohl als Jugendliche wie auch als Erwachsene schlechtere Beschäftigungsmöglichkeiten haben.

6.3 Arbeitsmarktpolitik

Die Lücke auf dem Arbeitsmarkt wird immer größer. 2004 fehlten rund 7 Millionen Arbeitsplätze. Daher ist es wichtig, sich mit dem aktuellen Problem der Massenarbeitslosigkeit – übrigens ein europäisches Problem – auseinander zu setzen. Welche Möglichkeiten gibt es, den Arbeitsmarkt auszugleichen und die Arbeitslosenquote unter 3 % zu drücken, so dass man fast wieder von Vollbeschäftigung sprechen kann?

Mögliche Maßnahmen der Tarifparteien (Arbeitgeber und Gewerkschaften):

◆ **Arbeitszeitverkürzung:** Dabei müssten aber auch die Löhne gekürzt werden, um international wettbewerbsfähig zu bleiben.

Problem: Lohneinbußen können aber auch dazu führen, dass weniger konsumiert wird, was wiederum Arbeitsplätze gefährdet. Sinkende Löhne bringen auch sinkende Renten mit sich, mit den entsprechenden (unsozialen) Folgen.

◆ **Senken der Arbeitskosten** (inkl. Lohnnebenkosten): Dadurch könnte einer weiteren Verlagerung von Arbeitsplätzen in Billiglohnländer entgegengewirkt werden.

Problem: Ein sinkendes Lohnniveau kann sich negativ auf die Konsumausgaben im Inland auswirken, was eine Konjunkturabschwächung mit möglichem Arbeitsplatzabbau zur Folge haben könnte („Spirale nach unten").

◆ **Schaffung von noch mehr Teilzeitarbeitsplätzen (Mini-Jobs):** Hier müssten Wirtschaft und Erwerbstätige mehr Kreativität (= Ideenreichtum) und Flexibilität (= Beweglichkeit) zeigen. Das Teilen des Arbeitsplatzes (Jobsharing) würde doppelt so viele Personen – allerdings bei halbiertem Lohn – in Arbeit bringen.

Problem: Lohneinbußen für die Betroffenen, nicht alle Arbeitsplätze sind teilbar.

Mögliche Maßnahmen des Staates (Arbeitsagenturen, Gesetzgeber usw.):

◆ **Berufliche Aus- und Fortbildung fördern:** Bekanntlich führt Höherqualifizierung eher dazu, eine neue Arbeitsstelle zu finden.

Problem: Die knappen öffentlichen Mittel lassen nur beschränkte Förderung zu.

◆ **Arbeitsbeschaffungsmaßnahmen (ABM) erhöhen:** Bei diesen ABM, die verstärkt in Ostdeutschland angewendet werden, erhalten Arbeitgeber staatliche Lohnzuschüsse, wenn sie Langzeitarbeitslose usw. einstellen.

Problem: Nicht alle ABM münden in eine Dauerarbeitsstelle, wenn der Zuschuss ausläuft.

◆ **Staatsnachfrage steigern:** Gibt die öffentliche Hand mehr Geld für Baumaßnahmen und sonstige Aufträge an die Privatwirtschaft, so führt dies meist auch zu mehr Beschäftigung.

Problem: Die extrem hohe Staatsverschuldung.

◆ **Steuern senken:** Sowohl die Einkommen- als auch die Unternehmensteuern könnten u. U. noch weiter gesenkt werden, damit Arbeitnehmer und Arbeitgeber mehr Geld zur Verfügung haben.

Problem: Es erhebt sich die Frage, ob diese Gelder daraufhin wieder in den Konsum- bzw. Investitionsbereich fließen und dort Arbeitsplätze schaffen.

◆ **Leistungsmissbrauch eindämmen:** Manche Arbeitslose arbeiten schwarz nebenbei, so dass sie mehr Geld in der Tasche haben als bei geregelter Arbeit.

Problem: Um diesen erschwindelten Bezug von Arbeitslosengeld zu entdecken, benötigen die Arbeits- und Gewerbeaufsichtsämter mehr Beamte/Angestellte. Und dies alles bei den knappen Haushaltsmitteln von Bund und Ländern.

◆ **Arbeitslosengeld stärker kürzen:** Dadurch würden mehr Arbeitslose gezwungen, sich intensiv um eine neue Stelle zu bemühen, da sich viele mit der Höhe der Arbeitslosenunterstützung/Sozialhilfe zufrieden geben.

Problem: Gibt es allerdings so viele offene Stellen, dass alle Arbeitswilligen einen neuen Job bekommen können?

Weitere Maßnahmen: Vorschläge der Hartz-Kommission

Da sich seit Jahren auf dem deutschen Arbeitsmarkt kaum etwas getan hat und die Massenarbeitslosigkeit („Geißel unserer Zeit") auf unverändert hohem Niveau bei über 4 Millionen Jobsuchenden verharrte, setzte die Bundesregierung 2002 eine Fachkommission unter der Leitung des VW-Personalchefs Peter Hartz ein, die die Arbeitslosenzahlen halbieren möchte.

Folgende **Kernpunkte** sollen dabei umgesetzt werden:

◆ **Zeitarbeit**: Sog. Personal-Service-Agenturen (PSA), die den Arbeitsämtern angegliedert werden können, sollen Erwerbslose an interessierte Unternehmen ausleihen – ähnlich einer Zeitarbeitsfirma. Wer länger als ein halbes Jahr arbeitslos ist und ein PSA-Angebot ablehnt, bekommt das Arbeitslosengeld gekürzt.

◆ **Job-Center:** Arbeits- und Sozialämter sollen intensiver zusammenarbeiten, in sog. Job-Centern wird dann Arbeitslosenunterstützung und Sozialhilfe koordiniert, um Arbeitsunwilligen entgegenzuwirken.

◆ **Ich-AG**: Arbeitslose sollen leichter den Sprung in die Selbstständigkeit wagen. Der Staat muss sie dann durch weniger Sozialabgaben und Steuerreduzierung dabei unterstützen.

◆ **Mini-Jobs:** Bis zu 400 EUR im Monat können ohne übliche Steuern und Lohnnebenkosten, sondern nur abzüglich einer 25-prozentigen Abgabenpauschale, die der gewerbliche Arbeitgeber trägt, verdient werden. Bei Minijobs in Privathaushalten fallen noch weniger Abgaben an.

◆ **Job-Floater**: Wer Arbeitslose in strukturschwachen Regionen einstellt, soll dafür Darlehen und Eigenkapital von Banken und der Kreditanstalt für Wiederaufbau erhalten.

Weitere Vorschläge der Hartz-Kommission decken sich teilweise mit den bereits aufgezeigten Maßnahmen der Tarifparteien usw.

Allerdings gibt es kein Allheilmittel zur Beseitigung der Arbeitslosigkeit.

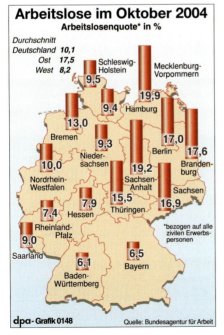

„Was glaubst du, wie der jetzt gleich beschleunigt!"   – KARIKATUR: HAITZINGER

Das Schaubild zeigt, dass die **neuen Bundesländer** besonders stark von der **Arbeitslosigkeit** betroffen sind. Daher sieht es die Bundesregierung als eine ihrer Hauptaufgaben an, diese Länder massiv zu unterstützen.

1 *Erläutere die Formen der Arbeitslosigkeit.*

2 *Versucht in eurer Klasse/Wiso-Gruppe unter Mithilfe des Lehrers/der Lehrerin das folgende Projekt durchzuführen:*

In Kleingruppen sollen die lokalen bzw. regionalen Aspekte der Arbeitslosigkeit erforscht, ausgewertet, dokumentiert und präsentiert werden.

a) Bei der Arbeitsagentur Informationen/Materialien über die Arbeitsmarktsituation eurer Region besorgen/auswerten und der Klasse vorstellen.

b) Mitbürgerinnen und Mitbürger zum Thema Arbeitslosigkeit befragen, Interviews auf Kassette festhalten und Ergebnisse in ansprechender Form der Klasse präsentieren.

c) Experten der Arbeitsagentur über Arbeitslosengeld I und II befragen und Informationen der Klasse vortragen bzw. auf Schaubildern/Plakaten in der Schule präsentieren.

d) Arbeitslose oder auch Sozialarbeiterinnen/Sozialarbeiter, die öfter mit Arbeitslosen zu tun haben, über die Lebenssituation von Menschen ohne Arbeit befragen (nach Möglichkeit auch arbeitslose Jugendliche interviewen). Gesammelte Informationen aufbereiten und der Klasse darstellen.

(Für das gesamte Projekt muss genügend Zeit eingeplant werden.)

3 *Lest den Zeitungsartikel zur Jugendarbeitslosigkeit durch und diskutiert in der Gruppe über Gründe und Auswirkungen der Erwerbslosigkeit unter Jugendlichen. Legt dar, wie ihr persönlich einer möglichen Arbeitslosigkeit entgegenwirken wollt.*

„Immer mehr Jugendliche ohne Job

Von Arbeitslosigkeit überdurchschnittlich betroffen – Plus 15,3 Prozent

▶ **Berlin (rhp). Im Mai 2002 waren 453.300 junge Leute unter 25 Jahren ohne Job. Damit ist die Zahl der arbeitslosen Jugendlichen im Vergleich um Vorjahr überproportional gestiegen. Sie erhöhte sich um 15,6%, während die Arbeitslosigkeit insgesamt nur um 6,1% zunahm. Diese Zahlen nannte der Vorstandsvorsitzende der Bundesanstalt für Arbeit, Florian Gerster, gestern in Berlin.**

Den starken Anstieg der Jugendarbeitslosigkeit müsse man mit Blick auf die Gesamtzahl der Arbeitslosen relativieren, sagte Gerster. Denn der moderate Anstieg der Arbeitslosigkeit insgesamt resultiere vor allem aus einem deutlichen Rückgang bei den Älteren. Europaweit gesehen liege die Jugendarbeitslosigkeit in Deutschland mit 10,1 Prozent unter dem Durchschnitt.

Der Ausbildungsstellenmarkt entwickelt sich Gerster zufolge derzeit schleppender als in den vorherigen Jahren. Die Differenz zwischen noch nicht vermittelten Bewerbern und noch unbesetzten Ausbildungsplätzen sei „spürbar größer" als vor einem Jahr. Es seien zudem bisher 30.000 weniger Ausbildungsplätze gemeldet worden, das entspricht sechs Prozent. Allerdings beginne das Ausbildungsjahr erst im September, und bis dahin könne sich die Lage noch entspannen.

Nach Angaben Gersters nehmen derzeit 300.000 Jugendliche an arbeitsmarktpolitischen Programmen der Bundesregierung teil. Dafür habe die Bundesanstalt in den vergangenen Jahren jeweils drei Milliarden Euro ausgegeben. Einen Schwerpunkt bildet dabei die Berufsvorbereitung, bei der Jugendliche auf eine Ausbildung vorbereitet oder direkt zu einem Berufsabschluss geführt werden. Im Mai wurden den Angaben zufolge 44.800 zuvor arbeitslose Jugendliche in Beschäftigungen am ersten, 31.100 am zweiten Arbeitsmarkt gefördert. Berufliche Weiterbildung nahmen 44.300 Jugendliche in Anspruch.

Eine zunehmende Zahl von arbeitslosen Jugendlichen verfügt nach Angaben Gersters über eine abgeschlossene Berufsausbildung. Ende Mai hätte fast die Hälfte der Arbeitslosen unter 25 Jahren eine abgeschlossene Ausbildung vorweisen können, in den neuen Ländern sogar 60 Prozent."

Quelle: Die Rheinpfalz, 11.06.02

4 Betrachte das Schaubild auf Seite 295 und nimm dann Stellung zu der These: „Je höher die Bildung und Ausbildung, desto geringer die Gefahr der Arbeitslosigkeit!"

a) Welche Konsequenzen sollte man als Jugendliche/Jugendlicher eventuell daraus ziehen?

b) Versucht diese Problematik in einem Rollenspiel darzustellen. (Diskussion mit Eltern/Freundeskreis zum Thema Schulbildung/Abschluss und anschließender Lehre/Abitur/Studium).

5 Nimm Stellung zur Karikatur. Was ist richtig an der Aussage des Karikaturisten? Was ist falsch bzw. überzeichnet?

Können die Unternehmer/Manager wirklich tun und lassen, was sie wollen?

Ziehe nach Möglichkeit das Betriebsverfassungs- und evtl. auch das Kündigungsschutzgesetz heran.

6

Führt ein Hearing (Anhörung von Fachleuten zu einem bestimmten Problem) wie im Bundestag zum Thema „staatliche Maßnahmen zum Abbau der Arbeitslosigkeit" durch. Lasst dabei das Schaubild mit einfließen.

Quelle: „Welt der Arbeit" (DGB)

7 Betrachte die Karikatur und lege deine begründete Meinung dar:

a) Gibt es einen Schuldigen für die Massenarbeitslosigkeit?

b) Wäre das Problem gelöst, wenn alle ausländischen Arbeitnehmer Deutschland verließen?

8

Wie geht es in Deutschland und Europa künftig mit der Arbeitslosigkeit weiter? Begründe deine Perspektive und tausche dich in der Klasse darüber aus.

7   Währung – Währungspolitik

◆ Betrachte die Karikatur. In welchen europäischen Ländern wurden
   Geldwechsler arbeitslos? In welchen verdienen sie weiterhin ihre
   Provision?

◆ Weshalb wollen noch mehr Länder an der europäischen
   (Währungs-)Union teilnehmen?

7.1   Gesunde Währung

> Bei der gesunden Währung steht der **Geldmenge** eine entsprechende **Güter-
> menge** zu einem ausgeglichenen Preis gegenüber. Es herrscht also **Gleichge-
> wicht** zwischen Gütermenge und Geldmenge.

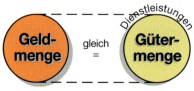

Gleichgewicht
Ausgeglichener Preis
Gleichbleibende Kaufkraft

Gesunde Währung

Verkehrsgleichung des Geldes

Man kann dies auch mathematisch ausdrücken. Der Amerikaner Irving Fisher
(1867–1947) stellte für den Zusammenhang zwischen Geldmenge, Umlaufgeschwindigkeit, Gütermenge und Preisstand die **Verkehrsgleichung des Geldes**
auf. Sie lautet:

$$G \cdot U = H \cdot P$$

Es bedeutet:
G = Geldmenge
U = Umlaufgeschwindigkeit (= Besitzerwechsel)
H = Handelsvolumen (= Gütermenge)
P = Preisstand

◆ Günter besorgt fünf Becher Eiscreme, den Becher zu 2,00 EUR und bezahlt dafür 10,00 EUR. Für die Geldmenge (G) von 10,00 EUR, die er einmal ausgibt (Umlaufgeschwindigkeit U), erhält er die Gütermenge (Handelsvolumen H) von fünf Bechern Eiscreme zum Einzelpreis (Preisstand P) von 2,00 EUR.

$$G \cdot U = H \cdot P$$
$$10,00 \text{ EUR} \cdot 1 = 5 \cdot 2,00 \text{ EUR}$$
$$10,00 \text{ EUR} = 10,00 \text{ EUR}$$

◆ Der Eisverkäufer gibt die eingenommenen 10,00 EUR aus. Das Geld wechselt innerhalb eines Monats 10-mal den Besitzer und dient immer wieder als Zahlungsmittel. Die Umlaufgeschwindigkeit hat sich auf 10 erhöht.

$$G \cdot U = H \cdot P$$
$$10,00 \text{ EUR} \cdot 10 = 50 \cdot 2,00 \text{ EUR}$$
$$100,00 \text{ EUR} = 100,00 \text{ EUR}$$

Damit bei unverändertem Preis (2,00 EUR) Gleichgewicht herrscht, muss sich die Gütermenge entsprechend erhöhen (50 Stück).

Eine Vergrößerung der Umlaufgeschwindigkeit wirkt also wie eine größere Geldmenge; eine Verminderung der Umlaufgeschwindigkeit wie eine kleinere Geldmenge. Erhöht sich die Geldmenge, ohne dass gleichzeitig die Gütermenge vergrößert wird, so kommt es zu Preissteigerungen. Angst vor Preissteigerungen (Inflation) treibt die Umlaufgeschwindigkeit weiter in die Höhe.

7.2 Währungsstörungen: Inflation und Deflation

◆ **Inflation** (lat.: inflare = aufblähen) bedeutet Geldentwertung und kann als Prozess ständiger Preissteigerungen bezeichnet werden.

Kennzeichen der Inflation:

> Einer **geringen Gütermenge** steht eine **große Geldmenge** gegenüber.

Die Preise steigen. Lohnforderungen versuchen, den Ausgleich zu schaffen. Die Lohn-Preis-Spirale setzt sich in Bewegung. Der Geldwert sinkt. Das Sparen lässt nach, die Leute machen Schulden, denn durch Lohn- und Preiserhöhungen wird die effektive (= wirkliche) Schuld immer geringer. Unternehmer können mit den vorher billig eingekauften Materialien später vielleicht größere Gewinne erzielen. Dadurch kann die Produktion erhöht werden, was auch zu mehr Beschäftigung beitragen könnte. Benachteiligt sind die Sparer. Ihr Geld verliert immer mehr an Wert. Daher legen sie sich in Inflationszeiten oftmals mehr Sachwerte, wie z.B. Immobilien, Autos, Schmuck usw. zu (siehe Seite 158 f.).

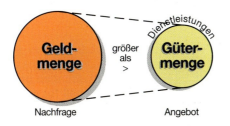

Geld-menge   größer als >   Güter-menge   Dienstleistungen

Ungleichgewicht (Geldüberhang, Nachfrageüberhang, knappes Angebot) Steigender Preis Abnehmende Kaufkraft

Kranke Währung (Inflation)

Nachfrage   Angebot

Formen der Inflation

Eine Inflation, die an den ständig steigenden Preisen offen erkennbar ist, nennt man **offene Inflation**.

Ist sie durch einen Preisstopp oder starke öffentliche Subventionen verschleiert, liegt **verdeckte Inflation** vor.

Geht die Geldentwertung sehr langsam vor sich, ist von **schleichender Inflation** die Rede.

Bei Tag für Tag sprunghaft ansteigenden Preisen spricht man von **galoppierender Inflation**.

Beispiel für eine galoppierende Inflation:

Preis eines Roggenbrotes (1 kg)

Vor dem I. Weltkrieg (1914). . . . . . 0,30 Mark	Juni 1923 . . . . .1.428,00 Mark
Nach dem I. Weltkrieg (1918) . . . . . 0,50 Mark	Juli 1923 . . . . .3.465,00 Mark
Dezember 1919 . . . . 0,80 Mark	August 1923 . . . . .69.000,00 Mark
Dezember 1920 . . . . 2,37 Mark	September 1923. . . . . .1.512.000,00 Mark
Dezember 1921 . . . . 3,90 Mark	Oktober 1923. . . . . .1.743.000.000,00 Mark
Dezember 1922 . . . . 163,00 Mark	November 1923. . . . . . .201.000.000.000,00 Mark

Die Ursachen einer Inflation können sowohl durch eine übermäßige Nachfrage (z.B. kräftige Lohnerhöhungen, Geldzuflüsse aus dem Ausland usw.) als auch durch ein knappes Angebot (z.B. durch Missernten usw.) bedingt sein.

Eine **importierte Inflation** verursachen die aus den ständigen Exportüberschüssen stammenden Gelder (die Ausfuhr ist größer als die Einfuhr), wenn sie im Inland als Nachfrage auftreten. Gleiches gilt, wenn wegen hoher Zinsen ständig Auslandsgelder im Inland angelegt werden und bei den Banken zur „Schöpfung von Buchgeldern", insbesondere in Form von Krediten, führen.

◆ **Deflation** (lat.: deflare = schrumpfen)

Kennzeichen der Deflation:

> Die Deflation ist die Umkehrung der Inflation. Der **vorhandenen Gütermenge** steht eine **kleine Geldmenge** gegenüber.

Ungleichgewicht
(Güterüberhang,
Angebotsüberhang,
Geldverknappung)
Fallender Preis
Steigende Kaufkraft

**Kranke Währung
(Deflation)**

Der Verbraucher erhält für sein Geld viel Ware. Die Preise fallen und der Geldwert steigt. Die Unternehmer investieren weniger. Die Absatzmöglichkeiten gehen zurück. Die Produktion wird gedrosselt. Es kommt zu Entlassungen und Arbeitslosigkeit. Wer Geld gespart hat, ist jetzt im Vorteil, denn er erhält für sein Geld einen hohen Gegenwert.

Europäische Währungspolitik –
Europäische Zentralbank –
Europäisches System der Zentralbanken

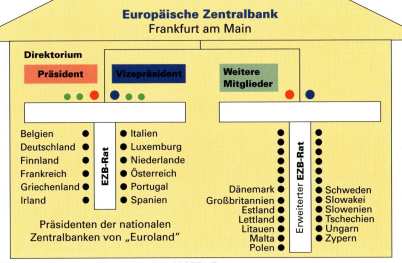

Europäisches System der Zentralbanken (ESZB)-Eurosystem

Hüterin der europäischen Währung, des **Euro**, ist die **Europäische Zentralbank (EZB)** in Frankfurt am Main. Sie trifft die für die Geldwertstabilität notwendigen Entscheidungen und legt die Leitlinien fest, die von den nationalen Zentralbanken **(NZB)** – in Deutschland ist das die **Deutsche Bundesbank** – im jeweiligen Mitgliedsland auszuführen sind. Die Beschlüsse werden vom Zentralbankrat **(EZB-Rat)** getroffen. An der Spitze steht das Direktorium als ausführendes Organ. Das besondere Kennzeichen des Europäischen Systems der Zentralbanken **(ESZB)** ist, dass für das **gesamte Währungsgebiet** eine **einheitliche Geldpolitik** festgelegt und umgesetzt wird.

Seit 1. Januar 1999 nehmen an der Europäischen Wirtschafts- und Währungsunion **(WWU)** 11 von nunmehr 25 EU-Ländern teil: Belgien, Deutschland, Finnland, Frankreich, Irland, Italien, Luxemburg, Niederlande, Österreich, Portugal und Spanien, seit 1. Januar 2001 auch Griechenland. Diese zwölf Staaten bilden den Wirtschaftsraum **„Euroland"**. Dänemark, Großbritannien und Schweden erfüllen zwar die Kriterien von Maastricht (s. S. 328), wollen aber zunächst noch abwarten. Sie sind jedoch im **erweiterten EZB-Rat** mit beratender Stimme vertreten.

Aufgaben der Europäischen Zentralbank:

◆ Oberstes Ziel ist die **Geldwertstabilität**.

◆ Sie bestimmt deshalb die **Geldpolitik**, z.B. Leitzinsen und Mindestreserven in den EU-Mitgliedsstaaten (siehe Seite 328 f.),

◆ gibt Weisungen und Leitlinien an die **nationalen Zentralbanken**,

◆ genehmigt die Ausgabe von **Banknoten**,

◆ unterstützt im Rahmen der Marktwirtschaft die **Wirtschaftspolitik der Europäischen Union (EU)**.

Wechselkurs

> Der **Wechselkurs** ist der **Preis**, der in inländischer Währung für ausländisches Geld gezahlt werden muss.

Es gibt feste und freie Wechselkurse:

> ◆ **Feste (starre) Wechselkurse** werden zwischen mehreren Ländern, z.B. der Europäischen Union, **vereinbart**. Sie sollen Kursschwankungen zwischen den beteiligten Ländern verhindern.
> ◆ **Freie (flexible) Wechselkurse** bilden sich auf Grund von **Angebot und Nachfrage** auf dem Devisenmarkt (z.B. an der Devisenbörse in Frankfurt/Main).

Frei schwankende Wechselkurse haben den **Vorteil**, dass Preissteigerungen im Ausland nicht über den Außenhandel auf das Inland übertragen werden. Sie verhindern somit eine **„importierte Inflation"**. Sie haben jedoch einen großen **Nachteil**: Da die Wechselkurse sich täglich ändern können, wird es im internationalen Handelsgeschäft schwierig, **Preise** zu vereinbaren.

Beispiel

Für die Mineralölindustrie und letztlich für den Verbraucher ist es von Bedeutung, ob für 1 Barrel (159,0 dm³) Erdöl 40,00 US-Dollar (USD) oder 29,00 USD zu zahlen sind und hierbei der Wechselkurs des Euro zum Dollar **hoch** (1,00 EUR = 1,30 USD) oder **niedrig** (1,00 EUR = 0,95 USD) ist.

Ein starker US-Dollar bedeutet eine Verschlechterung des **Außenwertes** des Euro. Dadurch werden Einkäufe für das Ausland billiger. Der Export boomt. Die Wirtschaft wird angekurbelt. Gleichzeitig werden Einkäufe (Importe) teurer. Der **Binnenwert** innerhalb von Euroland bleibt dagegen gleich.

Innerhalb der Eurowährung sind die Wechselkurse unwiderruflich **festgelegt**. Die veränderlichen Wechselkurse der Staaten, die nicht Euroland angehören, bilden sich durch Angebot und Nachfrage. Sie sind im Wirtschaftsteil der Tageszeitung (Sorten = Bargeld; Devisen = Buchgeld), im Videotext oder Internet zu ersehen.

Sorten in Euro 16. Sept. 2004[1]

Land	Ankauf	Verkauf
Ägypten (100)	7,19	9,51
Australien (1)	1,63	1,84
Brasilien	2,72	4,72
Großbritannien (1)	0,67	0,72
Dänemark	7,10	7,75
Japan	135,80	145,90
Kanada (1)	1,57	1,72
Marokko	9,53	12,83
Mexiko	12,34	18,57
Neuseeland	1,68	2,06
Norwegen	7,83	8,76
Polen	3,58	4,60
Schweden	8,56	9,57
Schweiz	1,50	1,56
Slowakische Rep.	33,78	43,76
Südafrika	6,58	8,83
Thailand	45,02	58,90
Tschechische Rep.	26,84	33,77
Türkei (1000)	1609,00	2236,00
Ungarn	215,20	270,70
USA (1)	1,30	1,38
Zypern	0,53	0,66

Die Übersicht zeigt die Auswirkungen für Wirtschaft und Verbraucher.

Wirkung von Wechselkursen	
Hoher Wechselkurs	**Niedriger Wechselkurs**
• Hoher Außenwert der Währung • Verbilligung der Einfuhr • Verteuerung der Ausfuhr • Verbilligung von Auslandsreisen	• Niedriger Außenwert der Währung • Verteuerung der Einfuhr • Verbilligung der Ausfuhr • Verteuerung von Auslandsreisen

Frei schwankende Wechselkurse bringen somit für Exporteure (= Waren Ausführende) und Importeure (= Waren Einführende) große Risiken mit sich. Die Wirtschaft ist daher an **festen** Wechselkursen interessiert.
Ein freies Schwanken der Wechselkurse wird auch als **„floating"** bezeichnet (engl.: to float = treiben, gleiten).

---

[1] Dargestellt aus Sicht der Bank

Welche Staaten nehmen an der Währungsunion teil?

Nach den **Verträgen von Maastricht** (1993) können sich nur solche EU-Staaten an der Währungsunion beteiligen, die sehr strenge **Konvergenz-Kriterien** erfüllen (Konvergenz = Übereinstimmung von festgesetzten Zielen; Kriterium = Prüfstein).

Die Maastricht-Kriterien			
Inflation	**Haushaltsdefizit**	**Staatsverschuldung**	**Zinsen**
Die Inflationsrate eines Landes soll um nicht mehr als 1,5% über der Inflationsrate der drei preisstabilsten Länder liegen.	Das jährliche Haushaltsdefizit eines Staates soll 3,0% des Bruttoinlandsprodukts nicht übersteigen.	Der gesamte Schuldenstand eines Landes soll 60% des Bruttoinlandsprodukts nicht überschreiten.	Die Zinssätze für langfristige Staatsschuldverschreibungen sollen um nicht mehr als 2,0% über den Zinssätzen der drei preisstabilsten Länder liegen.

13 weitere Länder streben die Teilnahme an der Währungsunion an. Da viele erst in den 90er Jahren die Marktwirtschaft eingeführt haben und derzeit noch große Wohlstandsunterschiede bestehen, können diese die strengen Bedingungen nur schwer erfüllen.

Die Eurowährung

Die Euro-Währung ist im Dezimalsystem unterteilt, d.h., **ein Euro** entspricht **100 Cent**. Die Banknoten gibt es in der Stückelung von 5, 10, 20, 50, 100, 200, 500 Euro, in unterschiedlichen Größen und Farben. Die Geldscheine zeigen Abbildungen zu verschiedenen Zeitaltern und Stilrichtungen wie Klassik, Gotik, Barock u.a., um das europäische Kulturerbe darzustellen.

Um Fälschungen zu vermeiden, sind die Banknoten mit Sicherheitsmerkmalen versehen: Spezialpapier, besondere Farben, Sicherheitsfaden, Kinegram, gut lesbare Ziffern für den Nennwert, tastbare Symbole für Blinde usw. (siehe S. 104).

Das stilisierte „E" ist das Logo der Euro-Währung.

Münzen werden zu 1, 2, 5, 10, 20, 50 Cent, 1 und 2 Euro geprägt. Während die Banknoten in allen Ländern gleich sind, ist dies bei den Münzen nicht der Fall. Hier ist nur die Vorderseite (Avers – franz.) einheitlich. Die Rückseiten (Revers – franz.) – auch als nationale Seite bezeichnet – sind von den Ländern mit verschiedenen Symbolen gestaltet.

Außer in den zwölf Mitgliedsstaaten der WWU ist der Euro innerhalb Europas auch in Andorra, Jugoslawien (Kosovo, Montenegro), Monaco, San Marino, Vatikan offizielle Währung, außerhalb Europas in weiteren sechs Ländern.

Vorteile des Euro

◆ Preise lassen sich europaweit gut vergleichen.
◆ Zahlungen in gleicher Währung mit weniger Geld.
◆ Dienste von Banken und Sparkassen, z.B. Auslandsüberweisungen werden billiger und schneller.
◆ Eine gemeinsame Währung beendet das Auf und Ab der Wechselkurse und sorgt für größere Stabilität im weltweiten Währungssystem, insbesondere gegenüber dem US-Dollar.
◆ Deutschland und Europa können im weltweiten Konkurrenzkampf wettbewerbsfähig bleiben, ggf. neue Arbeitsplätze schaffen und evtl. sogar die Arbeitslosigkeit abbauen.

7.4 Beiträge des Einzelnen und der Sozialpartner zur Geldwertstabilität

Auch das Verhalten des Einzelnen und der Sozialpartner (Tarifpartner) hat Einfluss auf die Geldwertstabilität.

◆ **Konsumverzicht** dämpft die Nachfrage und wirkt preisberuhigend. Indem der Einzelne spart, trägt er dazu bei, die umlaufende Geldmenge zu verringern, was ebenfalls preisdämpfend wirkt. Durch Konsum und Investitionen kann er die Wirtschaft ankurbeln.
◆ **Die Sozialpartner** (Arbeitnehmer- und Arbeitgeberverbände) können zur Geldwertstabilität beitragen, indem sie sich bei den Tarifabschlüssen an den Daten über die voraussichtliche wirtschaftliche Entwicklung orientieren.
Sie haben durch ihr Verhalten – Lohnforderungen, Preiserhöhungen, Gewinnerhöhungen – entscheidenden Einfluss auf die Geldwertstabilität und tragen damit **hohe gesamtwirtschaftliche Verantwortung**.

Arbeitsaufgaben und Anregungen zum Handeln

1 Unter welchen Voraussetzungen würdest du eine Währung als gesund bezeichnen? Begründe deine Ansicht.

2 Erläutere die unterschiedlichen Formen der Inflation. Haben wir zurzeit ebenfalls eine Inflation in Deutschland/in Europa? Welche? Begründe.

3 Lege deinem Nachbarn/deiner Nachbarin dar, wie du dazu beiträgst, Währungsstörungen – insbesondere der Inflation – zu entgegnen. Begründe deine Verhaltensweise.

4 Stelle mithilfe von Lexikon und Atlas Einwohnerzahl und Fläche von „Euroland" fest. Vergleiche die Werte mit Japan und den USA. Was schließt du daraus?

5 Gruppenarbeit:
a) Welche Symbole haben die Münzen in Deutschland auf der Rückseite?
b) Erfragt dies bei Banken/Sparkassen auch für Euroland. Haltet Anzahl und Art der Darstellungen tabellarisch fest.

6 Welche Vorteile sind mit der Einführung des Euro verbunden? Welche Nachteile brachte er? Der Volksmund sagt: „Euro = T(Euro)". Nimm Stellung und begründe deine Meinung.

Soziales Netz – einst und demnächst ...

◆ *Wie sieht der Karikaturist die bisherige und wie die künftige Situation im Sozialstaat Deutschland?*

◆ *Welche Gründe könnten ihn veranlassen, die soziale Zukunft bei uns so negativ zu sehen?*

◆ *Wurden deiner Ansicht nach im sozialen Bereich in den letzten Jahren oder Jahrzehnten Fehler gemacht? Begründe deine Haltung.*

8.1 Das Netz der sozialen Sicherung

Die Bundesrepublik Deutschland versteht sich gemäß Artikel 20 und 28 GG als sozialer Bundes- bzw. sozialer Rechtsstaat. Das heißt, es soll eine soziale Gerechtigkeit angestrebt werden, die jedem Bürger einen ausreichenden Lebensunterhalt gewährt und ihn vor den verschiedensten Notständen möglichst bewahrt **(Sozialstaat)**. Aus diesen Gründen wurden zum Schutz der Arbeitnehmer **verpflichtende Versicherungen** geschaffen: die **Sozialversicherung**.

Ziel dieser – im Sozialgesetzbuch verankerten – Sozialversicherung ist der Schutz bei Krankheit und im Pflegefall, bei Arbeitslosigkeit, bei Unfall und bei Berufs- oder Erwerbsunfähigkeit.

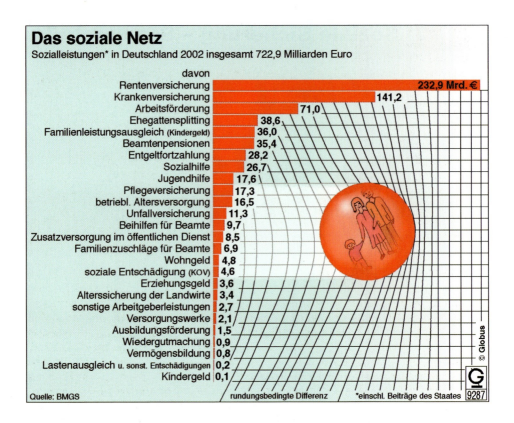

Das soziale Netz
Sozialleistungen* in Deutschland 2002 insgesamt 722,9 Milliarden Euro

davon
Rentenversicherung	232,9 Mrd. €
Krankenversicherung	141,2
Arbeitsförderung	71,0
Ehegattensplitting	38,6
Familienleistungsausgleich (Kindergeld)	36,0
Beamtenpensionen	35,4
Entgeltfortzahlung	28,2
Sozialhilfe	26,7
Jugendhilfe	17,6
Pflegeversicherung	17,3
betriebl. Altersversorgung	16,5
Unfallversicherung	11,3
Beihilfen für Beamte	9,7
Zusatzversorgung im öffentlichen Dienst	8,5
Familienzuschläge für Beamte	6,9
Wohngeld	4,8
soziale Entschädigung (KOV)	4,6
Erziehungsgeld	3,6
Alterssicherung der Landwirte	3,4
sonstige Arbeitgeberleistungen	2,7
Versorgungswerke	2,1
Ausbildungsförderung	1,5
Wiedergutmachung	0,9
Vermögensbildung	0,8
Lastenausgleich u. sonst. Entschädigungen	0,2
Kindergeld	0,1

© Globus

Quelle: BMGS   rundungsbedingte Differenz   *einschl. Beiträge des Staates   9287

♦ **Krankenversicherung und Pflegeversicherung**

Die gesetzliche Krankenversicherung übernimmt bei der Gesundheitsvorsorge, der Früherkennung, der Mutterschaftshilfe und im Krankheitsfall die Kosten für ärztliche Behandlung, Arznei, Krankenhausaufenthalt für den Versicherten und seine Familie. (In Teilbereichen ist eine gewisse Selbstbeteiligung der Versicherten vorgeschrieben.) Die meisten Arbeiter und Angestellten erhalten im Krankheitsfall sechs Wochen lang ihren vollen Lohn vom Arbeitgeber und danach ein Krankengeld in Höhe von 70 % des regelmäßig erzielten Bruttolohnes.

Für pflegebedürftige Personen, die zeitweise Hilfestellung oder aber eine Betreuung rund um die Uhr benötigen, wurde 1995 die **Pflegeversicherung** geschaffen. Diese fünfte Säule der Sozialversicherung ist der Krankenversicherung angeschlossen und gewährt Leistungen für die häusliche Pflege durch einen **Sozialdienst** oder durch Zahlungen von **Pflegegeld**. Entsprechend dem Grad der Pflegebedürftigkeit werden Sach- und Geldleistungen auch für die stationäre Pflege bezahlt.

♦ **Rentenversicherung**

Die Rentenversicherung schützt ihre Mitglieder und deren Angehörige vor den Folgen von Erwerbsminderung, Alter und Tod. Sie beruht auf dem Prinzip des **Generationenvertrages**: Die Generation der Erwerbstätigen versorgt die ältere Generation und erwartet, dass sie selbst später von der jungen Generation versorgt wird (siehe Schaubild Seite 309).

Die **dynamische** (= bewegliche) **Rente** sorgt dafür, dass die Höhe der monatlichen Zahlung jedes Jahr überprüft und den veränderten Löhnen und Preisen angepasst wird. Durch diese jährliche Rentenanpassung sollen auch die Senioren am steigenden Wohlstand teilnehmen können, um einen angemessenen Lebensstandard zu halten.

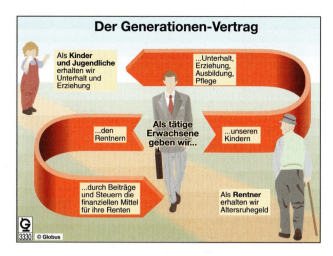

Der Generationen-Vertrag

Als **Kinder und Jugendliche** erhalten wir Unterhalt und Erziehung

...Unterhalt, Erziehung, Ausbildung, Pflege

Als **tätige Erwachsene** geben wir...

...den Rentnern

...unseren Kindern

...durch Beiträge und Steuern die finanziellen Mittel für ihre Renten

Als **Rentner** erhalten wir Altersruhegeld

3330 © Globus

◆ Arbeitslosenversicherung

Die Arbeitslosenversicherung schützt vor den materiellen Folgen einer Arbeitslosigkeit. Das **Arbeitslosengeld** beträgt bei allein Stehenden 60 %, bei Arbeitslosen mit Kindern 67 % des letzten Nettolohnes (Durchschnittsverdienst der letzten 52 Wochen). Es wird gewährt, wenn der Antragsteller **sich arbeitslos gemeldet hat, der Arbeitsvermittlung zur Verfügung steht** und die **Anwartschaft** erfüllt hat (mindestens 12 Monate beitragspflichtige Beschäftigung in den letzten drei Jahren). Die Dauer für den Bezug von Arbeitslosengeld ist seit Januar 2005 auf ein Jahr begrenzt. Danach erhält der Arbeitslose das **Arbeitslosengeld II** (Zusammenlegung von früherer Arbeitslosenhilfe und Sozialhilfe): eine monatliche Pauschale von 345 EUR, einen Zuschlag für Kinder sowie gegebenenfalls Unterkunft- und Heizkosten.

◆ Unfallversicherung

Die wichtigste Aufgabe der gesetzlichen Unfallversicherung ist die **Verhütung von Unfällen**. Sollte trotzdem ein **Arbeitsunfall, ein Wegeunfall oder eine Berufskrankheit** eintreten, so hat sie den Versicherten finanziell zu sichern und möglichst seine Erwerbstätigkeit wiederherzustellen. Dies geschieht durch die Zahlung der Heilbehandlung, von Verletztengeld oder Renten an Versicherte und deren Hinterbliebene.

◆ Rechtsanspruch

Jeder Versicherte hat auf die Leistungen der Sozialversicherung einen Rechtsanspruch. Wenn z.B. die Versicherung im Krankheitsfall nicht oder nur unvollständig zahlt, kann Widerspruch eingelegt oder sogar Klage gegen die Versicherung erhoben werden. Zuständig hierfür sind die **Sozialgerichte**.

◆ Sozialhilfe/Arbeitslosengeld II

Wenn Bürger sich nicht mehr selbst helfen können oder die Leistungen aus der Sozialversicherung nicht ausreichen, steht ihnen das Arbeitslosengeld II (früher: Sozialhilfe) zu. Diese Grundsicherung beträgt 345 EUR monatlich. Ehegatten/ Lebenspartner erhalten 311 EUR, Kinder (15–18 Jahre) zusätzlich 276 EUR Sozialgeld. Allerdings wird gemäß dieser „Hartz-IV-Reform" das vorhandene Vermögen der Leistungsempfänger angerechnet.

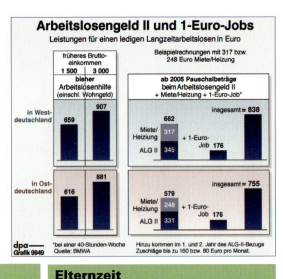

◆ Weitere Sozialleistungen des Staates

Erziehungsgeld – Elternzeit

Mütter und Väter, die ihr Kind in den ersten 36 Monaten nach der Geburt selbst betreuen und daher keine volle Erwerbstätigkeit ausüben, können **Erziehungsgeld** erhalten. Wer berufstätig ist, kann für diese Zeit auch die sog. **Elternzeit** beantragen.

Erziehungsgeld (einkommensabhängig)	**Elternzeit**
für Mütter oder Väter – die ihr Kind selbst betreuen und – keine oder keine volle Erwerbstätigkeit ausüben	**für Mütter oder Väter** – die ihr Kind – nach Ablauf der Mutterschutzfrist – selbst betreuen wollen – und Arbeitnehmer/-innen sind
Höhe des Erziehungsgeldes bis zu 300 EUR monatlich für die Dauer von bis zu **24 Monaten** nach der Geburt des Kindes. Alternativ sind auch bis zu 450 EUR monatlich möglich, allerdings dann begrenzt auf 12 Monate. (Stand: 2004)	**Dauer der Elternzeit** im Anschluss an die Mutterschutzfrist bis zu **36 Monaten** nach der Geburt des Kindes. Während dieses Erziehungsurlaubs besteht Kündigungsschutz (Ausnahmen möglich). Teilzeitarbeit bis zu 30 Stunden pro Woche ist möglich.

Neben der öffentlichen Sozialhilfe (Sozialgeld bzw. ALG II) nimmt sich auch die **freie Wohlfahrtspflege** der in Not geratenen Menschen an: die Arbeiterwohlfahrt, das Hilfswerk der evangelischen Kirche Deutschlands, der Deutsche Caritasverband, der Deutsche Paritätische Wohlfahrtsverband u.a.

8.2 Finanzierung der Sozialversicherung

Das **soziale Netz** kostet jährlich extrem viel Geld. Aus diesem Grund wurde die Sozialversicherung in erster Linie als Selbsthilfeeinrichtung aller Arbeitnehmer geschaffen. Deshalb müssen alle Versicherten einen Teil ihres Lohnes/Einkommens als monatlichen Beitrag an die Sozialversicherung abführen. Hierdurch tragen sie solidarisch mit dazu bei, anderen zu helfen. In einer **Solidargemeinschaft** (Schlagwort: „Alle für einen, einer für alle") arbeiten die Gesunden für die Kranken mit, um bei eigener Krankheit selbst unterstützt zu werden. Ebenso tragen die Erwerbstätigen mit ihrem jetzigen Rentenbeitrag dazu bei, die Renten zu finanzieren. Dafür werden sie im Alter von der dann arbeitenden Generation finanziell getragen **(Generationenvertrag)**. Die sehr hohen Geldmittel zur Aufrechterhaltung der Sozialversicherungen werden im Wesentlichen durch Beiträge von Arbeitnehmern und Arbeitgebern aufgebracht. Entsprechend den gesetzlichen Vorschriften werden sie wie folgt aufgesplittet (aufgeteilt):

	Beiträge (Stand: 2004)	
Krankenvers.	etwa 13% bis 15% des Bruttolohnes	Diese Beiträge werden jeweils zur Hälfte von den Arbeitgebern und den Arbeitnehmern getragen.
Pflegevers.	1,7% des Bruttolohnes	
Rentenvers.	19,5% des Bruttolohnes	
Arbeitslosenversicherung	6,5% des Bruttolohnes	
Unfallvers.	Beiträge richten sich nach der Gefahrenklasse des Betriebes.	Beiträge werden allein vom Arbeitgeber getragen.

Diese Beiträge, welche die Unternehmer zusätzlich zu den eigentlichen Löhnen zu zahlen haben, werden als **Lohnnebenkosten** bezeichnet. Sie belaufen sich in vielen Branchen auf über 90 % des herkömmlichen Lohnes und tragen als **zweiter Lohn** mit zu dem hohen Preisgefüge in Deutschland bei (siehe Seite 15 f. und 193).

Träger unserer Sozialversicherung

Krankenversicherung	Pflegeversicherung	Rentenversicherung	Arbeitslosenversicherung	Unfallversicherung
Krankenkassen: Ortskrankenkassen Betriebskrankenkassen Innungskrankenkassen Ersatzkassen landwirtschaftliche Krankenkassen	Krankenkassen Grundsatz: „Pflegeversicherung folgt der Krankenversicherung." (vgl. Krankenversicherung)	Versicherungsanstalten: Landesversicherungsanstalt (LVA) Bundesversicherungsanstalt für Angestellte (BfA) in Verbindung mit dem „Verband deutscher Rentenversicherungsträger" (VDR) landwirtschaftliche Alterskasse	Bundesagentur für Arbeit (Nürnberg) Landesarbeitsagenturen Arbeitsagentur	Berufsgenossenschaften gewerblich landwirtschaftlich Gemeindeunfallversicherungsverbände (Unfallkassen)

Steigende Kosten

Die Sozialabgaben, die alle Arbeitnehmer und Arbeitgeber zu entrichten haben, stiegen in den letzten Jahren stetig an (siehe Schaubild). Trotzdem reichten sie – **insbesondere im Rentenbereich** – zur Deckung der Leistungen nicht mehr aus. Daher schießt die Bundesregierung jährlich ebenfalls Milliarden zu.

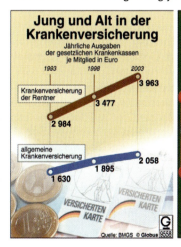

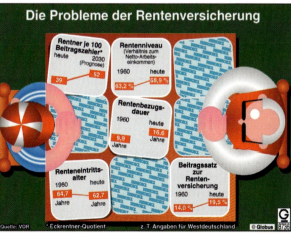

8.3 Probleme der Sozialpolitik

Das **Prinzip (= Grundsatz) des Sozialstaates** hat durch den Ausbau des sozialen Netzes seit den 50er Jahren dazu geführt, dass immer mehr öffentliche Gelder in den sozialen Bereich geflossen sind. Dadurch ist die soziale Absicherung in Deutschland vorbildlich. Sie hat dazu beigetragen, dass die **Staatsquote** lange Zeit anstieg. Das heißt, der Anteil der Staatsausgaben am erwirtschafteten Bruttoinlands-produkt wurde immer größer. In der Zwischenzeit überstiegen die staatlichen Aus-gaben die Steuereinnahmen, so dass Bund, Länder und Gemeinden immer mehr Kredite aufnahmen, um ihre Aufgaben zu finanzieren. Die sinkenden Steuereinnah-men sind auf die **Wirtschaftsschwäche** der letzten Jahre zurückzuführen. Aus die-sem Grunde stieg die **Staatsverschuldung** sehr stark an. Jetzt wird der Ruf laut, diese Verschuldung durch **Einschränkung sozialer Leistungen** zu bremsen und zu reduzieren. Man fordert den so genannten *„schlanken Staat"*, der sich aus vie-len – insbesondere auch wirtschaftlichen – Bereichen zurückziehen soll, um die Staatsfinanzen wieder gesunden zu lassen.

Die größten Kosten verursacht die **Rentenversicherung**. Dies ist auf die **demo-grafische Entwicklung** (Altersstruktur der Bevölkerung) in Deutschland zurück-zuführen, wie das Schaubild beweist.

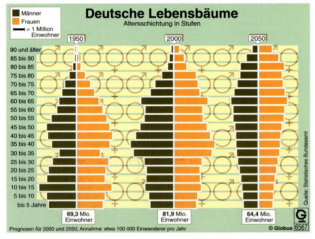

Immer weniger Erwerbstätige müssen mehr Rentner unterhalten. Wie dies finanziert wer-den soll, ist das große Zukunftsproblem der Rentenversicherung. Trotz der Rentenrefor-men von 1992 und 2001 muss sich der Gesetzgeber weitere Gedanken machen über stei-gende Beiträge, Höhe der Renten, sehr viele Frührentner, Vorruhestand, Rentenalter usw.

Als weiteres Problem im Sozialbereich stellt sich die **Kostenexplosion im Gesund-heitswesen** dar. Durch die starke Verteuerung der Krankenhaus-, Arzneimittelkosten usw. werden die Patienten künftig stärker an den Kosten beteiligt werden. Ebenfalls angestiegen ist die Zahl der Empfänger von **Sozialeinkommen** (Arbeitslose, Sozial-hilfeempfänger, Asylbewerber, Aussiedler usw.). Daher dürfte der Sozialstaat seine Grenzen bereits erreicht haben, falls er sie nicht schon überschritten hat.

Missbrauch von Sozialleistungen

Die deutsche Sozialversicherung ist eine der fortschrittlichsten und leistungsfähigsten in der Welt. Der soziale Schutz ist allerdings nur dann sinnvoll und vertretbar, wenn die Versicherten verantwortungsbewussten Gebrauch davon machen.

Krankfeiern, „arbeitslos feiern", Schwarzarbeit usw. geht immer auf Kosten anderer und ist Betrug an der Allgemeinheit, insbesondere an allen anständigen Arbeitnehmern, die diese Kosten mittragen müssen. Zur Eindämmung illegaler Arbeit wurde Arbeitslosen ermöglicht, eine **Ich-AG** zu gründen und staatliche Zuschüsse für ihr Ein-Personen-Unternehmen zu erhalten. Weiterhin wurde der **Sozialversicherungsausweis** für alle pflichtversicherten Arbeitnehmer geschaffen, den Beschäftigte im Baugewerbe, Schausteller, Gebäudereiniger usw. ständig mit sich führen müssen. Mit diesem Versicherungsnachweis wird die Beschäftigung und die Sozialversicherungszahlung dokumentiert.

Hilfe im Haushalt ohne Schwarzarbeit

Haushaltsnahe Dienstleistungen sind alle Tätigkeiten, die im Einzelfall von einem Familienmitglied erledigt werden können, z.B.

- Einkauf
- Zubereitung von Mahlzeiten
- Wohnungsreinigung
- Gartenpflege
- Pflege und Betreuung von Kindern, Kranken sowie alten oder pflegebedürftigen Menschen

Anfallende Abgaben bei einer **geringfügig entlohnten Beschäftigung** (monatliche Einkünfte bis maximal 400 Euro) im Privathaushalt:

Der Arbeitgeber

- hat grundsätzlich zu entrichten:
  - ✔ 5 Prozent des Arbeitsentgelts zur Krankenversicherung
  - ✔ 5 Prozent des Arbeitsentgelts zur Rentenversicherung
  - ✔ 5 Prozent des Arbeitsentgelts als einheitliche Pauschsteuer
  - ✔ gegebenenfalls 1,3 Prozent des Arbeitsentgelts als Umlagen nach dem Lohnfortzahlungsgesetz
- kann jährlich 10 Prozent der Ausgaben (maximal aber 510 Euro) bei seiner **Steuererklärung** geltend machen
- hat die Pflicht, für jede Haushaltshilfe eine **Unfallversicherung** abzuschließen (Jahresbeitrag etwa 25 bis 90 Euro)

Auf den **Arbeitnehmer** entfallen grundsätzlich **keine** Pauschalabgaben.

© Globus   S 0237

Die Nichtanmeldung eines im Privathaushalt Beschäftigten wird als Ordnungswidrigkeit geahndet (Geldbuße).

8.4   Grenzen des Sozialstaats

Große Teile unserer Gesellschaft sind der Ansicht, dass es notwendig sei, den Einfluss des Staates in der Sozialpolitik zurückzudrängen und die Selbstverantwortung und die Fähigkeit zur Selbsthilfe beim einzelnen Bürger zu fördern.

Die Gewerkschaften sind bereit, Kompromisse einzugehen. Sie bestehen neuerdings nicht immer auf Lohnerhöhungen. Wenn nämlich durch Verzicht auf Gehaltsverbesserungen Arbeitsplätze erhalten oder sogar neue geschaffen werden, arbeiten sie meist sehr konstruktiv mit den Arbeitgebern zusammen.

Fest steht: Um die Sozialleistungen mit den wirtschaftlichen Leistungen und den finanziellen Möglichkeiten in Einklang zu bringen, muss auch im sozialen Bereich gespart werden.

Die schwierigste Aufgabe jeder Sozialpolitik besteht darin, die Leistungen des Staates und die Belastungen der Bürger **sozial gerecht** zu verteilen.

1 Bestelle dir bei der LVA (Landesversicherungsanstalt) Rheinland-Pfalz in 67346 Speyer (Eichendorffstr. 4–6, Internet-Adresse: www.lva-rheinland-pfalz.de) bzw. Saarland in 66111 Saarbrücken (Martin-Luther-Str. 2–4) die Broschüre „Berufsanfänger und die Sozialversicherung" ISSN-Nr. 0173-6930 und informiere dich über die Beiträge, die du als Auszubildender zu zahlen hättest.

2

Die soziale Last
Beitragssätze in der Sozialversicherung in % des Bruttoverdienstes" in Deutschland

Führt in der Klasse eine Podiumsdiskussion über Zweck und derzeitige Höhe der Sozialabgaben durch.

Teilnehmer: Arbeitnehmer, Arbeitgeber, Bundesministerium für Gesundheit und Soziale Sicherung, Vertreter der freien Wohlfahrtsverbände.

3 Liste die Leistungen der einzelnen Sozialversicherungen (Krankenversicherung, Rentenversicherung) auf. Lege dar, welche dir besonders wichtig, weniger wichtig oder sogar entbehrlich erscheint.

4 Interpretiere die Karikatur über die „Explosion der Krankenhauskosten" und versuche, die derzeitige Situation bei der Rentenversicherung ebenfalls in einer Karikatur darzustellen.

5 Sollte der Staat auch denjenigen helfen, die ihre Not selbst verschuldet haben (Arbeitsunwillige, Drogenabhängige usw.)? Begründe deine Meinung.

„...wo, sagten Sie, drückt's?"

6 Stellt in der Klasse Arten und Ursachen von Schülerunfällen zusammen, die im vergangenen Jahr an eurer Schule passierten. Das Sekretariat und der/die Sicherheitsbeauftragte aus dem Lehrerkollegium können euch hierbei unterstützen. Gestaltet ein Plakat über eure Untersuchung und hängt es aus.

7 Stelle fest, welche Unfallverhütungsvorschriften es speziell für deine Schule gibt. Die in der Klasse zusammengetragenen Ergebnisse könnten auch anderen Klassen mitgeteilt werden.

Das Renten-Problem
Auf je 100 Arbeitnehmer kommen so viele Rentner: (Prognose)

1995	2000	2010	2020	2030	2040
46	52	62	74	96	102

Quelle: VDR

8 Führt ein Rollenspiel durch, bei dem sich ein Rentnerehepaar mit einer Angestellten, einem Betriebsinhaber und zwei Jugendlichen über die gegenwärtige und zukünftige Situation der Renten unterhält.

9 Führt ein Hearing (Anhörung von Fachleuten) im Bundestag zum Thema „Sozialabbau" durch. Hierbei sollen alle wichtigen Vertreter von Betroffenen (Arbeitslose, Rentner, Sozialhilfeempfänger, Krankenversicherungen, Arbeitgeber, Gewerkschaften, Bundesregierung ...) ihre Meinung einbringen.

Außenwirtschaft

1   Außenhandel Deutschlands

◆ *Was möchte die Karikatur ausdrücken? Bedenke dabei, dass wir ein exportorientiertes Land[1] sind.*

◆ *Wieso kann Ausländerfeindlichkeit auch unserer Wirtschaft schaden? Begründe.*

◆ *Versuche einen Zusammenhang herzustellen zwischen der Höhe des Exportanteils in einem Land und dem dortigen Lebensstandard.*

1.1   Abhängigkeit Deutschlands vom Import

Das heutige Wirtschaftsgeschehen spielt sich nicht nur innerhalb eines Landes ab, wie man aus dem vollständigen Wirtschaftskreislauf (siehe Seite 147) ersehen kann, sondern ist mit dem Ausland verzahnt. Dies ist für Deutschland besonders wichtig, da wir ein rohstoffarmes Land sind. Neben **Steinkohle**, die in ausreichender Menge vorhanden ist, besitzt es große Vorkommen an **Braunkohle**, vor allem in den neuen Bundesländern. Bei den wichtigen Energieträgern **Erdöl** und **Erdgas** sind wir jedoch fast ganz von der Einfuhr abhängig.

Den größten Teil der von unserer Wirtschaft benötigten Rohstoffe müssen wir aus dem Ausland **einführen** (importieren).

An der Spitze der Beträge, die Deutschland für Einfuhren ausgeben muss, liegen die Kosten für **Erdöl**. Mit großem Abstand folgen erst die weiteren Ausgaben für Textilien, chemische Erzeugnisse, Kraftfahrzeuge, Maschinen, elektrotechnische Erzeugnisse, Eisen, Nichteisen-Metalle, Lebensmittel u.a.

---

[1] Export = Ausfuhr von Waren, Dienstleistungen usw.

1.2 Abhängigkeit Deutschlands vom Export

Deutschland ist ein Industriestaat, der hochwertige Fertigprodukte herstellt und einen sehr großen Teil davon ins Ausland **ausführt** (exportiert), vor allem Kraftfahrzeuge, Maschinen, chemische Produkte und elektrotechnische Erzeugnisse.

Für die deutsche Wirtschaft ist der Export lebenswichtig.
Annähernd jeder fünfte Arbeitsplatz und Tausende von Unternehmen – in großer Zahl auch mittelständische Betriebe – sind von der Ausfuhr abhängig. Ein Rückgang des Exports wirkt sich unmittelbar auf dem Arbeitsmarkt in Form von Kurzarbeit oder gar Arbeitslosigkeit aus. In den letzten Jahren wurde der Exportanteil am deutschen Sozialprodukt immer größer. Durch diesen hohen Anteil an Ausfuhrgütern fließt wieder viel ausländisches Geld, z.B. US-Dollar, in unsere Wirtschaft, womit die benötigten Einfuhrgüter/Auslandsurlaub bezahlt werden können. Erstrebenswert ist eine ausgeglichene Zahlungsbilanz, d.h. es sollen von der Außenwirtschaft möglichst keine störenden Einflüsse auf die Binnenwirtschaft ausgehen.

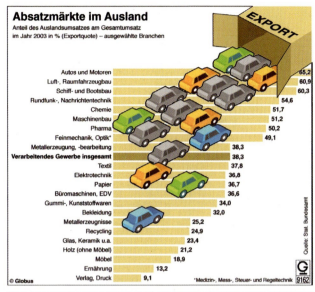

Absatzmärkte im Ausland
Anteil des Auslandsumsatzes am Gesamtumsatz im Jahr 2003 in % (Exportquote) – ausgewählte Branchen

Branche	%
Autos und Motoren	65,2
Luft-, Raumfahrzeugbau	60,9
Schiff- und Bootsbau	60,3
Rundfunk-, Nachrichtentechnik	54,6
Chemie	51,7
Maschinenbau	51,2
Pharma	50,2
Feinmechanik, Optik*	49,1
Metallerzeugung, -bearbeitung	38,3
Verarbeitendes Gewerbe insgesamt	38,3
Textil	37,8
Elektrotechnik	36,8
Papier	36,7
Büromaschinen, EDV	36,6
Gummi-, Kunststoffwaren	34,0
Bekleidung	32,0
Metallerzeugnisse	25,2
Recycling	24,9
Glas, Keramik u.a.	23,4
Holz (ohne Möbel)	21,2
Möbel	18,9
Ernährung	13,2
Verlag, Druck	9,1

© Globus   *Medizin-, Mess-, Steuer- und Regeltechnik   9162

Quelle: Stat. Bundesamt

Deutschlands wichtigste Handelspartner
im 1. Hj. 2004 in Milliarden Euro

Bei der Ausfuhr		Bei der Einfuhr	
Frankreich	37,5	26,2	Frankreich
USA	32,2	22,6	Niederlande
Großbritann.	30,3	20,2	USA
Italien	26,6	17,2	Italien
Niederlande	21,9	16,1	Großbritann.
Belgien	20,2	13,9	China
Österreich	18,8	13,7	Belgien
Spanien	18,6	11,7	Österreich
Schweiz	13,9	10,5	Japan
China	10,9	9,8	Schweiz
Polen	9,4	8,8	Tschechien
Tschechien	9,1	8,6	Spanien

dpa · Grafik 9939   Quelle: Stat. Bundesamt

1.3 Im- und Export in der Bilanz

Die ökonomische Leistungsfähigkeit einer Volkswirtschaft erkennt man an der so genannten **Leistungsbilanz** (siehe Seite 280). Hier wird die Ein- und Ausfuhr der Waren erfasst (Handelsbilanz), der Austausch von Dienstleistungen erscheint in der Dienstleistungsbilanz und in der Erwerbs- und Vermögenseinkommens-, bzw. Übertragungsbilanz erscheinen Gelder, die ins Ausland fließen.

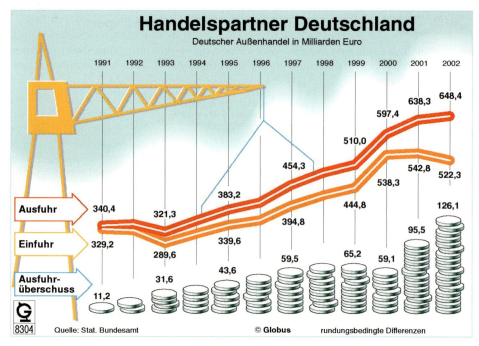

Handelspartner Deutschland

Deutscher Außenhandel in Milliarden Euro

	1991	1992	1993	1994	1995	1996	1997	1998	1999	2000	2001	2002
Ausfuhr	340,4	321,3			383,2		454,3	510,0	597,4		638,3	648,4
Einfuhr	329,2	289,6	339,6			394,8			444,8	538,3	542,8	522,3
Ausfuhr-überschuss	11,2	31,6	43,6		59,5		65,2	59,1		95,5	126,1	

Quelle: Stat. Bundesamt © Globus rundungsbedingte Differenzen

Deutschland führt mehr Waren aus als ein. Seine **Handelsbilanz** ist daher **aktiv** (Exportüberschuss). Da die Handelsbilanz jedoch nur ein Teil der Leistungsbilanz ist, muss man auch die Dienstleistungs- und Übertragungsbilanz analysieren (= untersuchen), um unsere Wirtschaftskraft beurteilen zu können.

In den Jahren 1979, 1980 und 1981 entstand in der Dienstleistungsbilanz ein so hoher Fehlbetrag (Devisenausgaben für Auslandsreisen!), dass er durch die Überschüsse in der Handelsbilanz nicht mehr ausgeglichen werden konnte. Durch eine **vermehrte Ausfuhr** konnte im Jahr 1982 wieder eine **aktive Leistungsbilanz** erreicht werden. Das Jahr 1989 brachte einen Rekordüberschuss im Außenhandel, so dass der höchste Leistungsbilanzüberschuss in der Geschichte der Bundesrepublik Deutschland erzielt wurde. 1991 jedoch rutschte die Leistungsbilanz – bedingt durch die Wiedervereinigung Deutschlands und die Mitfinanzierung des Golfkriegs – wieder in die roten Zahlen. Diese passive Leistungsbilanz hielt durch die 90er Jahre an. Erst nach der Jahrtausendwende wurde mithilfe der florierenden (= blühenden) Exportwirtschaft ein Plus erzielt, wie das Schaubild verdeutlicht.

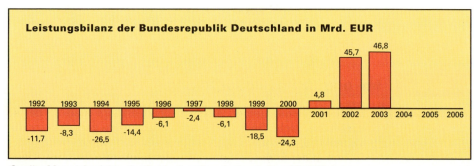

Quelle: Monatsberichte der Deutschen Bundesbank, Frankfurt/Main

Hohe **Überschüsse** in der Leistungsbilanz können zu Preissteigerungen führen ("importierte Inflation", siehe Seite 302). Dauernde **Defizite** (= Fehlbeträge, z.B. durch geringe Ausfuhren und hohe Einfuhren) können Arbeitsplätze gefährden.

Seit dem gemeinsamen Binnenmarkt in Europa 1993 gibt es in der deutschen Außenhandelsstatistik (= Erfassung und Darstellung des Außenhandels) eine Umstellung der Daten. Der Handel mit den EU-Ländern fällt im gemeinsamen Europa unter den so genannten **Binnenhandel**.

Arbeitsaufgaben und Anregungen zum Handeln

1 *Welche Aussage ist richtig?*
Deutschland besitzt

a) viel eigenes Kupfer   *d) viel eigene Braunkohle*
b) ausreichend Uran   *e) große Vorkommen an Erzen*
c) ausreichend Steinkohle   *f) wenig Erdöl*
Welche Folgerungen ergeben sich daraus?

2 *Weshalb legt Deutschland großen Wert auf den so genannten freien Welthandel und lehnt Handelsbeschränkungen ab? Begründe.*

3 *Zähle jeweils drei große europäische und außereuropäische Handelspartner Deutschlands auf und zeichne sie in eine – selbst erstellte – Weltkarte in deinem Heft ein.*

4 *Welche Folgen brächten hohe europäische Importzölle für die Wareneinfuhren mit sich? (Welche Auswirkungen hätten diese verteuernden Maßnahmen für die deutsche bzw. europäische Wirtschaft/Arbeitsplätze bei uns/Exportgüter/Tourismusbranche usw.?)*

5

Stelle einen Zusammenhang zwischen der Karikatur und dem politischen Ziel, ein außenwirtschaftliches Gleichgewicht anzustreben, her.
Denke dabei auch an die Einflüsse, die von außereuropäischen Ländern auf uns einwirken!

6 *Führt eine Podiumsdiskussion zum Thema "Verbesserung unserer Leistungsbilanz", z.B. durch Beschränkung von Auslandsreisen, Devisenverknappung, Importbeschränkungen usw. durch. Auf dem Podium könnten sitzen: Arbeitgebervertreter, Gewerkschafter, Manager von ausländischen Konzernen, Vertreter der Tourismusbranche, Direktoriumsmitglied der Bundesbank bzw. Europäischen Zentralbank, Europaabgeordnete usw.*

7 *Stelle ein Rätsel zum Kapitel 1 zusammen, welches dein Nachbar/deine Nachbarin lösen soll.*

2 Wirtschaftsstandort Deutschland

◆ Interpretiere die Karikatur. Wieso ist Deutschland ein großer Nutznießer der Europäischen Union (EU)?

◆ Erkennst du Anzeichen dafür, dass der so genannte Wirtschaftsstandort Deutschland gefährdet ist? Sind wir im Begriff, unsere
wirtschaftliche und soziale Spitzenstellung zu verlieren?
Begründe.

◆ Wie kann nach deiner Ansicht Deutschland seinen hohen Lebensstandard für die Zukunft sichern? Welche Möglichkeiten siehst
du?

2.1 Deutschland als Mitglied der Europäischen Union (EU)

Seit 1958 ist die Bundesrepublik Deutschland Mitglied der Europäischen Gemeinschaft (EG), der heutigen **Europäischen Union (EU)**.

Diese Mitgliedschaft ist für Deutschland von großer wirtschaftlicher und politischer
Bedeutung. Die Nachbarländer der EU sind unsere **wichtigsten Handelspartner**.
Die Europäische Union wird in den nächsten beiden Kapiteln ausführlicher
beschrieben.

> *99* Für Deutschland ist nichts wichtiger als enges Einvernehmen mit den Nachbarn! *66*
>
> Helmut Schmidt, Altbundeskanzler, 1991

Nach der Vereinigung der beiden deutschen Staaten sank die Wirtschaftskraft in der vergrößerten Bundesrepublik, aber das Gewicht und der Einfluss Deutschlands in Europa stiegen. In vielen Bereichen nehmen wir **innerhalb Europas eine Spitzenstellung** ein.

Beispiele

◆ Mit ca. 82 Mio Einwohnern bevölkerungsreichstes Land
◆ Stärkste Wirtschaftsleistung (über 2.000 Mrd. EUR jährlich, dies entspricht fast einem Fünftel der gesamten europäischen Wirtschaftskraft)
◆ Mit Dänemark, Schweden und den Niederlanden an der Spitze der Sozialleistungen (Arbeitslosengeld, kürzeste Arbeitszeiten, hohes Lohnniveau usw.)
◆ Hohe Umweltstandards (= Umweltschutzanforderungen und -gesetze) usw.

Insbesondere **Südwestdeutschland** im Herzen Europas muss mit seinen angrenzenden Nachbarregionen ein großes Interesse an einer gut funktionierenden europäischen Wirtschaft haben (siehe Karte).

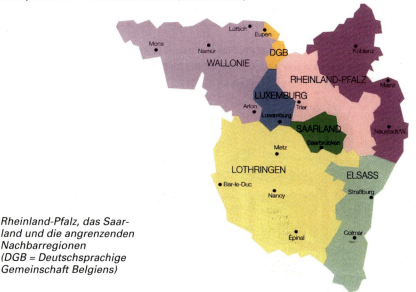

Rheinland-Pfalz, das Saarland und die angrenzenden Nachbarregionen (DGB = Deutschsprachige Gemeinschaft Belgiens)

Diese Gebiete, die früher durch eine nationale Randlage benachteiligt waren, erhalten jetzt neue Entwicklungschancen. Industriegebiete bekommen durch die grenzüberschreitende Zusammenarbeit größere Einzugsgebiete, Mittelstand und Handwerk können jenseits der Grenze problemlos Aufträge erhalten.

Naturschutz- und Naherholungsgebiete im benachbarten Ausland z.B. können von den Behörden besser koordiniert (= aufeinander abgestimmt), eingerichtet und von den Bürgerinnen und Bürgern genutzt werden usw.

Als **zweitgrößtes Exportland der Welt** muss der Wirtschaftsstandort Deutschland auf gutnachbarliche Beziehungen besonders achten. Unser Wohlstand gründet sich nämlich großenteils auf der Produktion und dem Austausch der Güter mit unseren europäischen Handelspartnern. Aus diesen Gründen sollten uns die Zahlungen an die Europäische Union (siehe Schaubild) nicht zu sehr schmerzen.

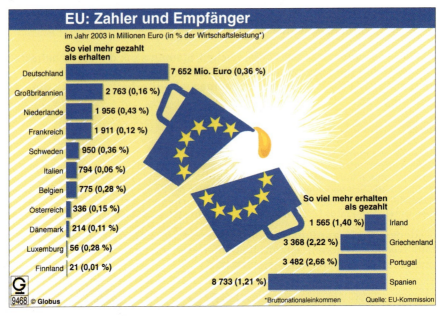

EU: Zahler und Empfänger

im Jahr 2003 in Millionen Euro (in % der Wirtschaftsleistung*)

So viel mehr gezahlt als erhalten

Deutschland	7 652 Mio. Euro (0,36 %)
Großbritannien	2 763 (0,16 %)
Niederlande	1 956 (0,43 %)
Frankreich	1 911 (0,12 %)
Schweden	950 (0,36 %)
Italien	794 (0,06 %)
Belgien	775 (0,28 %)
Österreich	336 (0,15 %)
Dänemark	214 (0,11 %)
Luxemburg	56 (0,28 %)
Finnland	21 (0,01 %)

So viel mehr erhalten als gezahlt

1 565 (1,40 %)	Irland
3 368 (2,22 %)	Griechenland
3 482 (2,66 %)	Portugal
8 733 (1,21 %)	Spanien

G
9468 © Globus

*Bruttonationaleinkommen   Quelle: EU-Kommission

2.3 Zukunftsperspektiven des Wirtschaftsstandorts Deutschland

„Werden solche großtechnischen Projekte, wie z.B. der Transrapid oder das europäische Satellitennavigationssystem Galileo, künftig ohne deutsche Beteiligung stattfinden?"

„Verlieren wir den Anschluss an die wirtschaftliche und technische Weltspitze?"

„Legen sich bei uns zu viele in die soziale Hängematte?"

„Weshalb investiert das Ausland in den letzten Jahren bei uns weniger?"

Solche Fragen oder ähnliche Thesen werden unter dem Schlagwort „Wirtschafts-standort Deutschland in Gefahr!" diskutiert.

Faktoren, die dazu führen können, **wirtschaftlich** und technisch **zurückzufallen** und von anderen Ländern überholt zu werden:

◆ Die **Steuerbelastung der Unternehmen** ist immer noch hoch. Circa die Hälfte des Gewinns muss von den meisten Firmen an den Staat abgeführt werden. In den wichtigen Konkurrenzländern, wie Japan und den USA, win-ken höhere Gewinne. Dadurch investieren manche Firmen dort statt bei uns.

◆ Die **Arbeitskosten** (Lohn- und Lohnnebenkosten) sind zu hoch. Rund 25 EUR Lohn verursacht eine Arbeitsstunde in der Industrie, 5 EUR mehr als in Japan und gar 7 EUR mehr als in den USA. Hinzu kommen noch die so genannten Billiglohnländer wie Tschechien, Polen, Ungarn und der ostasiatische Raum, wo bedeutend kostengünstiger produziert wird (Stand 2000).

◆ Die **kurzen Arbeitszeiten** der Arbeitnehmer und die zahlreichen **Urlaubs- und Feiertage** erhöhen die Lohnstückkosten.

◆ Die **Überbürokratisierung** der öffentlichen Verwaltung und ein dichtes Regelungsgestrüpp hemmen die wirtschaftliche Entfaltung. Daher hat bei-spielsweise die Chemieindustrie bis zu 40 % ihrer Forschung (Gentechnolo-gie usw.) ins Ausland verlegt.

◆ Im **Forschungs- und Entwicklungsbereich**, bei EDV- und Ingenieurleistun-gen oder bei Lizenzen kaufen wir mehr ein als wir selbst international umsetzen. Im Jahr 2003 z.B. verkaufte Deutschland für knapp 19 Milliarden EUR Patente, Ingenieurleistungen usw., holte aber gleichzeitig vom Ausland für fast 21 Mrd. EUR innovatives Know-how[1] ins Land. Allein im zukunftsträchtigen EDV-Bereich musste man 2001 hier für Entwicklung und Pflege von PC-Programmen bzw. für die Installation von Computeranlagen 6 Mrd. EUR aufwenden.

[1] innovativ = neuartig, fortschrittlich, zukunftsweisend
Know-how = engl.: „wissen wie", das Wissen, wie man eine Sache/Idee usw. verwirklichen kann

Was die Bürger von den Politikern erwarten

Von je 100 Befragten sind der Meinung, dass die folgenden drängenden Aufgaben in den nächsten Jahren in Deutschland unbedingt gelöst werden müssen:

Arbeitslosenzahlen rasch und wirksam senken	79
Wirtschaft ankurbeln	41
Steuern und Abgaben spürbar senken	36
Mehr Ausbildungsplätze bereitstellen	22
Bildung verbessern	17
Altersvorsorge verbessern	17
Illegale Zuwanderung stoppen	14
Umweltschutz verbessern	13
Euro stabil halten	12
Verbrechen bekämpfen	11
Bürokratie abbauen	11
Korruption bekämpfen	7
Selbstständigkeit fördern	5
Verbraucher mehr schützen	4
Bevölkerungsschwund bremsen	2
Höhere Geburtenzahl fördern	2
Unternehmen weniger regulieren	1

Mehrfachnennungen waren möglich   Quelle: BAVC/Emnid-Umfrage; Aug./Sept. 2002   © Globus 8037

Wie kann der Wirtschaftsstandort Deutschland und damit unser Wohlstand für die Zukunft gesichert werden?

Viele behaupten, wir hätten bisher über unsere Verhältnisse gelebt, daher rührt die sehr hohe **Staatsverschuldung**. Auch wurde mit der **Natur** zu wenig behutsam umgegangen, daraus ergeben sich die derzeitigen Umweltprobleme. Aus diesen Gründen muss man sich in Deutschland langfristig auf einen sinkenden Lebensstandard einstellen.

Andere stellen die These auf, dass man die **Zukunftsprobleme** bei uns **bewältigen** kann, ohne übermäßig große ökologische Belastungen.

◆ Der weltweite **Strukturwandel** hin zur Dienstleistungs- und Kommunikationsgesellschaft muss besser erkannt und genutzt werden.

◆ Mit neuen Ideen und Produkten kann die internationale **Wettbewerbsfähigkeit** erhalten werden. Förderung von mehr Kreativität in den Unternehmen durch intensivere Zusammenarbeit mit den Hochschulen.

Beispiele

◆ Entwickeln des „Ein-Liter-Autos" evtl. mit Biomasse-Spritmotor bzw. Wasserstoffantrieb oder des wirtschaftlichen Elektroautos usw.

◆ Ausbau des Teleworking, Homeshopping, E-Commerce, der Biotechnologie etc.

◆ Weiterentwicklung der Brennstoffzellentechnik (= Umkehrung der Elektrolyse zur Energiegewinnung) zur kommerziellen Anwendung in Haushalt, Automobilbau, Kraftwerkstechnik usw.

◆ Durch lebenslange **Fort- und Weiterbildung** der Arbeitnehmer sind die Betriebe besser in der Lage, sich auf Neuerungen am Markt einzustellen.

◆ Erhalt des **Arbeitsfriedens** zwischen Arbeitgebern und Gewerkschaften durch möglichst wenig Streiks.

◆ Im staatlichen Bereich könnte noch mehr **privatisiert** werden, um die Haushalte wegen hoher Personalkosten von Bund, Ländern und Kommunen zu entlasten. Wenn die Schulden reduziert werden, können auch langfristig die Steuern noch weiter gesenkt werden.

Jede(r) sollte die Zukunft als eine persönliche Herausforderung ansehen.

1 *Welchen Nutzen hast du persönlich schon vom europäischen Markt gehabt? Denke an deine Konsumgewohnheiten.*

2 *Welche Verpflichtungen sollten wir reicheren Mittel- und Nordeuropäer gegenüber dem ärmeren Osteuropa auf uns nehmen? Begründe.*

3

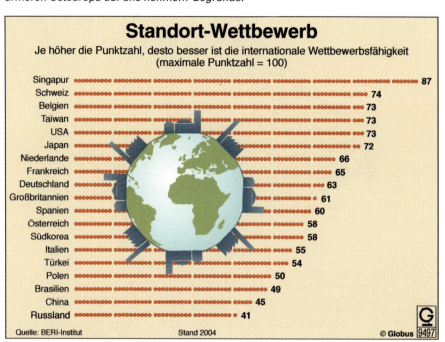

Quelle: BERI-Institut   Stand 2004   © Globus 9497

Singapur an erster Stelle
Wenn Unternehmen Investitionen planen, rechnen sie mit spitzem Bleistift. Das gilt nicht nur für die Anschaffung neuer Maschinen oder für die Einstellung neuer Mitarbeiter. Das gilt auch, wenn ein neuer Produktionsstandort beispielsweise für ein Zweigwerk oder eine Vertriebsniederlassung gesucht wird. Insbesondere Unternehmen, die für den Weltmarkt produzieren, schauen sich bei der Standortwahl auch jenseits der eigenen Landesgrenzen um. Dabei geht es aber nicht nur um die schlichte Frage: Was kostet die Arbeitsstunde? Ebenso wichtig ist: Wie viel wird in einer Stunde produziert? Wie leistungsbereit sind die Arbeitnehmer? Wie gut ist ihre Ausbildung? Wie sieht das arbeits- und tarifrechtliche Umfeld aus? Berücksichtigt man alle diese Standortfaktoren, so schneidet nach Berechnungen des Genfer BERI-Instituts der aufstrebende asiatische Industriestaat Singapur am besten ab, gefolgt von der Schweiz, Belgien, Taiwan und den USA.

a) Wie schätzt du die Zukunftsperspektiven des Wirtschaftsstandortes Deutschland ein?
b) Was könntest du eventuell zum Erhalten des derzeitigen Lebensstandards hier beitragen?

4 *Verfasse einen Brief zur Wirtschaftssituation Deutschlands und Japans, den du an eine(n) japanische(n) Brieffreund(in) senden könntest. Gehe dabei auf die überwundene Asienkrise Ende der 90er Jahre und die Zukunftsperspektiven der beiden hoch entwickelten Industrieländer ein.*

5 *Welche Fragen würdest du als Wirtschaftskundelehrer(in) deinen Schülern zum Kapitel „Wirtschaftsstandort Deutschland" stellen? Du kannst mit diesen Fragen deine(n) Nachbarn/Nachbarin testen.*

6 *Stellt eine Collage aus Zeitungen/Zeitschriften zusammen, die dem Wirtschaftsstandort Deutschland eine positive Zukunft verheißt. Die Plakate könnten im Foyer der Schule ausgehängt werden.*

3 Entwicklung der Europäischen Union

Aus: *Gustav Schwab, Die schönsten Sagen des klassischen Altertums, Gütersloh*

Zweimal Europa
Europa wird seit dem Altertum häufig als junge Frau dargestellt, die auf einem Stier reitet (siehe auch Seite 332, Aufgabe 2).

◆ *Schlage im Lexikon nach: Europa, phönizische Königstochter.*

◆ *Die Geschichte der Europa stammt aus der griechischen Sagenwelt. Lies dort nach. Wer hat sich in einen Stier verwandelt? Wohin wurde Europa entführt? Warum trägt unser Erdteil ihren Namen?*

◆ *Entnimm dem Erdkundebuch und dem Atlas: Wie weit reicht Europa?*

◆ *Lies im Geschichtsbuch nach: Hitlers Überfall auf Europa. Berichte darüber.*

3.1 Vereintes Europa – eine Vision?[1]

Mit der Kapitulation der deutschen Wehrmacht am 8. Mai 1945 war der Zweite Weltkrieg in Europa beendet worden. Am 19. September 1946 hielt der englische Premierminister (1940–45 und 1951–55) **Winston Churchill** in Zürich eine viel beachtete Rede:

---

[1] Vision = in der Vorstellung eines Menschen entworfenes Bild der Zukunft

> In welcher Lage befindet sich Europa heute? Einige der kleineren Staaten haben sich bereits recht gut erholt, aber in weiten Gebieten starrt eine riesige, geängstigte Menge geschundener, hungriger, sorgenvoller und bestürzter Menschen die Ruinen ihrer Städte und Wohnungen an ... Unter den Siegern herrscht eine misstönende babylonische Sprachverwirrung, unter den Geschlagenen das trotzige Schweigen der Verzweiflung. Das ist es, was die in so viele alte Staaten und Nationen aufgeteilten Europäer, was die deutschen Mächte damit erreicht haben, dass sie einander zerfleischten und Verwüstung über weite Gebiete trugen...
> Doch es gibt ein Heilmittel, das, allenthalben und aus freien Stücken angewandt, wie durch ein Wunder innerhalb weniger Jahre ganz Europa – oder wenigstens dessen größten Teil – frei und glücklich machen könnte. Worin besteht dieses Allheilmittel? Wir müssen eine Art **Vereinigte Staaten von Europa** schaffen. Ich möchte jetzt etwas sagen, das Sie in Erstaunen setzen wird: Der erste Schritt zur Neubildung der europäischen Familie muss eine **Partnerschaft Deutschlands und Frankreichs** sein.

Quelle: SCHUL/BANK, Blatt 7.1/1, gekürzt

3.2 Der Weg zur Europäischen Gemeinschaft (EG)

Schuman-Plan: Montanunion (1952)

Mit der von Winston Churchill vorgeschlagenen Verständigung zwischen Frankreich und Deutschland machte der französische Außenminister **Robert Schuman** Ernst. Im Mai 1950 stellte er einen Plan vor, nach dem die französische und deutsche **Kohle- und Stahlproduktion** einer gemeinsamen Behörde unterstellt werden sollte. Bundeskanzler Konrad Adenauer, der damals auch gleichzeitig Außenminister war, stimmte dem Schuman-Plan zu.

So entstand 1952 die **Europäische Gemeinschaft für Kohle und Stahl (EGKS)**, die auch Montan-Union genannt wurde (Montan = Kohle- und Eisenindustrie).

Sie entsprach den Interessen beider Staaten:

◆ **Frankreich** (als Siegermacht) konnte die Kohle- und Stahlindustrie Westdeutschlands kontrollieren.

◆ **Deutschland,** das nach dem Krieg noch nicht die Souveränität (= staatliche Unabhängigkeit) erlangt hatte, erhielt ersten Zugang zu einer übernationalen Organisation.

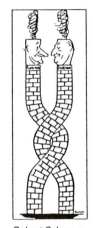

Robert Schuman (Frankreich) und Konrad Adenauer (Bundesrepublik Deutschland) verständigen sich über den Aufbau einer „Montanunion".

Der Montanunion schlossen sich außer Frankreich und der Bundesrepublik Deutschland weitere Staaten an: Belgien, Niederlande, Luxemburg und Italien.

Römische Verträge: EWG und Euratom (1957)

Das Jahr 1949 hatte die endgültige **Teilung Deutschlands** gebracht. Es waren zwei deutsche Staaten entstanden: die zum Westen hin orientierte Bundesrepublik Deutschland und die unter sowjetischem Einfluss stehende Deutsche Demokratische Republik (DDR).

Bundeskanzler Adenauer versuchte, den Westteil Deutschlands noch fester in ein westeuropäisches Bündnis einzubinden. Deshalb befürwortete er die Gründung einer **Europäischen Wirtschaftsgemeinschaft (EWG)** durch die sechs „kerneuropäischen" Staaten. Die EWG sollte einen **gemeinsamen Markt** schaffen. Sie hatte u.a. folgende Ziele:

- ◆ Abschaffung der Zölle und der Beschränkungen bei der Ein- und Ausfuhr
- ◆ Einführung eines gemeinsamen Zolltarifs und einer gemeinsamen Handelspolitik
- ◆ Beseitigung der Hemmnisse für einen freien Personen-, Dienstleistungs- und Kapitalverkehr
- ◆ Gemeinsame Landwirtschafts- und Verkehrspolitik

Mit den Römischen Verträgen wurde auch die **Europäische Atom-Gemeinschaft (EAG)** gegründet. Sie wird auch als **Euratom** bezeichnet. Ihr Ziel ist die friedliche Nutzung der Kernenergie. Die Römischen Verträge traten 1958 in Kraft.

Europaflagge

Die Flagge der Europäischen Union (Kreis aus zwölf goldenen Sternen auf blauem Grund) ist ursprünglich die Flagge des Europarates, der kein Teil der EU ist. Sie wird aber von beiden Organisationen benutzt.

Obgleich die EU heute mehr Staaten umfasst, bleibt die Europafahne mit 12 Sternen als Symbol der europäischen Einigung bestehen.

Europäische Gemeinschaft (1967)

Die drei kerneuropäischen Gemeinschaften EGKS, EWG und Euratom wurden 1967 zu einem neuen Wirtschaftsbündnis zusammengefasst, der **Europäischen Gemeinschaft (EG)**. Sie stellt jedem anderen europäischen Staat den Beitritt oder eine Assoziierung (= Mitarbeit ohne Mitgliedschaft) frei.

3.3   Von der EG zur Europäischen Union (EU)

Der „EG der 6" traten in den folgenden Jahren weitere europäische Staaten bei:

Gründerstaaten:
1958: Belgien, Deutschland, Frankreich, Italien, Luxemburg, Niederlande
Beitritte:
1973: Dänemark, Großbritannien, Irland   = „EG der 9"
1981: Griechenland   = „EG der 10"
1986: Portugal, Spanien   = „EG der 12"
1995: Finnland, Österreich, Schweden   = „EU der 15"
Beitritte nach der Osterweiterung:
2004: Polen, Tschechien, Ungarn; außerdem die drei
      Baltenstaaten Estland, Lettland, Litauen;
      ferner Malta, Slowakei, Slowenien, Zypern   = „EU der 25"

Die ursprünglichen Verträge wurden durch drei weitere Verträge ergänzt:

- ◆ Mit der **Einheitlichen Europäischen Akte (EEA)**, die 1987 in Kraft trat, wurde die Schaffung eines **Europäischen Binnenmarktes** festgeschrieben. Dieser besteht seit dem 1. Januar 1993.
- ◆ Der **Vertrag von Maastricht** (Niederlande) über die **Europäische Union (EU)** ist seit dem 1. November 1993 in Kraft. Er bildet die Grundlage für die Vollendung einer **Wirtschafts- und Währungsunion** sowie für Schritte einer weiteren **politischen Einigung Europas**.
- ◆ Im **Vertrag von Nizza** (Frankreich) wurden 2001 die Weichen für die Osterweiterung der EU gestellt.

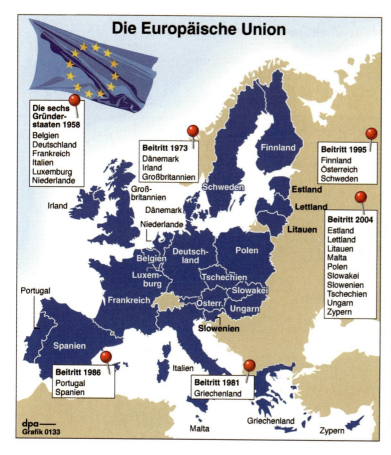

Die Europäische Union

Die sechs Gründer-staaten 1958
Belgien
Deutschland
Frankreich
Italien
Luxemburg
Niederlande

Beitritt 1973
Dänemark
Irland
Großbritannien

Beitritt 1995
Finnland
Österreich
Schweden

Beitritt 2004
Estland
Lettland
Litauen
Malta
Polen
Slowakei
Slowenien
Tschechien
Ungarn
Zypern

Beitritt 1986
Portugal
Spanien

Beitritt 1981
Griechenland

Finnland
Schweden
Estland
Lettland
Litauen
Groß-britannien
Irland
Dänemark
Niederlande
Belgien
Deutsch-land
Polen
Luxem-burg
Tschechien
Slowakei
Frankreich
Österr.
Ungarn
Slowenien
Portugal
Spanien
Italien
Griechenland
Malta
Zypern

dpa—
Grafik 0133

Die Bürger der Schweiz und Norwegens lehnten 1992 bzw. 1994 in Volksabstimmungen einen Beitritt ihres Landes zur EU ab. Die assoziierte Türkei erfüllte die Beitrittsbedingungen bisher nicht.

Die Anziehungskraft der EU ist vor allem auf ihren **wirtschaftlichen Erfolg** zurückzuführen. Obwohl in der erweiterten Union nur 7 Prozent der Weltbevölkerung leben, erarbeiten sie über ein Viertel der Weltwirtschaftsleistung und sind so knapp hinter den USA die Nr. 2 in der Welt. Das nebenstehende Schaubild verdeutlicht die Situation der zusammengeschlossenen 25 Staaten mit 455 Millionen Einwohnern.

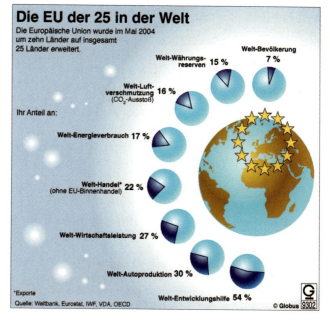

Die EU der 25 in der Welt

Die Europäische Union wurde im Mai 2004 um zehn Länder auf insgesamt 25 Länder erweitert.

Ihr Anteil an:

Welt-Bevölkerung 7 %
Welt-Währungsreserven 15 %
Welt-Luftverschmutzung (CO$_2$-Ausstoß) 16 %
Welt-Energieverbrauch 17 %
Welt-Handel* (ohne EU-Binnenhandel) 22 %
Welt-Wirtschaftsleistung 27 %
Welt-Autoproduktion 30 %
Welt-Entwicklungshilfe 54 %

*Exporte
Quelle: Weltbank, Eurostat, IWF, VDA, OECD

© Globus 9302

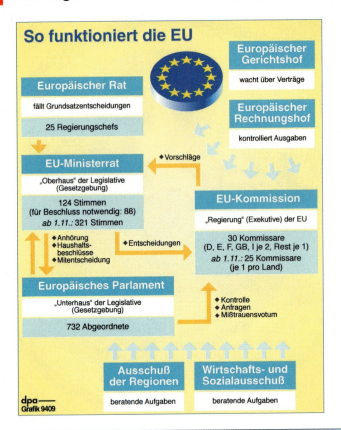

So funktioniert die EU

Europäischer Rat
fällt Grundsatzentscheidungen
25 Regierungschefs

Europäischer Gerichtshof
wacht über Verträge

Europäischer Rechnungshof
kontrolliert Ausgaben

EU-Ministerrat
„Oberhaus" der Legislative (Gesetzgebung)
124 Stimmen (für Beschluss notwendig: 88) *ab 1.11.: 321 Stimmen*

◆ Vorschläge

EU-Kommission
„Regierung" (Exekutive) der EU
30 Kommissare (D, E, F, GB, I je 2, Rest je 1) *ab 1.11.: 25 Kommissare (je 1 pro Land)*

◆ Anhörung
◆ Haushaltsbeschlüsse
◆ Mitentscheidung

◆ Entscheidungen

Europäisches Parlament
„Unterhaus" der Legislative (Gesetzgebung)
732 Abgeordnete

◆ Kontrolle
◆ Anfragen
◆ Mißtrauensvotum

dpa
Grafik 9409

Ausschuß der Regionen
beratende Aufgaben

Wirtschafts- und Sozialausschuß
beratende Aufgaben

Europäischer Rat²	
Aufgabe:	Inoffizielles höchstes Organ („EU-Gipfel"), erarbeitet Leitlinien für die weitere Entwicklung der EU
Zusammensetzung:	25 Staats- und Regierungschefs der Mitgliedsstaaten + Präsident der Europäischen Kommission + Präsident des Europäischen Parlaments
Tagungsort:	Brüssel

Europäischer Ministerrat (eigentlich: Rat der Europäischen Union)	
Funktion:	Beschlussfassendes Organ der EU („Oberhaus" der gesetzgebenden Gewalt)
Zusammensetzung:	Jeweilige Fachminister der Mitgliedsstaaten (z.B. Außenminister, Wirtschaftsminister, Finanzminister usw.)
Sitz:	Brüssel

---

¹ Organ, hier: Behörde, die eine bestimmte Aufgabe ausführt
² Nicht zu verwechseln mit dem **Europarat**, der kein Organ der EU ist = Organisation zur Förderung der Zusammenarbeit der europäischen Völker, Durchsetzung der Menschenrechte

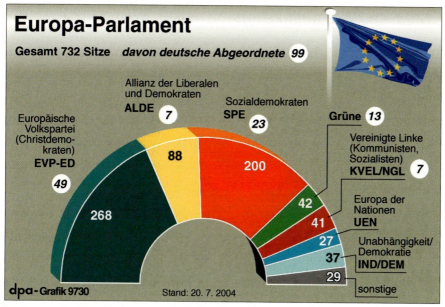

Europa-Parlament

Gesamt 732 Sitze *davon deutsche Abgeordnete* 99

Allianz der Liberalen
und Demokraten
ALDE 7

Sozialdemokraten
SPE 23

Europäische
Volkspartei
(Christdemo-
kraten)
EVP-ED 49

88

200

Grüne 13

Vereinigte Linke
(Kommunisten,
Sozialisten)
KVEL/NGL 7

268

42

41

Europa der
Nationen
UEN

27

Unabhängigkeit/
Demokratie
IND/DEM

37

29

sonstige

dpa - Grafik 9730   Stand: 20. 7. 2004

Im Europäischen Parlament sind die Sitze nicht nach Ländern, sondern nach (partei-)politischen Fraktionen aufgeteilt.

Europäisches Parlament	
Funktion:	Vertretung der Völker in der EU („Unterhaus" der gesetzgebenden Gewalt), jedoch bisher nur mit eingeschränkten Rechten einer „echten" Volksvertretung, darf dem Haushalt der Union zustimmen, Rechte sollen erweitert werden.
Zusammensetzung:	732 Abgeordnete (Europa-Abgeordnete), von der Bevölkerung der Mitgliedsstaaten auf fünf Jahre gewählt (Europa-Wahl), Anzahl der Abgeordneten entsprechend der Größe der Mitgliedsstaaten
Tagungsorte:	Straßburg (Sitz), außerdem Brüssel und Luxemburg
Europäische Kommission	
Funktion:	Ausführendes Organ der EU („Regierung" der EU), erarbeitet Gesetzvorschläge, überwacht die Einhaltung der Verträge und verwaltet den EU-Haushalt. Vorgesehen: EU-Außenminister.
Zusammensetzung:	25 Kommissare aus den Mitgliedsstaaten
Sitz:	Brüssel
Europäischer Gerichtshof	
Funktion:	Oberstes Organ der Rechtsprechung in der EU („Wächter" über die Verträge)
Zusammensetzung:	25 Richter, 8 Generalanwälte, die von den Mitgliedsstaaten gewählt werden
Sitz:	Luxemburg

1 a) Warum ist die Aussöhnung zwischen Deutschland und Frankreich von besonderer Bedeutung für die Einigung Europas?

b) Nimm Stellung zu den Ausführungen Churchills.

2

„Kein Wunder, dass Europa nicht vorankommt!"

Schon die damalige „EG der 9" hatte ihre Probleme:

a) Was wollte der Karikaturist damals zum Ausdruck bringen?

b) Was hat sich inzwischen verändert?

c) Was müsste deiner Meinung nach getan werden, um die europäische Einigung voranzubringen?

d) Was könntest du selbst dazu beitragen?

3 Die Türkei hat ihre Mitgliedschaft in der EU beantragt, erfüllt aber noch nicht die Beitrittsbedingungen.

Führe Beispiele an, warum die Türkei noch nicht Mitglied der EU werden darf.

4 Am 29. Oktober 2004 unterzeichneten die Staats- und Regierungschefs der 25 EU-Mitgliedsländer die EU-Verfassung (siehe Schaubild S. 330). Bevor die Verfassung in Kraft treten kann, muss sie von allen Staaten ratifiziert (= genehmigt) werden. Auf welche Weise dies geschehen soll, ist umstritten:

„Es genügt, wenn die EU-Verfassung von den gewählten Volksvertretungen (z.B. Bundestag) bestätigt wird. Würde man das Volk befragen, käme vielleicht ein ungewünschtes Ergebnis heraus."

„Man sollte den Bürgern mehr Rechte zubilligen und sie über eine so wichtige Verfassung, die unsere gemeinsame europäische Zukunft betrifft, befragen und entscheiden lassen."

Diskutiert diese Problematik in der Klasse.

5 Führt in der Klasse eine schriftliche Befragung durch: „Welche Gefühle und Wünsche verbinde ich mit einem geeinten Europa?"

Vergleicht anschließend eure Ergebnisse, tragt sie auf einer Wandzeitung zusammen, die ihr dann im Foyer der Schule aufhängen könnt.

6 Neben der EU gibt es in Europa seit 1960 eine zweite Wirtschaftsgemeinschaft, die Europäische Freihandelszone EFTA.

Entnimm einem Lexikon, einem Jahrbuch oder dem Internet (www.efta.int.), welche vier europäischen Staaten der EFTA angehören.

7 Stelle dir vor, du hättest eine Schweizer Brieffreundin, die ein gemeinsames Europa ablehnt. Schreibe ihr einen Brief, in dem du ihr die Vorzüge Europas darlegst. Diese Briefe könnten in der Klasse zu einer Collage zusammengefasst und im Schulhaus ausgestellt werden.

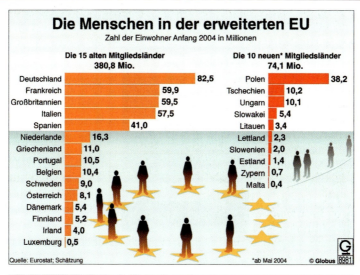

Die Menschen in der erweiterten EU
Zahl der Einwohner Anfang 2004 in Millionen

Die 15 alten Mitgliedsländer
380,8 Mio.

Deutschland	82,5
Frankreich	59,9
Großbritannien	59,5
Italien	57,5
Spanien	41,0
Niederlande	16,3
Griechenland	11,0
Portugal	10,5
Belgien	10,4
Schweden	9,0
Österreich	8,1
Dänemark	5,4
Finnland	5,2
Irland	4,0
Luxemburg	0,5

Die 10 neuen* Mitgliedsländer
74,1 Mio.

Land	Mio.
Polen	38,2
Tschechien	10,2
Ungarn	10,1
Slowakei	5,4
Litauen	3,4
Lettland	2,3
Slowenien	2,0
Estland	1,4
Zypern	0,7
Malta	0,4

Quelle: Eurostat; Schätzung   *ab Mai 2004   © Globus 8981

EU-Erweiterung:
Pyramide der Leistungskraft
Bruttoinlandsprodukt* je Einwohner
EU-15-Durchschnitt = 100

Lettland	35
Litauen	39
Estland	40
Polen	41
Slowakei	47
Ungarn	53
Slowenien	61
Tschechien	62
Malta	69
Portugal	71
Griechenland	71
Zypern	76
Spanien	86
Italien	98
Deutschland	100
Finnland	102
Schweden	105
Frankreich	105
Großbritannien	107
Belgien	107
Österreich	111
Niederlande	111
Dänemark	113
Irland	125
Luxemburg	189

Quelle: Eurostat   © Globus 9009

*für das Jahr 2002 bewertet mit Kaufkraftparitäten

◆ *Nenne die sieben Länder der erweiterten EU*
a) mit der höchsten Einwohnerzahl,
b) mit der größten Wirtschaftsleistung.

◆ *Welches der 10 neuen Mitgliedsländer besitzt die höchste Wirtschaftskraft? Vergleiche mit den alten Ländern Griechenland und Portugal.*

◆ *Vergleiche auf beiden Schaubildern Luxemburg und Irland mit Deutschland. Suche nach einer Erklärung.*

4.1 Europäischer Binnenmarkt: Die vier Freiheiten

Die „vier Freiheiten" für den EU-Binnenmarkt

Freier Personenverkehr
- Keine Grenzkontrollen
- Freie Arbeitsplatzwahl
- Gegenseitige Anerkennung von Zeugnissen

Freier Dienstleistungsverkehr
- Öffnung der Verkehrsmärkte
- Freier Markt für Banken und Versicherungen

Freier Warenverkehr
- Keine Grenzkontrollen
- Angleichung der technischen Normen
- Angleichung der Mehrwertsteuern

Freier Kapitalverkehr
- Freier Geld- und Zahlungsverkehr
- Offener Wertpapierverkehr

Die „vier Freiheiten" des **Europäischen Binnenmarktes** gelten zwar seit dem 1. Januar 1993, sie sind jedoch noch immer vielen Einschränkungen unterworfen. Es wird noch mehrere Jahre dauern, bis alle Ausnahme- und Übergangsregelungen entfallen können (z.B. Angleichung der Mehrwertsteuern).

Schengener Abkommen (1995)

Die „vier Freiheiten" wurden 1995 ergänzt durch das Abkommen von **Schengen** (Luxemburg), das von zehn EU-Staaten unterzeichnet wurde. Inzwischen gehören der Schengen-Gemeinschaft alle EU-Staaten (außer Großbritannien und Irland) sowie die Nichtmitglieder Norwegen und Island an. Nach dem Wegfall der **Grenzkontrollen** sieht das Abkommen u.a. eine strengere Kontrolle an den **Außengrenzen** des „Schengenraumes" vor.

4.2 Europäische Agrar- und Strukturpolitik

Im Bereich der Landwirtschaft war der europäische Binnenmarkt mit seinen damaligen 15 Mitgliedern am weitesten vorangeschritten. Durch die Erweiterung um die stark landwirtschaftlich geprägten osteuropäischen Neumitglieder erhöhte sich die Ackerbaufläche der Union um die Hälfte. Der Anteil des Agrarbereichs am Bruttoinlandsprodukt beträgt in den MOE-Staaten (mittel- und osteuropäischen Ländern) durchschnittlich sechs Prozent, während bei den früheren 15 Unionsmitgliedern der Agrarsektor weniger als zwei Prozent zum BIP (Bruttoinlandsprodukt) beiträgt. Noch gravierender ist der Unterschied beim Vergleich der landwirtschaftlichen Produktivität: Sie beträgt in den MOE-Staaten nur etwa zehn Prozent gegenüber der Leistungsfähigkeit der übrigen Länder. Im Rahmen der „Agenda 2000" begrenzte die Kommission den Landwirtschaftshaushalt, führte auch auf Druck der Welthandelsorganisation (WTO) die Subventionen für Getreidelagerung, für Rindfleisch und Milchprodukte zurück und koppelte mit dieser neuen Reformpolitik die Agrarpreise stärker an die Nachfrage an (siehe Karikatur, Seite 335).

Außer der **Entkoppelung** von Ertragsmenge und EU-Prämienzahlung sieht die Agrarpolitik bis 2013 vor:

◆ Abzug von Prämien, wenn Bauern gegen Tier-, Umwelt- oder Arbeitsschutzauflagen verstoßen

◆ Direktzahlungen an Landwirte als Ausgleich für Preissenkungen z.B. beim Milchpulver, Einkommensbeihilfen für osteuropäische Bauern werden allerdings erst schrittweise in einem zehnjährigen Übergangsprozess eingeführt.

Quelle: Süddeutsche Zeitung, 22. Juni 2003

◆ Förderung der ländlichen Räume und des Umweltschutzes (Umschichtung der Finanzen), indem Prämien für Großbetriebe schrittweise gekürzt werden

◆ Ausgabenbegrenzung des Brüsseler Agrarhaushalts auf höchstens 48,5 Milliarden Euro jährlich bis 2013.

Mithilfe der **Strukturpolitik** sollen nicht nur die Lebensmittelpreise an das Weltmarktniveau angeglichen, sondern insbesondere auch Regionalpolitik betrieben werden. Zwischen und in den Unionsstaaten besteht ein großes Einkommens- und Wohlstandsgefälle.

Disparitäten (= Ungleichheiten, Verschiedenheiten) wollen Kommission und EU-Parlament durch finanzielle Unterstützung von Programmen und Projekten verringern. Dazu wurden **Struktur- und Kohäsionsfonds** aufgelegt.

Mit dem Finanzinstrument der Strukturfonds werden ärmere Regionen, Randgebiete und sehr dünn besiedelte Landstriche z.B. in Finnland oder Schweden gefördert. Weiterhin gibt es Zuschüsse für die Anpassung und Modernisierung des Bildungs- und Ausbildungssystems.

Der **Europäische Ausrichtungs- und Garantiefonds für die Landwirtschaft** zahlt die Beihilfen für die Bauern aus, fördert die Vermarktung von land- und forstwirtschaftlichen Erzeugnissen und die ländliche Entwicklung.

Der **Europäische Fonds für regionale Entwicklung** trägt mit seinen Finanzhilfen zum Abbau regionaler Ungleichgewichte bei, insbesondere in Gegenden mit Entwicklungsrückstand und Strukturproblemen.

Der immer wichtiger werdende **Europäische Sozialfonds** fördert im Rahmen der übergreifenden Beschäftigungsstrategie Maßnahmen zur Vermeidung und Bekämpfung von Arbeitslosigkeit und zur Reintegration (Wiedereingliederung) in den Arbeitsmarkt.

Der **Kohäsionfonds**, der das Zusammenwachsen der einzelnen Mitgliedsländer fördern soll, unterstützt Investitionsprojekte in den Bereichen Umweltschutz und Verkehrsinfrastruktur (Autobahnen, Flughäfen, Bahnlinien) in Staaten, welche ein Pro-Kopf-Bruttonationaleinkommen von weniger als 90 Prozent des EU-Durchschnitts haben.

99 Auf dem Weg zur „gehobenen Freihandelszone"

**Wissenschaftler warnen die EU eindringlich vor einer Aufnahme der Türkei –
„Teils mit Entwicklungsland vergleichbar"**

Wolfgang Quaisser macht sich keine Illusionen: Die Staats- und Regierungschefs der EU werden im Dezember grünes Licht für Beitrittsverhandlungen mit der Türkei geben. „Das ist eine strategisch begründete Entscheidung, mit wirtschaftlicher und politischer Vernunft nur schwer nachvollziehbar", sagt der Wissenschaftler, der zusammen mit seinem australischen Kollegen Steve Wood eine ernüchternde Studie über die Folgen einer möglichen Aufnahme der Türkei in die EU vorgelegt hat. Wer den EU-Beitritt der Türkei ernsthaft

Politisch gewollt, wirtschaftlich problematisch: die Aufnahme der Türkei in die Europäische Union. *Foto: DDP*

anstrebe, gebe das Ziel einer politischen Union Europas auf, lautet die politische Schlussfolgerung der Untersuchung, die am Osteuropa-Institut in München erarbeitet wurde. Die Gefahr sei groß, dass eine EU, die ein bevölkerungsreiches, aber wirtschaftsschwaches Land wie die Türkei

aufnehme, zu einer „gehobenen Freihandelszone" degeneriere. Die Union habe sich schon durch die Osterweiterung in einen Zusammenschluss wirtschaftlich sehr unterschiedlicher Staaten verwandelt. Noch sei die Aufnahme der zehn neuen, wirtschaftsschwachen Länder nicht bewältigt, da drängen schon die nächsten hilfsbedürftigen Länder in die EU – Rumänien, Bulgarien und Kroatien. Durch die Aufnahme der Türkei aber drohe nicht nur die „Überdehnung" nach Kleinasien, sondern auch ein dramatischer Verlust von Wohlstand. [...] 66

Quelle: Die Rheinpfalz, 10. November 2004

Ist die Türkei reif für einen Beitritt in die EU? Hierüber gehen die Meinungen in ganz Europa weit auseinander, obwohl die Staats- und Regierungschefs für Beitrittsverhandlungen bereits grünes Licht gegeben haben. Kann die EU die nächste Osterweiterung mit Bulgarien, Rumänien, Kroatien, Bosnien-Herzegowina, Serbien, Albanien usw. verkraften? Mit Bulgarien und Rumänien kommen zwar 30 Millionen Einwohner hinzu, das Bruttoinlandsprodukt beider Länder zusammen erreicht allerdings nur 50 Prozent des portugiesischen BIP! Sind die Beitrittswilligen nur darauf aus, an EU-Gelder zu kommen, um das gewaltige **Wohlstandsgefälle** zwischen West und Ost abzubauen, sind sie in der Lage, den vorgeschriebenen gemeinsamen Rechtsbestand der EU („Aquis Communitaire") und damit die westliche Demokratisierung zu übernehmen? Antworten hierauf wird die Zukunft bringen.

Ein weiteres Problem stellt die **Harmonisierung** (Angleichung) in verschiedenen Bereichen dar:

◆ Die **Steuersysteme** klaffen teilweise sehr stark auseinander. So liegen die Unternehmenssteuersätze in Osteuropa mit ca. 21,5 % im Durchschnitt 10 Prozentpunkte unter den Sätzen der alten 15 EU-Länder. Die Umsatzsteuersätze (Mehrwertsteuer) bewegen sich zwischen 15 und 25 % innerhalb der Union. Bei den Verbrauchsteuern gibt es massive Unterschiede, daher müssen beim grenzüberschreitenden gewerblichen Handel mit Genussmitteln (Spirituosen, Tabak usw.) Steuern nachentrichtet werden. Die Brüsseler Kommission wagt sich allerdings kaum an das Thema Mindeststeuer, da diese Beschlüsse einstimmig gefasst werden müssen, was bei 25 oder evtl. sogar 30 Finanzministern so gut wie unmöglich ist.

◆ **Handelshemmnisse** müssen noch weiter abgebaut werden, insbesondere die zahlreichen verschiedenen Industrienormen, die manchmal große Unterschiede aufweisen, ebenso verschiedene Vorschriften im Bereich des Gesundheitswesens sowie Regeln auf dem Lebensmittelsektor und im Sicherheitsbereich.

◆ Trotz beschlossener Mindeststandards innerhalb der EU gibt es große Unterschiede beim Arbeitsrecht, bei den **Sozialversicherungen**, beim Arbeits- und insbesondere beim Umweltschutz. Hohe Auflagen, wie z.B. in Deutschland, benachteiligen die Unternehmen bei uns, daher gibt es auch einen Trend, in Regionen mit niedrigeren Sozialstandards abzuwandern.

Die vom Konvent (Versammlung von Abgeordneten) ausgearbeitete **Verfassung für Europa** wurde zwar von den Staats- und Regierungschefs feierlich paraphiert (abgezeichnet), aber sie tritt erst in Kraft, wenn sie von allen Mitgliedsländern ratifiziert ist, d.h., entweder die jeweiligen nationalen Parlamente oder eventuell sogar das Volk in einem Referendum (Volksabstimmung) müssen zustimmen. Dies stellt für viele ein Problem dar. Obwohl die Verfassung eine demokratischere, transparentere und effizientere Staatengemeinschaft mit verbrieften Grundrechten auf der Basis eines christlichen Menschenbildes fordert und das Straßburger Parlament mehr Kompetenzen erhält, ein EU-Außenminister eingesetzt wird, sowie Volksbegehren möglich sind, gibt es viele Euroskeptiker (Großbritannien usw.), die gerne diese Verfassung scheitern lassen möchten. Welchen Schaden die Union erleidet, wenn ein gewichtiges Mitglied die Verfassung ablehnt, muss abgewartet werden.

Das größte EU-Problem, die sog. Geißel der Neuzeit, ist die hohe **Arbeitslosigkeit**, insbesondere in einigen osteuropäischen Regionen. Besonders schwer haben es ältere Langzeitarbeitslose, die kaum noch in den Arbeitsmarkt vermittelt werden können.

Irgendwann einmal sollte auch die Entscheidung über das endgültige Ziel Europas getroffen werden, ob man eine **Konföderation** will, d.h. einen Staatenbund mit gemeinsamer Gesetzgebung, wobei allerdings die Einzelstaaten ihre nationale Souveränität (Selbstständigkeit) behalten, oder ob man evtl. sogar einen **Bundesstaat** (Föderation, „Vereinigte Staaten von Europa"?) anstrebt, in dem die Mitgliedstaaten sich zu einem Gesamtstaat wie beispielsweise den USA vereinigen.

Arbeitsaufgaben und Anregungen zum Handeln

1 *Welche Vor- und Nachteile können die „vier Freiheiten" mit sich bringen (z.B. in Bezug auf Arbeitsplätze, Wettbewerb, Preise, Kriminalität)? Die Webadresse www.europa.eu.int hilft dir bei der Beantwortung der Frage.*

2 *Welche Vorteile können die „vier Freiheiten" für dich bedeuten (als Schüler/-in, als Auszubildende/r)?*

3 *Sollten nach deiner Ansicht die Direktzahlungen für Landwirte gestrichen und die Preise für Agrarprodukte dem Weltmarktpreis angeglichen werden?*
Begründe deine Sichtweise.

4 *Führt eine Befragung zu einem möglichen Beitritt der Türkei in die EU durch, tragt die Ergebnisse zusammen und veröffentlicht sie auf Plakaten (z.B. im Foyer der Schule).*

5 *Stellt in der Klasse/Gruppe Argumente für und gegen die nächste EU-Erweiterung zusammen und führt anschließend mithilfe der jeweiligen Argumente eine Pro-Contra-Diskussion zu dieser Problematik durch. Die Internet-Adresse www.eu-kommission.de kann euch dabei helfen.*

6 *Diskutiere mit deinem Nachbarn/deiner Nachbarin die mögliche zukünftige Staatsform der EU. Wäre euch ein Bundesstaat, ähnlich den USA, oder ein Staatenbund lieber? Begründet eure Meinung.*

7 *Erkundigt euch über europäische Wettbewerbe für Schulen. Adresse: Europa-Haus, Postfach 1204, 56464 Bad Marienberg, Internet: www.europa-haus-marienberg.de. (In dieser europäischen Begegnungsstätte werden auch interessante europapolitische Seminare für Schüler und Jugendliche angeboten, die ihr als Klasse besuchen könnt.)*

„Ist dir klar, dass ich dich in der Hand habe?"

◆ *Worauf ist die gegenseitige Abhängigkeit der beiden Welthälften zurückzuführen?*

◆ *Sind die Probleme der Weltwirtschaft von einer Seite allein zu lösen? Lege deine Argumente vor der Klasse dar.*

5.1 Der Welthandel

Der Welthandel kann durch **Protektionismus** (engl.: to protect = schützen) oder **Freihandel** gekennzeichnet sein.

Protektionismus ist ein Verhalten des Staates, wodurch inländische Hersteller gegenüber ausländischer Konkurrenz geschützt werden, indem Ausfuhren erleichtert und Einfuhren durch Handelshemmnisse erschwert werden.	**Freihandel** ist der Gegensatz zum Protektionismus. Dementsprechend sind alle außenwirtschaftlichen Beschränkungen möglichst zu beseitigen und der Handels- bzw. Zahlungsverkehr nach marktwirtschaftlichen Grundsätzen zu steuern.

Aufgrund der fortgeschrittenen internationalen Arbeitsteilung erscheint der **freie Welthandel** als die sinnvollere Alternative. Güter sollten möglichst dort produziert werden, wo die geringsten Herstellungskosten anfallen und wobei die Umwelt geschont wird. Aus diesem Grund ist der **internationale Warenaustausch** von großer Wichtigkeit. Trotzdem versuchen viele Länder, durch die Bildung von Wirtschaftsblöcken und Freihandelszonen (EU, NAFTA in Nordamerika, Mercosor in Lateinamerika, SACU in Südafrika) sich gegen die ausländische Konkurrenz zu schützen. Sie umgeben sich mit hohen Zoll- und sonstigen Schutzmauern, um der eigenen Wirtschaft beispielsweise mit Subventionen zu helfen und Arbeitsplätze im Lande zu erhalten, was wiederum anderen Volkswirtschaften zum Nachteil gereicht.

Um den Welthandel zu bewerkstelligen, wurden nach dem Zweiten Weltkrieg Abkommen geschlossen und entsprechende Institutionen geschaffen, die die Interessen möglichst aller Handelspartner berücksichtigen sollen.

◆ Die **Organisation für wirtschaftliche Zusammenarbeit und Entwicklung** (OECD = Organization for Economic Cooperation and Development) will die internationalen wirtschaftspolitischen Interessen seiner Mitgliedsländer vertreten. Die sehr hohe Arbeitslosigkeit soll beispielsweise bekämpft, Konjunkturschwankungen gemindert, Entwicklungshilfe koordiniert werden usw.

◆ Die **Welthandelsorganisation** (WTO = World Trade Organization) möchte durch den Abbau von Zöllen und Handelshemmnissen den freien Welthandel fördern und dadurch zum Wachstum der Weltwirtschaft beitragen.

◆ Der **Währungsfonds** (IMF = International Monetary Fund) hat in Verbindung mit der **Weltbank** die Aufgabe die Zusammenarbeit und Stabilität der verschiedenen Währungen zu fördern und bei Zahlungsschwierigkeiten – insbesondere von Entwicklungsländern – Kredite zu gewähren.

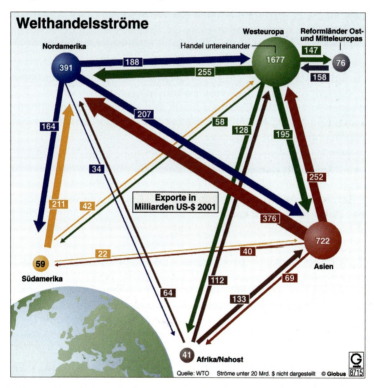

Das Schaubild zeigt, dass ein großes Handelsvolumen zwischen den westlichen Industrieländern und den Entwicklungsländern erreicht wird. Die Entwicklungsländer bilden keinen einheitlichen Block, der Handel zwischen ihnen ist vergleichsweise gering und traditionell sind die Handelsbeziehungen auf Industrieländer gerichtet. Allerdings bringt der Handel mit diesen Ländern aufgrund verschiedener Umstände wie fehlende Rohstoffe, ungünstiges Klima, Bevölkerungsexplosion, frühere Ausbeutung/Unterdrückung durch die ehemaligen Kolonialmächte, Erziehung, Weltanschauung, Grad der Technisierung usw. manche Probleme mit sich.

5.2 Das Nord-Süd-Gefälle

Julius K. Nyerere, ehemaliger Präsident von Tansania, vor dem Institut für internationale Begegnungen in Bonn, 1976:

> Wir sprechen von der industrialisierten Welt, von der Dritten und der Vierten Welt. Doch in Wahrheit gibt es nur eine Welt. Wir in den ärmsten Ländern sind uns dieser Einheit der Welt sehr deutlich bewusst, weil wir Tag für Tag von den Ereignissen und Entscheidungen betroffen sind, die Tausende von Meilen weit von unseren Grenzen stattfinden. Doch letzten Endes ist niemand von den Rückwirkungen von Armut und wirtschaftlicher Ungleichheit der Welt ausgenommen.

Nyerere forderte in seinem Zitat bereits vor vielen Jahren eine Angleichung zwischen Industrienationen und Entwicklungsländern, da beide aufeinander angewiesen sind. Trotz seiner Forderung sieht heute die wirtschaftspolitische Realität ganz anders aus:

Die Industrieländer wickeln über die Hälfte des Welthandels unter sich ab, während die **Entwicklungsländer** untereinander (ohne die Sonderstellung der Erdöl exportierenden Länder) **nur einen Bruchteil des Handelsvolumens** bestreiten.

Innerhalb der Gruppe der Entwicklungsländer gibt es wiederum große Unterschiede. So genannte **Schwellenländer**, die an der Schwelle der Industrialisierung stehen, wie z.B. Mexiko, Taiwan, Singapur, Südkorea, haben aufgrund ihrer sehr niedrigen Produktionskosten einen regen Handelsaustausch mit den wohlhabenden Ländern, worunter auch Australien und Neuseeland fallen, und sind dadurch ebenfalls als künftige Wirtschaftsstandorte von großem Interesse.

Eine Sonderstellung nehmen die **OPEC-Länder** (Organization of Petroleum Exporting Countries) ein. Aufgrund des sehr starken Energieverbrauchs der Industrienationen kamen sie durch den Verkauf von Erdöl teilweise zu beträchtlichem Reichtum, insbesondere die Scheichtümer am Persischen Golf, z.B. Kuwait, die Vereinigten Arabischen Emirate usw. Durch den meist einheitlich abgestimmten Rohölpreis können sie die großenteils abhängigen Ölimporteure (Japan usw.) in eine gewisse wirtschaftliche Abhängigkeit bringen.

Das Nord-Süd-Gefälle zeigt sich am krassesten zwischen den reichen, hoch technologisierten Regionen und der so genannten **Vierten Welt**. Zu ihr zählt man Agrarländer, deren Möglichkeiten und Rohstoffsituation nur schwer eine Entwicklung ermöglichen, wie z.B. Tschad, Haiti, Bangladesh. Oft sind die Ärmsten der Armen auch noch bei den Industrieländern verschuldet, daher spricht man von einem Teufelskreis der Armut. Aus diesem Dilemma (= Zwangslage) herauszukommen, ist aus eigener Kraft kaum möglich, so dass sie auf Entwicklungshilfe angewiesen sind.

Kennzeichen für diese Staaten sind sehr hohe Arbeitslosigkeit, Währungsverfall, Rohstoffmangel, geringe Produktion, ungleiche Verteilung von Besitz und Einkommen, schlechte Infrastruktur (= Verkehrsverbindungen), rasches Bevölkerungswachstum, schlechter Bildungsstand usw. Aufgrund dieser negativen Faktoren sind immer noch viele Industriestaaten bzw. Großfirmen nicht bereit, in diesen Ländern wichtige Investitionen vorzunehmen, die dort dringend gebraucht würden. Hier sind dann supranationale (= länderübergreifende) Institutionen, wie Internationaler Währungsfonds, Weltbank usw., gefordert, die aber dann auch die Interessen der ärmeren Regionen und nicht, wie schon oft geschehen, die Meinung der gut situierten Industrieländer vertreten sollten.

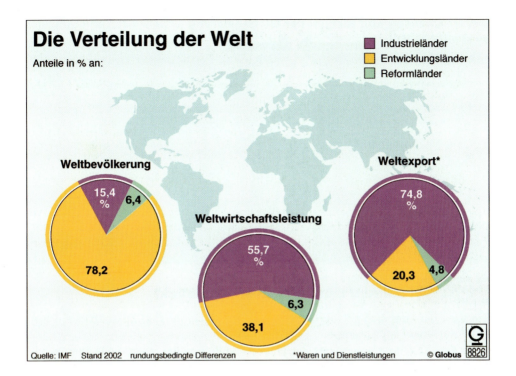

Die Verteilung der Welt

Anteile in % an:

- ■ Industrieländer
- ■ Entwicklungsländer
- ■ Reformländer

Weltbevölkerung
- 15,4 %
- 6,4
- 78,2

Weltwirtschaftsleistung
- 55,7 %
- 6,3
- 38,1

Weltexport*
- 74,8 %
- 20,3
- 4,8

Quelle: IMF   Stand 2002   rundungsbedingte Differenzen   *Waren und Dienstleistungen   © Globus 8826

5.3   Globalisierung der Märkte

Die Erde ist zu einem riesigen Marktplatz geworden: Seit 1945 hat sich das Volumen des Welthandels um das Fünfzigfache vergrößert, weltweit geht jedes siebte Produkt in den Export, der internationale Devisenhandel[1] nahm in den letzten Jahren explosionsartig zu, usw.

Worauf sind diese oder ähnliche Schlagzeilen aus den Medien zurückzuführen?

Seit dem Zerfall des Ostblocks 1989 kann man von einer weltweiten **Liberalisierung** (= Befreiung) **der Märkte** sprechen. Hinzu kommt der technische Fortschritt im Bereich der Kommunikation, des Transportwesens usw. und die Mobilität des Kapitals, das dort eingesetzt wird, wo es am gewinnbringendsten ist. Dies hat dazu geführt, dass große Konzerne dort produzieren ggf. auch arbeiten lassen, wo sie möglichst viel Gewinn machen können. Die stärkere **internationale Arbeitsteilung** kann Produkte verbilligen, aber u.U. auch zu Arbeitsplatz- und Sozialabbau in den westlichen Industrieländern führen. Dafür werden meist in so genannten Billiglohnländern Arbeitsplätze geschaffen. Moderne Kommunikationstechnologie, mit deren Hilfe man nicht nur mit dem Laptop (= tragbarer PC), sondern auch mit dem Handy überall und zu jeder Zeit ins Internet kann, machen einen permanenten Datenaustausch möglich, so dass beispielsweise tagsüber in Europa bzw. den USA am Computer gearbeitet wird, anschließend die Daten an IT-Spezialisten nach Indien übermittelt werden, die dann, ebenfalls tagsüber, weiterarbeiten. So können rund um die Uhr und rund um den Erdball Daten eines weltweit agierenden Konzerns verarbeitet werden.

---

[1] Devisen = ausländische Zahlungsmittel

Weitere **Chancen und Risiken der Globalisierung** (= weltweite Vernetzung der Volkswirtschaften):

◆ **Chancen** eröffnen sich insbesondere für die deutsche Außenwirtschaft, die stärker expandieren kann.
◆ Vermehrte **Exporte** tragen zu Wirtschaftswachstum bei uns bei und erhöhen dann auch die Gewinne unserer Firmen.
◆ Investitionen im Ausland sichern Arbeitsplätze hier. Man kann davon ausgehen, dass drei Jobs im Ausland einen inländischen Arbeitsplatz sichern.
◆ Die starke Exporttätigkeit hat bei uns zur Wohlstandsmehrung beigetragen.

◆ **Risiken** produzieren Entwicklungsländer manchmal selbst, wenn sie in Bürgerkriege oder massive Korruption verstrickt sind.
◆ Hohe Zölle und Subventionen auf Agrarprodukte bei uns erschweren die Exportchancen der Dritten Welt.
◆ Billiges Einkaufen von **Rohstoffen** und teurer Verkauf unserer Fertigprodukte vertiefen den Graben zwischen armen und reichen Ländern.
◆ Der starke Energieverbrauch und der Konsum der westlichen Welt, insbesondere Nordamerikas, führt zu starken ökologischen Zerstörungen (Treibhauseffekt wegen Erderwärmung, Kohlendioxidausstoß durch die Motorisierung usw.), die besonders die armen Regionen treffen.

5.4 Zukunftsperspektiven (Ausblick)

Die Welt befindet sich zurzeit in einem Umbruch. Daher sind Zukunftsprognosen (= Vorhersagen) sehr gewagt.

Nach dem Zusammenbruch des Sozialismus benötigen die Staaten des ehemaligen Ostblocks wieder politische Stabilität und wirtschaftlichen Aufschwung. Die **mittel- und osteuropäischen Staaten** werden als jetzige EU-Mitglieder ihre wirtschaftliche Leistungskraft erhöhen. Dadurch wird auch der Lebensstandard steigen.

Bei den Produktionsfaktoren wird es eine „Tertiarisierung" der Wirtschaft geben, d.h., der gesamte Dienstleistungsbereich im weitesten Sinn wird künftig noch mehr an Bedeutung gewinnen.

Die Weltkonjunktur stellt seit der Jahrhundertwende einen Unsicherheitsfaktor dar. Ein Motor des konjunkturellen Aufschwungs ist **China** mit seinem riesigen Markt. Beim Stillen des massiven Nachholbedarfs haben allerdings die asiatischen Nachbarstaaten geografische Vorteile. Die **„vier kleinen Tiger"** (Singapur, Taiwan, Malaysia und Südkorea) haben in den vergangenen Jahren eine unwahrscheinliche Wachstumsdynamik an den Tag gelegt. Die Asienkrise 1998 brachte zwar eine kräftige Rezession mit sich, wurde aber von diesen asiatischen Schwellenländern schnell bewältigt.

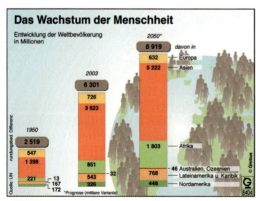

Das Wachstum der Menschheit

Entwicklung der Weltbevölkerung in Millionen

Quelle: UN — rundungsbedingte Differenz

1950
2 519
547
1 398
221
13
167
172

2003
6 301
726
3 823
851
543
326

2050*
8 919
632 — Europa
5 222 — Asien
1 803 — Afrika
46 — Australien, Ozeanien
768 — Lateinamerika u. Karibik
448 — Nordamerika
davon in

-32

*Prognose (mittlere Variante)

© Globus 8404

Im Zeitalter der Rationalisierung und Roboterisierung wird die so genannte Geißel der modernen Menschheit, die **hohe Arbeitslosigkeit** mit ihren gravierenden sozialpolitischen Problemen, nicht überwunden werden können. Insbesondere in den Entwicklungsländern wird sich die Situation noch verschärfen, da dort das größte Problem, nämlich die **Bevölkerungsexplosion**, hinzukommt. Das Schaubild verdeutlicht das rasante Wachsen der Menschheit.

In Verbindung mit der Bevölkerungszunahme treten weitere **ökologische Probleme** auf. Auch wenn in Europa umweltpolitische Fortschritte erzielt werden, ist dies nicht ohne weiteres auf andere Kontinente übertragbar. Beim Wunsch die Ernährung der Menschen zu sichern, immer knapper werdende Ressourcen (= Rohstoffe) zu nutzen und als Privatunternehmen Gewinne zu erzielen, gerät der Umweltgedanke sehr oft in den Hintergrund, auch wenn die Folgen für die Menschheit auf lange Sicht verhängnisvoll sein dürften.

Uns Europäern muss daran gelegen sein, den **freien Wirtschaftsaustausch weltweit** aufrecht zu erhalten, wobei allerdings auch die ökologischen Konsequenzen für den gesamten Erdball beachtet werden sollten. Es gilt, die künftige internationale Wirtschaftsordnung so zu gestalten, dass sie allen Beteiligten zum Vorteil gereicht.

Arbeitsaufgaben und Anregungen zum Handeln

1 *Lege Vor- und Nachteile des Protektionismus/des freien Welthandels für die jeweils Betroffenen dar.*

2 *Führt eine Pro-Contra-Diskussion zum Thema „Internationale Arbeitsteilung/Protektionismus" durch. Hierbei können Wirtschaftsminister aus verschiedenen Erdteilen/Arbeitgeber/Gewerkschafter/Vertreter von Menschenrechtsorganisationen usw. ihre Meinungen einbringen.*

3

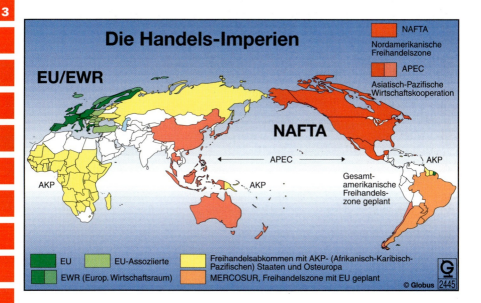

Die Handels-Imperien

EU/EWR · NAFTA · APEC · AKP · MERCOSUR

NAFTA — Nordamerikanische Freihandelszone
APEC — Asiatisch-Pazifische Wirtschaftskooperation
Gesamtamerikanische Freihandelszone geplant

EU · EU-Assoziierte · Freihandelsabkommen mit AKP- (Afrikanisch-Karibisch-Pazifischen) Staaten und Osteuropa
EWR (Europ. Wirtschaftsraum) · MERCOSUR, Freihandelszone mit EU geplant

© Globus 2445

Versuche mithilfe des Atlas (ggf. in Verbindung mit dem Erdkundeunterricht) die Aussagen des Schaubildes zu ergründen (Einwohnerzahl/Wirtschaftsleistung/Fläche der jeweiligen Regionen/Rohstoffvorkommen usw.).

4 *Was kann die Europäische Union unternehmen, um einer Verschärfung des Nord-Süd-Gefälles entgegenzuwirken? Begründe.*

5 　　99 *Gib einem Hungernden einen Fisch, und er wird einmal satt, lehre ihn Fischen, und er wird nie wieder hungern.* 66

Diskutiert in eurer Klasse das alte chinesische Sprichwort unter dem Aspekt der Entwicklungshilfe.

6

99 **Eine entschlossenere Verwirklichung der Ziele des Milleniumgipfels** hat UN-Generalsekretär Annan angemahnt. Die internationale Staatengemeinschaft habe bislang viel zu wenig getan, um die Armut zu bekämpfen, Bildungschancen zu verbessern und Aids einzudämmen, kritisierte er in einer in New York vorgelegten Zwei-Jahres-Bilanz. Insbesondere bei der Kindersterblichkeit seien kaum Fortschritte zu verbuchen. „Millionen Kinder sterben jedes Jahr, weil es für sie keine Gesundheitsvorsorge, kein sauberes Wasser, keine sicheren Häuser und keine ausreichende Nahrung gibt", beklagte Annan. Mit der Umsetzung der Ziele, die die internationale Gemeinschaft vor zwei Jahren vereinbart hat, befasst sich zurzeit der Weltgipfel in Johannesburg. Annan forderte weitaus größere Anstrengungen als bisher. Unser Bild zeigt einen kleinen Filipino, der auf einer Müllkippe in Manila nach Verwertbarem sucht. (ap/Foto: ap) 66

Quelle: Die Rheinpfalz, 28. August 2002

Welche dringenden Probleme sprach der UN-Generalsekretär Kofi Annan beim Welternährungsgipfel der UNO 2002 in Johannesburg an?
Fühlst du dich als Europäer/in an den Missständen mitschuldig? Begründe dein Sichtweise.

7 Gestaltet Plakate zum Problembereich Welthandel. Stellt diese Plakate in eurer Schule aus und erläutert sie interessierten Mitschülerinnen und Mitschülern bzw. anderen Klassen.

8 Welche Auswirkungen bringt die Globalisierung für den Wirtschaftsstandort Deutschland mit sich? Liste Vor- und Nachteile auf.

9 Wie sieht nach deiner Meinung die wirtschaftliche Situation der Welt im Jahre 2025 aus? Begründe.

Anhang

www.jugendserver.de/cgi-bin/showcontent.asp?ThemaID=0

Hinweise für die Beschaffung von Arbeitsmaterialien

Für einen handlungs- und problemorientierten Unterricht benötigt man Informationen und Arbeitsmaterialien (siehe Seite 6). Im Folgenden soll ein Überblick gegeben werden, woher Arbeitsmaterialien für den Unterricht im Fach Wirtschafts- und Sozialkunde bezogen werden können.

◆ **Grundgesetz für die Bundesrepublik Deutschland**
Erhältlich bei: Bundeszentrale für politische Bildung (Anschrift siehe unten) Bestellnummer 5.700.

Grundgesetz mit **Landesverfassung für Rheinland-Pfalz** erhältlich bei: Landeszentrale für politische Bildung Rheinland-Pfalz, Postfach 3028, 55020 Mainz, *www.politische-bildung-rlp.de*, Bestellnummer 21/010. Bittet gleichzeitig um die Zusendung eines Verzeichnisses „Literaturangebot" für eure Klasse (Anschrift der Schule angeben).

◆ Grundgesetz mit **Landesverfassung für das Saarland** erhältlich bei: Landeszentrale für politische Bildung, Beethovenstr. 26, 66125 Saarbrücken-Dudweiler, *www.lpm.uni-sb.de/lpb/*.

◆ Wirtschaftslexikon zum Nachschlagen (wenn möglich mehrbändig), könnte auch für die Schülerbücherei der Schule angeschafft werden.

◆ Tageszeitung („Handelsblatt" *www.handelsblatt.com*)/Wochenzeitung für Referate (z.B. „wirtschaftspolitischer Wochenbericht"), Gruppenarbeit, Wandzeitungen usw.

◆ Informationen zur politischen Bildung
Herausgegeben von der Bundeszentrale für politische Bildung, Bestellung und Versand erfolgen jedoch nur über: Franzis' print&media, Postfach 150740, 80045 München, Fax: 089/5117-292. Gebt die Anschrift der Schule an. Der Versand ist kostenfrei.

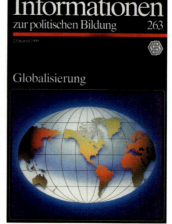

Beispiele

Arbeitnehmer und Betrieb, Ausländer, Bundesrepublik Deutschland, Entwicklungsländer, Europäische Union, Globalisierung, Internationale Beziehungen, Neue Technologien, Parteien, Sozialer Wandel, Umwelt, Wirtschaft (mehrere Titel), Wirtschaftsordnungen

◆ **Wochenschau für politische Erziehung, Sozial- und Gemeinschaftskunde**,
Wochenschau-Verlag, Adolf-Damaschke-Straße 103, 65824 Schwalbach, *www.wochenschau-verlag.de*.
Bezugspreise (auch für verbilligte Klassensätze) beim Herausgeber erfragen.

Beispiele

Arbeitslosigkeit, Betrieb, Europa, Frauen, Globalisierung, Mitbestimmung, Neue Technologien, Ökonomie-Ökologie, Soziale Marktwirtschaft, Sozialer Wandel, Sozialstaat, Umweltschutz, Verbraucher, Wirtschaftskonzentration

Bundeszentrale für politische Bildung, Postfach 2325, 53013 Bonn, *www.bpb.de*. Bittet für eure Klasse um die Zusendung eines Verzeichnisses der Publikationen. Es enthält u.a. alle Titel der Reihen „Informationen zur politischen Bildung", „Kontrovers", „Zeitlupe", „Thema im Unterricht", „PZ" und „Fluter", *www.fluter.de*, sowie Wandzeitungen, Plakate und Karten.

Presse- und Informationsamt der Bundesregierung, Neustädtische Kirchstr. 15, 10117 Berlin, *www.bundesregierung.de*. Lasst euch für eure Klasse ein Verzeichnis der Informationsschriften schicken.

Deutscher Bundestag, Referat Öffentlichkeitsarbeit, Unter den Linden 71, 10117 Berlin, *www.bundestag.de*

Auswärtiges Amt, Werderscher Markt 1, 10117 Berlin, *www.auswaertiges-amt.de*

Bundesministerium für Wirtschaft und Arbeit, Scharnhorststraße 34–37, 10115 Berlin, *www.bmwa.bund.de*

Bundesministerium der Verteidigung, Hardthöhe, 53125 Bonn, *www.bundeswehr.de*

Bundesministerium für Finanzen, Wilhelmstr. 97, 10117 Berlin, *www.bundesfinanzministerium.de*

Das Deutschland-Portal

deutschland.de

| Sie sprechen **deutsch** | You speak **English** | Vous parlez **français** | Habla **español** | Вы говорите **по-русски** |

Herzlich willkommen bei deutschland.de! Dieses offizielle und unabhängige Portal der Bundesrepublik Deutschland bietet eine repräsentative Sammlung wesentlicher Verweise auf deutsche Informationsangebote im Internet. Nutzen Sie diesen Service, um sich zu orientieren und gezielt zu den wichtigsten Portalen zu gelangen. Hier finden Sie die Informationen, die Sie suchen. Wir freuen uns über Ihren Besuch und hoffen, Sie bald wieder begrüßen zu dürfen.

deutschland.de Das Deutschland-Portal

Home > Wissenschaft

Wissenschaft

Was studieren? Wie finanzieren? Wo recherchieren? Die Studienführer in dieser Rubrik weisen dem Nachwuchs den Weg. Informieren Sie sich auf diesen Portalen über Forschung, Disziplinen und Hochschulpolitik oder suchen Sie zu Ihrer Fachrichtung ein Austauschprogramm.

Direkte Links:
Bundesministerium für Bildung und Forschung
Research in Germany
Wissenschaft im Dialog

Rubriken:
• Bibliotheken und Archive
• Förderung
• Forschung
• Internationale Kooperationen
• Lehre und Studium

Bildung	**Gesundheit**	**Kultur**
• Aus- und Weiterbildung	• Ernährung	• Bildende Künste
• Bildungspolitik	• Gesundheitswesen	• Internationale Kulturbeziehungen
• Deutsch als Fremdsprache	• Hilfe und Pflege	• Museen und Galerien
• Politische Bildung	• Patienteninformation	• Musik
• Schule	• Wellness	• Theater...

Medien	**Sport**	**Staat**
• Fernsehen	• Basketball	• Bundespräsident
• Hörfunk	• Behindertensport	• Bundestag
• Journalismus	• Fußball	• Bundesregierung
• Online	• Motorsport	• Länder
• Print...	• Wintersport...	• Kreise, Städte und Gemeinden...

Tourismus	**Wirtschaft**	**Wissenschaft**
• Landkarten und Stadtpläne	• Arbeit und Beruf	• Bibliotheken und Archive
• Reise- und Ausflugsziele	• Außenwirtschaft	• Förderung
• Transport und Verkehr	• Branchen	• Forschung
• Unterkunft	• Messen	• Internationale Kooperationen
• Webcams...	• Verbraucherinformationen...	• Lehre und Studium

www.deutschland.de – das offizielle Portal der BRD

Bundesministerium für Umwelt, Naturschutz und Reaktorsicherheit, Alexanderplatz 6, 10178 Berlin, *www.bmu.de*. Außerdem: **Umweltbundesamt**, Postfach 330022, 14191 Berlin, *www.umweltbundesamt.de.*, **BUND** (Bund für Umwelt und Naturschutz Deutschland e.V.), Im Rheingarten 7, 53225 Bonn, *www.bund.net*

Bundesministerium für Bildung und Forschung, Heinemannstraße 2, 53175 Bonn, *www.bmbf.de*

Bundesministerium für Verbraucherschutz, Ernährung und Landwirtschaft, Rochusstraße 1, 53123 Bonn, *www.verbraucherministerium.de*

Bundesministerium für Gesundheit und Soziale Sicherung, Am Propsthof 78a, 53121 Bonn, *www.bmgesundheit.de*

Bundesministerium für wirtschaftliche Zusammenarbeit und Entwicklung, Friedrich-Ebert-Allee 40, 53113 Bonn, *www.bmz.de*. Außerdem: **Europäische Kommission**, Unter den Linden 78, 10117 Berlin, *www.eu-kommission.de*

Europa-Union, Europa-Zentrum, Bachstr. 32, 53115 Bonn, *www.europa-union.de*

Stiftung Warentest, Lützowplatz 11–13, 10785 Berlin, *www.stiftung-warentest.de*

Verbraucherzentrale Bundesverband, Markgrafenstr. 66, 10969 Berlin, *www.vzbv.de*

Statistisches Bundesamt, Gustav-Stresemann-Ring 11, 65189 Wiesbaden, *www.destatis.de*

Vereinigungen und Verbände stellen oftmals (kostenlos) Informations-material, Vordrucke zum Ausfüllen usw. zur Verfügung:

Deutscher Sparkassenverlag, Am Wallgraben 115, 70565 Stuttgart, *www.sparkassen-verlag.de*

Deutscher Gewerkschaftsbund, Hans-Böckler-Str. 39, 40476 Düsseldorf, *www.dgb.de*

Institut der deutschen Wirtschaft, Deutscher Institutsverlag, Gustav-Heinemann-Ufer 84-88, 50968 Köln, *www.iwkoeln.de*

Bundesverband deutscher Banken – Gesellschaft für Bankpublizität, Burgstraße 28, 10178 Berlin, *www.bdb.de*

Bankverlag, Melatengürtel 113, 50825 Köln, *www.bankverlag.de*

Bund der Steuerzahler, Adolfsallee 22, 65183 Wiesbaden, *www.steuerzahler.de*

Bundesbank, Wilhelm-Epstein-Str. 14, 60431 Frankfurt/Main, *www.bundesbank.de*

Europäische Zentralbank (EZB) Kaiserstr. 29, 60311 Frankfurt a. Main, *www.ecb.int*

Gesamtverband der deutschen Versicherungswirtschaft, Walter-Flex-Str. 3, 55113 Bonn, *www.gdv.de*

Zentralverband des deutschen Handwerks, Johanniterstr. 1, 53113 Bonn, *www.zdh.de*

Bundesarbeitsgemeinschaft „Schule – Wirtschaft", Postfach 510669, 50942 Köln, *www.schule-wirtschaft.de*

Weitere Unterlagen schicken auf Anfrage die verschiedenen **Behörden** (Stadtverwaltung, Arbeitsagentur usw.), Großbetriebe und Kammern (Industrie- und Handelskammer, Handwerkskammer, Landwirtschaftskammer, Architektenkammer usw.) zu. Deren Adressen sind aus dem Telefonbuch oder auch aus der Telefonbuchbeilage („Gelben Seiten") bzw. dem Internet zu entnehmen.

Lasst euch von den **Parteizentralen** Partei- und Wahlprogramme schicken:

CDU, Klingelhöferstr. 8, 10785 Berlin, *www.cdu.de* **CSU,** Nymphenburger Straße 64, 80335 München, *www.csu.de* **SPD,** Wilhelmstraße 141, 10963 Berlin, *www.spd.de* **FDP,** Reinhardtstr. 14, 10117 Berlin, *www.fdp.de* **Bündnis 90/Die Grünen**, Platz vor dem Neuen Tor 1, 10115 Berlin, *www.gruene.de* **PDS,** Kleine Alexanderstraße 28, 10178 Berlin, *www.pds-online.de*

Aktuelle politische Daten, Fakten und Hintergründe sowie weitere Anschriften enthalten drei **Jahrbücher: Der Fischer Weltalmanach 2006** (und die folgenden Jahrgänge), **Harenberg Aktuell 2006** (und die folgenden Jahrgänge), **dtv Jahrbuch 2006** (und die folgenden Jahrgänge).

Ein Verzeichnis der **AV-Medien** (DVDs oder Videos) sollte an jeder Schule vorhanden sein. Ihr könnt euch auch direkt an eure zuständige Stadt- bzw. Kreisbildstelle wenden, um unterrichtsbegleitende Medien auszuleihen.

Viele Broschüren/Materialien werden auch auf Disketten oder als **CD-ROM** zur Verfügung gestellt oder sind käuflich zu erwerben. Informationen können außerdem über das **Internet** abgerufen werden.

Abschließend sei auch noch auf die Sendungen des **Schulfunks** und **Schulfernsehens** hingewiesen, die in den Unterricht direkt einfließen oder mitgeschnitten werden können, um sie später einzusetzen. Die Schule könnte sich auch ein kleines Archiv mit Schulsendungen anlegen, um öfter auf die Medien zurückgreifen zu können.

Adresse: Geschäftsstelle Schulfernsehen, Südwest 3, Südwestrundfunk, Hans-Bredow-Straße, 76530 Baden-Baden, *www.swr.de*

Anregungen für die Erkundung eines Handwerksunternehmens

Arten einer Erkundung

Die Struktur (Aufbau und Ablauf vom Wareneingang über die Organisation, Produktion, das Lager bis zum Warenverkauf) eines Unternehmens kann man auf verschiedene Weisen kennen lernen:

◆ **Arbeitsplatzerkundung:** Hierbei steht die Tätigkeit des Arbeitnehmers (Organisation, Maschinen, Anforderungen, Belastung, Bezahlung usw.) im Mittelpunkt.

◆ **Strukturerkundung:** Hierbei steht die Einbindung der Firma in der Gemeinde/Stadt/Region (Anzahl der Arbeitsplätze, Entwicklungsmöglichkeiten, Umweltauswirkungen usw.) im Mittelpunkt.

◆ **Unternehmenserkundung:** Hierbei steht der Produktionsbetrieb mit dem Unternehmen und dem Betriebsrat (jeweilige Interessen, Arbeitsschutz, Sozialleistungen, Arbeitsmethoden, EDV-Einsatz, Leistungsmessung, Kontrolle usw.) im Mittelpunkt.

Unterschiedliche Betrachtungsweisen

Die Unternehmenserkundung kann unter verschiedenen Aspekten (Gesichtspunkten) durchgeführt werden. Die unterschiedlichen Erkenntnisse sollten dann in der abschließenden Bewertung zusammengetragen werden.

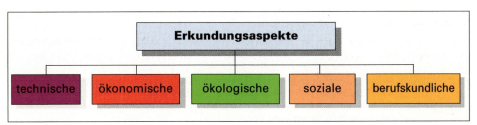

◆ Beim **technischen Erkunden** eines Unternehmens stehen der Produktaufbau (Material, technische Beschaffenheit usw.), die Maschinen mit den entsprechenden Arbeitsverfahren und der Produktionsablauf (Arbeitsteilung, Teamwork usw.) im Vordergrund.

◆ Beim **ökonomischen Erkunden** spielen die Kosten- und Erlösrechnung (Gewinn = Erlös-Kosten / $G = E - K$) und die Rationalisierung eine gewichtige Rolle, ebenso die Rechtsform (GmbH, KG usw.) und der Standort einer Firma sowie mögliche Marktforschungsergebnisse, die sich auf den Absatz auswirken.

◆ Beim **ökologischen Erkunden** soll festgestellt werden, ob umweltfreundliche Materialien verwendet werden, umweltbewusst produziert wird, die Arbeitsbedingungen umweltfreundlich sind, der Vertrieb (z.B. Verpackungen, Transport) umweltbewusst gestaltet wird und die Rückstände umweltverträglich entsorgt werden.

◆ Beim **sozialen Erkunden** wird schwerpunktmäßig auf die Arbeitsplatzsituation (körperliche Belastung, Lärm, Umweltaspekte, Sicherheitsmaßnahmen usw.) und die sozialen Beziehungen zwischen den Mitarbeitern und zu den Vorgesetzten eingegangen. Hierbei stehen die Personalpolitik, die Entlohnungsformen und die verschiedenen Sozialleistungen bei der Unternehmenserkundung im Mittelpunkt.

◆ Beim **berufskundlichen Erkunden** geht es um die Frage, welche Berufe angeboten werden und welcher Ausbildungsgrad (gelernt, angelernt oder ungelernt) für die verschiedenen Arbeitsplätze erforderlich ist. Weiterhin sollen die Ausbildungsbedingungen (Zahl und Auswahlkriterien der Auszubildenden, Ausbildungsplan, Ausbilder, Vergütung usw.) und mögliche Übernahmechancen erforscht werden.

Auswertung einer Erkundung

Am Ende der Unternehmenserkundung steht die Auswertung des Besuchs. Dabei sollen die Beobachtungen, Eindrücke und Erfahrungen zusammengetragen und diskutiert werden. Hilfreich können hierbei auch aus dem Unternehmen mitgebrachte Materialien, Proben, Bilder, Grafiken, Prospekte, Fachzeitschriften usw. sein. Diese Unterlagen sollten dann durch einen ausgearbeiteten Erkundungs- bzw. Erfahrungsbericht (mit Zeichnungen/Grafiken von Abläufen und Verfahren) ergänzt werden. Das Gesamtergebnis könnte danach anderen interessierten Klassen/Gruppen oder auch der Schulbibliothek zur Verfügung gestellt werden. Auch dem besuchten Handwerksbetrieb sollte man eine Abschrift oder Kopie der abschließenden Auswertung zukommen lassen. Er kann dann mögliche sinnvolle Anregungen bei künftigen Betriebserkundungen in die Tat umsetzen.

Arbeitsaufgaben und Anregungen zum Handeln

1 *Informiere dich über Handwerksunternehmen a) im Produktions-, b) im Handels- und c) im Dienstleistungsbereich deiner Heimatgemeinde/deinem Schulort. Was wird hergestellt/angeboten, Anzahl der Mitarbeiter, Jahresumsatz, werden Jugendliche ausgebildet usw.?*

2 *Liste allein oder in Partnerarbeit jeweils vier Fragen auf, die du bei einer Arbeitsplatzerkundung, bei einer Strukturerkundung (z.B. auf der Stadtverwaltung) und bei einer Unternehmenserkundung stellen würdest. Beziehe nach Möglichkeit deine Fragen auf Handwerksunternehmen oder mittelständische Unternehmen aus deiner Region, die du kennst.*

3 Führt in der Klasse eine Pro-Contra-Diskussion über die Eröffnung eines Handwerksunternehmens durch. Welche Argumente sprechen dafür, sich als junger Meister/junge Meisterin selbstständig zu machen, welche dagegen?

4 Stellt in Gruppenarbeit jeweils einen Fragenkatalog zu einer Unternehmenserkundung zusammen:

a) unter technischem Aspekt

b) unter ökonomischem Aspekt

c) unter ökologischem Aspekt

d) unter sozialem Aspekt

e) unter berufskundlichem Aspekt.

5 Führt in der Klasse in einem Rollenspiel Einstellungsgespräche zwischen Meister/-in und Bewerber/-in um eine Ausbildungsstelle durch.

6 Schreibt die Handwerkskammer/Handwerksinnung (Adresse siehe Telefonbuch bzw. „Gelbe Seiten" oder auch im Internet) an und informiert euch über Handwerksberufe, die in eurer Region angeboten werden. Eventuell könntet ihr hierüber eine Collage/Wandzeitung anfertigen, um andere Klassen ebenfalls zu informieren.

7 Stellt in der Klasse/Gruppe Verhaltensvorschriften für eine Unternehmenserkundung/Betriebspraktikum zusammen. Was sollte von den Schülerinnen und Schülern alles beachtet werden?

8

Sucht in Tageszeitungen nach weiteren Schaubildern und Fotos über das Handwerk. Stellt eine Collage zusammen: Das Handwerk in Deutschland.

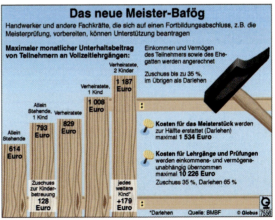

3 Vorschläge für fächerüber-greifende Unterrichtsprojekte

Seit Jahren werden an zahlreichen Realschulen im Rahmen von **Projekttagen** oder **Projektwochen** fächerübergreifende Themen behandelt. Diese Projektme-thode erfreut sich bei den Schülerinnen und Schülern einer großen Beliebtheit, weil ein interessantes Thema aus verschiedenen Blickwinkeln behandelt werden kann, man sich über einen längeren Zeitraum intensiver mit einem – vielleicht sogar selbst gewählten – Problembereich beschäftigen kann und der Unterricht auch außerhalb der Schule fortgeführt werden kann.

Bei einem solchen fächerübergreifenden Thema sollte ermöglicht werden, dass die Lerngruppen (Klassen) stunden- oder auch tageweise, vielleicht auch über das gesamte Projekt hinweg, aufgelöst werden, um sich intensiv mit dem gewählten Thema auseinanderzusetzen.

Zum Gelingen der Projektmethode gehört eine **umfangreiche Vorbereitung** aller Betroffenen, die Kooperation (Zusammenarbeit) zwischen den Lehrkräften und den Beteiligten außerhalb der Schule, sowie Kreativität, Improvisationsfähigkeit und Engagement auch aufseiten der Schülerschaft. Am Schluss des Projektes könnte die aufbereitete Darstellung der Ergebnisse in Form einer Dokumentation, einer Eigenproduktion, einer Präsentation usw. stehen.

3.1 Wirtschaft und Umwelt vor Ort

Der folgende Projektvorschlag beinhaltet schwerpunktmäßig einen wirtschafts-kundlichen Themenbereich, bei dem auch Fächer wie Sozialkunde, Erdkunde, Bio-logie, Deutsch, Religion/Ethik betroffen sind.

a) Der Wirtschaftsraum der Region

Lernziele:

◆ Wirtschaftliche Verflechtungen in der heimatlichen Region erkennen

◆ Wirtschaftliche und kulturelle Stellung der Region innerhalb Deutschlands/ Europas beurteilen

Lerninhalte und Hinweise:

◆ Vergleich der Wirtschaftsstruktur früher und heute: Hier kann die historische Ent-wicklung der Industrie in der Region erforscht werden.

◆ Wirtschaftlicher und gesellschaftlicher Strukturwandel im Laufe der Zeit: Karten entwerfen mit vorhandenen und geplanten Industrieansiedlungen/Gewerbege-bieten

◆ Aufgaben und Verflechtung volkswirtschaftlich wichtiger Bereiche in der Region

◆ Berufs- und Arbeitsmarktstruktur der Region analysieren: Materialien des Arbeitsamtes, der Handwerkskammer, IHK usw. untersuchen und grafisch aufbe-reiten, z.B. für eine Ausstellung

◆ Wirtschaftliche Beziehungen der Region in Deutschland und Europa: Programme der regionalen Strukturpolitik der EU mit der Heimat in Verbindung bringen, Fachleute/Politiker befragen.

b) Eine Industrieansiedlung/ein Gewerbegebiet entsteht

Lernziele:

◆ Überblick über Gewerbegebiete/Industrieansiedlungen verschaffen

◆ Spannungs- und Konfliktfelder zwischen der Gewerbeansiedlung und Umweltanforderungen erkennen

◆ Standortfaktoren (Voraussetzungen) für die Ansiedlung von Betrieben kennen lernen (Unternehmensziele und Standortwahl)

◆ Interesse der Kommunen in Verbindung mit der Entstehung von Gewerbeflächen abwägen

◆ Umweltverträglichkeit eines Gewerbegebietes abschätzen

Lerninhalte und Hinweise:

◆ Verschiedene Gewerbegebiete in der Region in Bezug auf Standort, Struktur, Verkehrsanbindung, Arbeitsmarktsituation usw. vergleichen

◆ Gewerbe- oder Industriegebiete besichtigen und Unternehmer/Beschäftigte vor Ort befragen. Gespräche mit Umweltschutzverbänden zu geplanten Industrieansiedlungen führen

◆ Standortfaktoren wie geografische Gegebenheiten, Infrastruktur, Produktionskosten, mögliche staatliche Fördermaßnahmen (z.B. für strukturschwache Gebiete), Absatzmärkte, Entwicklungsperspektiven, Verkehrsanbindungen, Energiesituation, Freizeitwert usw. durch Befragung von Verantwortlichen bei der Industrie- und Handelskammer/bei der Handwerkskammer erkunden

◆ Sozialstrukturen, Verdienstmöglichkeiten, Steuerkraft, Arbeitslosenquote, Entwicklungsperspektiven usw. bei den entsprechenden Verwaltungen in Erfahrung bringen

◆ Landschaftsveränderungen, Luft-, Wasser- und Bodenbelastung durch Ansiedlung von Betrieben hinterfragen

c) Ökologische Auswirkungen des Wirtschaftens in der Region

Lernziele:

◆ Umweltpolitische Ziele in der Sozialen Marktwirtschaft kennen lernen

◆ Möglichkeiten zur Vermeidung/Verringerung von Umweltbelastungen in Luft, Wasser und Boden erforschen

Lerninhalte und Hinweise:

◆ Verständnis für die Erhaltung der Umwelt (zukünftige Generationen) und für eine weltweite „ökologische Partnerschaft" wecken

◆ Wirtschaftliches Zukunftsmodell „Ökologisch verpflichtete, soziale Marktwirtschaft" diskutieren

◆ Maßnahmen/Möglichkeiten kennen lernen, die ein Industriestaat hat, um die Umwelt zu schonen: Nutzung schadstoffarmer Autos, Abgasreinigungsanlagen, Reduzierung der Wasserschadstoffe (Chloride/Nitrate/Tenside/Sulfate/Phosphate), weniger Pflanzenschutzmittel einsetzen, ökologischer Landbau usw. Hierbei können der Waldschadensbericht, die Smogverordnung, die europäischen Richtlinien (z.B. Abgasnorm) und Verlautbarungen von Umweltorganisationen analysiert werden. Dabei bieten sich der Besuch einer Kläranlage, eines biologisch arbeitenden Bauernhofs und ähnlicher Betriebe an.

d) Abfallwirtschaft in der Region

Lernziele:

◆ Ursachen und Entwicklung des Abfallaufkommens in der Region erläutern können

◆ Prinzipien der Abfallwirtschaft, deren Risiken und Perspektiven kennen lernen

◆ Produktrecycling als wichtigen Teil des Wirtschaftens erkennen

Lerninhalte und Hinweise:

◆ Ausgewählte Güter auf dem Weg vom Abfallprodukt zum Werkstoff betrachten. Müllstatistiken erstellen und analysieren

◆ Abfallwirtschaftsgesetz und Müllkonzept der Heimatstadt/des Landkreises diskutieren. Hier könnte eine Untersuchung und Beurteilung des Müllaufkommens in der Schule mit abschließender Veröffentlichung durchgeführt werden.

◆ Mülldeponie/Müllverbrennungsanlage/Deponiegasverstromung/Kompostieranlage usw. besuchen, um verschiedene Verfahren der Abfallbeseitigung kennen zu lernen. Pro-Contra-Diskussion zum Thema Müllverbrennung oder Hearing (Anhörung) über das Müllkonzept der Region durchführen

◆ Die verschiedenen Recyclingmöglichkeiten, beginnend bei der Produktion bis zur Wiederaufarbeitung, könnten bei Betriebsbesichtigungen erarbeitet werden (Altöl, Altreifen, Altpapier, Altglas, Altplastik usw.).

◆ Abschließend sollten die betriebswirtschaftlichen Kosten für verschiedene Recyclingverfahren dem – falls möglich – volkswirtschaftlichen Nutzen gegenübergestellt und problematisiert werden. Hierbei wäre auch der Müll als Wirtschaftsgut im Europäischen Binnenmarkt anzusprechen.

e) Abschließende Beurteilung des Projektes

Nach Abschluss des Unterrichtsprojektes sollte das Untersuchungsergebnis beurteilt und, wenn möglich, einem interessierten Kreis – auch der Öffentlichkeit – zugänglich gemacht werden. Dies kann z.B. in Form einer Präsentation geschehen.

3.2 Europäische Wirtschaft und wir

(Dieses Projekt sollte mit dem Kapitel VIII „Außenwirtschaft" und den dortigen Abschnitten 3 und 4 zu Europa verknüpft werden.)

Zum Thema „Europa" können die **benachbarten Fächer** Sozialkunde, Erdkunde, Deutsch, Geschichte, Religion und Bildende Kunst einiges beitragen, so dass dieser Projektvorschlag sehr gut fächerübergreifend realisiert werden kann. Auch wäre ein Projekt mit einer europäischen Partnerschule unter wirtschaftlichen Aspekten denkbar.

Bei der Planung und Durchführung des Projekts sollte den Schülerinnen und Schülern ein möglichst großes **Mitsprache- und Mitbestimmungsrecht** über Ziele, Inhalte und Methoden eingeräumt werden, weil bei dieser Unterrichtsform die Eigenaktivität im Vordergrund steht.

Zu diesem Thema gibt es eine Fülle von **Arbeitsmaterialien**. Einige Bezugsquellen sind auf Seite 346 f. aufgeführt.

Lernziele:

◆ Auswirkungen des EU-Binnenmarktes auf Wirtschaftsleistungen, Arbeitsplätze, Angebote und Preise kennen lernen

◆ Die Agrarpolitik der EU als wichtigen Teil des gemeinsamen europäischen Marktes erkennen

◆ Auswirkungen der 2002 eingeführten europäischen Währung kennen lernen

◆ Wirtschaftliche Auswirkungen/Nutzen der Wirtschafts- und Währungsunion auf jeden Einzelnen erkennen

Durchführungsvorschläge zum Projekt (Projekttage bzw. Projektwoche)

◆ Betriebserkundung bei einem einheimischen Unternehmen, um die Auswirkungen des Binnenmarktes (Produkte/Absatz/Preise/europäische Konkurrenz/Arbeitsplätze) zu erforschen

◆ Besuch eines großen Bauernhofes/Agrarbetriebes, um die konkreten Maßnahmen des Agrarmarktes auf unsere Landwirtschaft kennen zu lernen

◆ Expertenbefragung (Unternehmer/Gewerkschafter/Europaabgeordnete/Verbandsvertreter) zu den so genannten „vier Freiheiten" (Personen-, Kapital-, Waren- und Dienstleistungsverkehr) und deren Auswirkungen

◆ Untersuchung von Geschäften, Betrieben, Gaststätten usw. zu deren wirtschaftlicher Verflechtung mit dem Europäischen Binnenmarkt

◆ Besuch des Europäischen Parlaments in Straßburg mit anschließender Diskussion usw.

Dokumentation und Präsentation der Ergebnisse

Das Projekt soll auch aufgrund seines besonderen Stellenwertes dokumentarisch festgehalten werden (Projektmappe, Zeitung, Videofilm, PowerPoint-Präsentation) und nach Abschluss ausgewertet und der Öffentlichkeit (Schulklassen, Ausstellung, Schülerpresse, Lokalzeitung usw.) zugänglich gemacht werden.

Bei dieser Dokumentation und Präsentation steht wiederum die Schüleraktivität im Vordergrund, die Projektleiter/-innen sollten hierbei nur Moderatorenfunktion haben.

3.3 Entwicklungshilfe am Beispiel Ruandas

(Dieses Projekt über das rheinland-pfälzische Partnerland in Afrika sollte mit dem Themenkreis VIII und den dortigen Kapiteln 1 und 5 verknüpft werden.)

Zum Thema Entwicklungshilfe/Ruanda können die Fächer Sozialkunde, Erdkunde, Deutsch, Geschichte, Religion, Ethik, Musik und Bildende Kunst beitragen.

Bei der Planung und Durchführung des Projekts unter Mithilfe der Schülerinnen und Schüler könnte Kontakt zu einer Schule aufgenommen werden, die eine Partnerschule in Ruanda hat (Adressen beim Ministerium für Bildung, Wissenschaft und Weiterbildung, Mittlere Bleiche 61 in 55116 Mainz, oder im Internet: *www.bildung-rp.de* Bildungs-Server von Rheinland-Pfalz).

Arbeitsmaterialien siehe Seite 346 f., Unterrichtsmodelle zu Ruanda erhältlich bei: Pädagogisches Zentrum des Landes Rheinland-Pfalz, Europaplatz 7–9, 55543 Bad Kreuznach, und beim Partnerschaftsverein Rheinland-Pfalz–Ruanda unter *www.rlp-ruanda.de*.

Durchführungsvorschläge zum Projekt (Projekttage bzw. Projektwoche)

◆ Unterrichtliche Erarbeitung der Verhältnisse in Ruanda, wobei das Nord-Süd-Gefälle, die Bevölkerungsexplosion, die Wirtschaftsleistung, die Umweltzerstörung, ethnische Probleme (Stammesfehden, Bürgerkrieg usw.) und die historische Entwicklung des zentralafrikanischen Staates angesprochen werden sollen

◆ Als praktische Arbeit könnte eine ruandische Wohnhütte errichtet werden (mit Feuerstelle usw.).

◆ In der Schulküche könnten afrikanische Speisen und Getränke hergestellt und auch verkauft werden.

◆ Interessierte Gruppen/Schüler/-innen sollten sich mit der Kultur Afrikas (Musik, Tanz, Traditionen der eingeborenen Stämme usw.) auseinandersetzen.

◆ Besuch eines Dritte-Welt-Ladens („Eine-Welt-Laden"), um die wirtschaftlichen Beziehungen zu afrikanischen Staaten analysieren zu können

◆ Kontakt zu Kirchen aufnehmen, die Projekte in Ruanda betreuen (Misereor, Brot für die Welt)

◆ Einen Mitarbeiter der Botschaft der Republik Ruanda in die Schule einladen, um eine Expertenbefragung über die aktuelle Situation in Ruanda (nach dem Bürgerkrieg) durchzuführen (Anschrift: Beethovenallee 72, 53173 Bonn)

◆ Ehemalige Entwicklungshelfer zu ihren Erfahrungen in Ländern der Dritten Welt befragen (Namen und Anschriften von: Deutscher Entwicklungsdienst, Tulpenfeld 7, 53113 Bonn, *www.ded.de*)

◆ Wanderausstellung „Ruanda" vom Landesmedienzentrum, Hofstraße 257, 56077 Koblenz-Ehrenbreitstein, *www.lmz.bildung-rp.de*, in die Schule holen

Dokumentation und Präsentation der Ergebnisse

Hier sollte wie beim Projektvorschlag „Europäische Wirtschaft und wir" verfahren werden (siehe Seite 354 f.). Beim Projekt „Ruanda" wäre die Präsentation der Ergebnisse auch an einem Samstagvormittag für die Öffentlichkeit möglich. Hierbei könnten z.B. afrikanische Speisen und Getränke zum Verkauf angeboten, Waren aus dem Dritte-Welt- bzw. Eine-Welt-Laden verkauft oder Tänze aus Afrika aufgeführt werden.

Stichwortverzeichnis

Fettdruck = ausführliche Darstellung,
f. = und die folgende Seite,
ff. = und die folgenden Seiten

Bildquellen

Arbeitsgemeinschaft der Verbraucherverbände, Bonn
BASF Aktiengesellschaft, Ludwigshafen
Bilderdienst Süddeutscher Verlag
Bundestag-Report, Bonn
Bundeszentrale für politische Bildung, Bonn
Deutscher Sparkassen-Verlag, Stuttgart
„Die Welt", Hamburg
Ford-Werke, Genk
Kreisverwaltung Südliche Weinstraße, Landau
Kuka Roboter GmbH
Marx Studios, Memmingen
Presse- und Informationsamt der Bundesregierung, Berlin
Schubbert, Jürgen, Mainz
Stiftung Warentest, Berlin
Umwelt-Bundesamt, Bonn
„Welt der Arbeit" (DGB)

Nicht bei allen Abbildungen konnten die Inhaber der Rechte ermittelt werden. Betroffene werden gebeten, sich beim Verlag zu melden.